Projekt Website Relaunch

Timo Heinrich

Projekt
Website Relaunch

Das Praxis-Handbuch

SEO und Projektmanagement für einen erfolgreichen
Relaunch-Prozess und mehr Besucher von Google und Co.

mitp

Bibliografische Information der Deutschen Nationalbibliothek
Die Deutsche Nationalbibliothek verzeichnet diese Publikation in der Deutschen Nationalbibliografie; detaillierte bibliografische Daten sind im Internet über <http://dnb.d-nb.de> abrufbar.

Bei der Herstellung des Werkes haben wir uns zukunftsbewusst für umweltverträgliche und wiederverwertbare Materialien entschieden.
Der Inhalt ist auf elementar chlorfreiem Papier gedruckt.

ISBN 978-3-95845-659-4
1. Auflage 2018

www.mitp.de
E-Mail: mitp-verlag@sigloch.de
Telefon: +49 7953 / 7189 - 079
Telefax: +49 7953 / 7189 - 082

Lektorat: Sabine Schulz
Sprachkorrektorat: Petra Heubach-Erdmann
Coverbild: © 4Max @ fotolia.com
Satz: III-satz, Husby, www.drei-satz.de
Druck: Medienhaus Plump GmbH, Rheinbreitbach

Inhaltsverzeichnis

Vorwort

von Niels Dahnke

Sie sitzen im Büro und ein Kollege sagt: »Keine Sorge, wir machen nur einen Relaunch.« Wenn Sie einen Satz wie diesen hören, müssen bei Ihnen alle Alarmglocken läuten. Denn: Man macht NIE »nur« einen Relaunch. Und was danach passiert, ist häufig fatal: Online-Shops verlieren für ihre wichtigsten Suchbegriffe die Top-Position in Google. Bekannte Marken büßen ihr Alleinstellungsmerkmal ein und treten ihre Auffindbarkeit teilweise an Mitbewerber ab. Zuvor technisch einwandfrei funktionierende Websites produzieren plötzlich Unmengen an Fehlern. Mit solchen Szenarien sehe ich mich als Berater und Suchmaschinenoptimierer seit vielen Jahren regelmäßig konfrontiert. Auf die Frage, weshalb nicht frühzeitig ein Fachmann oder eine erfahrene Agentur hinzugezogen wurde, kommen immer sehr ähnliche Antworten. »Kein Budget« ist dabei vermutlich die unternehmerisch dümmste Antwort.

Ist der Website Relaunch erst einmal schiefgegangen, sind in der Regel Umsatzeinbußen die Folge. Der entgangene Ertrag ist dabei gewöhnlich deutlich höher als die Kosten für die Begleitung des Relaunches durch Fachleute gewesen wären. Solche Opportunitätskosten werden bei der Planung jedoch nur selten berücksichtigt. Mangelndes Bewusstsein für die Komplexität eines Relaunch-Prozesses sowie die damit verbundenen Gefahren ist kein Einzelfall.

Suchmaschinenoptimierung (SEO) ist kein Modul, das irgendein Programmierer mal eben aktiviert. SEO ist auch kein Elfenstaub, den man über ein fertiges Projekt streuen kann, damit alles gut wird. Aber genau so behandeln die verantwortlichen Entscheider das Thema leider immer wieder. Dabei ist SEO-Wissen entscheidend für einen Relaunch. »Die Suchmaschinenoptimierer holen wir am Ende dazu«, ist gewöhnlich ein sehr teurer Irrtum. Ich kann Sie daher nur zu dem Entschluss beglückwünschen, dieses Buch zu lesen. Timo Heinrich begleitet Sie im vorliegenden Buch mit konkreten Beispielen und zeigt Ihnen auf verständliche und gut aufbereitete Weise den Baukasten für einen erfolgreichen Website Relaunch.

Seit Timo Heinrich und ich uns 2011 auf einer Konferenz kennengelernt haben, haben wir uns oft über Projekte, Technik, Tools und Strategien ausgetauscht. Regelmäßig mussten wir beide Relaunches erleben, die gehörig schiefgegangen sind. Fehlender Sachverstand, falsche Planung und Fehleinschätzungen im Relaunch-Prozess waren nur einige der Ursachen. Hinzugezogen werden wir Suchmaschinenoptimierer häufig erst, wenn der Schaden schon da ist. Mit dem Wissen aus diesem Buch hätten viele Relaunches sauber umgesetzt und noch mehr Schäden verhindert werden können. Auch Sie können das mit den Tipps und den Erklärungen dieses Buches! Selbst, wenn Sie gerade mit der Schadensbegrenzung beschäftigt sind, wird Ihnen die Lektüre helfen. Timo ist ein erfahrener Suchmaschinenoptimierer, der komplexe Zusammenhänge auch für Nicht-Fachleute verständlich erklärt. Damit schlägt dieses Buch eine Brücke und hilft allen Relaunch-Beteiligten, die vielschichtigen Prozesse zu verstehen. Timo hat seine Erfahrung aus vielen Kundenprojekten in dieses Buch einfließen lassen und teilt seine Learnings bereitwillig. Lassen Sie sich als Leser von Timos Buch Schritt für Schritt durch den kompletten Relaunch-Prozess führen. Klare und gut verständliche Handlungsanweisungen sowie Tipps und Erklärungen machen dieses Buch so lesenswert – und zu einer unverzichtbaren Ressource für alle Website-Verantwortlichen. Unternehmer und Projektleiter profitieren ebenso von der Lektüre wie Entwickler oder Grafiker. Fehlendes Budget für die Relaunch-Begleitung durch eine Agentur oder einen SEO-Fachmann ist mit dem vorliegenden Buch kein Argument mehr. Und jetzt lassen Sie sich von Timo Heinrich an die Hand nehmen, damit Ihr Relaunch auf Anhieb ein Erfolg wird.

Viel Spaß beim Lesen,

Niels Dahnke

Einleitung

Internetseiten werden in regelmäßigen Abständen einer Neugestaltung (einem Relaunch) unterzogen. Oftmals geht dies mit einer grundlegenden Änderung der Shop- oder Content-Management-Systeme einher. Diese Systemänderungen führen in den meisten Fällen dazu, dass sich die Adressen der einzelnen Unterseiten verändern und Google und andere Suchmaschinen diese »alten« Adressen dann nicht mehr auffinden können. Dies hat wiederum zur Folge, dass die Seiten ihre guten Suchbegriffspositionen, die sie vor dem Relaunch innehatten, verlieren.

Die weiteren Folgen: Die Seiten werden schlechter in den Suchmaschinen gefunden und von weniger Besuchern aufgerufen. Dienstleister bekommen weniger Anfragen, Online-Shops verkaufen weniger Produkte, On-Site-Werbung erlöst weniger Geld. Es drohen also hohe Umsatzeinbußen und – sofern das nötige Kapital fehlt, um diese Einbrüche abzufangen – womöglich sogar der Konkurs.

Wer sollte dieses Buch lesen?

Jeder, der ein ernsthaftes Online-Business verantwortet und dessen Besucher hauptsächlich über Google und andere Suchmaschinen kommen und weiterhin kommen sollen:

- Online-Marketing-Verantwortliche
- Jeder Seiten- und Shopbetreiber, der die Arbeit seiner Agentur während eines Relaunches verstehen und überwachen möchte
- Agenturen, die Online-Shops und Internetseiten erstellen
- Programmierer, Konzepter und Projektmanager im Online-Business

Sie müssen kein Informatiker oder »BWLer« sein (bin ich auch nicht), um die Inhalte aus diesem Buch verstehen und anwenden zu können. Ich habe versucht, möglichst praxisnah und Schritt für Schritt die jeweiligen Arbeiten zu beschreiben. Screenshots veranschaulichen die Einrichtung und Bedienung der verschiedenen Tools.

Was Sie in diesem Buch lernen werden

Der Relaunch einer Website ist ein schwieriges Projekt – in diesem Buch lernen Sie Schritt für Schritt und praxisnah, wie dieser gelingt, ohne dass der Webauftritt in den Suchmaschinen abstürzt. Der Schwerpunkt liegt hierbei auf dem gesamten Projektmanagement vor und nach dem Relaunch insbesondere in Bezug auf die Suchmaschinenoptimierung, da sich technische Fehler in diesem Bereich gravierend auf den Erfolg der Website auswirken. Ich zeige Ihnen im ersten Teil des Buches ausführlich, wie die Vorarbeit aussehen sollte, d.h. was Sie zunächst für Ihre Website recherchieren und dokumentieren müssen, um optimal auf den Relaunch vorbereitet zu sein, und wie Sie darauf basierend ein entsprechendes Lastenheft erstellen. Im zweiten Teil des Buches erfahren Sie, wie Sie das, was Sie vorher dokumentiert haben, im Detail überprüfen, um sicherzustellen, dass beim Relaunch inhaltlich und technisch alles funktioniert und insbesondere alles Wichtige berücksichtigt wurde, damit die Website nicht in den Suchmaschinen abstürzt. Ganz nebenbei bekommen Sie noch einen kleinen Einblick in die Grundtechniken der Suchmaschinenoptimierung.

Teil I: Vor dem Relaunch

Das Buch ist in zwei Teile untergliedert. Im ersten Teil lernen Sie, alle nötigen Werkzeuge einzurichten, die Sie für die Vorbereitungsphase des Relaunches brauchen. Sie lernen, sich effektiv eine Übersicht über Ihr Projekt zu verschaffen und alle wichtigen Bestandteile, Besucherquellen und Verlinkungen zu finden und zu dokumentieren. Nach dem Lesen der Kapitel 1 bis 5 kennen Sie Ihre Website in- und auswendig und wissen genau, worauf Sie nach dem Relaunch inhaltlich und technisch achten müssen. Am Ende des ersten Teils finden Sie wertvolle Hinweise zur Erstellung eines Lastenheftes.

Kapitel 1: Bereiten Sie Ihren Werkzeugkasten vor

Je mehr Sie über Ihre Website wissen, desto besser können Sie den Relaunch planen und steuern. Bevor Sie mit dem Relaunch beginnen, sollten Sie alle relevanten Daten Ihrer Website erfassen. Sie müssen wissen, über welche Plattformen und Kanäle die Besucher auf Ihre Website kommen und wie viele Besucher diese überhaupt aufrufen. Im ersten Kapitel lernen Sie die nötigen Werkzeuge kennen und machen eine Bestandsaufnahme der wichtigsten Daten Ihrer Website.

Kapitel 2: Seitenstruktur ermitteln – lernen Sie Ihre Website kennen

Es ist sehr wahrscheinlich, dass sich Ihre Seitenstruktur nach dem Relaunch weitgehend oder komplett ändert. Häufig werden neue Shopsysteme oder Content-Management-Systeme (CMS) eingesetzt, was meist zur Folge hat, dass alle Unterseiten Ihrer Website neue Adressen bekommen (URLs). Suchmaschinen »irritiert« diese Strukturänderung und sie reagieren im schlimmsten Fall mit einer Abstufung Ihrer Seite in den Suchergebnisseiten. Ihre Seite wird dann einfach nicht mehr oder nur sehr schlecht bei Google und Co. gefunden. Im zweiten Kapitel lernen Sie Ihre Website-Struktur kennen, um später alle relevanten Seiten und Inhalte in den neuen Seiten wieder adäquat einsetzen zu können.

Kapitel 3: Zeit zum Aufräumen

Je mehr Sie vor dem Umzug aussortieren, desto einfacher und schneller geht der Umzug der Domain später vonstatten. Zum einen müssen Sie weniger Seiten anlegen und verwalten, zum anderen können die Suchmaschinen Ihre neue Seite schneller einlesen. Im dritten Kapitel dreht sich alles um digitales Entschlacken (auch »Digital Detox« genannt).

Kapitel 4: Woher und über welche Keywords kommen die Besucher?

Viele Websitebetreiber kennen leider oft die Herkunftsquellen ihrer Besucher nicht, die Website funktioniert ja, Dienstleistungen werden angefragt, Produkte werden verkauft, alles ist gut. Diese Websitebetreiber haben dann häufig nach einem Relaunch das dumpfe Gefühl, dass irgendetwas anders ist als vorher. Im vierten Kapitel lernen Sie, wie Sie alle wichtigen Besucherquellen identifizieren, analysieren und überwachen.

Kapitel 5: Unsichtbar, aber wichtig

Viele Bestandteile einer Website sind für den Betrachter unsichtbar, dabei kann es sich um Zielseiten handeln, die von Werbekampagnen verlinkt wurden, oder schlicht um Tracking-Codes, die für die Besucherstatistik benötigt werden. Viele dieser Codes sind oft undokumentiert und für den Laien meist nicht direkt zu erkennen. Lernen Sie in diesem Kapitel, diese Codes und versteckten Seiten zu erkennen und zu sichern, damit sie auch in den neuen Seiten wieder fehlerfrei integriert werden können.

Kapitel 6: Lastenheft erstellen und Agentur finden

Sie haben alle relevanten Daten über Ihre Website gesammelt und dokumentiert, damit haben Sie das nötige Rüstzeug, um eine Agentur zu suchen und diese sauber und umfangreich für die Umsetzung des Relaunches zu instruieren. Um den Relaunch in Auftrag zu geben, benötigen Sie ein Lastenheft. Das Lastenheft versetzt Sie in die Lage, vergleichbare Angebote von Agenturen einzuholen, da Sie mit dem Lastenheft Ihre Anforderungen für Ihr Relaunch-Projekt sehr detailliert definieren.

In diesem Kapitel möchte ich Ihnen Tipps geben, wie Sie ein Lastenheft erstellen, wie Sie damit vergleichbare Angebote einholen und wie Sie die richtige Agentur für Ihr Projekt finden.

Abgeschlossen wird dieses Kapitel mit weiteren Tipps und Techniken zur Auswahl der passenden Agentur. Wenn Sie selbst in einer Agentur arbeiten, dann können Ihnen diese Hinweise dienen, um Ihre Agentur-Website und Angebotswesen zu optimieren, um so auf zukünftige Relaunch-Anfragen bestens vorbereitet zu sein.

Teil II: Nach dem Relaunch

In Teil II des Buches lernen Sie, wie Sie nach dem Relaunch alle wichtigen Tests durchführen. Sind alle Inhalte vorhanden? Wurden alle wichtigen Codes übernommen? Hier lernen Sie außerdem, wie Sie die Veränderungen Ihrer Suchbegriffe und Besucherzahlen kontinuierlich überwachen, um bei starken Veränderungen sofort eingreifen zu können.

In Kapitel 12 zeige ich Ihnen, welche Maßnahmen Sie bei einem unsauber ausgeführten Relaunch durchführen müssen, um so Schlimmeres zu verhindern. Sollten Sie aktuell vor so einem Problem stehen, dann blättern Sie am besten gleich zu Kapitel 12.

Abgeschlossen wird Teil II mit Hinweisen zur Umstellung auf SSL. Wenn Sie also das HTTPS-Protokoll nutzen möchten, dann lesen Sie in Kapitel 13, welche technischen Hürden es hierbei zu meistern gilt.

Abschließend habe ich im Anhang nochmals alle genutzten Tools und Websites in Kategorien unterteilt aufgeführt. Sie finden diese Linkliste auch auf der Website zum Buch unter der Adresse: relaunch.pro.

Kapitel 7: Fertig? Testen Sie die neuen Seiten auf Herz und Nieren!

Nichts ist ärgerlicher, als mit einem fehlerhaften Relaunch online zu gehen und so Besucher und womöglich Umsätze zu verlieren. Sind alle Bilder, Überschriften und Texte korrekt eingebunden? Funktionieren alle Statistik-Tools? Sind alle Seiten korrekt untereinander verlinkt? In diesem Teil lernen Sie durch den Einsatz verschiedener Tools, alle Bestandteile Ihrer Website zu überprüfen.

Kapitel 8: Wurden alle Bestandteile übernommen?

Nach der technischen Überprüfung der neuen Seiten werden im achten Kapitel die inhaltlichen Bestandteile überprüft. Wo befinden sich noch leere Seiten? Gibt es Probleme mit duplizierten Inhalten? Diesen und weiteren Fragen werden wir in diesem Kapitel auf den Grund gehen.

Kapitel 9: 301 – Alles umgeleitet?

In den beiden vorangegangenen Kapiteln wurden die neuen Seiten und Inhalte getestet. In diesem Kapitel werden die Umleitungen der alten Seitenstrukturen getestet. Lernen Sie, wie Sie alle Seiten und Verlinkungen überprüfen und sicherstellen können, dass alle Inhalte von den Besuchern und Suchmaschinen gefunden werden.

Kapitel 10: XML-Sitemap & Search Console

In diesem Kapitel werden wir die neue(n) Sitemap(s) prüfen und in der Google Search Console eintragen. Zusätzlich lernen Sie, wie Sie mit der Google Search Console den Gesundheitsstatus Ihrer neuen Seiten überwachen und welche Änderungen gegebenenfalls dort vorgenommen werden müssen.

Kapitel 11: Sichtbarkeit, Suchbegriffe & Besucher im Blick behalten

Die neue Seite ist online, die Google Search Console eingerichtet und die Suchmaschinen-Bots indexieren munter und fehlerfrei Ihre Website. Wenn Sie es bis hierhin geschafft und meine Tipps beherzigt haben, dann sind alle Weichen für einen erfolgreichen Neustart Ihrer Website gestellt. In diesem Kapitel gebe ich Ihnen noch ein paar Tipps für die Überwachung der Suchbegriffe und ihrer Sichtbarkeit in den Suchmaschinen.

Kapitel 12: Was tun, wenn's brennt?

Ihre Suchbegriffe schmieren ab? Ihre Sichtbarkeitskurven machen merkwürdige Sprünge? Lernen Sie im 12. Kapitel, wie Sie den Problemen auf die Spur kommen und wie Sie sie lösen.

Kapitel 13: Umstellung auf SSL

In diesem Kapitel lernen Sie, wie Sie fehlerfrei einen SSL-Relaunch ausführen. Die Umstellung auf das HTTPS-Protokoll klingt banal, hat aber die ein oder andere Herausforderung parat. Und wenn Sie schon auf SSL umgestellt haben, dann richten Sie doch für eine schnellere Website den neuen HTTP/2-Standard ein.

Anhang: Tools und Websites

Hier finden Sie noch einmal alle im Buch genannten Tools und Links fein säuberlich nach Einsatzzweck sortiert vor.

Zwei Beispiele aus der Praxis

Die Internetseiten der Landesregierung Schleswig-Holstein wurden im Mai 2015 einem Relaunch unterzogen. Gründe hierfür war unter anderem das Zusammenführen von Fachportalen und Themengebieten. Auf Umleitungen alter Internetadressen wurde verzichtet. Das Ergebnis: ein extremer Sichtbarkeitsverlust in den Suchmaschinen.

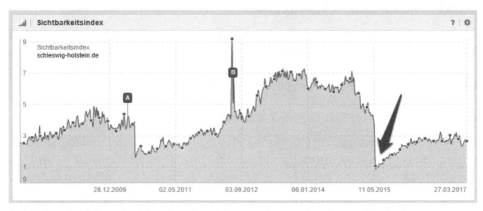

Abb. 1: Sichtbarkeitsverlauf der Domain schleswig-holstein.de, Quelle: Sistrix

Durch die fehlenden Umleitungen fanden die Suchmaschinen die alten Inhalte nicht mehr und die Seite sendete viele Fehler (404 – Seite nicht gefunden) zurück. Die Suchmaschinen hatten Schwierigkeiten, die Inhalte einzulesen und werteten in der Folge die gesamte Internetseite ab. In der Grafik in Abbildung 1 ist diese Abwertung durch den Abfall des Sichtbarkeit-Indexes (siehe Kasten) zu erkennen. Der Pfeil zeigt den Mai 2015, in diesem Monat ging die neue Seite online. Dieser Relaunch kostete den Staat (und somit den Steuerzahler) 460.000 Euro[1].

Aber es gibt auch positive Beispiele. So führte der letzte Relaunch der Webpräsenz des Versicherers www.cosmosdirekt.de zu einer nachhaltigen Verbesserung der Sichtbarkeit. Der Versicherungsmarkt ist auch online stark umkämpft. Die Online-Werbung, zum Beispiel über Google AdWords, ist verhältnismäßig teuer und aus diesem Grund ist Suchmaschinenoptimierung in diesem Marktumfeld von besonders großer Bedeutung. Die Seitenbetreiber haben also ein hohes Interesse daran, auch bei einem Relaunch die Positionen für ihre generischen Suchbegriffe nicht zu verlieren. Abbildung 2 zeigt den kurzen Abfall der Sichtbarkeit zum Zeitpunkt des Launches der neuen Seite. Wie man sieht, erholte sich die Seite aber schnell und war nach dem Relaunch sogar sichtbarer als vorher (oberhalb der Linie). Hier wurde offensichtlich vieles richtig gemacht.

---

1   https://fragdenstaat.de/anfrage/relaunch-schleswig-holsteinde

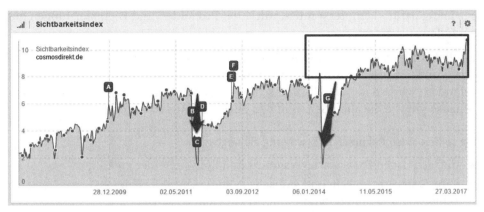

Abb. 2: Sichtbarkeitsverlauf der Domain `cosmosdirekt.de`, Quelle: Sistrix

Relaunch-Fehler sind vermeidbar

Dieser Ratgeber soll Sie vor den oben beschriebenen Folgen schützen. Durch einfache und praxisnahe Anleitungen werden Website-Betreiber und Agenturen Schritt für Schritt in die Lage versetzt, einen Relaunch ohne Verlust der Sichtbarkeit in den Suchmaschinen durchzuführen. Ausführliche Checklisten fassen die Inhalte der jeweiligen Kapitel zusammen und dienen zur Unterstützung der Relaunch-Arbeiten.

Warum überhaupt ein Relaunch?

Die experimentellen Zeiten des Internets sind im Großen und Ganzen »überstanden«. Animierte Briefkästen, über den Bildschirm fliegende Tauben und rieselnder Schnee für die weihnachtliche Stimmung gehören (hoffentlich) der Vergangenheit an. Jeder Betreiber einer Internetseite verfolgt in der Regel ein konkretes Ziel: Shopbetreiber möchten Produkte verkaufen, Blogs möchten gelesen werden, Zeitschriften versuchen, ihre Werbeverluste im Print zu kompensieren usw. Längst sind aus kleinen Ideen riesige Konzerne erwachsen, denken Sie an eBay. 1995 wurde dort der erste defekte Laserpointer ersteigert. Heute ist eBay eine weltweite Handelsplattform mit mehreren Milliarden US-Dollar Handelsumsatz. Fragte man sich noch in den Neunzigern, wozu man eine eigene Internetseite benötigt, gilt es heute als selbstverständlich, eine umfangreiche Website unter eigener Domain zu betreiben.

Große Marken haben es leichter, da diese bekannten Marken direkt von den Besuchern ohne Zutun einer Suchmaschine aufgerufen werden. Kleinere Seiten müssen jedoch dafür Sorge tragen, dass sie in den Suchmaschinen gefunden werden. Die Suchmaschinenplatzierungen sind jedoch nicht in Stein gemeißelt und die Konkurrenz schläft auch nicht, sodass ein Großteil der Internetseiten-Betreiber beständig dafür »kämpfen« muss, mit ihren Produkten und Dienstleistungen gut gefunden zu werden.

Ein Relaunch kann diesen »Kampf« empfindlich stören, da meist bei dieser optischen und technischen Umgestaltung die gesamte Basis der Internetseite so stark verändert wird, dass die Suchmaschinen Probleme haben, die neuen Seiten genauso gut wie die alten Seiten in den Suchergebnissen anzuzeigen.

Sie sollten einen Relaunch in Erwägung ziehen, wenn:

- die technische Basis stark veraltet ist und Softwarefehler enthält,
- Ihre Seiten technisch und optisch so stark »hinterherhinken«, dass es sich schlecht auf Ihre Reputation und Ihr Geschäft auswirkt,
- Ihre Kunden hauptsächlich per Smartphone Ihre Seiten besuchen, Ihre Seiten aber nicht für Smartphones optimiert wurden,
- Schnittstellen zu Ihrem Backoffice nicht durch die bestehende Technik zur Verfügung gestellt werden können und eine Änderung der technischen Basis dadurch herbeigeführt werden muss.

Hinweis zu Links in diesem Buch

Alle Links werden in einer gekürzten Form dargestellt, so können Sie sie einfacher in Ihren Browser eingeben und müssen keine langen Zeichenketten abtippen. Sie finden alle weiterführenden Links zusätzlich auf der Website zum Buch: `relaunch.pro`.

Über den Autor

Timo Heinrich lebt mit seiner Frau und zwei Kindern im Norden Deutschlands, wo er seit 20 Jahren erfolgreich im Online-Business tätig ist. Als Spezialist für Suchmaschinen-Optimierung und Online-Marketing berät er kleine und mittelständische Unternehmen. Er hält regelmäßig Vorträge und lehrt als Gastdozent an der FH Lübeck die Themen Online-Marketing und Suchmaschinen-Optimierung.

Viele der hier im Buch gezeigten Auswertungen und Statistiken entstammen seinen eigenen Projekten. Weitere Informationen zum Autor finden Sie auch unter der Adresse: `http://www.timo-heinrich.com`.

Danksagung

Ich möchte mich bei Lutz Lungershausen bedanken. Als ich Lutz von meiner Idee für eine Relaunch-unterstützende Software und meinen knappen Ressourcen für die Entwicklung dieser Software erzählte, schlug er vor: »Dann schreib doch einfach ein Buch!« Ja, genau, mach' ich dann mal. Was aber zunächst wie eine Schnapsidee klang, verfestigte sich rasch zu einer handfesten Vision. Danke, lieber Lutz, für diesen Impuls.

Da ich keine Ahnung vom Bücherschreiben hatte, kaufte ich mir also erst mal ein Buch zu diesem Thema. Mein Dank gilt daher auch Oliver Gorus, der mir mit seinem Buch »Erfolgreich als Sachbuchautor« geholfen hat, die Idee zu hinterfragen, ein Exposé zu erstellen und schließlich einen Verlag zu finden. Herr Gorus, ich habe alles genauso gemacht, wie Sie es im Buch beschreiben, es funktioniert!

Lutz Hauenschild möchte ich für seine Hilfe bei der Konzeptionierung danken. Lutz, Deine motivierende Art hat mich extrem angetrieben und mir immer wieder das Gefühl gegeben, nicht irgendeinem Hirngespinst hinterherzujagen.

Bedanken möchte ich mich auch bei meinem Verlag und hier im Besonderen bei Frau Sabine Schulz. Es war eine sehr angenehme Zusammenarbeit, durch die tolle Unterstützung und die motivierenden Worte wurde das Schreiben nie zur Belastung.

Ich möchte meinen Eltern danken, die mich und meine zwei Brüder offensichtlich so erzogen haben, dass wir vor nichts zurückschrecken und selbst so abwegige Ideen wie ein Buch zu schreiben angehen und bis zum Ende durchziehen.

Der allergrößte Dank gilt aber natürlich meiner Frau Isabel und meinen Töchtern Enni und Thea. Ein Buch zu schreiben benötigt viel Zeit, Ruhe und ein entspanntes Umfeld. Isabel, vielen Dank, dass Du mir immer den Rücken frei gehalten hast und immer mit Rat und Tat zur Seite stehst. Thea, Deine gebastelte Idee in Form einer abgesägten Plastikflasche und einer ausgeschnittenen Glühlampe ist genial und hat mir den ein oder anderen Geistesblitz geliefert! Enni, vielen Dank, dass Du Thea beim Basteln der Idee geholfen hast.

Ihr seid super!

Teil I

Vor dem Relaunch

Je mehr Sie über Ihre Website wissen, desto besser können Sie den Relaunch planen und steuern.

Bevor Sie mit dem Relaunch beginnen, sollten Sie alle relevanten Daten Ihrer Website erfassen. Sie müssen wissen, über welche Plattformen und Kanäle die Besucher auf Ihre Website kommen und wie viele Besucher diese überhaupt aufrufen. Darüber hinaus sollten Sie Ihre wichtigsten Suchbegriffe identifizieren, deren Suchbegriffspositionen in den Suchmaschinen kennen und diese am besten täglich überwachen. Je eher Sie mit dieser Überwachung beginnen, je mehr Daten Sie sammeln, desto aussagekräftiger sind sie später. Verfügt Ihre Seite über starke Verlinkungen von anderen Seiten, dann sollten Sie auch diese Links im Auge behalten und automatisiert kontrollieren. Hierzu stehen Ihnen verschiedene Tools zur Verfügung, mit denen Sie Ihre Verlinkungen überwachen können. Und zu guter Letzt müssen Sie Ihre Website selbst kennen(lernen): Wie ist die Seite strukturiert? Gibt es besonders wichtige Seiten, weil sie besonders gut gefunden werden? Gibt es Seiten, die eventuell schon vor dem Relaunch gelöscht werden können?

In Kurzform

- Wie groß ist der Umfang der gesamten Seite, wie viele Unterseiten hat die Internetpräsenz?
- Welches sind die am besten besuchten Seiten?
- Wie ist die Struktur Ihrer Internetseite?
- Woher kommen die Besucher?
- Warum kommen die Besucher?
- Wie viele Besucher hat Ihre Seite?
- Welches sind die wichtigsten (Einstiegs-)Seiten?
- Welche Seiten werden von anderen Seiten verlinkt?
- Welche Seiten werden sehr selten aufgerufen?
- Welche Tools können Sie hierbei unterstützen?
- Wie können Sie die Auswertungen und Daten dokumentieren?

In diesem Teil:

## Kapitel 1

Bereiten Sie Ihren Werkzeugkasten vor

In diesem Kapitel packen wir unsere Werkzeugkiste mit den wichtigsten Tools für Ihren Relaunch. Für einen Großteil der in diesem Buch beschriebenen Arbeiten und Werkzeuge benötigen Sie ein kostenloses Google-Konto, die Google Search Console und eine Website-Statistik, zum Beispiel Google Analytics. Im ersten Schritt richten wir diese Google-Tools ein.

1.1 Ein kostenloses Google-Konto erstellen

Die folgende Anleitung zeigt Ihnen, wie Sie Schritt für Schritt in circa fünf Minuten ein Google-Konto anlegen.

Suchen Sie im Suchschlitz bei Google nach »Google-Konto einrichten«. Das ist meist tatsächlich der einfachste Weg, da Google es immer wieder schafft, den Link zur Einrichtung gut zu verstecken. Klicken Sie im Suchergebnis auf das (wahrscheinlich erste) Suchergebnis.

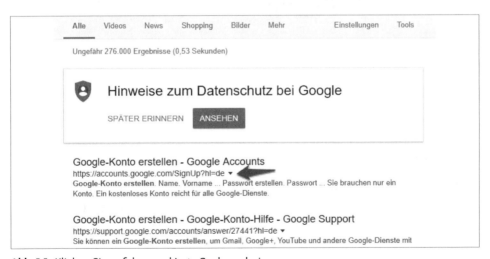

Abb. 1.1: Klicken Sie auf das markierte Suchergebnis.

Sie erhalten das Formular aus Abbildung 1.2, in das Sie Ihre persönlichen Daten eingeben. Sie können eine neue Google-Mail-Adresse »beantragen« oder aber auch Ihre bestehende E-Mail-Adresse verwenden. Auf jeden Fall müssen Sie

Zugriff auf die Mail-Adresse haben, da Google eine Bestätigungsmail an die jeweilige Adresse sendet. Im unteren Bereich wird zusätzlich eine Mobilfunknummer abgefragt, hier sollten Sie eine korrekte Nummer eingeben, da auch das Handy als Zusatzauthentifizierung von Google genutzt wird. So ist es beispielsweise möglich, Ihr Google-Konto zusätzlich mit einer »Zweifaktor-Authentifizierung« zu schützen. Hierbei wird beim Anmelden an das Google-Konto eine zweite Sicherheitsebene verwendet, indem Google an Ihr Smartphone einen Code sendet, den Sie zusätzlich zu Ihren Anmeldedaten eingeben müssen. Diese Absicherung schützt Ihr Google-Konto zusätzlich gegen unberechtigte Zugriffe durch Dritte.

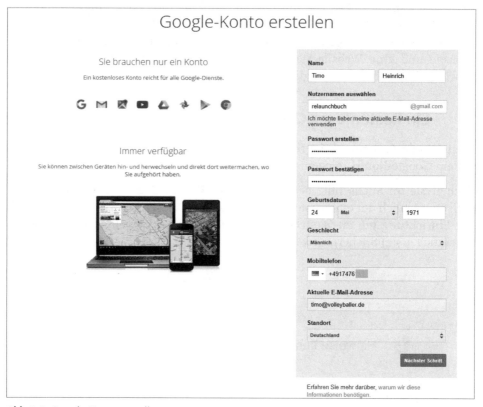

Abb. 1.2: Google-Konto erstellen

Auch wenn Sie später keine Zweifaktor-Authentifizierung nutzen möchten, sollten Sie eine korrekte Handynummer angeben, da Google in einigen Fällen bei der Kontoeinrichtung zur Verifizierung an die hinterlegte Handynummer einen Code sendet, den Sie dann im Einrichtungsprozess angeben müssen.

Nach der Eingabe Ihrer persönlichen Daten – samt sicherem Passwort – klicken Sie auf NÄCHSTER SCHRITT. Sie sehen dann ein Fenster, in dem Sie die Datenschutzhinweise bestätigen müssen.

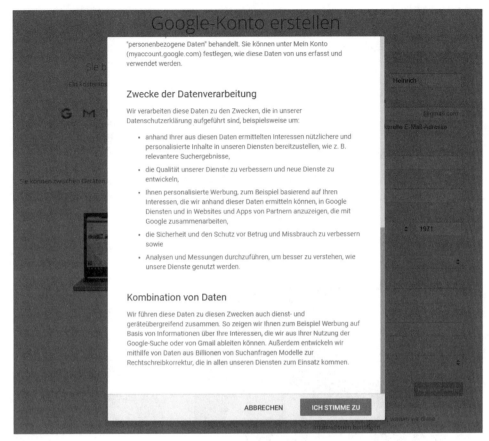

Abb. 1.3: Die Datenschutzbestimmungen für die Nutzung Ihres Google-Kontos

Wenn Sie den Bestimmungen zustimmen, dann klicken Sie auf den blauen Button ICH STIMME ZU.

Abb. 1.4: Und schon ist Ihr Google-Konto eingerichtet.

Die Einrichtung des Google-Kontos ist hiermit abgeschlossen und Sie können, wie im nächsten Abschnitt beschrieben, gleich das erste Google-Tool, die Google Search Console einrichten.

1.2 Die Google Search Console einrichten

Sollten Sie die kostenlose Google Search Console noch nicht nutzen, dann empfehle ich Ihnen dringend, sie umgehend einzurichten. Die Einrichtung geht schnell und problemlos vonstatten und wird in diesem Abschnitt genauer erklärt.

Melden Sie sich mit Ihrem Google-Konto bei Google an. Anschließend besuchen Sie die Seite: `relaunch.pro/1`. Sie sollten dann die Internetseite aus Abbildung 1.5 sehen.

Abb. 1.5: Hinweise zur Google Search Console

Auf der Seite erklärt Google grundlegende Funktionen der Search Console, klicken Sie auf den grünen Button, um mit der Einrichtung fortzufahren. Nach der nochmaligen Eingabe Ihres Google-Passworts gelangen Sie auf die Startseite der Search Console.

Wie Sie in Abbildung 1.6 sehen, ist das Design der Search Console schon etwas in die Jahre gekommen, den Funktionen der Search Console tut das aber keinen Abbruch, im Gegenteil, durch die einfache Darstellung geht die Bedienung einfach und schnell vonstatten.

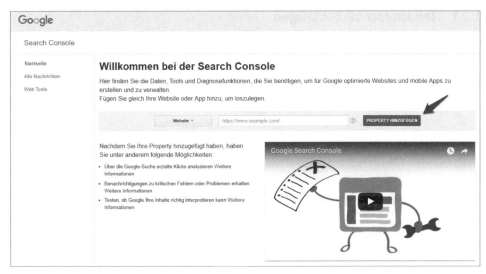

Abb. 1.6: Die Google-Search-Console-Startseite

Der rote Pfeil im Screenshot zeigt auf PROPERTY HINZUFÜGEN. Mit diesem Button melden Sie Ihre Webseite in der Search Console an. Eine »Property« muss aber nicht zwingend nur ein Domainname sein, `www.ihredomain.de`, sondern kann auch Unterverzeichnisse enthalten, `www.ihredomain.de/produkte/`, dazu aber später mehr.

Beim Anlegen der Property ist es sehr wichtig, dass Sie die korrekte Adresse angeben, das umfasst auch das Protokoll (HTTPS oder HTTP) und den Umstand, ob Ihre Seite mit oder ohne www erreichbar ist. Im folgenden Beispiel in Abbildung 1.7 handelt es sich um eine Internetseite, die per HTTPS verschlüsselt ist und nur ohne www erreichbar ist (`https://relaunch.pro`).

Willkommen bei der Search Console

Hier finden Sie die Daten, Tools und Diagnosefunktionen, die Sie benötigen, um für Google optimierte Websites und mobile Apps zu erstellen und zu verwalten.
Fügen Sie gleich Ihre Website oder App hinzu, um loszulegen.

| Website ▼ | https://relaunch.pro | ⑦ | PROPERTY HINZUFÜGEN |

Abb. 1.7: Property korrekt anlegen

Wenn Sie Ihre Internetadresse eingegeben und auf den Button PROPERTY HINZU-FÜGEN klicken, müssen Sie im nächsten Schritt die Inhaberschaft bestätigen. Mit diesem Schritt stellt Google sicher, dass Sie über die nötigen Rechte verfügen, diese Domain zu verwalten. Sie können also (leider) keine fremden Domains – zum Beispiel die Ihrer Marktbegleiter – analysieren.

1.2.1 Inhaberschaft bestätigen

Die Überprüfung der Inhaberschaft kann über verschiedene Wege geschehen.

Abb. 1.8: Inhaberschaft bestätigen

Eine Möglichkeit ist, eine HTML-Datei, die von Google im Screenshot in Abbildung 1.8 empfohlen wird, auf den Server zu laden. Dazu laden Sie die von Google verlinkte Datei herunter und laden sie mit einem FTP-Programm auf Ihren Server. Andere Alternativen sehen Sie in Abbildung 1.9.

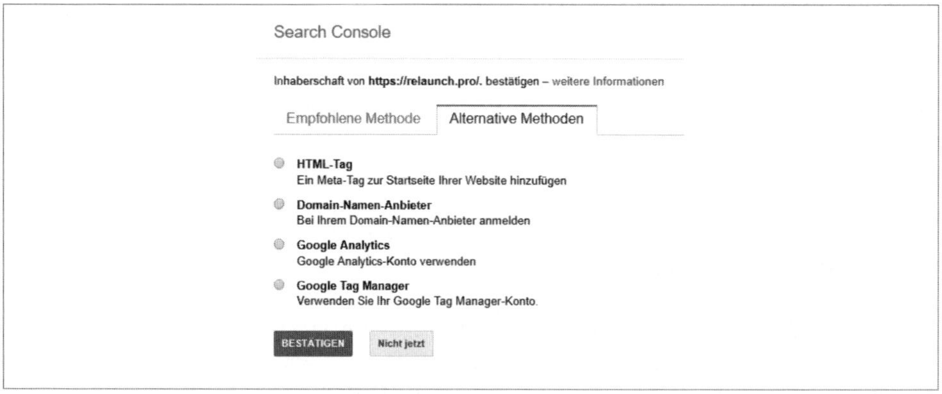

Abb. 1.9: Alternative Methoden zur Authentifizierung

Wie Sie sehen, kann Google Ihre Seite auf verschiedenste Wege verifizieren, in jedem Fall benötigen Sie Zugriff auf die Dateien/Seiten Ihrer Domain. Wenn Sie diesen Zugriff selbst nicht haben, dann können Sie trotzdem schon Ihre Property anmelden und im Verifizierungsprozess auf den Button NICHT JETZT klicken. Im Anschluss können Sie den Verwalter Ihrer Internetseiten bitten, die Seite – zum Beispiel durch Hochladen der HTML-Datei – zu verifizieren. Wurde die HTML-Datei hochgeladen, müssen Sie erneut die Property bestätigen. Sie erkennen die unbestätigten Properties an einer entsprechenden Markierung in der Liste NICHT BESTÄTIGT.

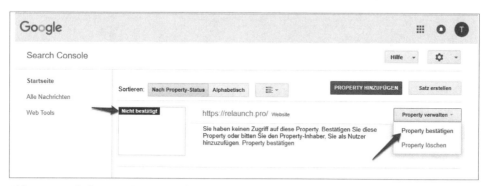

Abb. 1.10: Nicht bestätigte Property bestätigen

Nachdem also Ihr »Webmaster« die HTML-Seite hochgeladen hat, können Sie jetzt die Property bestätigen, indem Sie auf PROPERTY BESTÄTIGEN klicken.

Wenn alles geklappt hat, sollten Sie etwas wie in Abbildung 1.11 sehen.

Abb. 1.11: Die Property wurde erfolgreich eingerichtet.

Klicken Sie auf WEITER, Sie sehen dann die Einstiegsseite in der Search Console für die neue Property.

1.2.2 Einrichtung überprüfen

Auf der linken Seite befindet sich die Navigation. Im Hauptbereich sehen Sie vermutlich erst mal nichts bzw. »keine Daten«. Der Grund: Google startet jetzt erst mit der Diagnose Ihrer Seite, innerhalb von ein bis zwei Tagen sollten Sie aber spätestens hier Daten sehen können.

Abb. 1.12: Die Einstiegsseite der neuen Property

Wenn Sie auch nach zwei Tagen keine Daten sehen können, dann könnte das folgende Gründe haben:

- Sie haben die falsche URL angemeldet. Für Google ist es ein Unterschied, ob die Seite per HTTPS oder HTTP erreichbar ist. Wenn Google nur die HTTP-Version indexiert hat, dann kennt die Suchmaschine die andere Variante nicht. Genauso verhält es sich mit den Versionen www und kein www, also `www.ihredomain.de` und `ihredomain.de`. Beides sind für Google unterschiedliche Adressen. Prüfen Sie also genau, welche Property Sie hier anmelden. Genauso verhält es sich mit der HTTP- und HTTPS-Variante. Wenn Sie vor Kurzem die SSL-Version, also HTTPS, eingeführt haben, macht es Sinn, beide Versionen in der Search Console anzumelden, um dort den Indexierungsstatus zu verfolgen. Dazu aber später mehr in Kapitel 3.

- Wenn Sie keine Daten in der »Suchanalyse« sehen, dann kann es sein, dass noch niemand in den Suchergebnissen auf Ihre Seite geklickt hat. Das sollte sich aber bitte in nächster Zeit durch die neue und viel bessere Website ändern.

- Sitemap-Daten zeigt Google oft nur dann an, wenn Sie bei Google eine Sitemap hinterlegen, dazu auch später mehr, wenn ich auf die grundlegenden Funktionen der Search Console weiter eingehe.

Google selbst bietet eine umfangreiche Hilfeseite für die Google Search Console unter der Adresse `relaunch.pro/15` an.

1.2.3   E-Mail-Benachrichtigungen aktivieren

Eine unscheinbare, aber immens wichtige Funktion der Search Console ist die Benachrichtigungsfunktion. Google informiert Sie über diesen Weg per E-Mail über verschiedene Ereignisse und Fehler, die in Ihrer Internetseite festgestellt wurden, zum Beispiel:

- starke Zunahme von 404-Fehlern (Seite nicht gefunden)
- veraltete Software, zum Beispiel WordPress
- manuelle Maßnahmen, zum Beispiel durch auffällige Verlinkungen
- Verdacht auf gehackte Website oder Schadsoftware
- Verstöße gegen die Qualitätsrichtlinien von Google, siehe auch Googles Hinweise hierzu unter `relaunch.pro/18`

Sie sehen anhand der oben aufgeführten Punkte, wie essenziell diese Benachrichtigungen sein können, im schlimmsten Fall kann Google Ihre Seite blockieren und aus dem Google-Index verschwinden lassen.

Wenn Sie also nicht von Fehlern überrascht werden möchten, dann richten Sie die Benachrichtigung wie folgt ein:

Klicken Sie oben rechts auf das »Zahnrad«.

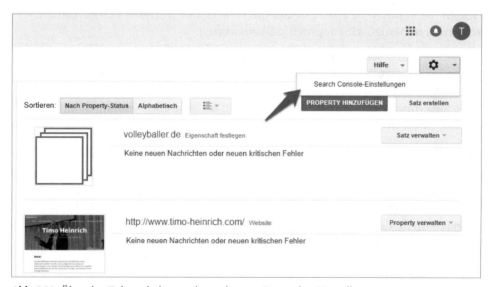

Abb. 1.13: Über das Zahnrad oben rechts gelangen Sie zu den Einstellungen.

Auf der Startseite der SEARCH CONSOLE-EINSTELLUNGEN sehen Sie die Einstellungen für die E-Mail-Benachrichtigungen.

Abb. 1.14: E-Mail-Einstellungen prüfen

Prüfen Sie, ob der Haken entsprechend gesetzt ist. Das war es schon. Noch ein Tipp: Benutzen Sie bitte für Ihr Google-Konto, mit dem Sie die Search Console angemeldet haben, ein E-Mail Konto, das Sie regelmäßig abfragen, ansonsten landen die Benachrichtigungen von Google im »virtuellen Nirwana«.

1.2.4 Mehrere Properties für eine Domain anmelden

Wenn Ihre Internetseite über eine thematische Verzeichnisstruktur verfügt, z.B. /news/ oder /blog/ und so weiter, dann sollten Sie zusätzlich zur Domain für jedes Verzeichnis ein eigenes Objekt, Property genannt, in der Search Console einrichten. So können Sie später besser die verschiedenen Daten den einzelnen Verzeichnissen thematisch zuordnen und auswerten.

Ein weiterer und sehr wichtiger Vorteil: Wenn Sie nach dem Relaunch Ihre neuen Seiten bei Google zur Indexierung neu anmelden, können Sie pro Property maximal 500 URLs pro Woche abrufen lassen. Wenn Sie aber Ihre einzelnen Verzeichnisse als Property eingerichtet haben, können Sie schneller wesentlich mehr URLs bei Google anmelden.

In Abbildung 1.15 sehen Sie eine Search Console mit mehreren Properties.

Für die Domain volleyballer.de wurden in diesem Beispiel mehrere Properties angemeldet, hierbei handelt es sich um Unterverzeichnisse, die thematisch kategorisiert sind. Das Verzeichnis /news enthält aktuelle Meldungen, im Verzeichnis /regeln dreht sich alles um Hallenvolleyball- und Beachvolleyball-Regeln. Inhaltlich also völlig unterschiedliche Themen, die durch die eigene Property jeweils separat ausgewertet werden können.

Zusätzlich habe ich eine Property für die gesamte Domain volleyballer.de angelegt, damit ich eine komplette Übersicht über die Entwicklung der gesamten Domain habe.

Sie können zusätzlich einzelne Properties zu einem Satz zusammenlegen. In diesem Satz werden dann die Daten der hinzugefügten Properties zusammengefasst dargestellt.

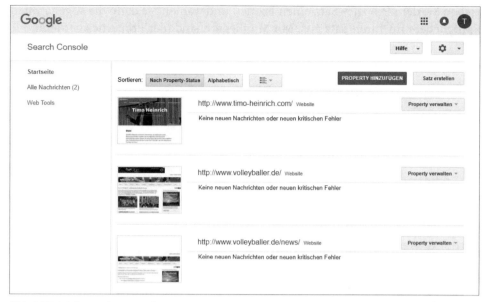

Abb. 1.15: Mehrere thematisch segmentierte Properties

Sinn macht diese Vorgehensweise, wenn Sie zum Beispiel einen Online-Shop betreiben und Shopkategorien flexibel zusammengefasst auswerten möchten. Voraussetzung ist allerdings, dass diese Kategorien in eigenen Verzeichnissen organisiert sind. Wenn das nicht der Fall ist, können Sie das ja mal gleich auf Ihre »Relaunch-To-do-Liste« schreiben.

So erstellen Sie einen Property-Satz in der Search Console

Rufen Sie die Übersicht Ihrer Properties auf. Klicken Sie dann oben rechts auf den Button SATZ ERSTELLEN.

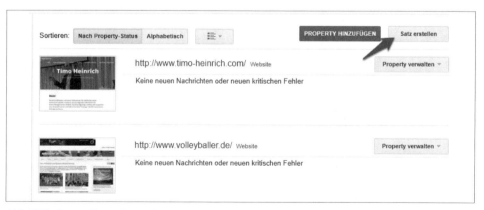

Abb. 1.16: Fügen Sie mehrere Properties zu einem Satz zusammen.

Geben Sie dem Property-Satz einen Namen und wählen Sie dann die sogenannten »Mitglieder« für Ihren Satz aus. Mit Mitgliedern sind hier Properties gemeint.

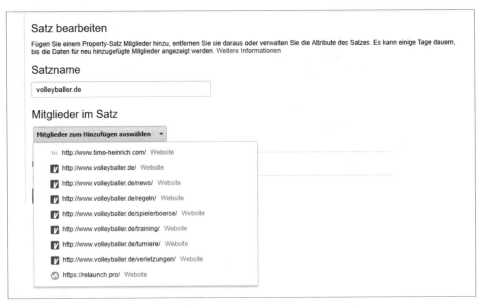

Abb. 1.17: Wählen Sie die Properties für den Property-Satz aus.

Klicken Sie abschließend auf ÄNDERUNGEN SPEICHERN und schon haben Sie Ihren ersten Property-Satz erstellt.

Abb. 1.18: Der Property-Satz wurde erstellt.

In dem Property-Satz können Sie nicht alle Auswertungen sehen, die Ihnen sonst zur Verfügung stehen, laut Google werden aber in Zukunft immer mehr Auswertungen in diese Funktion integriert. Weitere Informationen hierzu finden Sie unter `relaunch.pro/17`.

Die Google Search Console gehört zu den wichtigsten Hilfswerkzeugen für Ihren Relaunch, von daher schauen wir uns ein paar weitere grundlegende Funktionen an, bevor wir zum nächsten Schritt kommen.

1.2.5 Benutzer hinzufügen

Sollten mehrere Personen an Ihrer Website arbeiten, macht es Sinn, auch diesen Zugriff auf die Search Console zu geben. Sie können Ihre Properties, für die Sie selbst als »Eigentümer« eingetragen sind, für andere Google-Konten zugänglich machen. Klicken Sie dafür in der Übersicht der Properties auf PROPERTY VERWALTEN, rechts neben der Property, die Sie einem weiteren Nutzer zuordnen möchten.

In dem erscheinenden Drop-down-Menü wählen Sie NUTZER HINZUFÜGEN ODER ENTFERNEN aus.

Abb. 1.19: Nutzer zur Google Search Console hinzufügen

Klicken Sie im nachfolgenden Dialog auf den roten Button oben rechts, NEUEN NUTZER HINZUFÜGEN.

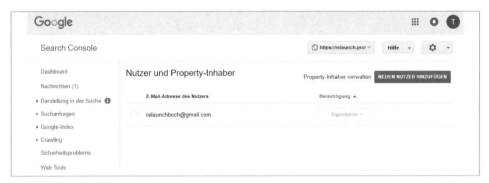

Abb. 1.20: In dieser Ansicht sehen Sie auch die bereits eingerichteten Nutzer und Property-Inhaber.

Tragen Sie dann im Dialogfenster die entsprechende E-Mail-Adresse des Google-Accounts ein, der Zugriff auf diese Property bekommen soll. Zusätzlich können

Sie die Zugriffsrechte einschränken. »Eingeschränkt« bedeutet in diesem Fall: Der Nutzer hat nur Leserechte, kann also zum Beispiel keine Sitemap hochladen.

Weitere Informationen zu den Nutzerrechten (wobei sich Google hier selbst nur sehr undifferenziert ausdrückt) finden Sie in der Google-Hilfe unter `relaunch.pro/19`.

Abb. 1.21: E-Mail-Adresse eintragen, Berechtigung wählen, fertig

1.2.6 Das »90-Tage-Problem« der Google Search Console

Die Google Search Console hat noch wesentlich mehr drauf, als Ihnen Ihre Seitenanzahl anzuzeigen und die Sitemaps zu verwalten. Im Bereich SUCHANALYSE können Sie zum Beispiel sehen, welche Suchbegriffe Ihrer Seite angeklickt oder wie häufig diese in den Suchergebnisseiten angezeigt wurden.

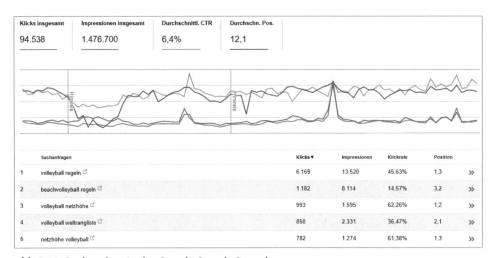

Abb. 1.22: Suchanalyse in der Google Search Console

Gerade die Daten der Suchanalyse sind für den Relaunch hochinteressant, Sie können hier direkt sehen, ob sich die Daten (Position, Klickrate, Impressionen, Klicks) Ihrer Suchbegriffe verändern. Leider können Sie aber immer nur die Daten der letzten 90 Tage einsehen. Gerade bei einem Relaunch macht es Sinn, auch längere Zeiträume auswerten zu können. Da die Search Console jedoch über eine Schnittstelle (API) verfügt, über die man auch »von außen« Daten abfragen kann, gibt es natürlich auch für das »90-Tage-Problem« Hilfe. Einige Anbieter bieten Lösungen an, mit denen die Daten aus der Search Console über die Schnittstelle fortwährend ausgelesen und gespeichert werden. Folgende Tools möchte ich Ihnen in diesem Zusammenhang empfehlen:

- **pagerangers.com**

  Hierbei handelt es sich um eine sehr preiswerte All-in-One-SEO-Software, die zusätzlich die Daten aus der Search Console dauerhaft speichert. Des Weiteren können Sie Keywords überwachen, Links prüfen und Ihre Seite überprüfen. Preislich liegt dieses Tool bei 40 Euro pro Monat: `relaunch.pro/26`

- **Sistrix**

  ist eine etablierte SEO-Suite und seit 2008 am Markt. Die Software kann modulweise gebucht werden, jedes Modul kostet 119 Euro pro Monat: `relaunch.pro/7`

- **Xovi**

  ist ebenfalls eine Komplettlösung und für alle Aufgaben rund um die Optimierung Ihrer Website geeignet. 2015 wurde hier die Möglichkeit der dauerhaften Speicherung der Google Search Console integriert. Das Tool kostet ab 119 Euro pro Monat, hat aber im Gegensatz zu Sistrix für den genannten Preis bereits alle wichtigen Funktionen an Bord: `relaunch.pro/8`

- **ryte.com**

  Dieses Tool bietet zusätzlich zu mächtigen Onpage-Analysen die Möglichkeit, die Schnittstelle der Search Console anzuzapfen und diese Daten über den 90-Tage-Zeitraum hinaus zu speichern. Das Tool kostet ab 99,99 Euro pro Monat: `relaunch.pro/5`

Die hier genannten Tools sind nur ein kleiner Ausschnitt aus dem großen SEO-Software-Markt. Die Anbieter entwickeln ihre Produkte ständig weiter und fügen immer wieder neue Funktionen hinzu. Letztendlich ist es oftmals Geschmacksache und eine Budgetfrage, die jeder für sich selbst entscheiden muss. Manchmal ist es auch sinnvoll, mit günstigeren Lösungen einzusteigen, um dann eventuell später auf größere Tools zu wechseln. Hierzu aber noch ein Hinweis: Da die hier genannten Tools alle als »Software as a Service« angeboten werden, das heißt, die Software und Ihre Daten liegen auf den Servern des Software-Anbieters, verlieren Sie bei einem Softwarewechsel Ihre dort gesammelten Daten. Auf jeden Fall sollten Sie bei einem Softwarewechsel wenn möglich die wichtigsten Daten aus den Tools exportieren. Jedes der genannten Tools können Sie mindestens 14 Tage kostenlos testen, nutzen Sie diesen Testzeitraum, um für sich das richtige Werkzeug auszusuchen.

Zum Einstieg empfehle ich Ihnen Xovi, da dieses Tool einen sehr großen Funktionsumfang für vergleichsweise wenig Kosten mitbringt und Sie damit so alle nötigen Analysen und Arbeiten für Ihren Relaunch durchführen können.

Verfügen Sie über ein größeres Budget, dann sollten Sie sich Sistrix genauer anschauen, hier benötigen Sie dann die volle Ausbaustufe, die mit 476 Euro pro Monat zu Buche schlägt. Sistrix wird auch gerne von Suchmaschinenprofis genutzt, da es auf eine lange Datenhistorie zurückgreifen kann.

1.2.7 Vorschau: Die neue Google Search Console

Während der Entstehungsphase dieses Buches hat Google damit begonnen, eine neue Version der Google Search Console zu veröffentlichen. Diese Vorabversion der Search Console hatte jedoch zu diesem Zeitpunkt nur sehr wenige Funktionen der alten Search Console integriert, sodass in diesem Buch noch die Funktionsweisen der alten Google Search Console erklärt werden. Trotzdem möchte ich Ihnen einen kleinen Vorgeschmack auf die neue Search Console geben, falls Sie diese gegebenenfalls einsetzen möchten.

Sie erreichen die neue Google Search Console unter der URL `relaunch.pro/159`.

Abb. 1.23: Die Einstiegsseite der neuen Google Search Console

Klicken Sie auf PROPERTY SUCHEN oben rechts in der grauen Auswahlbox. Wählen Sie anschließend Ihre Property aus. Falls keine Properties angezeigt werden, sind Sie noch nicht für die neue Google Search Console freigeschaltet. Sie müssen sich dann in Geduld üben und immer mal wieder die Seite aufrufen, irgendwann wird Google Ihre Search Console freischalten. Leider gibt es keine Funktion, mit der man die Freischaltung beschleunigen oder beantragen könnte.

Wenn Sie eine Property ausgewählt haben, bekommen Sie eine Ansicht mit zwei Auswertungen: die Klicks in den Suchergebnisseiten Ihrer Seiten und die Indexabdeckung. In der Navigation auf der linken Seite können Sie weitere Funktionen auswählen.

Abb. 1.24: Die ersten Auswertungen in der neuen Google Search Console

Über den Grafiken befindet sich oben rechts jeweils eine Schaltfläche. Klicken Sie auf BERICHT ÖFFNEN, um weitere Details zu der jeweiligen Auswertung aufzurufen.

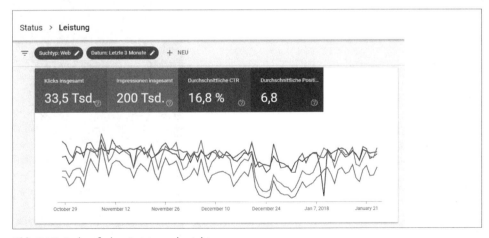

Abb. 1.25: Farbenfroher Leistungsbericht

Sie sehen in Abbildung 1.25, dass sich das Design gegenüber der alten Google Search Console stark verändert hat. Wenn Sie auf die farbigen Flächen klicken, werden die dazugehörigen Daten in der Grafik visualisiert und in der darunter stehenden Tabelle aufgeführt.

Suchanfragen	↓ Klicks	Impressionen	CTR	Position
volleyball regeln	3.756	19.193	19,6 %	2,4
volleyball netzhöhe	1.056	1.502	70,3 %	1
volleyballregeln	750	1.877	40 %	1,4
netzhöhe volleyball	625	1.317	47,5 %	1,4

Abb. 1.26: Tabellarische Darstellung der Leistungsdaten

Bis hierher sieht alles etwas gefälliger aus, ist aber inhaltlich relativ gleich geblieben. Es gibt jedoch zu der optischen Verjüngungskur einen entscheidenden Vorteil in der neuen Search Console. Die Datenbasis ist jetzt nicht mehr auf nur 90 Tage beschränkt, sondern wurde auf **16 Monate** hochgesetzt. Somit können Sie jetzt endlich längere Zeiträume in der Google Search Console betrachten.

Um einen Zeitraum auszuwählen, klicken Sie in der oberen Leiste auf DATUM: LETZTE 3 MONATE. Wählen Sie dann den gewünschten Zeitraum aus; wenn Sie die vollen 16 Monate anschauen möchten, klicken Sie auf GESAMTER ZEITRAUM.

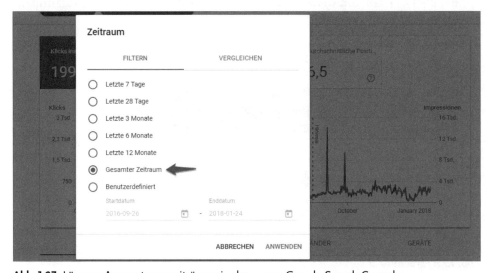

Abb. 1.27: Längere Auswertungszeiträume in der neuen Google Search Console

Wenn Sie zusätzlich einen Suchbegriff in der Tabelle anklicken, so erhalten Sie eine Übersicht über die Leistungsdaten eines speziellen Keywords. Abbildung 1.28 zeigt den Verlauf des Keywords »Volleyball Regeln« über einen Zeitraum von 16 Monaten.

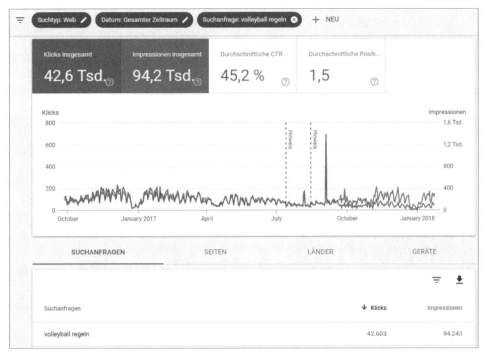

Abb. 1.28: Klicks und Impressionen des Keywords »Volleyball Regeln«

Abbildung 1.29 zeigt die separierte Betrachtung der durchschnittlichen Position des Suchbegriffs und verdeutlicht so den Abfall der Suchbegriffsposition.

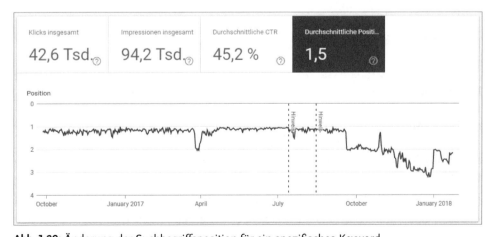

Abb. 1.29: Änderung der Suchbegriffsposition für ein spezifisches Keyword

Sie sehen anhand dieser Beispiele, dass die neue Search Console mit frischen Design und stark überarbeiteter Benutzerführung aufwarten kann. Leider fehlte zu dem Zeitpunkt der Erstellung dieses Buches ein Großteil der Funktionen, sodass ich Ihnen hier nur einen kleinen Vorgeschmack auf die neue Search Console geben kann.

Der größte Vorteil der neuen Console ist natürlich der stark erweiterte Berichtszeitraum, endlich können wir so längere Betrachtungen vornehmen und das »90-Tage-Problem« hat sich so auch erledigt. Leider sind einige Funktionen sehr versteckt und nicht sofort ersichtlich, nach etwas Einarbeitung sollte man sich jedoch auch in der neuen Search Console schnell zurechtfinden.

Checkliste: Einrichtung der Google Search Console

- Legen Sie ein Google-Konto an.
- Starten Sie das Setup der Google Search Console.
- Authentifizieren Sie sich als Website-Inhaber über die verschiedenen Optionen.
- Aktivieren Sie die E-Mail-Benachrichtigung, damit Sie bei wichtigen Ereignissen innerhalb Ihrer Projekte benachrichtigt werden.
- Legen Sie gegebenenfalls mehrere Properties für unterschiedliche Website-Bereiche an.
- Fassen Sie bei großen Konten Properties zu Property-Sätzen zusammen.
- Laden Sie bei Bedarf weitere Benutzer ein.
- Testen Sie die SEO-Tools für die dauerhafte Speicherung der Google-Search-Console-Daten.
- Testen Sie die neue Google Search Console; falls Sie schon Zugriff darauf haben, können Sie sich die Tools zur Speicherung der Search-Console-Daten ggf. sparen.

1.3 Eine XML-Sitemap erstellen und einreichen

Mit einer Sitemap haben Sie die Möglichkeit, den Suchmaschinen die komplette URL-Struktur Ihrer Internetseiten in maschinenlesbarer Form zu präsentieren. Technisch handelt es sich bei der Sitemap meist um eine oder mehrere sogenannte »XML-Dateien«, in denen jede Unterseite Ihrer Internet-Präsenz verzeichnet ist. Sie können eigene Sitemaps für Videoinhalte oder Bilder anlegen, standardmäßig wird aber oftmals eine einzige Datei verwendet, in der alle Seiten aufgelistet werden.

In der Theorie benötigen Sie eigentlich keine Sitemap, da Sie ja davon ausgehen müssen, dass Ihre Internetseite auch ohne Sitemap durch die Suchmaschinen vollständig eingelesen werden kann. Die Praxis zeigt aber, dass es immer wieder vorkommt, dass Suchmaschinen eben nicht die komplette Struktur einer Internet-Präsenz erfassen. Bei tief verschachtelten oder schlecht verlinkten Seiten kommt es immer wieder vor, dass Suchmaschinen dann einige Unterseiten nicht »sehen« und indexieren.

Das folgende Codebeispiel zeigt eine Sitemap mit einer URL:

```
<?xml version="1.0" encoding="UTF-8"?>
<urlset xmlns="http://www.sitemaps.org/schemas/sitemap/0.9">
 <url>
 <loc>http://www.ihrebeispielurl.de/foo.html</loc>
 </url>
</urlset>
```

Listing 1.1: Beispiel einer XML-Sitemap

Früher wurden Sitemaps eingesetzt, um Suchmaschinen bei schlecht lesbaren Navigationselementen zu helfen, alle Unterseiten zu finden. Werden Navigationselemente mit JavaScript oder gar Flash eingesetzt, dann können die Suchmaschinen die Inhalte, also die verlinkten Seiten, nicht – oder nur unzuverlässig – »sehen« und somit auch nicht indexieren.

1.3.1 Wo versteckt sich Ihre Sitemap?

Die Sitemap befindet sich in der Regel im Hauptverzeichnis Ihrer Domain und sollte `sitemap.xml` heißen. Der komplette Pfad wäre also: `www.ihreseite.de/sitemap.xml`. Probieren Sie mal aus, ob Ihre Internetseite über eine Sitemap verfügt. Nichts gefunden? Dann könnte es sein, dass es keine Sitemap gibt oder dass sie unter einem anderen Namen abgespeichert wurde. Im letzten Fall sollte dann aber ein Hinweis in der sogenannten `robots.txt` vorhanden sein. In dieser Datei können Sie den Suchmaschinen Hinweise zu verschiedenen »Themen« geben, so auch zum Speicherort der Sitemap-Datei. Die `robots.txt` befindet sich ebenfalls im Hauptpfad. Ob Ihre Internetseite über eine `robots.txt`-Datei verfügt, können Sie auch ganz einfach prüfen: Geben Sie im Browser einfach `www.ihreseite.de/robots.txt` ein. Wieder nichts gefunden? Dann schauen Sie mal in die `robots.txt` meiner `volleyballer.de`-Seite: `www.volleyballer.de/robots.txt`. Dort sehen Sie, dass ich mehrere Sitemaps verwende.

Der folgende Code zeigt einen Ausschnitt aus der `robots.txt`:

```
# Sitemaps

# fuer Google News SERP
```

```
Sitemap: http://www.volleyballer.de/google-news-sitemap.xml
# statisch
Sitemap: http://www.volleyballer.de/sitemap-regeln.xml
Sitemap: http://www.volleyballer.de/sitemap-verletzungen.xml
Sitemap: http://www.volleyballer.de/sitemap-training.xml
Sitemap: http://www.volleyballer.de/sitemap-spielerportraits.xml
```

Listing 1.2: Mehrere Sitemaps über eine `robots.txt` deklariert

Die Syntax ist recht einfach zu verstehen: Die Zeilen mit dem vorgestellten #-Zeichen sind Kommentare und werden von den Suchmaschinen ignoriert. Die Zeilen, die mit `Sitemap:` beginnen, sind die Pfadangaben der Sitemaps für die Suchmaschinen.

1.3.2 Warum verschiedene Sitemaps?

In meinem Beispiel sehen Sie, dass ich mehrere verschiedene Sitemaps in der `robots.txt` definiert habe, und Sie fragen sich sicherlich, welchen Sinn das haben könnte. Es gibt tatsächlich mehrere Gründe, mehrere Sitemaps anzulegen:

- Sie dürfen nicht mehr als 50.000 URLs pro Sitemap angeben; wenn Sie über mehr als 50.000 Unterseiten verfügen, so müssen Sie diese in mehreren Sitemaps verteilen.
- Eine Sitemap-Datei darf nicht größer als 10 Mbyte sein.

Ihre Seite hat keine 50.000 Unterseiten? Trotzdem macht es Sinn, die Sitemaps aufzuteilen. Wie Sie in meiner `robots.txt` sehen, habe ich die Sitemaps thematisch aufgegliedert. Es gibt eigene Sitemaps für die Nachrichtenseiten `google-news-sitemap.xml`, für die Vereinsseiten und die Spielerbörseneinträge wurden ebenfalls eigene Sitemaps generiert. In meinem Fall generiert mein Content-Management-System, mit dem ich die Seiten pflege, jedes Mal eine neue »Themen-Sitemap«, sobald eine neue Pressemitteilung in den News-Bereich eingepflegt wird. Genauso verhält es sich mit allen anderen dynamischen Bereichen der Website. Das ist also der erste Grund: Es muss immer nur ein kleiner Teilbereich der Seite neu in der jeweiligen Sitemap deklariert werden. Das geht wesentlich schneller und ist weniger fehleranfällig. Wenn es zu Fehlern beim Generieren der Sitemap kommt, dann ist immer nur ein kleiner Teilbereich betroffen und nicht die gesamte Sitemap.

Ein weiterer Vorteil mehrerer Sitemaps in der Google Search Console erschließt sich aus Abbildung 1.30.

In dem Screenshot sehen Sie alle Sitemaps, die ich zurzeit für `volleyballer.de` eingereicht habe. Für jede einzelne Sitemap gibt Ihnen Google eine eigene Auswertung an die Hand. Sie können so feststellen, ob die jeweilige Sitemap fehlerhaft ist, um welchen Sitemap-Typ es sich handelt und wie viele Seiten Google aus den einzelnen Sitemaps indexiert hat. Die Aufteilung der Sitemaps versetzt Sie in die Lage, Ihre Internetseite viel differenzierter und gezielter auszuwerten.

Sitemaps (Alle Inhaltstypen)								
Alle herunterladen	Erneut senden	Löschen				Anzeigen 25 Zeilen ▾	1 - 11 von 11 ‹ ›	
□ #		Sitemap ▲	Typ	Verarbeitet	Probleme	Elemente	Eingereicht	Indexiert
□ 1	ⓘ	/google-news-sitemap.xml	Sitemap	16. Juli 2017	1 Warnungen	Web	5.634	5.030
						News	5.634	-
□ 2	ⓘ	/sitemap-deindex-news.txt	URL-Liste	14. Juli 2017	43 Warnungen	Web	11.217	156
□ 3		/sitemap-news-xml.php	Sitemap	15. Juli 2017	-	Web	5.639	5.027
□ 4		/sitemap-regeln.xml	Sitemap	7. Juli 2017	-	Web	288	254
□ 5		/sitemap-spielerboerse-xml.php	Sitemap	16. Juli 2017	-	Web	618	615
□ 6	ⓘ	/sitemap-spielerportraits.xml	Sitemap	14. Juli 2017	1 Warnungen	Web	63	63
□ 7		/sitemap-training.xml	Sitemap	15. Juli 2017	-	Web	15	15
□ 8		/sitemap-turniere-xml.php	Sitemap	15. Juli 2017	-	Web	569	569
□ 9		/sitemap-vereine-xml.php	Sitemap	16. Juli 2017	-	Web	2.376	2.143
□ 10		/sitemap-verletzungen.xml	Sitemap	9. Juli 2017	-	Web	30	30
□ 11	ⓘ	/video.xml	Sitemap	7. Juli 2017	1 Warnungen	Web	50	50
						Video	50	50

Abb. 1.30: Diverse Sitemaps in der Google Search Console

1.3.3   Eigene Sitemaps erstellen

Im optimalen Fall generiert Ihr Shopsystem, Ihre Blogsoftware oder Ihr Content-Management-System vollautomatisch die Sitemap(s). Wenn Sie aber schon weiter oben im Kapitel festgestellt haben, dass Ihre Seite nicht über Sitemaps verfügt, dann haben Sie folgende Möglichkeiten:

Fragen Sie jemanden, der sich damit auskennt:

Falls eine Agentur Ihre Seite oder Ihren Shop programmiert hat, sprechen Sie dort mit den Verantwortlichen und bitten Sie darum, dass entsprechende Sitemaps eingerichtet werden. Wichtiger Hinweis: Weisen Sie Ihre Agentur darauf hin, dass die Sitemaps bitte immer neu erstellt werden sollen, sobald sich etwas an den Seiten verändert. Das sollte aber eigentlich selbstverständlich sein.

Aktivieren Sie die entsprechende Erweiterung:

Wenn Sie Ihre Seiten selbst verantworten, dann suchen Sie zum Beispiel nach »WordPress Sitemap generieren« in der Suchmaschine Ihrer Wahl. Ersetzen Sie in der Suche das Wort »WordPress« durch das System, das Sie einsetzen. Für die meisten Systeme gibt es entsprechende Erweiterungen, die relativ einfach aktiviert werden können und dann zuverlässig die gewünschten Sitemaps vollautomatisch erzeugen.

Erstellen Sie die Sitemap manuell:

Die dritte Möglichkeit ist, die Sitemaps selbst zu erstellen. Dieser Schritt ist dann notwendig, wenn Ihr System (Shop, Blog, CMS …) keine Sitemaps generieren kann oder Sie über eine statische Internetseite verfügen. Statisch bedeutet in diesem Fall, dass Sie Ihre Seiten nicht selbst aktualisieren können, die Seiten also quasi unveränderlich im Internet stehen. Da das gerade bei kleineren Seiten gar nicht so selten vorkommt, gibt es zahlreiche Tools im Internet, die Sie bei der Erstellung der Sitemap unterstützen. Erwähnenswert ist hier zum Beispiel die Website: »Online XML Sitemap Generator« (`relaunch.pro/20`).

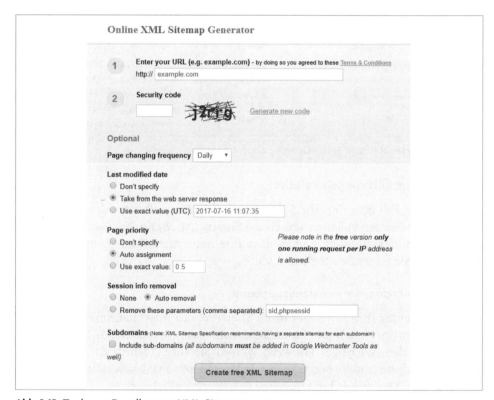

Abb. 1.31: Tool zum Erstellen von XML-Sitemaps

Bitte bedenken Sie jedoch, dass diese Tools immer Beschränkungen unterworfen sind. Oftmals wird nur eine bestimmte maximale Seitenzahl eingelesen oder es ist nicht möglich, Unterverzeichnisse zu filtern. Ein weiteres Tool, das unter anderem auch Sitemaps erstellen kann, hört auf den Namen Screaming Frog SEO Spider. Verrückter Name, aber ein tolles, sehr zu empfehlendes Werkzeug, das Sie im Laufe des Buches immer wieder benutzen werden.

Der Screaming Frog SEO Spider kann unter `relaunch.pro/2` für Mac, Windows und Linux heruntergeladen werden. Eventuell reicht Ihnen sogar die kostenlose Version, diese liest bis zu 500 URLs (inkl. Bilder und andere Dateien) kostenfrei ein. Die kostenpflichtige Version des Spiders kostet 149 brit. Pfund pro Jahr und sei Ihnen wärmsten ans Herz gelegt. Und, nein, ich bekomme keine Provision des Softwareherstellers dafür, dass ich Ihnen die Software empfehle. Der Screaming Frog SEO Spider ist ein sogenannter »Onpage-Crawler«, das Ergebnis nennt man daher »Crawl«, bitte wundern Sie sich also nicht, wenn ich in Zukunft von »crawlen« in diesem Zusammenhang schreibe.

Abbildung 1.32 zeigt Ihnen ein Beispiel-Crawl einer kleinen Internetseite mit insgesamt 20 Seiten. Der Crawl wurde mit dem Screaming Frog SEO Spider ausgeführt.

	Address	Status Code	Title 1
1	http://www.rote-tulpen.de/	200	rote-tulpen.de - Lyrik - Isabel Feldmann Lyrik, Gedichte, Liebeslyrik, Lie...
2	http://www.rote-tulpen.de/start.html	200	Rote Tulpen - Gedichte
3	http://www.rote-tulpen.de/distanzundnaehe.html	200	rote-tulpen.de - Lyrik - Isabel Feldmann Lyrik, Gedichte, Liebeslyrik, Lie...
4	http://www.rote-tulpen.de/diebrunnenderseele.html	200	rote-tulpen.de - Lyrik - Isabel Feldmann Lyrik, Gedichte, Liebeslyrik, Lie...
5	http://www.rote-tulpen.de/wennjemandkaeme.html	200	rote-tulpen.de - Lyrik - Isabel Feldmann Lyrik, Gedichte, Liebeslyrik, Lie...
6	http://www.rote-tulpen.de/wasblieb.html	200	rote-tulpen.de - Lyrik - Isabel Feldmann Lyrik, Gedichte, Liebeslyrik, Lie...
7	http://www.rote-tulpen.de/gewitter.html	200	rote-tulpen.de - Lyrik - Isabel Feldmann Lyrik, Gedichte, Liebeslyrik, Lie...
8	http://www.rote-tulpen.de/einvater.html	200	rote-tulpen.de - Lyrik - Isabel Feldmann Lyrik, Gedichte, Liebeslyrik, Lie...
9	http://www.rote-tulpen.de/eswirdnacht.html	200	rote-tulpen.de - Lyrik - Isabel Feldmann Lyrik, Gedichte, Liebeslyrik, Lie...
10	http://www.rote-tulpen.de/dieblume.html	200	rote-tulpen.de - Lyrik - Isabel Feldmann Lyrik, Gedichte, Liebeslyrik, Lie...
11	http://www.rote-tulpen.de/dienelken.html	200	rote-tulpen.de - Lyrik - Isabel Feldmann Lyrik, Gedichte, Liebeslyrik, Lie...
12	http://www.rote-tulpen.de/glueck.html	200	rote-tulpen.de - Lyrik - Isabel Feldmann Lyrik, Gedichte, Liebeslyrik, Lie...
13	http://www.rote-tulpen.de/formung.html	200	rote-tulpen.de - Lyrik - Isabel Feldmann Lyrik, Gedichte, Liebeslyrik, Lie...
14	http://www.rote-tulpen.de/herbst.html	200	rote-tulpen.de - Lyrik - Isabel Feldmann Lyrik, Gedichte, Liebeslyrik, Lie...
15	http://www.rote-tulpen.de/traumesgleich.html	200	rote-tulpen.de - Lyrik - Isabel Feldmann Lyrik, Gedichte, Liebeslyrik, Lie...
16	http://www.rote-tulpen.de/langespaeter.html	200	rote-tulpen.de - Lyrik - Isabel Feldmann Lyrik, Gedichte, Liebeslyrik, Lie...
17	http://www.rote-tulpen.de/wiedubist.html	200	rote-tulpen.de - Lyrik - Isabel Feldmann Lyrik, Gedichte, Liebeslyrik, Lie...
18	http://www.rote-tulpen.de/fuerdasglueck.html	200	rote-tulpen.de - Lyrik - Isabel Feldmann Lyrik, Gedichte, Liebeslyrik, Lie...
19	http://www.rote-tulpen.de/warten.html	200	rote-tulpen.de - Lyrik - Isabel Feldmann Lyrik, Gedichte, Liebeslyrik, Lie...

Abb. 1.32: Screaming Frog Spider Crawl: Ergebnis

In der linken Spalte ADDRESS sehen Sie die einzelnen URLs der Seiten, in der Spalte STATUS CODE sehen Sie in diesem Fall bei allen Seiten einen Status 200. Statuscode 200 bedeutet: Die Seite wurde gefunden.

Um die Sitemap aus dieser URL-Liste zu erzeugen, klicken Sie oben in der Navigationsleiste auf SITEMAPS und dann auf CREATE XML SITEMAPS.

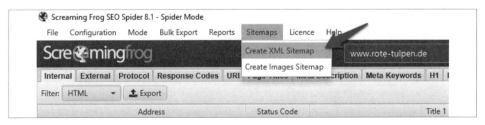

Abb. 1.33: So erzeugen Sie aus dem Crawl eine XML-Sitemap.

Im folgenden Dialogfenster lassen Sie die Einstellungen, wie sie vorgegeben sind, in der Regel muss hier nichts weiter eingestellt werden. Wie Sie Abbildung 1.34 sehen können, besteht die Möglichkeit, auch PDFs mit in den XML-Sitemap-Export aufzunehmen. Falls Sie PDFs mit in die Sitemap exportieren möchten, setzen Sie den entsprechenden Haken. Zusätzlich können Sie beispielsweise die Änderungsfrequenz (CHANGE FREQUENCY) Ihrer Dokumente übergeben und viele weitere Einstellungen vornehmen. Gerade bei der Änderungsfrequenz haben Suchmaschinen ihren eigenen Kopf und lassen sich von Sitemaps nicht gern Vorgaben machen. Wenn Google meint, nur alle drei Wochen ein Dokument zu aktualisieren, dann können Sie in die Sitemap sonst was definieren, die Suchmaschine hält sich an ihre eigenen Algorithmen.

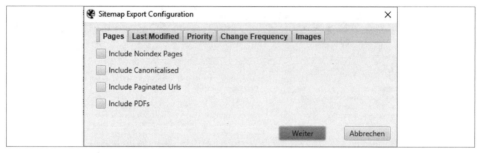

Abb. 1.34: Einstellungen für die Sitemap

Klicken Sie auf den WEITER-Button und speichern Sie die Datei unter dem vorgegebenen Namen `sitemap.xml` ab. Öffnen Sie zur Kontrolle die erzeugte Sitemap in einem HTML-Editor. Ich nutze unter Windows das kostenlose Programm Notepad++. Sie können Notepad++ unter `relaunch.pro/21` bekommen. Die Sitemap sollte so aussehen wie in Abbildung 1.35.

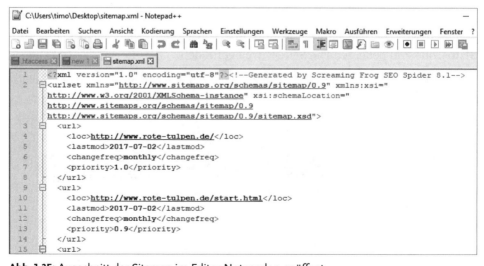

Abb. 1.35: Ausschnitt der Sitemap im Editor Notepad++ geöffnet

In dem Screenshot sehen Sie den »Kopf« der Sitemap und die ersten beiden URLs.

In der kostenpflichtigen Version des Screaming Frog SEO Spiders können Sie den Crawl detailliert steuern und so zum Beispiel einzelne Unterverzeichnisse einlesen. Wie oben beschrieben, ist es in vielen Fällen sinnvoll, einzelne Themenbereiche einer Internetseite mit eigenen Sitemaps zu versehen. Mit dem Screaming Frog SEO Spider gehen Sie hierfür wie folgt vor: Klicken Sie in der oberen Navigationsleiste auf CONFIGURATION und wählen Sie dann INCLUDE.

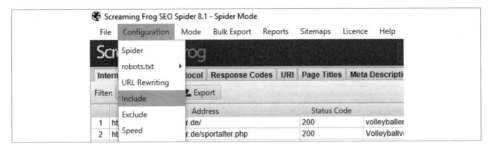

Abb. 1.36: Konfiguration im Screaming Frog SEO Spider

Es erscheint ein Fenster, in dem Sie den Ordner eingeben, den Sie im nächsten Crawl berücksichtigen möchten. In diesem Fall ist es das Verzeichnis /verletzungen/.

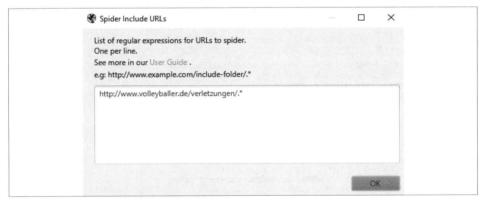

Abb. 1.37: Geben Sie den Ordner für den Crawl an.

Hinter dem »/« des Ordners müssen Sie noch ».*« eingeben. Damit teilen Sie Screaming Frog SEO Spider mit, dass alle in diesem Verzeichnis enthaltenen Dateien eingelesen werden sollen. Bestätigen Sie Ihre Eingabe mit einem Klick auf OK. Starten Sie jetzt den Crawler, indem Sie in der Adressleiste den einzulesenden Ordner angeben und auf START klicken.

Der Crawler liest im Anschluss nur den angegebenen Ordner ein. Wenn alles geklappt hat, dann sollten als Ergebnis nur die gefilterten Adressen auftauchen.

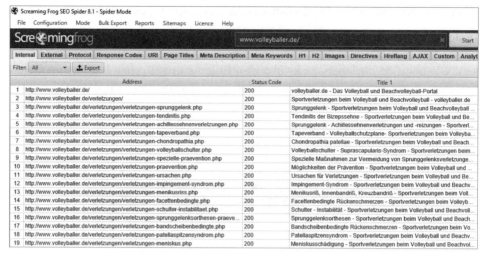

Abb. 1.38: So sieht das gefilterte Ergebnis aus.

Das Crawl-Ergebnis können Sie wie oben beschrieben als Sitemap exportieren.

Tipp

Versehen Sie die Sitemaps mit sinnvollen Dateinamen, `sitemap-verletzungen.xml` wäre in diesem Fall sinnvoller als `sitemap2.xml`. Prüfen Sie das Ergebnis in einem Texteditor, ich nutze hierfür wieder Notepad++.

```xml
<?xml version="1.0" encoding="utf-8"?><!--Generated by Screaming Frog SEO Spider 8.1-->
<urlset xmlns="http://www.sitemaps.org/schemas/sitemap/0.9" xmlns:xsi="
http://www.w3.org/2001/XMLSchema-instance" xsi:schemaLocation="
http://www.sitemaps.org/schemas/sitemap/0.9
http://www.sitemaps.org/schemas/sitemap/0.9/sitemap.xsd">
    <url>
        <loc>http://www.volleyballer.de/</loc>
        <lastmod>2017-10-03</lastmod>
        <changefreq>daily</changefreq>
        <priority>1.0</priority>
    </url>
    <url>
        <loc>http://www.volleyballer.de/verletzungen/</loc>
        <lastmod>2017-10-03</lastmod>
        <changefreq>daily</changefreq>
        <priority>0.9</priority>
    </url>
    <url>
        <loc>http://www.volleyballer.de/verletzungen/verletzungen-sprunggelenk.php</loc>
        <lastmod>2017-10-03</lastmod>
        <changefreq>daily</changefreq>
        <priority>0.8</priority>
    </url>
    <url>
        <loc>http://www.volleyballer.de/verletzungen/verletzungen-tendinitis.php</loc>
        <lastmod>2017-10-03</lastmod>
        <changefreq>daily</changefreq>
        <priority>0.8</priority>
    </url>
```

Abb. 1.39: XML-Sitemap in Notepad++ geöffnet

Wie Sie an den Beispielen sehen, ist die manuelle Erstellung von Sitemaps relativ aufwendig, zumal Sie diese Schritte auch bei jeder Änderung Ihrer Seiteninhalte vornehmen sollten. Neu erstellte Seiten müssen regelmäßig in die Sitemap eingefügt, gelöschte Seiten aus der Sitemap entfernt werden. Wenn möglich, sollte Ihr Content-Management-, Blog- oder Shopsystem die Sitemap selbst aktualisieren können.

Sitemaps veröffentlichen und einreichen

Noch liegt Ihre Sitemap lokal gespeichert auf Ihrem Rechner. Damit die Suchmaschinen die Sitemap einlesen können, müssen Sie sie im nächsten Schritt noch auf Ihren Webserver laden, in die `robots.txt`-Datei eintragen und in der Google Search Console einreichen.

Zum Hochladen der Daten benötigen Sie ein FTP-Programm, damit können Sie per File-Transfer-Protokoll Daten auf Ihren Webserver speichern. Es gibt eine Vielzahl kostenloser FTP-Programme, ich empfehle Ihnen »FileZilla«, das Sie für viele Betriebssysteme unter `relaunch.pro/22` herunterladen können. Unter der Adresse `relaunch.pro/23` finden Sie eine englischsprachige Einführung in FileZilla.

Damit Sie die Sitemap auf Ihren Webserver laden können, benötigen Sie folgende FTP-Zugangsdaten:

- SERVERNAME
- BENUTZERNAME
- PASSWORT

In Abbildung 1.40 sehen Sie, wo Sie diese Daten im FileZilla eintragen müssen.

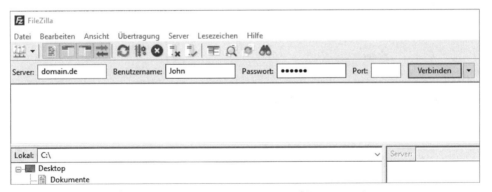

Abb. 1.40: Tragen Sie die Daten SERVER, BENUTZERNAME und PASSWORT ein.

Klicken Sie anschließend auf VERBINDEN.

Wenn Sie mit Ihrem Server verbunden sind, zeigt Ihnen das FTP-Programm im linken Bildschirmbereich den Inhalt Ihres lokalen Rechners und auf der rechten Seite den Inhalt Ihres Webservers an. Sie müssten ungefähr das Bild aus Abbildung 1.41 sehen, wobei sich die Inhalte der Verzeichnisse natürlich unterscheiden werden.

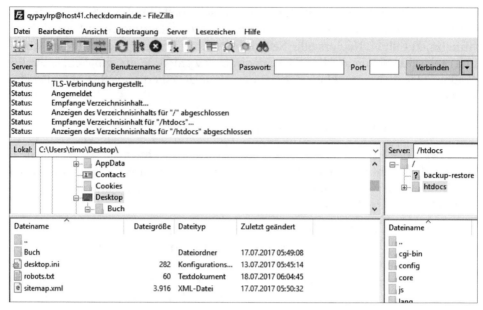

Abb. 1.41: FileZilla hat sich erfolgreich verbunden.

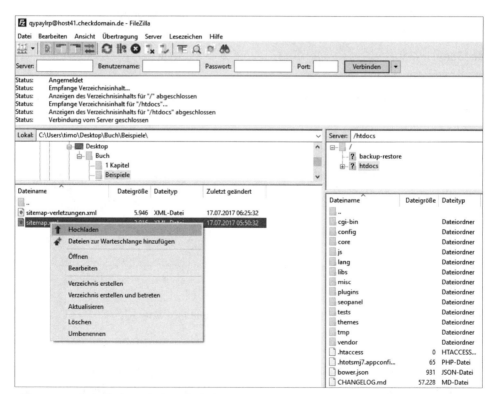

Abb. 1.42: Links befindet sich der Inhalt Ihres lokalen Rechners, rechts der Zielserver im Internet.

Navigieren Sie in der linken Seite zu Ihrer Sitemap auf Ihrem Rechner, in meinem Beispiel liegt diese auf dem Desktop, und anschließend suchen Sie den Hauptpfad Ihres Servers im rechten Bereich. Bei mir heißt das Verzeichnis für den Hauptpfad htdocs. Der Name des Hauptpfads ist aber von Hostinganbieter zu Hostinganbieter unterschiedlich.

Markieren Sie jetzt Ihre sitemap.xml mit einem Klick, anschließend können Sie die Datei in das Verzeichnis auf die rechte Seite ziehen. Sie können auch einen Doppelklick auf die Sitemap-Datei ausführen oder die Datei mit der rechten Maustaste anklicken und anschließend im Kontextmenü HOCHLADEN anklicken.

Sitemap in die robots.txt eintragen

Schließen Sie das FTP-Programm noch nicht, Sie benötigen es noch, um die robots.txt-Datei hochzuladen. In der robots.txt können Sie den Suchmaschinen mitteilen, wo sich Ihre Sitemap befindet. Wenn Sie mehrere Sitemaps einsetzen oder nicht den Standarddateinamen zur Speicherung der Sitemaps verwenden, sollten Sie die robots.txt verwenden. Weiter oben habe ich Ihnen bereits meine robots.txt-Datei von volleyballer.de gezeigt. Sie können diese auch unter relaunch.pro/24 komplett einsehen und sich die benötigten Zeilen kopieren.

Für die robots.txt legen Sie mit einem einfachen Texteditor wie Notepad++ eine Datei mit dem Namen robots.txt an. Für unsere Zwecke reicht eine Zeile in der robots.txt. Schreiben Sie »Sitemap:« und dahinter den vollen Pfad zu Ihrer Sitemap, in meinem Beispiel sieht es so wie in Abbildung 1.43 aus.

Abb. 1.43: Erstellen Sie in einem Texteditor die robots.txt-Datei.

Wenn Sie mehrere Sitemaps verwenden, dann schreiben Sie diese einfach untereinander nach dem obigen Schema in die robots.txt.

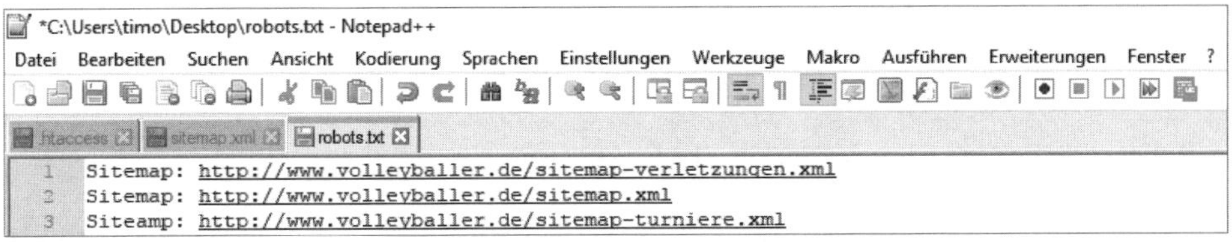

Abb. 1.44: Mehrere Sitemaps in der robots.txt

Alle Sitemaps in die `robots.txt` eingetragen? Dann laden Sie diese im Anschluss wie auf Seite 55 beschrieben mit Ihrem FTP-Programm auf Ihren Webserver. Standardmäßig wird die `robots.txt` wie die Sitemaps in den Hauptpfad Ihrer Internetseiten geladen. Fortgeschrittene Website-Betreiber laden auch in Unterverzeichnisse `robots.txt` und Sitemaps, für das generelle Verständnis reicht es aber vorerst, die Dateien in den Hauptpfad zu speichern.

Sitemaps in der Search Console einreichen

Die Suchmaschinen sind jetzt in der Lage, durch die Angaben in der `robots.txt` die Sitemap(s) zu finden und einzulesen. Noch ein Hinweis von Google zu Sitemaps: Nur weil Sie in Ihrer Sitemap-URLs eintragen, bedeutet das nicht, dass Google diese Seiten auch crawlt (einliest). Wenn Google keine Links auf Seiten in Ihrer Sitemap findet oder die Seiten zu viele Spamsignale senden, kann es passieren, dass Seiten nicht gecrawlt werden.

Sie können also Google und Co. nur auf die URLs Ihrer Websites hinweisen, eine Garantie auf vollständige Indexierung sind Sitemaps nicht. In der Google Search Console können Sie jedoch sehen, wie viele URLs (und wie viele nicht) Google von Ihrer Sitemap eingelesen hat, dazu müssen die Sitemaps in der Search Console angemeldet werden.

Öffnen Sie Ihre Google Search Console und wählen Sie die gewünschte Property aus, für die Sie eine Sitemap einreichen möchten. Klicken Sie im Dashboard ganz rechts auf KEINE SITEMAPS.

Abb. 1.45: Klicken Sie rechts auf den Text KEINE SITEMAPS

Im folgenden Fenster klicken Sie auf SITEMAP HINZUFÜGEN/TESTEN. Ich empfehle Ihnen, Ihre Sitemap zunächst zu testen, bevor Sie sie direkt einreichen, manchmal schleichen sich Fehler ein, die dazu führen können, dass die Suchmaschinen die Sitemap nicht verarbeiten können. Tragen Sie den Dateinamen Ihrer Sitemap in das Feld ein und klicken Sie anschließend auf TEST.

Abb. 1.46: Geben Sie den Dateinamen Ihrer Sitemap ein.

Abbildung 1.47 zeigt die Fehlermeldung für eine fehlerhafte Sitemap.

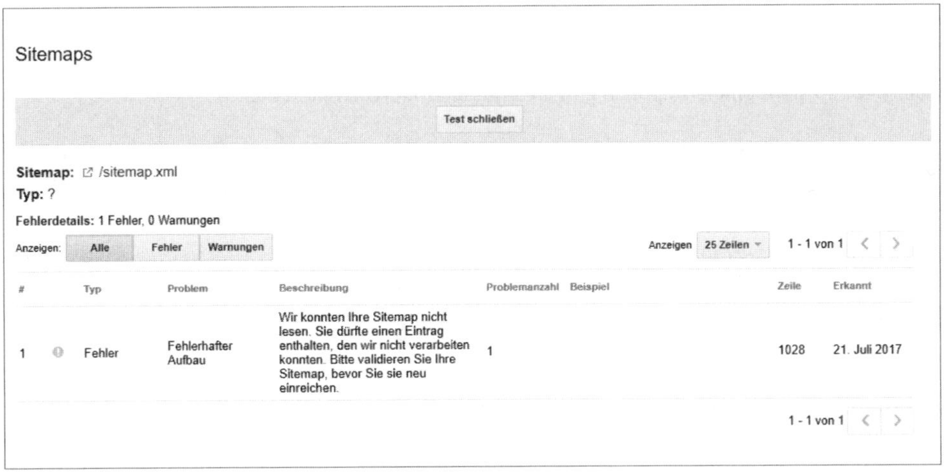

Abb. 1.47: In der Sitemap wurden Fehler gefunden.

Sie bekommen detaillierte Hinweise, wenn sich Fehler in Ihrer Sitemap befinden. Korrigieren Sie in diesem Fall die Fehler und reichen Sie die Sitemap erneut ein. Arbeiten Sie sorgfältig, nur so können die Suchmaschinen Ihre Sitemap verarbeiten.

Die Statusseite einer korrekten und frisch eingereichten Sitemap sieht wie in Abbildung 1.48 aus.

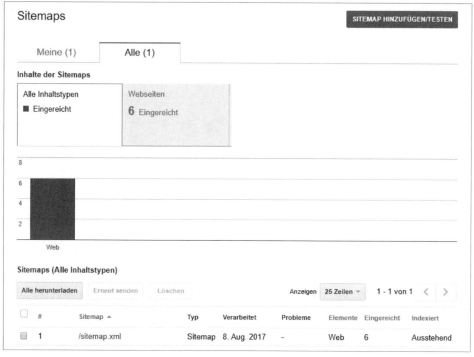

Abb. 1.48: So sieht eine erfolgreich eingereichte Sitemap-Übersicht aus.

Tipps für bessere Sitemaps

Abgesehen von syntaktisch falschen Sitemaps, die von der Google Search Console sofort angezeigt werden, gibt es viele weitere Fehler, die in Sitemaps vorkommen können und von Google nicht als Fehler eingestuft werden. Folgende grundlegenden Tipps möchte ich Ihnen daher für die Sitemaps an die Hand geben.

Aktualisieren Sie regelmäßig Ihre Sitemap: Nur wenn Sie Ihre Sitemap dauerhaft auf dem aktuellsten Stand halten, können Sie und die Suchmaschinen von ihr profitieren. Wenn möglich, sollte die Aktualisierung natürlich automatisch durch Ihr Shop- oder Content-Management-System ausgeführt werden.

Tragen Sie keine gelöschten Seiten in die Sitemap ein: Vermeiden Sie »Dateileichen« in Ihrer Sitemap. Die Suchmaschinen lesen diese nicht vorhandenen Seiten ein, bekommen Fehlermeldungen und verbrauchen wichtige Ressourcen, die dann für das Crawling von vorhandenen Seiten fehlen könnten.

Es gibt immer nur eine Version einer URL: Und diese gehört in die Sitemap. Achten Sie darauf, nicht mehrere URLs einer Seite anzumelden. Denkbar wären zum Beispiel Varianten einer URL mit vorangestellten www und ohne www oder http und https. Tragen Sie also die einzig richtige URL ein.

Große Sitemaps aufteilen: Eine Sitemap darf maximal 50 MB groß sein und 50.000 URLs enthalten. Wenn Sie größere Sitemaps einreichen möchten, dann müssen Sie diese in kleine Häppchen unterteilen und einen Sitemap-Index erstellen. In diesem Index befinden sich dann die Verlinkungen auf die einzelnen Sitemap-Fragmente. Nähere Informationen finden Sie hierzu bei Google unter relaunch.pro/25.

Wenn Sie die hier beschriebenen Schritte zur Einrichtung der Google Search Console ausgeführt haben, dann sind Sie ab jetzt in der Lage, die grundsätzlichen »Vitalparameter« Ihrer Website zu überwachen. Die Search Console gehört zu den wichtigsten Tools zur Optimierung Ihrer Seiten und ist dazu noch kostenlos.

Checkliste: Sitemaps anlegen

- Wenn möglich, sollte die von Ihnen verwendete Shopsoftware oder das Content-Management-System die Sitemap automatisiert auf dem aktuellen Stand halten.
- Achten Sie auf die harten Limits von 50 MB Dateigröße und 50.000 URLs pro Sitemap.
- Teilen Sie, wenn möglich, die Sitemaps thematisch auf.
- Tragen Sie die Sitemap-URLs in die robots.txt ein.
- Melden Sie die Sitemaps in der Google Search Console an.
- Prüfen Sie zur Sicherheit die Sitemaps mit Tools, wie dem Screaming Frog SEO Spider (dazu später mehr).

1.4 Website-Statistik-Tools

Das wichtigste Tool fehlt noch in unserer Werkzeugkiste: das Website-Statistik-Tool. Mit diesem Tool messen Sie das Besucheraufkommen, das Verhalten Ihrer Nutzer, die E-Commerce-Umsätze und viele andere Dinge mehr. Eine Website-Statistik ist ein absolutes Muss im Website-Setup und durch Tools wie Google Analytics mittlerweile auch in hoher Qualität kostenlos erhältlich.

Am Markt gibt es sehr viele Tools für die Erhebung von Nutzerströmen und Nutzerverhalten auf Websites. Ich möchte Ihnen daher hier einen kleinen Ausschnitt der zur Verfügung stehenden Statistik-Tools zeigen:

1.4.1 Google Analytics

Google Analytics (relaunch.pro/27) gibt es in einer kostenlosen und in einer sehr hochpreisigen Variante, es ist sehr verbreitet und gilt als Platzhirsch im Website-Statistik-Markt. Die kostenlose Version beinhaltet alle wichtigen Funktionen, die den Ansprüchen der meisten Seitenbetreiber genügen. In Deutschland gilt es, auf besondere Datenschutzauflagen in Verbindung mit Google Analytics zu achten. Bei der Installation und der Anpassung der Datenschutzhinweise gibt es daher einige Dinge zu beachten. Werden diese Besonderheiten aber korrekt umgesetzt, dann steht einem datenschutzkonformen Einsatz von Google Analytics jedoch nichts im Weg. In Abschnitt 1.5 lernen Sie, wie Sie Google Analytics installieren und die rechtlichen Bestimmungen in Deutschland dabei nicht verletzen.

1.4.2 Matomo (ehemals Piwik)

Was Google Analytics zum Nachteil ausgelegt werden kann – Datenschutz und Hoheit über die eigenen Daten –, ist bei Matomo (relaunch.pro/28) der größte Vorteil. Matomo ist Open Source, also eine quellenoffene Statistiklösung. Sie können Matomo auf Ihrem eigenen Server installieren und haben somit jederzeit Zugriff auf die Rohdaten Ihrer Website-Statistik. Im Gegensatz dazu speichert Google Analytics Ihre Daten in den USA, Sie haben lediglich Zugriff auf die Auswertungen, und wenn es Google Analytics einmal nicht mehr geben sollte, sind Ihre Daten ebenfalls futsch. Ich bin mir ziemlich sicher, dass Google seine sehr erfolgreiche Website-Statistik nicht einfach abschalten wird, nur möchte ich darauf hinweisen, dass diese Möglichkeit theoretisch besteht. In Deutschland ist Matomo nach Google Analytics das meistverwendete Website-Statistik-Tool.

Seit Januar 2018 heißt Piwik Matomo

Im Januar 2018 änderte Piwik seinen Markennamen, etwas überraschend für die Online-Welt, in Matomo. Piwik wollte mit der Umbenennung Markenrechtsproblemen aus dem Weg gehen und entschied sich aus diesem Grund für eine Umbenennung. Matomo bedeutet in der japanischen Sprache übrigens »Ehrlichkeit«.

1.4.3 etracker

Die etracker GmbH (relaunch.pro/29) mit Sitz in Hamburg bietet seit dem Jahr 2000 eine umfangreiche Website-Statistik-Lösung an. Dieses Tool ist allerdings nicht kostenlos, es ist preislich gestaffelt und leider in der Preisgestaltung etwas intransparent. Das günstige Paket beginnt bei 22,61 Euro pro Monat und ist auf 1 Million TPM (Touch Point pro Monat) begrenzt. Die Preise für die größeren Pakete müssen »erfragt« werden. Nichtsdestotrotz ist etracker eine empfehlenswerte Lösung, da auch hier – wie bei Matomo – keinerlei datenschutzrechtliche Probleme auftauchen. etracker speichert die Daten auf deutschen Servern und entspricht in diesem Punkt den Anforderungen des deutschen Datenschutzes.

1.4.4 Webalizer

Der Webalizer (relaunch.pro/30) ist der »Urvater« aller Statistik-Tools und nach wie vor auf vielen Webservern standardmäßig installiert. Es handelt sich hier um ein kostenloses Tool, das direkt auf die Protokolldaten des Webservers zugreift und diese »menschenlesbar« darstellt. Allerdings ist die Software leicht in die Jahre gekommen, die Optik ist nicht jedermanns Sache.

Aufruf-Statistik für volleyballer.de

Auslastungsstatistik für den Zeitraum: Juli 2017
Erstellt am 01-Aug-2017 06:12 CEST

[Tages-Statistik] [Stunden-Statistik] [URLs] [Eingang] [Ausgang] [Rechner (IP-Adressen)] [Verweise] [Suche] [Benutzer] [Anwenderprogramme]

Monats-Statistik für Juli 2017		
Summe der Anfragen		1727998
Summe der Dateien		1345782
Summe Seiten		947394
Summe Besuche		138900
Summe in kb		29644118
Summe der unterschiedlichen Rechner (IP-Adressen)		52191
Summe der unterschiedlichen URLs		18080
Summe der unterschiedlichen Verweise		6523
Summe der unterschiedlichen Benutzer		2
Summe der unterschiedlichen Anwenderprogramme		6480
	Schnitt	Maximum
Anfragen pro Stunde	2322	5359
Anfragen pro Tag	55741	66641
Dateien pro Tag	43412	51898
Seiten pro Tag	30561	36197
Rechner (IP-Adressen) pro Tag	1683	3854
Besuche pro Tag	4480	5254
kb pro Tag	956262	1246405

Abb. 1.49: Der Webalizer, ein Klassiker

Design ist Geschmackssache, ein größeres Problem sind allerdings die Statistikdaten an sich. Der Webalizer wertet wie bereits erwähnt die sogenannten »Logfiles« des Servers aus, in diesen Logfiles werden nicht nur die Besuche von realen Personen, sondern auch die Besuche der Suchmaschinen-Bots dokumentiert. Diese Besuche werden in der Statistik dann als »Besuche« angezeigt. Für den Juli 2017 zeigt Webalizer für meine Seite volleyballer.de 138.900 Besuche an, Google Analytics kommt für den gleichen Zeitraum auf 31.886 Besuche (Sitzungen). Google Analytics und die anderen hier vorgestellten Tools haben den Vorteil, dass sie die Besuche der Suchmaschinen und anderer »Maschinen« relativ zuverlässig ausfiltern, sodass Sie dort in den Statistiken hauptsächlich »menschlichen« Traffic sehen.

Ein weiteres Problem ist die fehlende Tiefe der Auswertung des Webalizers. Sie sehen in meinem Beispiel-Screenshot (Abbildung 1.49) nur die Top 10 der Eingangsseiten oder nur die Top 30 der häufigsten Verweise. Das sind Dinge, die in der Konfiguration des Webalizers justiert werden können, aufgrund Auswertungsqualität sollten Sie hier allerdings nicht zu viel Energie verschwenden.

Trotzdem: Auf den meisten Servern ist der Webalizer vorinstalliert und bearbeitet unbemerkt und treu seit Jahren im Hintergrund wacker Ihre Logfiles. Schauen Sie mal in die Verwaltungsoberfläche Ihres Webservers, eventuell finden Sie dort einen Hinweis auf den Webalizer, statten Sie ihm doch mal einen Besuch ab.

1.4.5 Serverlogfiles

Serverlogfiles protokollieren jede Bewegung auf Ihren Websites, egal ob es sich dabei um menschlichen Traffic oder um Bots handelt. Wenn auf Ihrem Server Logfiles generiert werden, dann haben Sie einen wertvollen Datenschatz, den Sie mit Tools wie dem Webalizer heben können. Später stelle ich Ihnen noch weitere Tools vor, die etwas einfacher und übersichtlicher als der Webalizer zu bedienen sind. Nach dem Relaunch können Sie in den Logfiles die Zugriffe der Suchmaschinen-Bots auswerten und so beispielsweise feststellen, ob Ihre neuen Seiten von den Suchmaschinen gecrawlt werden.

Bitte prüfen Sie in der Konfigurationsoberfläche Ihres Servers, ob die Logfiles erzeugt werden; wenn nicht, dann aktivieren Sie diese Option. Oft sind diese sehr technischen Einstellungen gut versteckt, im Zweifel bitten Sie Ihren Provider, die Logfiles zu aktivieren und Ihnen mitzuteilen, wo sie sich befinden. Ich hoste meine Domains bei Domainfactory, dort sind die Logfiles standardmäßig deaktiviert. Die Einstellungen befinden sich im Administrationsmenü unter DOMAIN und dort im Unterpunkt STATISTIK- UND LOGFILE-KONFIGURATION.

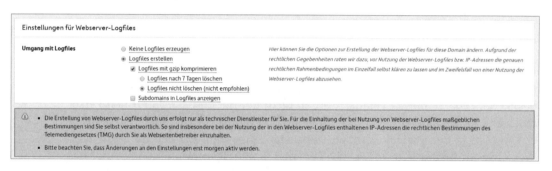

Abb. 1.50: Logfile-Konfiguration

Sie sehen in Abbildung 1.50 im unteren blauen Bereich den Hinweis auf den Datenschutz. Wie oben beschrieben, ist schon das Schreiben der Serverlogfiles datenschutzrelevant. Wenn Sie Ihre Logfiles konfigurieren können, dann vermeiden Sie die Aufzeichnung der IP-Adresse.

Checkliste: Einsatz einer Website-Statistik

■ Installieren Sie eine Website-Statistik. Nur mit dieser Statistik ist es Ihnen später möglich, eine Aussage über den Erfolg oder Misserfolg Ihres Projekts zu machen.

- Achten Sie auf die Einhaltung der Datenschutzbestimmungen.
- Speichern Sie keine vollständigen IP-Adressen; Matomo, Google Analytics und etracker können entsprechend konfiguriert werden.
- Aktivieren Sie die Serverlogfiles. Mit den Logfiles können Sie die Aktivitäten der Suchmaschinen-Bots verfolgen (Achtung: auch hier keine IP-Adressen speichern).

Empfehlung

Ich nutze häufig Google Analytics, die Software ist kostenlos, bietet alle nötigen Funktionen und lässt sich sehr leicht integrieren. Achten Sie jedoch bei dem Einsatz von Google Analytics auf die datenschutzkonforme Einrichtung, die im folgenden Abschnitt detailliert beschrieben wird.

1.5 Google Analytics installieren

Seit einigen Jahren behauptet sich Google Analytics als Marktführer in diesem Segment. Es bietet umfangreiche Statistiken, hat eine übersichtliche und ansprechende Gestaltung und ist kostenlos. Im Folgenden möchte ich Ihnen daher zeigen, wie Sie Google Analytics in Ihre Internetseiten integrieren.

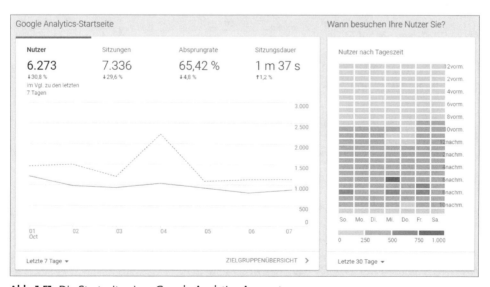

Abb. 1.51: Die Startseite einer Google-Analytics-Auswertung

Wenn Sie die Prozedur zur Einrichtung der Google Search Console vollzogen haben, dann verfügen Sie bereits über ein Google-Konto. Falls nicht, dann legen

Sie sich bitte zunächst, wie auf Seite 27 beschrieben, im ersten Schritt ein Google-Konto an.

Konto angelegt und angemeldet? Dann kann es losgehen:

Melden Sie sich auf der Google-Analytics-Seite (`relaunch.pro/27`) mit Ihrem Google-Konto an.

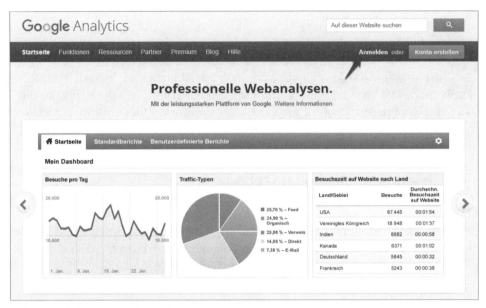

Abb. 1.52: Klicken Sie auf ANMELDEN.

Geben Sie im folgenden Dialog Ihre Google-Konto-Daten ein. Klicken Sie im nächsten Schritt erneut auf ANMELDEN.

Abb. 1.53: In drei Schritten zum Google-Analytics-Konto

Anschließend geben Sie die Daten zu Ihrem Konto ein.

Achten Sie hierbei auf eindeutige und sinnvolle Konto- und Website-Namen; wenn Sie über mehrere Konten und Websites verfügen, die Sie mit Google Analytics überwachen, sind diese einfacher zu verwalten, wenn sie eindeutig benannt sind. In einem Google-Analytics-Konto können Sie mehrere Websites verwalten.

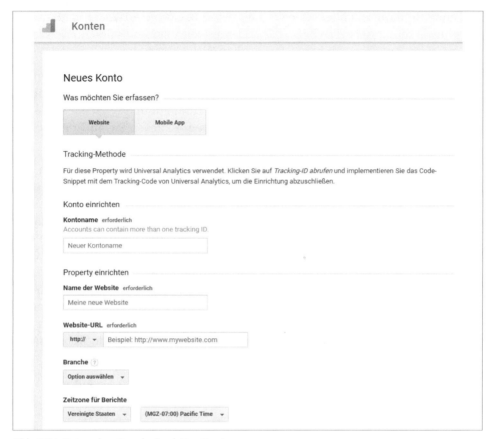

Abb. 1.54: Setup des Google-Analytics-Kontos

Bei der Website-URL geben Sie die Adresse Ihrer Internetseite an, wichtig ist hierbei, das korrekte Protokoll (http oder https) anzugeben. Geben Sie bitte im URL-Feld an, ob Ihre Domain mit www oder ohne www aufgerufen wird.

Stellen Sie bitte auch die Zeitzone korrekt ein, ansonsten haben Sie später falsche Zeitangaben in Ihren Statistiken.

Die Branche ist frei wählbar und (wahrscheinlich) nur für die interne Verwendung von Google wichtig. Oftmals passen die von Google vorgeschlagenen Kategorien nicht so richtig, dann nehmen Sie die nächstbeste. Für Ihre Auswertung ist die Brancheneinstellung nicht von Bedeutung. Wenn Sie hier eine passende Kategorie angeben, dann können Sie später Ihre Zugriffe mit den anonymisierten Daten anderer Google-Analytics-Nutzer in dieser Branche vergleichen (Benchmark-Bericht).

Weiter unten können Sie noch Google einige Datenfreigaben bzw. Kontaktmöglichkeiten einräumen bzw. nicht einräumen. Google empfiehlt, standardmäßig allen Freigaben zuzustimmen. Ich lasse meist nur die erste Option aktiviert. Die Datenübermittlung an andere Google-Tools, wie z.B. Google AdWords, kann durchaus sinnvoll sein (erstes Häkchen). Alle anderen Freigaben sind »Geschmacksache« und lassen sich auch später bei Bedarf nachträglich aktivieren.

Wenn Sie alle Einstellungen und Angaben vorgenommen haben, dann klicken Sie unten auf TRACKING ID ABRUFEN. Es erscheint ein Fenster mit den zu bestätigenden Datenschutzhinweisen. Stellen Sie hier Ihr Land ein und – nachdem Sie die Datenschutzbestimmungen durchgearbeitet haben – klicken Sie auf ICH STIMME ZU.

Da Sie Googles Datenschutzhinweise aufmerksam gelesen haben, wird Ihnen aufgefallen sein, dass die kostenlose Version von Google Analytics nur bis zu »zehn Millionen Hits monatlich pro Account« aufzeichnet. Wenn Sie also über eine sehr reichweitenstarke Seite verfügen, dann kann Analytics für Sie kostenpflichtig werden. Ich gehe aber davon aus, dass Sie in diesem Fall (sehr hohe Reichweite und Besucher) bereits über eine Website-Statistik verfügen. Zusätzlich räumt sich Google im selben Abschnitt 2 der Datenschutzrichtlinien das Recht ein, für Google Analytics jederzeit Kosten zu berechnen und Sie durch Ihre Nutzung stillschweigend dieser »Kostenpflichtigkeit« zustimmen. Ganz so »flauschig«, wie Google sich nach außen immer gerne gibt, ist der Konzern dann bei genauerer Betrachtung doch nicht immer. Trotzdem: Google Analytics ist das führende Website-Analyse-Werkzeug und wird vom Großteil der Internetseiten eingesetzt.

Nachdem Sie TRACKING-ID ABRUFEN angeklickt haben, werden Sie auf eine Seite mit Ihrem persönlichen Tracking-Code weitergeleitet.

Abb. 1.55: Der Google-Analytics-Tracking-Code

Der Code beginnt immer mit »UA-«, anschließend folgen einige Ziffern. Theoretisch könnten Sie jetzt den angezeigten Tracking-Code in Ihre Seiten einbetten und Google Analytics könnte die Arbeit aufnehmen. Praktisch gestaltet es sich jedoch etwas anders.

1.5.1 Google Analytics datenschutzkonform einbinden

Wie bereits in der Analyse-Tool-Kurzvorstellung erwähnt, speichert Google alle Analysedaten in den USA. Unter anderem wird auch die persönliche IP-Adresse des Nutzers aufgezeichnet. Bei der IP-Adresse handelt es sich um ein »persönliches Datum«, das so nicht ohne Weiteres laut deutschem Datenschutzgesetz im europäischen Ausland gespeichert werden darf. Daher müssen Sie die IP-Adresse anonymisieren. Bei der Anonymisierung werden die letzten drei Ziffern der IP-Adresse gelöscht, sodass über diesen Weg keine Identifizierung des Nutzers stattfinden kann. Klingt komplizierter, als es ist: Sie müssen für die Aktivierung der Anonymisierung lediglich eine weitere Zeile Code in den Google-Analytics-Code einbinden, hier fett hervorgehoben:

```
<script>
 (function(i,s,o,g,r,a,m){i['GoogleAnalyticsObject']=r;i[r]=i[r]||
function(){
 (i[r].q=i[r].q||[]).push(arguments)},i[r].l=1*new Date();a=s.
createElement(o),
 m=s.getElementsByTagName(o)[0];a.async=1;a.src=g;m.parentNode.
insertBefore(a,m)
 })(window,document,'script','https://www.google-analytics.com/
analytics.js','ga');

 ga('create', 'UA-XXXXXX-1', 'auto');
 ga('set', 'anonymizeIp', true);
 ga('send', 'pageview');

</script>
```

Dieses Stück Quellcode müssen Sie – nachdem Sie alle unten aufgeführten Schritte erledigt haben – in jede Seite Ihrer Internetpräsenz einsetzen (lassen). Es ist essenziell, dass der Code wirklich auf jeder Seite hinterlegt wird, denn nur so können Sie sichergehen, dass alle Seiten von Google Analytics erfasst und ausgewertet werden können.

Zusätzlich benötigen Sie zu der Anonymisierung einen Vertrag zur »Auftragsdatenverarbeitung« mit Google. Die Aufsichtsbehörden sind der Meinung, dass Sie als Nutzer von Google Analytics als »Auftraggeber« und Google als Anbieter als »Auftragnehmer« auftreten. Somit sind Sie verpflichtet, einen schriftlichen Vertrag zur Auftragsdatenverarbeitung mit Google abzuschließen. Den Vertrag müssen Sie ausdrucken, ausfüllen und per Post an Google senden. Eine Vorlage für den Vertrag können Sie direkt bei Google als PDF herunterladen: relaunch.pro/31.

Im nächsten Schritt müssen Sie Ihren Besuchern die Möglichkeit geben, das Tracking zu unterbinden (Widerspruchsrecht). Dazu wird ein sogenanntes »Opt-Out-Cookie« gesetzt, das Google Analytics »mitteilt«, die aktuelle Sitzung und zukünftige Besuche dieses Nutzers nicht zu analysieren.

```
<script>


var gaProperty = 'UA-XXXXXXX-X';
var disableStr = 'ga-disable-' + gaProperty;
if (document.cookie.indexOf(disableStr + '=true') > -1) {
 window[disableStr] = true;
}
function gaOptout() {
 document.cookie = disableStr + '=true; expires=Thu, 31 Dec 2099
23:59:59 UTC; path=/';
 window[disableStr] = true;
}


</script>
```

Das Cookie wird bei einem Klick innerhalb der Datenschutzerklärung (siehe unten) gesetzt. Bei UA-XXXXXXX-X tragen Sie Ihre individuelle Tracking-ID ein. Der Cookie-Code muss vor dem eigentlichen Analytics-Code platziert werden, ansonsten würde Google Analytics trotz gesetztem Cookie die Sitzungsdaten speichern und auswerten. Weitere Informationen zur Einrichtung der Widerrufs-Cookie-Funktion finden Sie unter relaunch.pro/32.

Als Letztes steht die Aktualisierung Ihrer Datenschutzerklärung an. Sie haben noch keine? Dann müssen Sie diese jetzt anlegen und für die Nutzung von Google Analytics entsprechend befüllen.

Der folgende Text stammt von der Internetseite http://www.datenschutzbeauftragter-info.de und darf freundlicherweise mit Nennung der Quelle verwendet werden:

Diese Website benutzt Google Analytics, einen Webanalysedienst der Google Inc. (»Google«). Google Analytics verwendet sog. »Cookies«, Textdateien, die auf Ihrem Computer gespeichert werden und die eine Analyse der Benutzung der Website durch Sie ermöglichen. Die durch das Cookie erzeugten Informationen über Ihre Benutzung dieser Website werden in der Regel an einen Ser-

ver von Google in den USA übertragen und dort gespeichert. Im Falle der Aktivierung der IP-Anonymisierung auf dieser Website, wird Ihre IP-Adresse von Google jedoch innerhalb von Mitgliedstaaten der Europäischen Union oder in anderen Vertragsstaaten des Abkommens über den Europäischen Wirtschaftsraum zuvor gekürzt. Nur in Ausnahmefällen wird die volle IP-Adresse an einen Server von Google in den USA übertragen und dort gekürzt. Im Auftrag des Betreibers dieser Website wird Google diese Informationen benutzen, um Ihre Nutzung der Website auszuwerten, um Reports über die Websiteaktivitäten zusammenzustellen und um weitere mit der Websitenutzung und der Internetnutzung verbundene Dienstleistungen gegenüber dem Websitebetreiber zu erbringen. Die im Rahmen von Google Analytics von Ihrem Browser übermittelte IP-Adresse wird nicht mit anderen Daten von Google zusammengeführt. Sie können die Speicherung der Cookies durch eine entsprechende Einstellung Ihrer Browser-Software verhindern; wir weisen Sie jedoch darauf hin, dass Sie in diesem Fall gegebenenfalls nicht sämtliche Funktionen dieser Website vollumfänglich werden nutzen können. Sie können darüber hinaus die Erfassung der durch das Cookie erzeugten und auf Ihre Nutzung der Website bezogenen Daten (inkl. Ihrer IP-Adresse) an Google sowie die Verarbeitung dieser Daten durch Google verhindern, indem Sie das unter dem folgenden Link (http://tools.google.com/dlpage/gaoptout?hl=de) verfügbare Browser-Plugin herunterladen und installieren.

Sie können die Erfassung durch Google Analytics verhindern, indem Sie auf folgenden Link klicken. Es wird ein Opt-Out-Cookie gesetzt, das die zukünftige Erfassung Ihrer Daten beim Besuch dieser Website verhindert:

<a href=«javascript:gaOptout()»>Google Analytics deaktivieren</a>

Nähere Informationen zu Nutzungsbedingungen und Datenschutz finden Sie unter http://www.google.com/analytics/terms/de.html bzw. unter https://www.google.de/intl/de/policies/. Wir weisen Sie darauf hin, dass auf dieser Website Google Analytics um den Code »anonymizeIp« erweitert wurde, um eine anonymisierte Erfassung von IP-Adressen (sog. IP-Masking) zu gewährleisten.

Quelle: www.datenschutzbeauftragter-info.de

Sie finden auf den Seiten von datenschutzbeauftrager-info.de auch weitere Hinweise und eine englische Übersetzung der Datenschutzerklärung: relaunch.pro/33.

Hinweis für bestehende Google-Analytics-Konten und -Daten

Diese Hinweise gelten für neue Properties in Ihrem Google-Analytics-Konto. Falls Sie bereits Google Analytics nutzen und die oben genannten Hinweise nicht beherzigt haben, dann müssen Sie leider Ihre alten Daten löschen, da Sie ohne Einwilligung und ohne Widerrufsmöglichkeit nach Ansicht der Aufsichtsbehörden Nutzerdaten erhoben haben.

1.5.2   Einbindung des Analytics-Codes in Shops, Blogs und Content-Management-Systeme (CMS)

Für viele Shops und CMS sind entsprechende Plugins und Erweiterungen vorhanden, die das Einfügen des Codes entsprechend vereinfachen. Achten Sie aber bitte auch darauf, dass diese Erweiterungen die IP-Adressen-Anonymisierung anbieten, ansonsten laufen Sie Gefahr, hier einen nicht rechtskonformen Tracking-Code einzusetzen. Kontrollieren Sie in jedem Fall den Quelltext Ihrer Seiten, suchen Sie innerhalb des Codes nach dem Google-Analytics-Tracking-Code und der Option für die Anonymisierung.

Sie sehen: Es sind einige Hürden zu nehmen, bevor Google Analytics eingesetzt werden kann. Wenn Sie aber alle Hinweise umsetzen, dann steht einer gesetzeskonformen Nutzung nichts mehr im Weg und Sie haben ein mächtiges und kostenloses Analysetool zur Seite.

Es sei noch erwähnt, dass auch bei allen anderen Tools entsprechende Datenschutz-Hinweise auf der Webseite eingebunden werden müssen. Selbst wenn Sie aktiv keine Website-Analyse-Tools einsetzen, so wird der Server, auf dem Ihre Seiten betrieben werden, in irgendeiner Weise Logfiles und somit Statistiken speichern. Und auch hier ist die IP-Adresse des Nutzers das problematische Datum, das nur in seltenen Anwendungsfällen gespeichert werden darf. Informationen hierzu finden Sie in dieser Präsentation von Rechtsanwalt Jörg Heidrich und Dr. Christoph Wegener unter `relaunch.pro/33` (PDF).

1.5.3   Funktion testen

Okay, genug der trockenen Theorie. Wenn Ihr Tracking-Code in allen Seiten (datenschutzkonform) eingesetzt ist, dann können Sie die Funktion wie folgt überprüfen:

Klicken Sie in Google Analytics auf ECHTZEIT und dort den Unterpunkt ÜBERSICHT an. In der Echtzeitauswertung sehen Sie, wie viele Besucher sich gerade live auf Ihrer Website befinden.

In Abbildung 1.56 sehen Sie, dass sich gerade fünf Besucher auf der Website befinden. Wenn in Ihrer Auswertung unter der Überschrift AKTUELL eine »0« steht, kann es zwei Gründe dafür geben. Erstens: Sie haben gerade keine Besucher auf Ihrer Website (was vorkommen kann). In diesem Fall öffnen Sie einfach einen weiteren Browser und rufen Ihre Seite selbst auf, mit ein paar Sekunden Verzögerung sollte sich die Livestatistik entsprechend ändern. Der zweite Grund ist ein falsch eingebundener Tracking-Code. Auch das kann vorkommen, prüfen Sie noch mal wie oben beschrieben, ob der Code wirklich in allen Seiten korrekt eingebunden ist.

Abb. 1.56: Die Echtzeitansicht in Google Analytics

1.5.4 Tracking-Code automatisiert prüfen

Unabhängig vom Analysetool, das Sie benutzen möchten: Der Tracking-Code muss wie bereits erwähnt auf jeder einzelnen Seite integriert werden. Jede Unterseite manuell aufzurufen und nach dem entsprechenden Codefragment zu suchen, ist in den meisten Fällen viel zu zeitaufwendig. Aber auch dafür gibt es eine Lösung: Den Screaming Frog SEO Spider haben Sie ja schon kennengelernt. Der kann nicht nur Seiten crawlen, sondern auch nach bestimmten Inhalten in einem Crawl suchen. So können Sie völlig automatisiert und schnell Ihre gesamte Seite nach Analytics- oder auch beispielsweise etracker- und Matomo-Codes durchsuchen lassen. Diese Funktion steht Ihnen allerdings nur in der kostenpflichtigen Variante des Screaming Frogs zur Verfügung.

Mit dem Screaming Frog SEO Spider können Sie gezielt im Quelltext nach bestimmten Zeichenketten suchen und die gefundenen URLs in einer eigenen Ansicht auswerten. Andersrum können Sie sich auch Seiten anzeigen lassen, die genau die gesuchte Zeichenkette nicht enthalten. Das ist dann auch genau die Funktion, die Sie für die Überprüfung des Tracking-Codes benötigen.

Im Screaming Frog konfigurieren Sie die Suche wie folgt: Klicken Sie in der Menüleiste auf CONFIGURATION, wählen Sie dann CUSTOM und dort den Unterpunkt SEARCH aus.

Abb. 1.57: Mit dem Screaming Frog SEO Spider auf Code-Suche

Im folgenden Dialogfenster können Sie bis zu zehn Suchoptionen angeben und jeweils wählen, ob Sie Seiten mit dem jeweiligen Filter angezeigt bekommen möchten oder nicht. Wenn Sie nach Seiten suchen möchten, die die Zeichenkette nicht enthalten, dann wählen Sie DOES NOT CONTAIN. Diese Option macht in unserem Beispiel Sinn, da wir die Seiten sehen möchten, die den Google-Analytics-Code nicht enthalten. Als Zeichenkette geben Sie entsprechend Ihre Analytics-Tracking-ID ein, in Abbildung 1.58 als UA-XXXXXXX-X eingetragen.

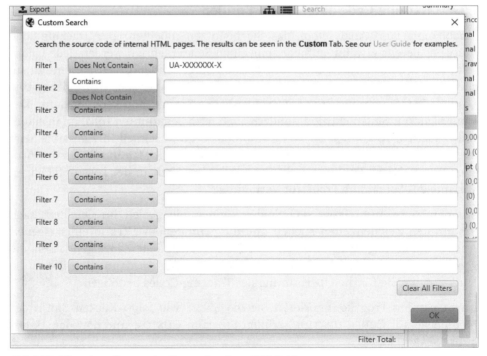

Abb. 1.58: Filtereinstellungen im Screaming Frog SEO Spider

Wenn Sie die Einstellung vorgenommen haben, dann starten Sie den Screaming Frog, indem Sie Ihre Domain eingeben und das Tool im Spider-Modus Ihre Seite durchsuchen lassen.

Wenn in allen Seiten der Code vorhanden ist, sollte das Ergebnis ungefähr wie in Abbildung 1.59 aussehen.

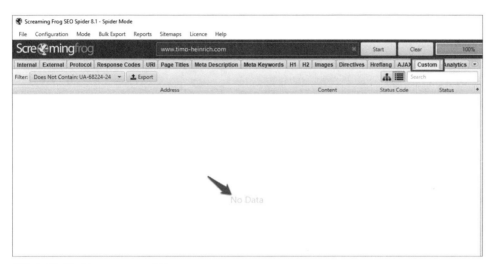

Abb. 1.59: No News are good News.

Sie finden die Suchergebnisse unter dem Reiter CUSTOM. Auf der rechten Seite können Sie zusätzlich eine Übersicht der Filter einsehen. Haben Sie mehrere Filter eingerichtet, dann bekommen Sie dort einen schnellen Einblick in die Ergebnisse. Sollte der gesuchte Tracking-Code auf einer Seite fehlen, so würde die entsprechende URL im Hauptansichtsbereich angezeigt werden.

Die Suchfunktion des Screaming Frog SEO Spiders ist eine zentrale und extrem nützliche Funktion und wird Ihnen während Ihrer Arbeiten immer wieder unter die Arme greifen.

1.5.5 Grundsätzliche Einstellungen in Google Analytics

Wenn der Code korrekt und auf allen Seiten integriert ist und die ersten Zahlen in Google Analytics eintrudeln, sollten Sie noch ein paar Kleinigkeiten in Google Analytics konfigurieren.

Wie oben beschrieben, zählt der Webalizer auch gerne die Besuche der Suchmaschinen-Bots mit und verfälscht so die Statistik. Google Analytics ist davor leider auch nicht gefeit und benötigt daher eine kleine Anpassung in der Grundkonfiguration.

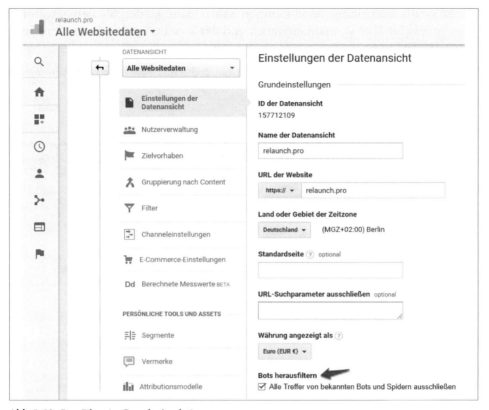

Abb. 1.60: Bot-Filter in Google Analytics

In den Einstellungen Ihrer Google-Analytics-Oberfläche finden Sie die Option BOTS HERAUSFILTERN. Wenn Sie dort einen Haken setzen, dann versucht Google Analytics automatisch, alle bekannten Bots und Spider nicht in die Statistik einfließen zu lassen. Sie finden die etwas versteckte Einstellung wie folgt: Klicken Sie in der linken Navigationsleiste auf das Zahnrad VERWALTUNG, auf dem dann folgenden Screen klicken Sie ganz rechts auf EINSTELLUNGEN DER DATENANSICHT. Wenn Sie bereits über mehrere Websites in Ihrem Google-Konto verfügen, müssen Sie zunächst die entsprechende PROPERTY und die dazugehörige DATENANSICHT auswählen.

Möchten Sie einen Shop mit Google Analytics auswerten, so achten Sie darauf, die korrekte Währung einzustellen. Standardmäßig rechnet Analytics in Dollar.

Google Analytics lässt sich vielfältig konfigurieren, gerade beim Tracking von Shopsystemen lassen sich so sehr interessante Einsichten generieren. Falls Sie einen Shop betreiben, dann sollten Sie sich in jedem Fall die erweiterten E-Commerce-Einstellungen in Google Analytics anschauen. Sie erhalten so mit Google Analytics ein zentrales Messinstrument für Ihren Online-Shop, mit dem Sie

Umsätze, Produktverkäufe, Akquisekanäle und vieles mehr objektiv messen können. In einigen Fällen ist sogar eine gut eingerichtete Analytics-Statistik aussagekräftiger als die Statistiken der Shopsoftware selbst oder zumindest eine sehr gute Ergänzung der Shopauswertungen. Für viele Shopsysteme gibt es wie bereits erwähnt hervorragende Plugins, die das E-Commerce-Tracking in Google Analytics integrieren.

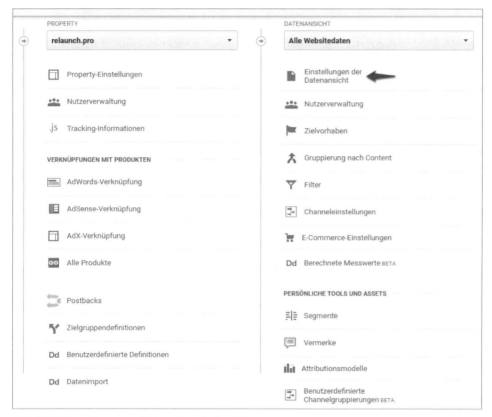

Abb. 1.61: Verwaltungsansicht in Google Analytics

Wenn Sie bisher keinerlei Statistiken erhoben haben, so können Sie nach der Einrichtung von Google Analytics – oder einer anderen Statistik-Lösung – zumindest ab jetzt Daten über Ihre Website sammeln. Sollten Sie also in einem halben Jahr Ihren Relaunch planen, stehen Ihnen dann Statistiken zur Verfügung. Falls Sie jedoch keinerlei Statistiken über die Nutzung Ihrer Website haben, so empfehle ich Ihnen dringend, erst ein paar Monate abzuwarten, um belastbare Daten zu sammeln. Wie können Sie sonst später bewerten, ob sich der Relaunch gelohnt hat, wenn Sie keine Daten besitzen, mit denen Sie alt und neu vergleichen können? Im optimalen Fall ändert sich nichts, im schlechtesten Fall verlieren Sie Geld, Umsätze, Einnahmen oder Besucher.

Checkliste: Einbindung von Google Analytics

- Google Analytics ist ein sehr mächtiges Tool und der Standard für Website-Statistiken.
- Binden Sie den Tracking-Code datenschutzkonform ein:
  - Code anonymisieren (IP-Adresse kürzen)
  - Vertrag zur Auftragsdatenverarbeitung mit Google schließen
  - Datenschutzhinweise auf der Website einbinden
- Prüfen Sie die Funktion anhand der Echtzeitansicht in Google Analytics.
- Prüfen Sie den Code in allen Seiten mit dem Screaming Frog SEO Spider
- Vervollständigen Sie das grundsätzliche Setup:
  - Währung
  - Zeitzone
  - E-Commerce-Tracking

1.6 Zusammenfassung

In diesem Kapitel haben Sie für die ersten Schritte zum erfolgreichen Website Relaunch Folgendes gelernt:

- **Werkzeugkasten zusammenstellen** – Sie kennen die wichtigsten Tools für den Start in Ihr Projekt und haben jetzt einen Frosch zum Freund. Zusätzlich haben Sie aber auch alle anderen Tools ausprobiert und eventuell doch keinen Frosch zum Freund.
- **Die Google Search Console einrichten** – Das kostenlose Tool liefert Ihnen wichtige Daten über Ihre Website, Ihre Suchbegriffe und vieles andere mehr und Sie fragen sich, wie Sie die ganzen letzten Jahre ohne die Google Search Console (über)leben konnten.
- **XML-Sitemaps erstellen** – Mithilfe der vorgestellten Tools oder optimalerweise mit Ihrem Shop- oder Content-Management-System haben Sie sinnvolle XML-Sitemaps generiert, in der Google Search Console angemeldet und schätzen gelernt.
- **Google Analytics installieren** – Was man nicht misst, kann man nicht optimieren. Endlich wissen Sie mehr über Ihre Besucher und deren Verhalten auf Ihrer Website. Durch Ihre sorgfältige und datenschutzkonforme Integration von Google Analytics fürchten Sie sich auch nicht mehr vor dem deutschen Datenschutz.

## Kapitel 2

Seitenstruktur ermitteln – lernen Sie Ihre Website kennen

In diesem Kapitel lernen Sie Ihre Website kennen, denn nur wenn Sie Ihre Seiten in- und auswendig in puncto Struktur und Umfang kennen, können Sie den Relaunch optimal durchführen.

Es ist sehr wahrscheinlich, dass sich Ihre Seitenstruktur nach dem Relaunch weitgehend oder komplett ändert. Häufig werden neue Shopsysteme oder Content-Management-Systeme (CMS) eingesetzt, was meist zur Folge hat, dass alle Unterseiten Ihrer Website neue Adressen bekommen (URLs). Suchmaschinen »irritiert« diese Strukturänderung und sie reagieren im schlimmsten Fall mit einer Herunterstufung Ihrer Seite in den Suchergebnisseiten. Ihre Seite wird dann einfach nicht mehr oder nur sehr schlecht bei Google und Co. gefunden.

Um dieser Irritation vorzubeugen, müssen Sie alle bestehenden Unterseiten für die Suchmaschinen verständlich auf die neuen Unterseiten umleiten. Die Suchmaschinen können dann erkennen, dass sich die Seitenstruktur geändert hat und wo sich die neuen Seiten befinden, um diese dann erneut in ihrem Index zu speichern und in den Ergebnisseiten anzuzeigen.

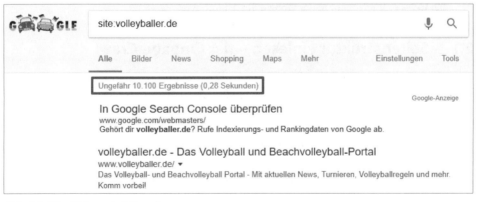

Abb. 2.1: Site-Abfrage bei Google

In Abbildung 2.1 sehen Sie, dass Google für die Seite www.volleyballer.de **ungefähr 10.100 Seiten** gespeichert hat. Bitte bedenken Sie jedoch, dass es sich hierbei nur um eine ungefähre Seitenanzahl handelt. Da Google diese Zahl nicht live aktualisiert, kann diese Zahl nur als Näherungswert betrachtet werden. Wundern Sie sich also nicht, wenn Sie bei den nächsten Schritten und unter Verwendung anderer Tools abweichende Werte für die Seitenzahl ermitteln. Diese sollten sich jedoch nicht allzu stark von dem von Google angezeigten Wert unterscheiden.

Komfortabler und genauer als per »Siteabfrage« lässt sich die Seitenanzahl über die Google Search Console ermitteln. Die Google Search Console zeigt unter anderem den historischen Indexierungsverlauf der letzten zwölf Monate an.

Der Indexierungsverlauf zeigt Ihnen an, zu welchem Zeitpunkt Google wie viele Seiten Ihrer Domain gespeichert hat. Die Search Console zählt aktuell für das oben bereits verwendete Beispiel 11.157 Seiten. Selbst Googles eigene Tools weichen also durchaus mal voneinander ab.

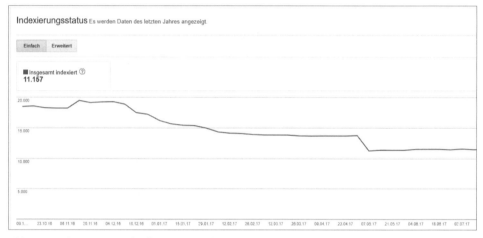

Abb. 2.2: Indexierungsverlauf in der Google Search Console

2.1 Seitenstruktur einlesen – der Onpage-Crawl

Nachdem Sie nun ungefähr wissen, wie groß Ihre Seite ist, also wie viele Unterseiten Ihr Projekt hat, werden Sie im nächsten Schritt den Ist-Stand Ihrer Seitenstruktur sichern. Diese Sicherung ist von immenser Bedeutung, weil Sie damit später prüfen und sicherstellen können, ob alle Arbeiten bei Ihrem Relaunch korrekt ausgeführt wurden. Zusätzlich kann Ihnen diese Datei bei der Organisation der anstehenden Arbeiten helfen. Wenn Sie die Struktur zum Beispiel als Google-Tabelle online Ihrem Team, Ihren Kunden oder der Internetagentur zur Verfügung stellen, sind alle beteiligten Personen in der Lage, gemeinsam an dem Projekt zu arbeiten und den Projektstand zu verfolgen.

Es gibt verschiedene Tools, die Sie in die Lage versetzen, eine Website-Struktur zu sichern. Bei diesen Tools handelt es sich um sogenannte »Onpage-Crawler«. Diese Crawler verhalten sich wie Suchmaschinen und lesen jede Unterseite einer Website ein. Zusätzlich werden weitere Daten zu Ihrer Websitestruktur gesichert, wie zum Beispiel Überschriften, Server-Antwortzeiten, defekte Links und vieles mehr. Alle der hier genannten Tools können Sie auch mit reduziertem Funktionsumfang testen. Ryte.com Free bietet Ihnen dagegen kostenlos den vollen Funktionsumfang der Bezahlvariante, ist allerdings auf die Analyse von 100 Unterseiten beschränkt.

Anhand der ermittelten Seitenanzahl Ihrer Domain und Ihres Budgets kann Ihnen diese Aufstellung bei der Auswahl eines Tools helfen, einige dieser Tools habe ich bereits auf Seite 41 erwähnt.

	Screaming Frog SEO Spider Free	Screaming Frog SEO Spider	Ryte.com Free	Ryte.com
Plattform	Windows, Mac, Linux (Ubuntu)	Windows, Mac, Linux (Ubuntu)	unabhängig, läuft im Browser	unabhängig, läuft im Browser
Seiten	max. 500 (inkl. Bilder, CSS, JavaScript)	50.000 (theoretisch unbegrenzt, praktisch von Ihrem Arbeitsspeicher abhängig)	unabhängig, läuft im Browser	50.000 (Pro), in höheren Tarifen mehr Seiten möglich
Anzahl Projekte	unbegrenzt	unbegrenzt	1	3, in höheren Tarifen weitere Projekte möglich
Preis	kostenlos	149 £ pro Jahr	kostenlos	99,90 Euro pro Monat
Link	relaunch.pro/2	relaunch.pro/2	relaunch.pro/4	relaunch.pro/5

	DeepCrawl	SiteBulb	SiteBulb Free
Plattform	unabhängig, läuft im Browser	Windows, Mac	Windows, Mac
Seiten	100.000 (Starter), in höheren Tarifen mehr Seiten möglich	2.000.000, abhängig von den Hardwareressourcen	500
Anzahl Projekte	5 (aktive), in höheren Tarifen weitere Projekte möglich	unbegrenzt	unbegrenzt
Preis	69,90 Euro pro Monat	35,51 Euro pro Monat	kostenlos
Link	relaunch.pro/6	relaunch.pro/103	relaunch.pro/103

Bei den hier vorgeschlagenen Tools handelt es sich um reine Onpage-Crawler, und als solche sind sie darauf spezialisiert, eine komplette Internetseite schnell und vollständig einzulesen. Alle, außer dem Screaming Frog SEO Spider und SiteBulb, bieten verschiedene Tarifvarianten mit unterschiedlichem Funktionsumfang bzw. Crawl-Budget an.

Es gibt noch weitere Suchmaschinen-Optimierer-Tools mit größerem Funktionsumfang als die oben genannten Werkzeuge, auch diese Tools können Onpage-Crawls durchführen und sollten daher nicht unerwähnt bleiben:

	Sistrix (Optimizer-Modul)	Xovi	MOZ Pro
Plattform	unabhängig, läuft im Browser	unabhängig, läuft im Browser	unabhängig, läuft im Browser
Seiten	100.000 (Starter), in höheren Tarifen mehr Seiten möglich	25.000, in höheren Tarifen mehr Seiten möglich	20.000 (100.000 gesamt), in höheren Tarifen mehr Seiten möglich
Anzahl Projekte	5, in höheren Tarifen weitere Projekte möglich	unbegrenzt	5, in höheren Tarifen weitere Projekte möglich
Preis	119 Euro pro Monat	119 Euro pro Monat	99 US-Dollar pro Monat
Link	relaunch.pro/7	relaunch.pro/8	relaunch.pro/9

Meiner Erfahrung nach können die meisten Internetseiten mit dem Screaming Frog SEO Spider gecrawlt werden. Das von mir oben genannte Limit von 50.000 Seiten ist keine harte Obergrenze. Im Prinzip kann das Tool auch wesentlich mehr Seiten einlesen, die Grenzen werden jedoch durch Ihren Computer gesetzt. Da das Tool sehr speicherhungrig ist, benötigen Sie viel Arbeitsspeicher, um sehr große Seiten einzulesen. Mit meinem PC auf Intel Core-i3-Basis und 8 GB Speicher kann ich locker bis zu 50.000 Seiten einlesen und verarbeiten. Testen Sie auch unbedingt mal SiteBulb, es ist dem Screaming Frog SEO Spider sehr ähnlich, jedoch in Benutzerführung und Design etwas »anwenderfreundlicher«.

Ein Tipp zur Softwareauswahl

Der Onpage-Crawl ist, wie oben schon erwähnt, sehr wichtig für die weiteren Arbeiten. Ich empfehle daher, ein Tool zu nutzen, das sich auf diese Aufgabe konzentriert und speziell für diesen Zweck entwickelt wurde. Die in der Tabelle aufgeführten Allround-Tools können zwar auch Onpage-Crawls ausführen, sind in der Datenqualität und Arbeitsgeschwindigkeit aber den reinen Onpage-Crawlern meist unterlegen. Da die Tools aber stetig weiterentwickelt werden, sollte man immer mal wieder bei den Anbietern vorbeischauen und gegebenenfalls testen und vergleichen.

Jedes der hier vorgestellten Tools können Sie ausgiebig mindestens zwei Wochen testen, bitte nutzen Sie den Testzeitraum, um sich ein umfassendes Bild von dem jeweiligen Tool zu machen.

2.2 Onpage-Crawl mit Screaming Frog SEO Spider ausführen

Dieses Tool ist unter Suchmaschinen-Optimierern sehr beliebt und wird auch aufgrund seines sehr guten Preis-Leistungs-Verhältnisses häufig eingesetzt. Die Software ist in Java geschrieben und läuft daher auf nahezu allen Betriebssystemen (Windows, MAC OS und Linux Ubuntu).

Der Crawler verfügt über mehrere Modi: Zum einen kann man im Spider-Mode eine komplette Internetseite einlesen und die Struktur sichern. Zum anderen gibt es den List-Mode, mit dem man eine Liste von Adressen in den Screaming Frog lädt und dann jede einzelne Adresse überprüfen lassen kann. Den List-Mode benötigen wir später für die Überprüfung von Weiterleitungen nach dem Relaunch. Jetzt gilt es zunächst, den Screaming Frog SEO Spider in den Spider-Modus zu versetzen und ihn auf Ihre Seite loszulassen.

Abb. 2.3: Wählen Sie den Spider-Modus aus und geben Sie Ihre Domain ein.

Abb. 2.4: Der Screaming Frog SEO Spider bei der Arbeit

Geben Sie anschließend die zu crawlende Adresse ein, in dem Beispiel in Abbildung 2.3 ist es die Domain www.volleyballer.de, und klicken Sie dann auf START. Der Screaming Frog beginnt mit seiner Arbeit und liest die Seiten entsprechend ein. In Abbildung 2.4 sehen Sie ein Bildschirmfoto, das den Spider-Vorgang zeigt.

2.2.1 Mögliche Probleme beim Crawlen mit dem Screaming Frog SEO Spider

Wenn Sie die oben beschriebenen Schritte ausgeführt haben, sollte Ihr Bildschirm ähnlich wie Abbildung 2.4 aussehen. Falls nicht, könnte es sein, dass Ihre Seite über die sogenannte robots.txt-Datei Spidern keinen Zugang zu Ihrer Seite gewährt. In diesem Fall müssen Sie dem Screaming Frog SEO Spider mitteilen, dass er die robots.txt-Datei ignorieren soll. Rufen Sie dazu den Punkt ROBOTS.TXT im Menü CONFIGURATION auf und setzen Sie einen Haken bei dem Eintrag IGNORE ROBOTS.TXT (siehe Abbildung 2.5). Starten Sie anschließend den Spider-Prozess erneut.

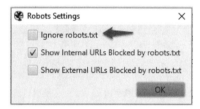

Abb. 2.5: Setzen Sie den Haken bei IGNORE ROBOTS.TXT, wenn der Spider durch Ihre robots.txt gesperrt ist.

Ein weiteres Problem können passwortgeschützte Bereiche Ihrer Seite darstellen. Der Screaming Frog unterbricht dann seine Arbeit und zeigt einen entsprechenden Dialog zur Eingabe von Nutzernamen und Passwort an. So können Sie zum Beispiel auch von Ihnen noch nicht veröffentlichte Internetseiten einlesen.

Je nach Größe der einzulesenden Website variiert natürlich die Zeit, die der Screaming Frog für seine Arbeit benötigt. Bei meiner Domain volleyballer.de benötigt er mit den Standardeinstellungen ca. sieben Minuten, bei ca. 11.000 URLs. Wenn Sie es eilig haben und Ihr Server bzw. Web-Hoster schnell genug sind, können Sie in der Konfiguration des Screaming Frogs die gleichzeitigen Abfragen erhöhen (maximal 200) und somit mehr Seiten in kürzerer Zeit einlesen. In der Standardeinstellung sind fünf sogenannte »Threads« eingestellt.

Falls Ihr Crawl mit dem Screaming Frog SEO Spider aufgrund von Speicherproblemen abgebrochen wird, dann lesen Sie bitte die Hinweise zur Speicherkonfiguration in Abschnitt 2.4.

> ## Hinweis: Geduld beim Crawlen
>
> Erhöhen Sie die Thread-Einstellung nur in kleinen Schritten! Wenn Sie zu viele gleichzeitige Anfragen an Ihre Website schicken, kann es passieren, dass entweder Ihr Provider die Seiten sperrt – weil er von einem Hacker-Angriff ausgeht – oder dass Ihr Server einfach »schlappmacht«, weil er die Menge der Anfragen gar nicht beantworten kann.
>
> Nicht alle der hier genannten Konfigurationstipps lassen sich mit der kostenfreien Version umsetzen. In diesem Fall müssen Sie dann mit den fest eingestellten Werten vorlieb nehmen.

2.2.2 Crawl-Daten prüfen und speichern

Nach dem Crawl sollten Sie prüfen, ob alle Seiten vom Crawler erfasst wurden. Sie wissen ja mittlerweile, wie viele Seiten Ihre Internetseite (ungefähr) enthält. Um die Seitenanzahl beim Screaming Frog SEO Spider zu ermitteln, stellen Sie den Filter im Tab INTERNAL auf HTML.

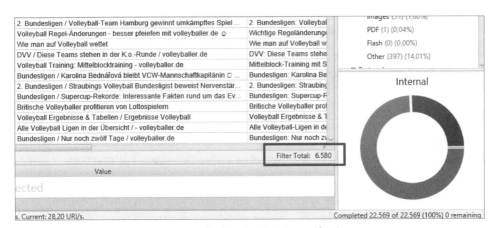

Abb. 2.6: Der Screaming Frog SEO Spider hat 6.580 Seiten gefunden.

In Abbildung 2.6 sehen Sie, dass der Crawler 6.580 Seiten eingelesen hat. Wenn der Filter nicht auf HTML eingestellt ist, werden dagegen über 22.500 Adressen angezeigt. Diese Zahl repräsentiert alle Dateien, die zu Ihrer Internetseite gehören (und vom Crawler gefunden wurden), also zum Beispiel auch alle Bilder, JavaScript- und Stylesheet-Dateien.

Trotzdem ist hier aber tatsächlich eine hohe Diskrepanz zwischen dem für diese Domain in der Search Console angezeigten Seitenumfang (ca. 11.100) und der vom Screaming Frog SEO Spider ermittelten Seitenzahl (6.580) vorhanden. Wie kann es zu dieser deutlichen Abweichung kommen?

Gründe für abweichende Seitenzahlen:

- Sie nutzen die kostenlose Version, die nur bis zu 500 URLs crawlt, Ihre Seite hat aber mehr als 500 URLs (inklusive der zusätzlichen Dateien, wie z.B. Bilder und JavaScript-Dateien).

- Der Screaming Frog SEO Spider ist falsch konfiguriert: Im Konfigurations-menü besteht die Möglichkeit, Limits zu definieren. So kann man zum Beispiel die Klicktiefe oder die maximale Verzeichnistiefe begrenzen. Ist hier eine künstliche Begrenzung eingestellt, können nicht alle Seiten eingelesen werden.

- Die Internetseite erzeugt sogenannte »Session-IDs«. Dabei handelt es sich um eine Zeichenkette, die an jede URL angehängt wird, was dazu führt, dass identische URLs mehrfach gezählt werden.

- Google »normalisiert« die URLs und filtert zum Beispiel Session-IDs automatisch aus, sodass diese nicht mehrfach auftauchen.

- Der Google-Index ist nicht auf dem aktuellsten Stand, zum Beispiel wurden bei der Seite `volleyballer.de` einige Wochen vor dem Crawl über 12.000 Seiten gelöscht.

- Google hat nicht alle Seiten erfasst. Das kann durch sehr tiefe und verschachtelte Seiten-Strukturen oder schlecht verlinkte Inhalte passieren.

Wenn Sie Ihre Internetseite in- und auswendig kennen, sollten Sie sich das Ergebnis vom Screaming Frog genauer anschauen und vergleichen, ob alle Inhalte eingelesen wurden. Suchen Sie zum Beispiel nach bestimmten Verzeichnissen und Dateien, von denen Sie wissen, dass sie innerhalb Ihrer Seite existieren. Machen Sie also Stichproben. Sie können sich in der Regel so recht schnell eine Übersicht verschaffen und die Qualität des Crawls beurteilen. Nutzen Sie die Suchfunktion, so erhalten Sie zum Beispiel die Seitenanzahl von einzelnen Unterverzeichnissen.

Sie sollten den gesamten Crawl abspeichern und gut aufbewahren. Nachdem der Relaunch ausgeführt wurde, können Sie den Crawl wieder in den Screaming Frog laden und prüfen, ob der Umzug sauber vonstattengegangen ist.

Sind die Abweichungen zwischen dem Screaming-Frog-Crawl und der zuvor ermittelten ungefähren Seitenanzahl aber zu groß und Sie haben hierfür keine logische Erklärung, dann empfehle ich Ihnen, ein weiteres Crawling-Tool zurate zu ziehen. Denn: Zwei Crawls sehen mehr als einer! Zur Tool-Auswahl ziehen Sie bitte einfach die Tool-Liste auf Seite 81 zurate. Die in einem anderen Tool ausgeführten Crawls können auch exportiert und später in den Screaming Frog SEO Spider zur Überprüfung der Umleitungen geladen werden.

Haben Sie wesentlich mehr Seiten in Ihrem Crawl, als Google im Index anzeigt?

Wie bereits erwähnt, rate ich Ihnen in diesem Fall, ein weiteres Tool für den Crawl zu nutzen. Weicht der Vergleichs-Crawl ebenfalls stark vom Google-Index ab, dann hat Google offensichtlich Schwierigkeiten, Ihre Seite zu »verstehen«. Das könnte folgende Gründe haben:

- Ihre Navigation ist durch eine Technik, wie zum Beispiel »JavaScript« oder gar »Flash« für die Suchmaschinen schlecht, kaum oder nicht lesbar: Suchmaschinen können JavaScript und Flash nur schwer verstehen beziehungsweise deren Code ausführen, somit können die Informationen in der Navigation für die Suchmaschinen nicht gelesen werden.

- Ihre Seitenstruktur ist sehr tief verschachtelt und somit sind viele Seiten für die Suchmaschinen-Crawler schwer erreichbar. Bei großen Internetseiten kann eine stark verschachtelte Navigation dazu führen, dass viele Seiten erst sehr tief in einem Unternavigationspunkt verlinkt werden. Links aus den oberen Ebenen der Navigation werden von den Suchmaschinen wichtiger eingestuft als Links aus den untersten Ebenen. Dies führt im schlimmsten Fall dazu, dass die Seiten gar nicht im Suchindex auftauchen.

- Sie schließen Seiten aus, indem Sie per `robots.txt` oder Header-Anweisungen in den Seiten Bots verbieten, die Seiten einzulesen: Über die `robots.txt`-Datei können durch spezielle Anweisungen Verzeichnisse vor dem Zugriff der Suchmaschinen geschützt werden. Diese Verzeichnisse werden dann nicht indexiert.

- Es gibt viele Seiten auf Ihrer Website, die für Google keinen einzigartigen Inhalt aufweisen: Die Suchmaschinen lesen den Text auf Ihren Seiten und versuchen einzuordnen, worum es sich auf Ihrer Internetseite handelt. Je weniger Text Sie zum Beispiel zu Ihren Produkten schreiben, desto schwieriger fällt es den Suchmaschinen, herauszufinden, welche Produkte Sie anbieten, weil die Beschreibungen sich aufgrund ihrer Kürze zu ähnlich sind. Das Gleiche kann auch in Online-Shops mit vielen Filtermöglichkeiten vorkommen: Eine Artikelliste mit roten Schuhen kann einer Artikelliste mit roten Sportschuhen je nach Sortiment sehr ähnlich sein. Auch in einem solchen Fall schließt Google diese Seiten dann aus seinem Index aus.

Checkliste: Onpage-Crawl

- Ziel des Onpage-Crawls ist, die Metadaten jeder URL Ihrer Website zu sichern.
- Führen Sie die Crawls mit verschiedenen Tools aus, vergleichen Sie die Ergebnisse, der Umfang sollte jeweils annähernd identisch sein.
- Speichern Sie das Ergebnis, später werden Sie anhand des Crawls Ihre neue Website überprüfen.
- Beziehen Sie viele Quellen (Sitemaps, Verlinkungen, Google Analytics und die Google Search Console) in die Crawls mit ein.
- Nutzen Sie für den Crawl spezialisierte Software, wie den Screaming Frog SEO Spider oder DeepCrawl.

2.3 Welche Seiten fehlen in Googles Index?

In der Google Search Console können Sie sehen, wie viele Seiten indexiert wurden, Sie können aber nicht erkennen, welche URLs von Google nicht eingelesen wurden. Um herauszufinden, welche Seiten nicht indexiert wurden, müssen Sie den Google-Cache abfragen. Jedes Mal, wenn Google Ihre Seiten einliest, speichert es eine Kopie im sogenannten Google-Cache ab, diese Kopie können Sie durch die unten aufgeführte Abfrage selbst bei Google abrufen. Um automatisiert herauszufinden, welche Seiten im Google-Index fehlen, können Sie auch den Screaming Frog SEO Spider einsetzen. Der Frog sendet an den Google-Cache eine URL, der Google-Cache antwortet entweder mit der gecachten Version Ihrer angefragten URL oder mit einem 404-Fehler. Der Fehler 404 zeigt Ihnen, dass Google die angefragte Seite nicht kennt (404 = Seite nicht gefunden) und sie nicht im Google-Cache vorhanden ist, siehe Abbildung 2.8.

2.3.1 Google-Cache manuell abfragen

Die URL zur Abfrage des Google-Cache sieht wie folgt aus:

```
https://webcache.googleusercontent.com/search?q=cache:http://www.volleyballer.de/news/
```

An den Parameter `q=cache:` wird die abzufragende Adresse angehängt, hier im Beispiel die URL `http://www.volleyballer.de/news/`

Findet Google die Seite im Google-Cache, dann wird ein entsprechendes »Abbild« angezeigt.

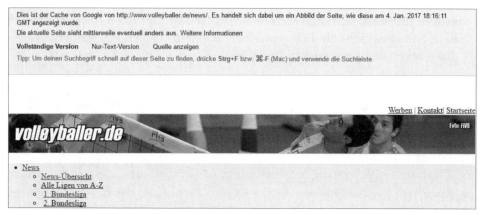

Abb. 2.7: Das Ergebnis einer Google-Cache-Abfrage

Ist die Seite jedoch nicht im Google-Cache vorhanden, wird eine Fehlermeldung mit dem Header Status 404 ausgeliefert.

Abb. 2.8: Die abgefragte Seite ist nicht im Google-Cache vorhanden, Status 404.

2.3.2 Google-Cache automatisiert abfragen

Natürlich können Sie jetzt nicht jede Adresse »zu Fuß« prüfen, das wäre sehr zeitaufwendig und enervierend. Es gibt verschiedene Möglichkeiten, die Abfragen zu automatisieren. Im ersten Beispiel nutzen wir dafür den Screaming Frog SEO Spider im sogenannten List-Mode. In diesem Modus nimmt der Screaming Frog eine Liste von Adressen an, die er anschließend crawlt. In unserem Fall enthält die Liste alle Anfragen an den Google-Cache nach dem oben vorgestellten URL-Muster.

Sie können die URL-Liste wie folgt erstellen:

Sie benötigen für die Erstellung der Liste Ihre Lieblingstabellenkalkulation. Erstellen Sie eine neue Tabelle und gehen Sie wie folgt vor.

1. Schreiben Sie in die erste Zeile einer Tabelle die Google-Cache-URL `https://webcache.googleusercontent.com/search?q=cache`. In meinem Beispiel nutze ich eine Google-Docs-Tabelle.
2. Kopieren Sie sämtliche URLs aus Ihrem Crawl in die zweite Spalte Ihrer Tabelle.
3. In der dritten Spalte werden die Spalten eins und zwei »verkettet«. Die Formel in Google Docs lautet hierfür `=CONCAT(A1;B2)`.

Klingt komplizierter, als es ist. Hier können Sie eine Demo-Tabelle herunterladen: `relaunch.pro/11`. Diese Tabelle enthält die Formel und ein paar Demo-URLs.

Im nächsten Schritt kopieren Sie jetzt die dritte Spalte komplett in eine Textdatei und speichern diese ab. Diese URL-Liste laden Sie anschließend über den Button UPLOAD in den Screaming Frog SEO Spider. Damit der Upload-Button angezeigt wird, muss sich der Screaming Frog im List-Mode befinden.

Wenn Ihre Liste korrekt angelegt wurde, sollte der Frog nach dem Hochladen der Liste ungefähr ein Ergebnis wie in Abbildung 2.10 – natürlich mit Ihren eigenen URLs – anzeigen.

Abb. 2.9: Listen in den Screaming Frog SEO Spider hochladen

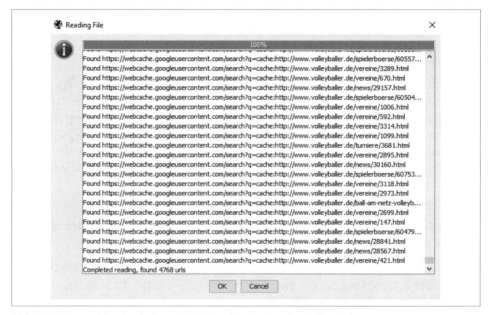

Abb. 2.10: Manuell hochgeladene URL-Liste für die Google-Cache-Anfrage

Klicken Sie auf OK und der Screaming Frog SEO Spider beginnt sofort, die URLs abzufragen.

Googles Blockaden mit dem Screaming Frog SEO Spider umgehen

Es gibt bei der oben beschriebenen Vorgehensweise leider ein »kleines« Problem: Google mag es gar nicht, wenn man versucht, automatisiert Abfragen an die Suchmaschine zu senden, und sperrt daher diese automatisierten Suchanfragen nach einer gewissen Zeit. Zum einen dadurch, dass Bots – so wie der Screaming Frog – generell über die robots.txt ausgeschlossen werden und zum anderen durch das Einblenden eines sogenannten »Captchas« bei auffälligen Anfragen. Daher muss man den Screaming Frog entsprechend konfigurieren, um die Suchen zu »tarnen«.

Als Erstes konfigurieren Sie den Screaming Frog SEO Spider so, dass er die robots.txt ignoriert: Rufen Sie dazu den Punkt ROBOTS.TXT im Menü CONFIGU-

RATION auf und setzen Sie einen Haken bei dem Eintrag IGNORE ROBOTS.TXT (siehe Abbildung 2.5).

Mit diesen Einstellungen darf oder besser kann der Screaming Frog die Anfragen überhaupt schon mal an Google absetzen, ohne dass die Suchmaschine ihn sofort blockiert.

Nächste Hürde: Standardmäßig sendet der Screaming Frog fünf Anfragen gleichzeitig an die Zielseiten, dieser Umstand führt bei Google innerhalb kürzester Zeit zur Blockade. Aber auch hierfür gibt es einen Lösungsansatz: Im Menü CONFIGU-RATION finden Sie den Unterpunkt SPEED. Dort stellen Sie die jeweils kleinsten Werte ein. Für die Einstellung MAX THREADS stellen Sie den Wert »1« ein, für die Angabe MAX URI/S geben Sie »0,1« an.

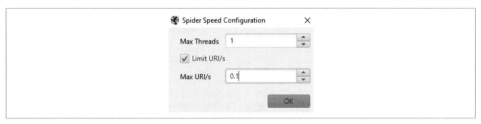

Abb. 2.11: Konfiguration der Geschwindigkeit oder eher »Langsamkeit«

Mit diesen Einstellungen wird der Screaming Frog natürlich extrem langsam. Und leider schützt auch dieses Tempolimit für gleichzeitige Abfragen und der Adressen pro Sekunde nicht immer vor der »Google-Blockade«. Je nachdem, wie viele Anfragen Sie an Google schicken, kann es passieren, dass Google den Screaming Frog blockiert und Sie daher zu keinem zufriedenstellenden Ergebnis kommen.

Im Idealfall erhalten Sie eine Liste aller nicht bei Google indexierten Seiten. In der Auswertung sind das die Seiten, die einen Statuscode »404« gesendet haben. Der Statuscode »200« zeigt an, dass die angefragte URL im Google-Cache vorhanden ist.

In Abbildung 2.12 sehen Sie ab Zeile 19 den STATUS CODE »302«. Ab diesem Zeitpunkt hat Google bereits erkannt, dass es sich bei diesen Anfragen um automatisierte Suchen handelt. Diese Anfragen werden auf ein Captcha umgeleitet, um sicherzustellen, dass es sich nicht um automatische Anfragen handelt. Leider kann der Screaming Frog SEO Spider die Captchas nicht ausfüllen, sodass wir in diesem Beispiel nur 18 verwertbare Ergebnisse bekommen.

VPN

Bei einer großen Anzahl abzufragender Seiten kann die Google-Cache-Abfrage zur Sisyphos-Arbeit werden, da Google immer wieder Ihre Anfragen blockieren wird. Versuchen Sie in diesem Fall, Ihre Anfragen über einen VPN-Anbieter (Virtual Private Network) zu schleusen. Der Dienst »Hide My Ass« (relaunch.pro/104), ändert alle 30 Sekunden Ihre IP-Adresse, damit fliegen Sie unter dem Google-Radar und laufen nicht so schnell Gefahr, blockiert zu werden.

	Address	Status Code
1	https://webcache.googleusercontent.com/search?q=cache:http://www.volleyballer.de/lottospieler.php	200
2	https://webcache.googleusercontent.com/search?q=cache:http://www.volleyballer.de/vereine/1494.ht...	200
3	https://webcache.googleusercontent.com/search?q=cache:http://www.volleyballer.de/news/sportfoto...	200
4	https://webcache.googleusercontent.com/search?q=cache:http://www.volleyballer.de/news/28497.html	200
5	https://webcache.googleusercontent.com/search?q=cache:http://www.volleyballer.de/vereine/570.html	200
6	https://webcache.googleusercontent.com/search?q=cache:http://www.volleyballer.de/vereine/699.html	200
7	https://webcache.googleusercontent.com/search?q=cache:http://www.volleyballer.de/vereine/254.html	200
8	https://webcache.googleusercontent.com/search?q=cache:http://www.volleyballer.de/news/28221.html	200
9	https://webcache.googleusercontent.com/search?q=cache:http://www.volleyballer.de/spielerboerse/...	404
10	https://webcache.googleusercontent.com/search?q=cache:http://www.volleyballer.de/vereine/2375.ht...	200
11	https://webcache.googleusercontent.com/search?q=cache:http://www.volleyballer.de/spielerboerse/...	200
12	https://webcache.googleusercontent.com/search?q=cache:http://www.volleyballer.de/spielerboerse/...	200
13	https://webcache.googleusercontent.com/search?q=cache:http://www.volleyballer.de/vereine/2713.ht...	200
14	https://webcache.googleusercontent.com/search?q=cache:http://www.volleyballer.de/news/29378.html	200
15	https://webcache.googleusercontent.com/search?q=cache:http://www.volleyballer.de/vereine/2544.ht...	200
16	https://webcache.googleusercontent.com/search?q=cache:http://www.volleyballer.de/news/30552.html	200
17	https://webcache.googleusercontent.com/search?q=cache:http://www.volleyballer.de/news/29694.html	200
18	https://webcache.googleusercontent.com/search?q=cache:http://www.volleyballer.de/spielerboerse/...	200
19	https://webcache.googleusercontent.com/search?q=cache:http://www.volleyballer.de/vereine/868.html	302
20	https://webcache.googleusercontent.com/search?q=cache:http://www.volleyballer.de/vereine/2691.ht...	302
21	https://webcache.googleusercontent.com/search?q=cache:http://www.volleyballer.de/vereine/2989.ht...	302

Abb. 2.12: Teilergebnis der Google-Cache-Abfrage

Der »Tarnkappen-Modus« von DeepCrawl

Der Onpage-Crawler DeepCrawl (relaunch.pro/6) kann ebenfalls bereitgestellte URL-Listen automatisiert verarbeiten. Zusätzlich verfügt er über einen »Stealth-Modus«. In diesem Modus versucht sich das Tool so gut es geht zu tarnen, um nicht von den Suchmaschinen als Bot erkannt und blockiert zu werden. Der Screenshot aus Abbildung 2.13 zeigt die Einstellungsmöglichkeiten für diese Funktion.

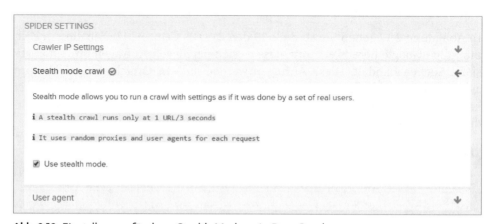

Abb. 2.13: Einstellungen für den »Stealth-Modus« in DeepCrawl

Der Crawler DeepCrawl nutzt im Stealth-Modus verschiedene IP-Adressen und unterschiedliche Browserkennungen und fragt nur alle drei Sekunden eine URL ab. Mit diesen Einstellungen konnte das Tool in meinem Testdatensatz in 9.535 URLs immerhin 493 404 Fehler finden. 3.169 URLs leiteten auf das Google-Captcha um, können also nicht weiter bewertet werden. 5.873 URLs wurden im Google-Cache gefunden.

DeepCrawl konnte in diesem Test also ca. 6.300 von 9.535 URLs auswerten. Die restlichen gut 3.000 URLs können einfach exportiert und in einem zweiten Crawl-Durchgang erneut analysiert werden.

In Abbildung 2.14 sehen Sie die Filtereinstellungen in DeepCrawl, mit der Sie die 302er-Seiten (das sind die Seiten, die von Google blockiert wurden) exportieren.

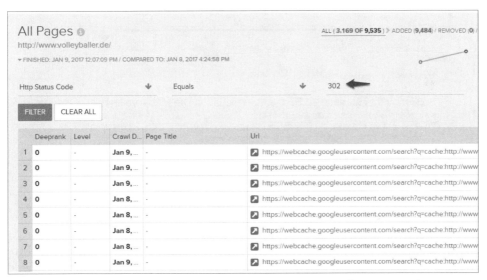

Abb. 2.14: Export der umgeleiteten Adressen für einen erneuten Crawl in DeepCrawl

Den Export laden Sie in ein Tabellenkalkulationsprogramm und separieren darin Ihre erneut zu untersuchenden URLs. Diese Liste laden Sie anschließend in das DeepCrawl-Tool und lassen sie mit denselben »Tarnkappen«-Einstellungen (siehe Abbildung 2.13) erneut überprüfen. Diesen Vorgang wiederholen Sie, so oft es nötig ist und bis Sie alle Ihre URLs bewerten können. Wenn Sie über sehr große Seiten verfügen, macht es natürlich Sinn, die Crawls schon im Vorwege in kleine Häppchen zu zerlegen. So sparen Sie sich den Umweg über den Export und Re-Import der bereinigten Listen. Bei extrem großen Seiten ist aber auch diese Vorgehensweise sehr aufwendig. In diesem Fall sollten Sie die Seite schon beim Crawlen in kleinere Häppchen aufteilen, indem Sie zum Beispiel nur einzelne Unterverzeichnisse einlesen.

Auswertung und Beurteilung der Google-Cache-Abfragen

Filtern Sie aus jedem Crawl die 404-Fehler heraus und speichern Sie sie in einer gemeinsamen Tabelle, um so eine Gesamtübersicht Ihrer fehlerhaften, weil nicht bei Google indexierten Seiten zu bekommen. Prüfen Sie die Fehler. Oftmals lassen sich wiederkehrende Muster erkennen, die zum Beispiel von falsch programmierten Seitenvorlagen (Templates) oder fehlerhaften XML-Sitemaps herrühren. Prüfen Sie zusätzlich stichprobenartig, ob die nicht vorhandenen Seiten und deren Inhalte über andere URLs im Google-Index vorhanden sind. Kopieren Sie dazu einen Textbereich aus den fehlenden Seiten in den Google-Suchschlitz, setzen Sie den Text in Anführungszeichen und führen Sie dann die Google-Suche aus.

Abb. 2.15: Google-Suche nach Textkopien

In meinem Testfall habe ich herausgefunden, dass ein veraltetes Script XML-Exporte mit falschen URLs exportiert. Diese XML-Datei wurde genutzt, um neue Seiten automatisiert bei Google+ anzumelden. Dieser Umstand führte dazu, dass die veralteten URLs bei Google vorhanden waren, die vor längerer Zeit umgestellten und korrekten URLs teilweise jedoch nicht. Das ist so ein typischer »Muster- oder Systemfehler«. In diesem Fall genügt schon eine kleine Änderung im Export-Script und schon werden mehrere Tausend URLs in Zukunft korrekt erzeugt.

Weitere typische Fehler:

- falsch gesetzte Canonical-Tags: In dynamisch generierten Internetseiten wie zum Beispiel Shops sind die einzelnen Seiten oftmals über mehrere Adressen aufrufbar. Die Seiten sehen dann identisch aus, haben aber jeweils eine andere URL. Für die Suchmaschinen handelt es sich technisch um unterschiedliche Seiten und somit landen dann zwei identische Seiten im Index der Suchmaschinen. Da es aber keinen Sinn macht, diese Kopien zu speichern, wurde das Canonical-Tag eingeführt (siehe Abbildung 2.16). Mit diesem Tag kann der Seitenbetreiber den Suchmaschinen mitteilen, welches Dokument das Original ist. Die Suchmaschinen speichern dann nur dieses eine Original. Wird das Canonical-Tag fehlerhaft integriert, so kann dies zur Nicht-Indexierung führen.

Abb. 2.16: Das Canonical-Tag im Quelltext gibt die Original-Seite an, kann aber bei falscher Anwendung zu Problemen führen.

- zu wenige individuelle Inhalte (s.o.) auf den Seiten
- extrem tief verschachtelte und dadurch schwache Verlinkungen (s.o.)

Der Klassiker: Weiterleitungsketten

Weiterleitungsketten entstehen durch häufiges Umleiten der Suchmaschinen (und Nutzer). Ein Beispiel: Eine Seite soll nur über das HTTPS-Protokoll und zusätzlich nur über die www-Version erreichbar sein. Im schlechtesten Fall verläuft der Abruf einer Seite wie folgt:

1. `http://eineseite.de/test.html` > Umleitung zur www-Version
2. `http://www.eineseite.de/test.html` > Umleitung zur HTTPS-Version
3. `https://eineseite.de/test.html` > Umleitung zur www-Version
4. `https://www.eineseite.de/test.html` > test.html wurde »verlegt« und liegt jetzt im Verzeichnis »neu«, also umleiten. In der Umleitungstabelle wurde aber vergessen, auf https umzustellen und das www wurde auch nicht beachtet.
5. `http://eineseite.de/neu/test.html` > und wieder auf HTTPS umleiten
6. `https://eineseite.de/neu/test.html` > ach so, www ...
7. `https://www.eineseite.de/neu/test.html` > Ziel erreicht

Für den Nutzer sind diese Weiterleitungsketten kaum erkennbar, weil sie in Bruchteilen von Sekunden ablaufen. Für die Suchmaschinen sind diese Verkettungen jedoch Ressourcen fressende Blockaden. Mit dem Online-Tool »HTTP Status Code Checker« können Sie solche Weiterleitungsketten analysieren: `relaunch.pro/15`.

Das oben genannte Beispiel zeigt, dass ein Systemfehler viele Fehler mit sich bringen kann, ein falsches Zeichen in einer Seitenvorlage und schon wird aus der sprichwörtlichen Mücke ein Elefant. Warum ist es aber wichtig, vor dem Relaunch diese Fehler zu finden? Je »sauberer« Sie Ihre Seiten halten, desto besser werden Sie später die neuen Seiten in den Index der Suchmaschinen bekommen. Weniger ist mehr. Wenn die Suchmaschinen damit beschäftigt sind, Ihre alten fehlerhaften URLs einzulesen, haben sie keine Zeit, um Ihre neuen Seiten aufzunehmen.

Checkliste: Google-Cache-Abfrage

- Ziel bei der Google-Cache-Abfrage ist es, herauszufinden, welche Seiten im Google-Cache fehlen und warum diese nicht indexiert sind.
- Nutzen Sie den Screaming Frog SEO Spider (mit reduzierter Geschwindigkeit) oder DeepCrawl (im Tarnkappenmodus).
- Verteilen Sie die automatisierten Abfragen in kleine »Häppchen«, falls Google Ihre Anfragen blockiert.
- Setzen Sie ggf. einen VPN-Dienst ein.
- Prüfen Sie die fehlenden Seiten auf System- oder Template-Fehler.
- Stellen Sie die Fehler ab und halten Sie den Suchmaschinen-Index sauber.

2.4 Anreicherung des Crawls mit weiteren Daten

Oftmals füge ich dem technischen Crawl noch weitere Felder hinzu, wie zum Beispiel die Navigationsebenen oder eingehende Verweise. Weiter hinten im Kapitel sehen Sie in Abbildung 2.34 die Spalte »Aufrufe (GA)«. Hierbei handelt es sich um Daten, die direkt aus Google Analytics eingebunden wurden. Aber der Screaming Frog SEO Spider kann noch weitere Daten in seine Crawls einbeziehen.

Mit Stand vom Oktober 2017 kann er folgende externe Datenquellen einbinden:

- Google Analytics
- Google Search Console
- Majestic
- Ahrefs
- MOZ

Im folgenden Abschnitt erfahren Sie, wie Sie die Google-Analytics-, Google-Search-Console- und Ahrefs-Daten in Ihren Screaming Frog integrieren können.

2.4.1 Verbindung zwischen Screaming Frog SEO Spider und Google Analytics herstellen

Wenn Sie über die kostenpflichtige Version des Screaming Frogs verfügen, können Sie seit der Version 6 des Tools die Schnittstelle von Google Analytics »anzapfen« und die Zugriffsstatistiken direkt in Ihren Crawl integrieren. Bei kleinen, übersichtlichen Internetseiten ist dieser Schritt eventuell nicht nötig, da Sie in diesem Fall Ihre wichtigsten Seiten und deren Besucherzahlen kennen und leicht mit dem Crawl aus Screaming Frog abgleichen können. Bei großen Seiten empfehle ich Ihnen jedoch, zur kostenpflichtigen Version des Screaming Frogs zu greifen, da Sie zum einen größere Seiten einlesen und zum anderen die Schnittstellen zu anderen Tools nutzen können. Alternativ können Sie auch Ryte.com oder Deep-Crawl nutzen, auch bei diesen Tools ist die Integration der Google-Analytics-Daten möglich. Leider sind die kostenlosen Varianten der verfügbaren Tools in ihren Funktionen sehr eingeschränkt, sodass ich Ihnen empfehle, für Ihren Relaunch eine Bezahlversion zu erstehen. Mein Lieblingstool ist hier aufgrund der Flexibilität der Screaming Frog SEO Spider.

Um die Verbindung zu Google Analytics herzustellen, gehen Sie wie folgt vor:

Melden Sie sich in Ihrem Standardbrowser mit dem Google-Konto an, in dem Sie das zu verknüpfende Google-Analytics-Konto verwalten.

Klicken Sie im Screaming Frog SEO Spider auf CONFIGURATION|API ACCESS| GOOGLE ANALYTICS.

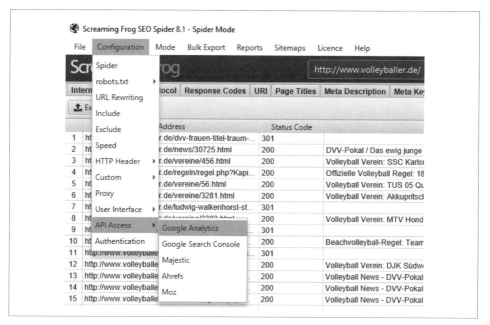

Abb. 2.17: Verbinden Sie den Screaming Frog SEO Spider mit Google Analytics.

Im folgenden Dialog klicken Sie auf CONNECT TO NEW ACCOUNT.

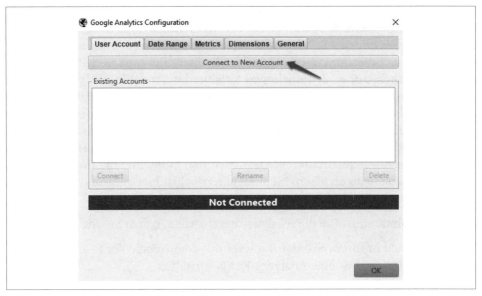

Abb. 2.18: Klicken Sie auf den markierten Button.

Im Anschluss öffnet sich in Ihrem Browser der Dialog aus Abbildung 2.19.

Abb. 2.19: Freigabe für Google Analytics erteilen

Klicken Sie auf ZULASSEN. Im Anschluss können Sie das Fenster schließen und den Screaming Frog SEO Spider wieder öffnen. Dort sehen Sie dann Ihre Google-Analytics-Profile, aus denen Sie dann das entsprechende auswählen und mit OK bestätigen.

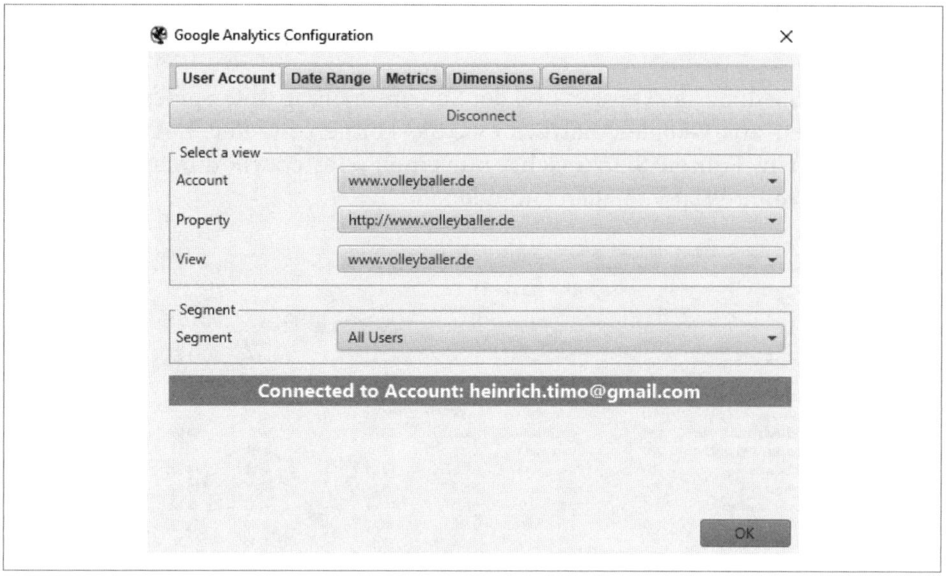

Abb. 2.20: Wählen Sie das entsprechende Profil aus.

Um saisonale Schwankungen (Ferien, Weihnachtsgeschäft etc.) in den Besucher-zahlen auszugleichen, empfehle ich Ihnen, unter dem Reiter DATE RANGE einen möglichst langen Zeitraum einzustellen. Mindestens sollte hier ein Zeitraum von einem Jahr abgefragt werden.

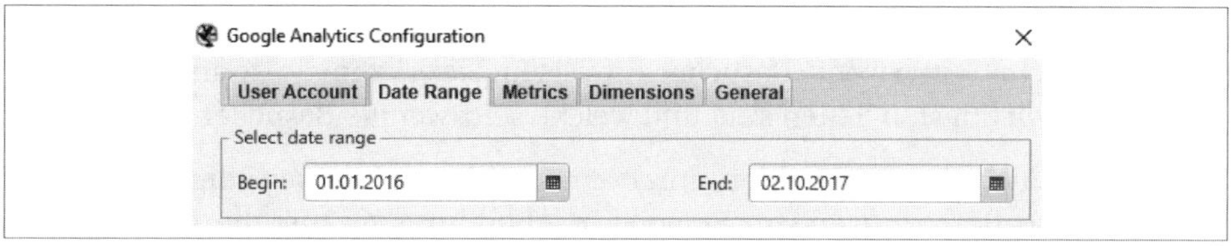

Abb. 2.21: Google-Analytics-Daten im Screaming-Frog-Report

Im Reiter DIMENSIONS können Sie Endgeräte, Länder und spezielle Suchanfragen filtern. In den GENERAL-Einstellungen werden maximal abzufragende Ergebnis-zeilen, die Unterscheidung von Groß- und Kleinschreibung sowie die Behandlung von abschließenden »/« (Trailing Slash) in URLs konfiguriert.

Standardmäßig erfasst der Screaming Frog SEO Spider folgende Daten aus der Schnittstelle zur Google Search Console:

- Klicks
- Impressionen (Ansichten)
- CTR (Klickrate)
- Position

Jetzt starten Sie den Crawl erneut und der Screaming Frog SEO Spider liest zusätzlich die Daten aus Google Analytics ein. Sie können im Reiter ANALYTICS die Daten einsehen. Führen Sie zunächst nur einen »Testcrawl« durch, wir werden gleich noch weitere Datenquellen anbinden.

Address	Status Code	Title 1	GA Sessions▼	GA % New Sessions	GA New U...	GA Bounce Rate	GA Page
.volleyballer.de/regeln/regeln-db-index.php	200	Offizielle Volle...	80481	86.15	69336	29.4	4.24
.volleyballer.de/training/sprungkrafttraining.php	200	Volleyball Trai...	14740	62.9	9271	87.67	1.28
.volleyballer.de/news/tv-termine.php	200	Volleyball im ...	14404	77.87	11216	81.22	1.41
.volleyballer.de/volleyball-beachanlagen-gesamt...	200	Beachanlagen...	9920	88.17	8746	52.86	2.31
.volleyballer.de/vereine/volleyball-verein.php	200	Volleyball-Ver...	9886	84.55	8359	24.11	4.61
.volleyballer.de/turniere/beachvolleyball-turniere....	200	Beachvolleyb...	8128	78.08	6346	54.93	2.48
.volleyballer.de/tabellen-ergebnisse-halle.php	200	Volleyball Erg...	6389	76.05	4859	79.57	1.38
.volleyballer.de/news/volleyball-weltrangliste-her...	200	Volleyball Wel...	6352	73.21	4650	76.35	1.49
.volleyballer.de/regeln/downloads.php	200	Downloads: V...	6302	57.09	3598	79.82	1.68
.volleyballer.de/regeln/regel.php?Kapitel=7.4	200	Offizielle Volle...	6200	77.97	4834	68.08	1.93
.volleyballer.de/news/volleyball-weltrangliste-da...	200	Volleyball Wel...	5102	68.95	3518	78.68	1.42
.volleyballer.de/regeln/regel.php?Kapitel=4.3	200	Offizielle Volle...	4854	83.14	4019	75.18	1.72
.volleyballer.de/volleyball-geschichte.php	200	Volleyball Ges...	4547	72.82	3311	77.92	1.54
.volleyballer.de/regeln/regel.php?Kapitel=7.3	200	Offizielle Volle...	3149	80.53	2536	55.03	2.44
.volleyballer.de/kira-walkenhorst_spieler_17.html	200	Spielerportrait...	3042	89.28	2716	80.97	1.46
.volleyballer.de/news/volleyball-weltrangliste.php	200	Volleyball Wel...	2944	79.96	2354	19.43	2.91
.volleyballer.de/training/mittelblock-training.php	200	Volleyball Trai...	2873	63.31	1819	85.9	1.36
.volleyballer.de/regeln/regel.php?Kapitel=7.6	200	Offizielle Volle...	2814	76.72	2159	63.61	2.05
.volleyballer.de/regeln/regel.php?Kapitel=6.2	200	Offizielle Volle...	2338	73.61	1721	62.83	1.79

Abb. 2.22: Google-Analytics-Daten im Screaming-Frog-Report

Durch die Verbindung mit Google Analytics erhalten Sie jetzt zusätzlich in der Auswertung zu jeder URL Ihrer Seite die entsprechende Zugriffsstatistik. Sie können durch die Sortierfunktionen im Screaming Frog schnell erkennen, welche Seiten viele und welche Seiten wenig Besucher aufweisen. Sie erkennen also auf einen Blick, welche Ihre wichtigsten Seiten sind und welche sehr wenige Besucher anklicken.

Sie können auch diese Ansichten durch einen Klick auf die jeweilige Spaltenbeschreibung sortieren lassen. Im Beispiel in Abbildung 2.22 ist die Ansicht nach GA SESSION absteigend sortiert. Sie sehen so, welche Seiten in dem eingestellten Zeitraum die häufigsten Besuche verzeichnen konnten.

2.4.2 Google Search Console mit dem Screaming Frog SEO Spider verheiraten

Über die Google-Analytics-Schnittstelle erhalten Sie schon sehr interessante Daten für jede einzelne URL. Eine weitere Datenquelle ist die Google Search Console, diese lässt sich ähnlich wie Google Analytics an den Screaming Frog SEO Spider anbinden.

Die Konfiguration startet im Menü CONFIGURATION|API-ACCESS|GOOGLE SEARCH CONSOLE.

Die nachfolgenden Dialoge sind quasi identisch mit denen der Google-Analytics-Authentifizierung. Wählen Sie bei erfolgreicher Verbindung die korrekte Property (Website) aus.

Abb. 2.23: Wählen Sie die gewünschte Website aus.

Hat alles geklappt, dann starten Sie wieder einen Testlauf, die Google-Search-Console-Daten finden Sie unter dem Reiter SEARCH CONSOLE.

Code	Title 1	Clicks	Impressions	CTR
	volleyballer.de - Das Volleyball und Beachvolleyball-Portal	950	8559	0,1110
	Und das ist Ihre neue Leidenschaft - Spielen	0	96	0,0000
	Volleyballverein – in welchem Alter mit dem Sport beginnen?	425	2735	0,1554
	Volleyball News Übersicht / Seite: 1 / - volleyballer.de	2	2179	0,0009
	Volleyball-Training an Geräten - volleyballer.de	29	532	0,0545
	2. Bundesligen / Volleyball-Team Hamburg reist zum Regionalpokal nach Stralsu...			

Abb. 2.24: Google-Search-Console-Daten

2.4.3 Externe Linkdatenquellen anzapfen

Als letztes Beispiel für die Integration externer Daten möchte ich mit Ihnen die Verbindung zu dem SEO-Tool Ahrefs (`relaunch.pro/54`) einrichten. Bei Ahrefs handelt es sich um ein sehr mächtiges SEO-Tool mit einer riesigen Link- und Keyword-Datenbasis im Hintergrund. Ahrefs sucht mit eigenen Bots im Internet nach Verlinkungen und speichert diese Daten. Das Ziel der Verbindung zwischen dem Screaming Frog SEO Spider und Ahrefs ist, für jede einzelne URL die Anzahl der externen Links zu dokumentieren.

Sie benötigen für den Zugriff auf die Daten von Ahrefs ein kostenpflichtiges Abonnement, das günstigste Paket startet bei 99 US-Dollar im Monat, reicht aber für diesen Zweck zunächst aus. Die Zugriffe über die Schnittstelle sind in diesem Paket auf 50.000 Anfragen pro Monat beschränkt. Wenn Sie ein größeres Paket benötigen, können Sie jederzeit bei Ahrefs entsprechend aufrüsten.

Zunächst müssen Sie über den Screaming Frog SEO Spider ein »API Access Token« erstellen. Gehen Sie dazu in das Menü CONFIGURATION|API-ACCESS und dort auf AHREFS. Es öffnet sich das Fenster aus Abbildung 2.25.

Abb. 2.25: Ahrefs: API-Token generieren

Klicken Sie auf den grünen Text GENERATE AN API ACCESS TOKEN. Es öffnet sich eine Seite von Ahrefs und fragt Sie, ob Sie der Anwendung Screaming Frog SEO Spider Zugriff gewähren möchten.

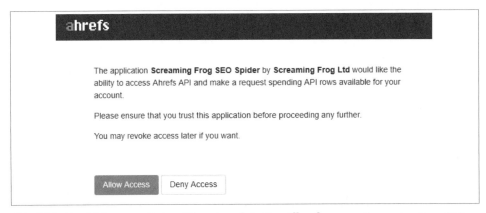

Abb. 2.26: Ahrefs' Fenster mit dem Hinweis auf die Zugriffsanfrage von Screaming Frog SEO Spider

Klicken Sie auf den orangen Button ALLOW ACCESS. Im nächsten Schritt öffnet sich eine Internetseite von Screaming Frog SEO Spider und zeigt Ihnen Ihren API-Schlüssel an (hier in Abbildung 2.27 unkenntlich gemacht).

Klicken Sie auf den Button COPY TOKEN und fügen Sie diesen Schlüssel in das Feld im Screaming Frog SEO Spider ein. Klicken Sie anschließend auf CONNECT. Der Frog prüft den Schlüssel und die Verbindung, wenn alles klappt, bekommen

Sie als Rückmeldung »Connected« und Ihre gesamten und verbleibenden API-Zugriffe angezeigt.

Abb. 2.27: Gleich hebt er ab ...

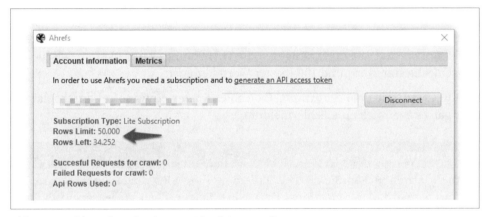

Abb. 2.28: Erfolgreich Verbindung zu Ahrefs hergestellt

Wenn Sie jetzt alle Schnittstellen konfiguriert haben, dann können Sie den Screaming Frog SEO Spider auf die Reise schicken und Ihre Seite crawlen lassen. Machen Sie zunächst wieder nur einen Testdurchlauf. Bei erfolgreicher Verbindung landen die Daten von Ahrefs in dem Reiter LINK METRICS.

us Code	Title 1	Ahrefs Backlinks - Exact ▼	Ahrefs RefDomains - Exact	Ahrefs URL Rating ♦
	volleyballer.de - Das Volleyball und Beachvolleyball-Portal	6698	240	41
	Downloads: Volleyball Regeln für Halle und Beach - volleyballer.de	142	11	17
	Offizielle Volleyball Regeln für Halle und Beach - volleyballer.de	113	32	23
	Volleyball News Übersicht / Seite: 1 / - volleyballer.de	106	13	19
		105	25	20
	Volleyball News - Bundesligen / Seite: 1 - volleyballer.de	66	3	15
	smart beach tour / Deutsche Beachvolleyballmeisterschaften 2017 steh...	63	16	16
	Volleyball Regeln für Halle und Beach - volleyballer.de	56	19	21
	Volleyball im Fernsehen und per Live Stream - volleyballer.de	47	2	14
	Dritte Liga / proWIN Volleys TV Holz mit Verstärkung für den Mittelbloc...	44	15	16

Abb. 2.29: Link-Metrics-Daten aus der Ahrefs-API

Welche Werte zeigt Ihnen Ahrefs in der Screaming-Frog-SEO-Spider-Auswertung an?

- AHREFS BACKLINKS - EXACT: Das ist die Summe aller externen Links, die auf die spezifische URL verlinken, in meinem Beispiel bekommt die Seite volley-baller.de/regeln/ 56 Links von »fremden« Seiten.

- AHREFS REFDOMAINS - EXACT: Hierbei handelt es sich um die Anzahl der unterschiedlichen Domains, die auf die jeweilige URL verlinken. Ein Beispiel: Eine fremde Domain mit 5.000 Unterseiten verlinkt von jeder Unterseite aus der Fußzeile auf Ihre Domain. Dann bekommen Sie von dieser Domain 5.000 »Ahref-Backlinks«, aber nur eine »Ahrefs-RefDomains«. Diese Zahl ist sehr wichtig, je mehr externe Links Sie von unterschiedlichen Domains bekommen, desto besser (in der Regel) für Ihre Seite und für Ihren »Ahref URL Rating-Exact«-Wert.

- AHREFS URL RATING - EXACT: Bei diesem Wert handelt es sich um einen von Ahrefs berechneten Wert. Hier fließen Faktoren ein, wie zum Beispiel die Anzahl der externen Links, die Anzahl und Wertigkeit verlinkender Domains. Dieser Wert ist mit dem PageRank von Google vergleichbar, nur (laut Ahrefs) akkurater und aussagekräftiger. Das URL-Rating kann Werte zwischen 1 (schlechtester Wert) und 100 (bester Wert) betragen.

Ist Ihr Crawl mit dem Screaming Frog SEO Spider einwandfrei durchgelaufen oder gab es eventuell eine Fehlermeldung?

Tipp: Hungriger Frosch

Je mehr Datenquellen Sie an den Screaming Frog SEO Spider anbinden, desto hungriger wird der Screaming Frog SEO Spider nach Arbeitsspeicher. Ich möchte Ihnen daher raten, schon vor dem Crawl die Speicherkonfiguration für den Screaming Frog SEO Spider zu ändern, damit Ihre Crawls in Zukunft hoffentlich sauber durchlaufen können.

Mehr Speicher für den Frosch

Die nächsten Schritte sind etwas knifflig, aber unter Umständen leider unabwendbar. Was machen Sie, wenn der Screaming Frog SEO Spider Ihre Crawls mit einer Fehlermeldung abbricht? Auf Windows-Systemen verwendet der Screaming Frog SEO Spider standardmäßig nur 512 Mbyte des Arbeitsspeichers.

Um die Zuordnung des Arbeitsspeichers zu verändern, öffnen Sie die Datei ScreamingFrogSEOSpider.l4j.ini, diese befindet sich im Programmverzeichnis des Screaming Frogs.

Name	Änderungsdatum	Typ	Größe
jre	15.08.2017 20:37	Dateiordner	
ScreamingFrogSEOSpider.exe	26.07.2017 21:57	Anwendung	168 KB
ScreamingFrogSEOSpider.jar	26.07.2017 21:57	Executable Jar File	57.418 KB
ScreamingFrogSEOSpider.l4j.ini	26.01.2017 10:42	Konfigurationsein...	1 KB
uninstall.exe	15.08.2017 20:37	Anwendung	36 KB

> Dieser PC > Lokaler Datenträger (C:) > Programme (x86) > Screaming Frog SEO Spider

Abb. 2.30: Programmverzeichnis des Screaming Frog SEO Spiders in Windows 10

Öffnen Sie diese Datei mit einem Texteditor, wie zum Beispiel Notepad++ (relaunch.pro/21).

```
1   # Memory values: You can use either the g suffix for gigabytes, or M for megabtyes.
2   #
3   # Examples:
4   #
5   # 1GB: -Xmx1024M
6   # 2GB: -Xmx2048M
7   # 4GB: -Xmx4g
8   # 8GB: -Xmx8g
9   # 16GB: -Xmx16g
10  #
11  # Change the value on the following line to allocate more memory to the spider.
12  -Xmx512M
13
14  # NOTE: If Windows will not allow you to edit the file directly
15  # (you will probably need administration rights), try copying the file to your
16  # desktop, editing and then pasting back into the folder and replacing the original file.
17
```

Abb. 2.31: ScreamingFrogSEOSpider.l4j.ini in Notepad++ geöffnet

In Zeile 12 sehen Sie in Abbildung 2.31 den aktuellen Wert, hier ist er auf 512 Mbyte konfiguriert. Ändern Sie den Wert nach dem Muster, das in den Zeilen 5 bis 9 dokumentiert ist. Ich arbeite an einem Rechner mit insgesamt 8 GByte Arbeitsspeicher und stelle den Wert mit der Einstellung

```
-Xmx2048M
```

auf 2048 MByte. Sie können die Angaben auch in GByte vornehmen, dann wäre die Einstellung in diesem Fall -Xmx2g. Eventuell müssen Sie den Texteditor mit Administrationsrechten starten, um die Datei direkt zu überschreiben. Notepad++ gibt Ihnen in diesem Fall eine entsprechende Meldung.

Abb. 2.32: Rechteprobleme beim Speichern der Konfiguration

Bestätigen Sie in diesem Fall mit JA. Notepad++ öffnet dann die Datei erneut im Administrations-Modus und Sie können die Datei anschließend speichern.

Je nach Größe der Website muss die Speicherzuordnung angepasst werden. Probieren Sie einfach, den Speicher schrittweise zu erhöhen, bis Sie Ihre Seiten komplett eingelesen bekommen.

Durch die Arbeitsspeicherzuordnung von 2 GByte lief der Crawl von `volleyballer.de` ohne Speicherprobleme durch. Die Arbeit lohnt sich: Als Ergebnis erhalten Sie durch die Verknüpfung der verschiedenen Datenquellen eine Auswertung Ihrer gesamten Website mit allen relevanten Daten.

Checkliste: Crawl-Daten anreichern

- Der Screaming Frog SEO Spider ist in der Lage, diverse externe Quellen über ihre Schnittstellen anzubinden.
- Versuchen Sie, so viele Daten wie möglich in die Crawls einzubeziehen.
- Die Daten aus Google Analytics und der Google Search Console sind kostenfrei integrierbar und für die Durchführung Ihres Relaunches sehr hilfreich.
- Externe SEO-Daten aus Ahrefs oder MOZ zeigen Ihnen für jede URL zusätzliche Werte, wie Sichtbarkeit oder externe Verlinkungen.
- Legen Sie für die initialen Crawls Testaccounts bei Ahrefs und MOZ an, nutzen Sie die Testperiode, um Ihre Crawls mit diesen Daten zu ergänzen (wenn Ihnen die Tools zusagen, behalten Sie diese natürlich).
- Erweitern Sie bei Bedarf die Arbeitsspeicherzuordnung für den Screaming Frog SEO Spider.

2.5 Wozu können die Crawl-Daten später genutzt werden?

Sie können die Daten aus den Tools in verschiedenen Formaten speichern, um diese dann für die verschiedensten Aufgaben und für die Dokumentation des Ist-Zustands zu nutzen. Spätestens jetzt sollten Sie sich für das Tool Ihrer Wahl entschieden haben, der Screaming Frog SEO Spider speichert die Daten in einem proprietären Format ab, das nur er selbst verarbeiten kann. In der Regel können die Tools jedoch auch alle Daten in einem kompatiblen »CSV-Format« speichern, sodass Sie sie dann in andere Tools importieren können.

Einsatzszenarien der Crawl-Daten:

- Dokumentation der gesamten URLs, mitsamt der Meta-Informationen, wie zum Beispiel Title-Tags, Descriptions, Verlinkungen und so weiter

- Erstellung eines Seitenmappings für die Übernahme und Kontrolle der Daten in die neuen Seiten
- Erneutes Crawlen nach dem Relaunch der ursprünglichen Seitenstruktur, um die Weiterleitungen zu prüfen
- Erstellung der Umleitungen in .htaccess-Dateien

> **Tipp**
>
> Legen Sie sich einen Projektordner auf Ihrem Rechner an, in dem Sie alle zukünftigen Exporte und Dateien ablegen. Sichern Sie als Erstes den Crawl aus dem Screaming Frog SEO Spider, gehen Sie dazu in der Menüleiste auf FILE und dann auf SAFE. Geben Sie der Datei einen sinnvollen Namen, mit dem Sie auch nach dem Relaunch noch etwas anfangen können. Zum Beispiel: 2018-01-01-seite-com-crawl-komplett. Mit der Angabe des Tagesdatums können Sie später schneller sehen, wann der Crawl erstellt wurde.

2.5.1 Erstellung eines Seitenmappings

Wie bereits angedeutet, können Sie die Crawl-Daten auch verwenden, um ein sogenanntes Seitenmapping zu erstellen. Dieses Seitenmapping dient zur gemeinsamen Planung und Durchführung des Relaunches und sollte allen beteiligten Personen zur Verfügung gestellt werden. Diese Datei kann je nach Bedarf verschiedene Inhalte bereithalten: In der Regel natürlich die einzelnen URLs, den Titel jeder Seite, die neue URL innerhalb der neuen Seite und den Bearbeitungsstand. Wenn Sie diese Datei mit Google Docs anlegen, können Sie verschiedenen Benutzern Zugriff auf diese Tabelle erteilen, so können alle Projektbeteiligten jederzeit die Datei einsehen und – je nach Rechtevergabe – auch bearbeiten.

Exportieren Sie die Seitenstruktur aus dem Screaming Frog SEO Spider.

Als Dateinamen nutze ich als Präfix das umgekehrte Tagesdatum, um später die verschiedenen Stände anhand des Dateinamens leichter identifizieren zu können. Jetzt können Sie Ihre Crawl-Daten in Ihrer bevorzugten Tabellenkalkulation öffnen und nach Belieben bearbeiten, sortieren und verwenden.

Wie oben erwähnt nutze ich diese Daten, um mit meinen Kunden und Kollegen eine Arbeitsgrundlage herzustellen und den Fortgang des Relaunches zu dokumentieren. Dazu lege ich die Daten in die Google-Cloud und gewähre den Projektbeteiligten entsprechende Zugriffsrechte. In Abbildung 2.34 sehen Sie eine Beispiel-Google-Tabelle, diese Tabelle können Sie unter relaunch.pro/10 herunterladen und für Ihre eigenen Projekte anpassen und verwenden.

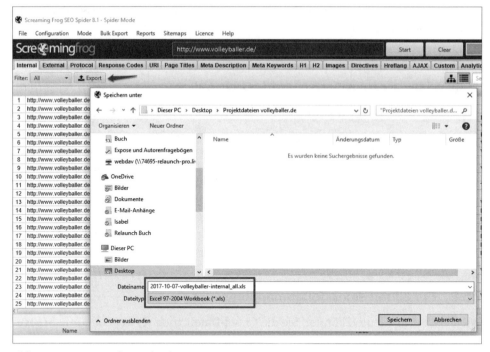

Abb. 2.33: Exportiert als Excel-»xls«-Format

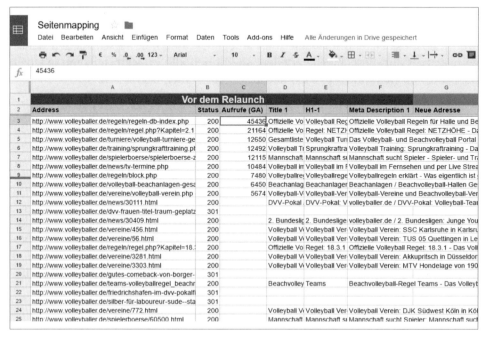

Abb. 2.34: Beispiel einer Seitenmapping-Tabelle in Google Drive

Checkliste: Datensicherung

- Legen Sie die Ergebnisse sinnvoll in Excel-Listen ab, die Crawl-Daten dienen später zur Überprüfung Ihrer neuen Seiten.

- Wenn Sie den Screaming Frog SEO Spider nutzen, speichern Sie zusätzlich die Projektdaten, diese können Sie später komplett in den Frog laden und erneut crawlen lassen.

- Erstellen Sie ein Seitenmapping, es dient als Arbeitsgrundlage für alle Beteiligten.

- Nutzen Sie die Crawl-Daten gemeinsam mit allen Beteiligten, speichern Sie die Daten dazu zum Beispiel in der Google-Cloud.

2.6 Die .htaccess-Datei

Nutzen Sie für Ihre neuen Seiten ein neues CMS oder Shopsystem? Ändert sich die Verzeichnisstruktur? In diesen Fällen ändern sich eventuell alle Adressen Ihrer Seiten. Die Suchmaschinen rufen nach dem Relaunch die alten Adressen auf. Werden die den Suchmaschinen bekannten Adressen nicht korrekt auf die neuen Adressen umgeleitet, dann kann das verheerende Folgen für die Auffindbarkeit Ihrer gesamten Internetpräsenz mit sich bringen.

Damit die Suchmaschinen die neuen Adressen finden können, müssen nach dem Relaunch die alten Adressen auf die neuen Adressen umgeleitet werden und hier kommt die .htaccess-Datei ins Spiel.

Die .htaccess-Datei ist eine Server-Konfigurationsdatei, die mit einem einfachen Texteditor bearbeitet werden kann. In dieser Datei befinden sich in der Regel verschiedenste Einstellungen und Weiterleitungen. Die .htaccess kann für jedes Verzeichnis angelegt werden und vererbt die Einstellungen an die jeweiligen Unterverzeichnisse. Liegt eine .htaccess-Datei im Hauptverzeichnis, so gelten also alle hier angegebenen Einstellungen für die gesamte Domain, es sei denn, sie werden von anderen .htaccess-Dateien in darunterliegenden Verzeichnissen überschrieben.

Sie können die .htaccess nicht direkt über den Browser aufrufen. Das verhindert der Punkt im Dateinamen vor dem htaccess. Sie können die Datei aber über FTP sehen, falls sie vorhanden ist. Wenn die Datei noch nicht vorhanden ist, können Sie diese einfach anlegen und hochladen. Weitere Informationen zur .htaccess finden Sie unter relaunch.pro/14.

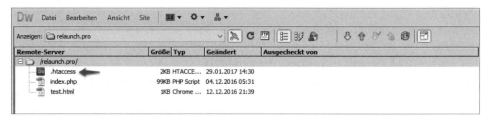

Abb. 2.35: Die `.htaccess`-Datei mithilfe eines FTP-Programms sichtbar gemacht

Beispiel .htaccess-Umleitung

```
RedirectPermanent /alte-seite.html /news/bundesliga/neue-adresse.php
```

In dem Beispiel sehen Sie zunächst die Anweisung `RedirectPermanent`, gefolgt von der Adresse, die umgeleitet werden soll `/alte-seite.html`, danach folgt die neue Zieladresse `/news/bundesliga/neue-adresse.php`. Durch die Anweisung `RedirectPermanent` wird die alte Adresse so umgeleitet, dass die Suchmaschinen in Zukunft die neue Adresse aufrufen und die alte Adresse »vergessen«. Technisch ausgedrückt sendet die Umleitung den »Status 301«, der für eine permanente Umleitung steht.

Damit Sie nach dem Relaunch Ihre Umleitungen in der `.htaccess`-Datei konfigurieren können, sollten Sie in Ihrem Seitenmapping die neuen Adressen eintragen. Dann können Sie später einfach die alten und neuen Adressen aus dem Seitenmapping kopieren und in die `.htaccess` übertragen.

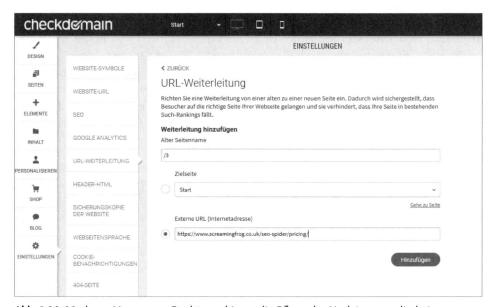

Abb. 2.36: Moderne Homepage-Baukästen bieten die Pflege der Umleitungen direkt im Backend an.

Viele Shop- und Content-Management-Systeme bieten mittlerweile Funktionen an, mit denen man die Umleitungen einfach über ein grafisches Frontend pflegen kann. In diesen Fällen müssen Sie dann nicht mehr umständlich die .htaccess-Datei bearbeiten, sondern regeln die Umleitungen direkt im jeweiligen Backend des Systems. Trotz dieses Komforts liegt es an Ihnen, die neuen Adressen zu dokumentieren, damit Sie diese dann – in welchem System auch immer – auch korrekt einpflegen können.

2.7 Zusammenfassung

In diesem Kapitel habe Sie für die ersten Schritte zum erfolgreichen Website Relaunch Folgendes gelernt:

- **Seiten crawlen** – Mit dem Screaming Frog SEO Spider oder mit DeepCrawl haben Sie Ihre Seiten voll im Blick. Sie wissen ganz genau, wie groß Ihr Projekt wirklich ist, welche Seiten wie viele externe Links auf sich gezogen haben und welche URLs besonders wichtig für den Erfolg Ihrer Website sind. Jetzt sind Sie ein »Crawl-Profi«, denn Sie haben ein paar externe Tools einfach über Schnittstellen an den Screaming Frog SEO Spider »angeschlossen«, um so noch mehr Daten zu sammeln!

- **Mehrere Datenquellen einbinden** – Sie wissen jetzt, wie man den Screaming Frog SEO Spider mit verschiedenen Quellen verbindet und weitere externe Daten in die Crawls einbezieht.

- **Google-Cache abfragen** – Welche Seiten fehlen bei Google und warum fehlen diese Seiten? Sie können jetzt (mit kleinen Tricks) den Google-Cache automatisiert abfragen und auswerten. Kein Grund zur Panik: Meist handelt es sich um die sogenannten »Systemfehler«, die zu Irritationen bei den Suchmaschinen führen.

- **Ergebnisse dokumentieren** – Alle Ergebnisse haben Sie für die weiteren Arbeiten in Listenform abgelegt. Mit dem Seitenmapping können Sie alle Beteiligten optimal instruieren und den Projektverlauf dokumentieren.

- **Permanent umleiten** – Sie wissen jetzt, wie Sie später die alten Adressen Ihrer Internetseiten permanent auf die neuen Adressen umleiten, um so keinen Schiffbruch mit dem Relaunch zu erleiden.

## Kapitel 3

Zeit zum Aufräumen

Jetzt schon aufräumen? Ein Beispiel aus der Offline-Welt: Sicherlich haben Sie dem einen oder anderen Freund/Verwandten schon mal beim Umzug geholfen. Erinnern Sie sich, wie häufig Sie bei diesen Umzügen Sperrmüll aus dem einen Keller in den anderen Keller oder Dachboden gewuchtet haben? Ich persönlich erinnere mich an verschiedene Umzüge, bei denen schrottreife Fahrräder oder sonstiger Sperrmüll für schlechte Laune bei den Umzugshelfern gesorgt haben. Wie viel einfacher wären diese Umzüge gewesen, wenn der ganze unnötige Krempel schon vor dem Umzug entsorgt worden wäre?!

Sie haben jetzt eine detaillierte Übersicht über den Umfang Ihrer Domain. Sie wissen, wie viele und welche Seiten Google zu Ihrer Site gespeichert hat. Wenn Sie Google Analytics schon eingesetzt haben und die Zugriffszahlen zu jeder Unterseite kennen, dann kennen Sie sogar Ihre wichtigsten und weniger wichtigen Seiten. Eine gute Ausgangslage, um mit dem Aufräumen anzufangen. Wenn Sie noch keine Statistik installiert haben, dann schauen Sie noch mal in den Abschnitt 1.5, dort können Sie nachlesen, wie Sie Google Analytics korrekt einrichten.

3.1 Prüfen Sie Ihre Inhalte auf Aktualität und Mehrwert

Je mehr Sie jetzt vor dem Umzug aussortieren, desto einfacher und schneller geht der Umzug der Domain später vonstatten. Zum einen müssen Sie weniger Seiten anlegen und verwalten, zum anderen können die Suchmaschinen Ihre neue Seite schneller einlesen. Hier geht es um das sogenannte »Crawl Budget«, das Ihnen die Suchmaschinen zur Verfügung stellen. Je nachdem, wie wichtig beispielsweise Google Ihre Seiten einstuft, gesteht Ihnen die Suchmaschine mehr oder weniger Zeit zum Einlesen zu. Wenn die Suchmaschine alte Inhalte einlesen muss, dann wird es schwieriger, aktuelle und wichtige Inhalte in die Suchmaschinen zu bekommen, und Ihre neue Seite benötigt länger, um vollständig durch die Suchmaschinen erfasst zu werden.

> **Schauen Sie sich Ihre Seiten kritisch an und stellen Sie sich dabei folgende Fragen**
>
> - Ist der Inhalt noch aktuell?
> - Bietet der Inhalt dem Besucher irgendeinen Nutzen oder Mehrwert?

- Muss ich wirklich diese fünf Jahre alten News noch »mitschleppen«?
- Ist diese Linkliste noch aktuell? Funktionieren die Links überhaupt noch?
- Sind diese Artikel/Produkte überhaupt noch lieferbar?
- Hat diese Unterseite Besucherzugriffe?

Das sind natürlich nur exemplarische Fragen, die Sie sich stellen könnten. Wichtig ist hierbei, dass Sie wirklich hinterfragen, ob die Inhalte noch einen Sinn für Ihre Besucher ergeben. Falls nicht, dann sollten Sie die Domain entschlacken und die »überflüssigen« Inhalte löschen oder bereits jetzt vor dem Relaunch auf aktuellere Inhalte umleiten.

3.1.1   Löschen Sie keine gut besuchten Seiten

Damit Sie keine Seiten löschen, die von Ihren Besuchern (und den Suchmaschinen) geliebt werden, müssen Sie natürlich die Zugriffszahlen und Verlinkungen auf Ihre Seiten kennen. Wenn Sie wie im Abschnitt 1.2 beschrieben die Google Search Console eingerichtet haben, dann ist dieses Tool die erste Anlaufstelle. In der Search Console können Sie sehen, welche Seiten besonders häufig von Ihren Nutzern angeklickt und bei Google in den Suchmaschinenergebnissen angezeigt werden.

Öffnen Sie die Google Search Console, wählen Sie dort die entsprechende Property aus und klicken Sie anschließend auf den mittleren Block SUCHANALYSE.

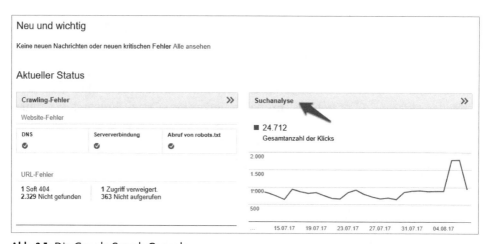

Abb. 3.1: Die Google Search Console

Sie erhalten dann eine Übersicht über die Suchanfragen, bei denen Ihre Seiten bei Google in den Suchmaschinenergebnisseiten angezeigt wurden. Da wir uns aber in diesem Schritt um die URLs kümmern möchten, wählen Sie bitte die Einstellung SEITEN aus. Standardmäßig zeigt Google jetzt die Daten der letzten 28 Tage.

Bei den meisten Betrachtungen macht es Sinn, möglichst lange Zeiträume auszuwerten. Wie bereits erwähnt, speichert Google nur die letzten 90 Tage, wählen Sie also bei ZEITRÄUME den Unterpunkt LETZTE 90 TAGE aus.

Abb. 3.2: Einstellungen für die Auswertung der letzten 90 Tage

Wenn Sie alle Einstellungen korrekt vorgenommen haben, sollten Sie eine Tabelle mit URLs und Klicks angezeigt bekommen. Die Tabelle ist nach Klicks sortiert, die Seiten mit den häufigsten Klicks erscheinen oben in der Liste.

Abbildung 3.2 zeigt die Suchanalyse-Auswertung meiner `volleyballer.de`-Site.

Suchanalyse
Analysieren Sie Ihr Abschneiden in der Google-Suche. Filtern und vergleichen Sie Ihre Ergebnisse, um das Suchverhalten der Nutzer besser interpretieren zu können. Weitere Informationen

| ✓ Klicks | Impressionen | Klickrate | Position | ⚠ Für diese Gruppe oder diesen Filter werden die Messwerte seitenbezogen berechnet. Weitere Informationen |

| Suchanfragen | • Seiten | Länder | Geräte | Suchtyp | Darstellung in der Suche | Zeiträume |
| Kein Filter ▾ | Kein Filter ▾ | Kein Filter ▾ | Kein Filter ▾ | Web ▾ | Kein Filter ▾ | Letzte 90 Tage ▾ |

Klicks insgesamt

95.047

	Seiten	Klicks ▾
1·	/regeln/regeln-db-index.php ⬀	10.783
2	/volleyball-turniere-gesamtliste.php ⬀	4.036
3	/regeln/regel.php?Kapitel=2.1 ⬀	3.781
4	/beachregeln-db-index.php ⬀	2.654
5	/training/ ⬀	2.622
6	/turniere/beachvolleyball-turniere.php ⬀	2.319
7	/turniere/ ⬀	2.198
8	/spielerboerse/spielerboerse-zeigen.php?KatID=2 ⬀	2.165

Abb. 3.3: Suchanalyse für die Domain `volleyballer.de`

Sie sehen, dass es Seiten gibt, die viel mehr Besucher haben als der Großteil der restlichen Seiten. In meinem Fall sind die Volleyballregel-Seiten sehr beliebt und stark frequentiert. In vielen Fällen ist es so, dass ein kleiner Teil der Seiten den Großteil der Besucher anzieht, das muss nicht immer der Fall sein, die Erfahrung zeigt aber oftmals genau diesen Zustand.

Über die Google Search Console können Sie also schon sehen, welche Seiten Sie auf keinen Fall leichtfertig löschen sollten, da diese Ihnen den Großteil der Besucher bringen.

3.1.2 Sichern Sie die Daten der Google Search Console

Wenn Sie wie oben beschrieben Daten für Ihre Website aus der Google Search Console bekommen, dann rate ich Ihnen dringend, diese Daten zu sichern. Damit können Sie zum einen den Ist-Stand dokumentieren, Ihren Dienstleister in Kenntnis Ihrer Suchanalysedaten setzen und nach dem Relaunch den Soll-Zustand vergleichen. Gerade wenn Sie noch auf keine Website-Statistik-Daten zugreifen können, sind die Daten aus der Google Search Console die einzigen relevanten Daten zu Ihrer Sichtbarkeit bei Google. Zusätzlich erhalten Sie eine abgespeckte Website-Statistik, nämlich die Klicks auf die einzelnen URLs.

Sicherung der URLs

Für die Sicherung der Google-Search-Console-Daten gehen Sie wie folgt vor: Klicken Sie in der Suchanalyse die Felder Klicks, Impressionen, Klickrate und Position an. Wählen Sie die Option Seiten aus und stellen Sie den Zeitraum wieder auf Letzte 90 Tage. Die Ansicht ändert sich umgehend, siehe Abbildung 3.4.

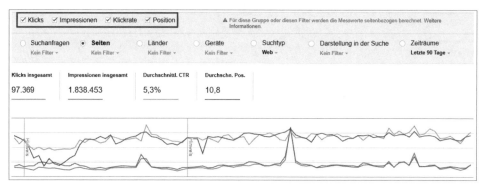

Abb. 3.4: Wählen Sie für den Export alle Felder aus.

Scrollen Sie an das Ende der Seite, unten links befindet sich der Button Herunterladen. Sie können den Export in verschiedenen Formaten speichern; falls Sie wie empfohlen die Daten in Google Drive ablegen, dann wählen Sie das Google Docs-Format, andernfalls speichern Sie die Daten als CSV.

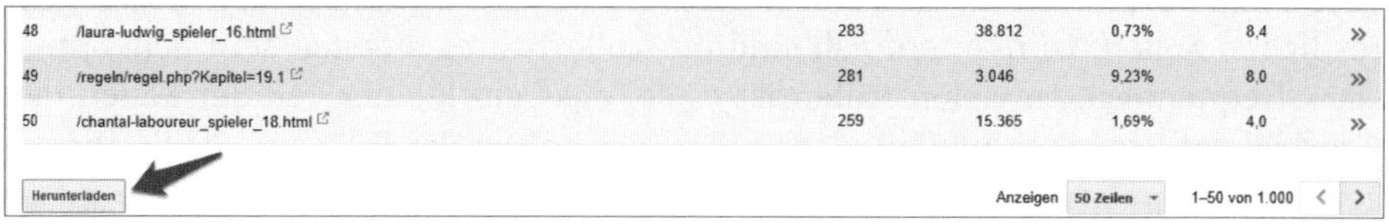

48	/laura-ludwig_spieler_16.html	283	38.812	0,73%	8,4	»
49	/regeln/regel.php?Kapitel=19.1	281	3.046	9,23%	8,0	»
50	/chantal-laboureur_spieler_18.html	259	15.365	1,69%	4,0	»

Herunterladen • Anzeigen 50 Zeilen ▾ • 1–50 von 1.000 ‹ ›

Abb. 3.5: Datenexport in der Google Search Console

Mit dieser Datensicherung speichern Sie »nur« die ersten 1.000 URLs. Wenn Ihre Seite wesentlich größer ist, dann empfehle ich Ihnen wie im Abschnitt 1.2.4 beschrieben, einzelne Properties für Seitenbereiche einzurichten. Sie könnten so diese Exporte für jeden Seitenabschnitt Ihrer Domain vornehmen.

Sicherung der Keywords

Im gleichen Zuge können Sie auch Ihre Keyword-Daten sichern. Diese Daten sind sehr wichtig, da sie die Sichtbarkeit Ihrer Website im Netz widerspiegeln. Aktivieren Sie dazu einfach die Einstellung SUCHANFRAGEN.

Abb. 3.6: Exportieren Sie die Suchanfragen.

Als Ergebnis erhalten Sie eine Tabelle mit den Suchbegriffen und den dazugehörigen Daten.

	Suchanfragen	Klicks ▼	Impressionen	Klickrate	Position	
1	volleyball regeln ⌕	5.863	13.330	43,98%	1,4	»
2	beachvolleyball regeln ⌕	1.039	7.392	14,06%	3,3	»
3	volleyball netzhöhe ⌕	975	1.545	63,11%	1,2	»
4	volleyball weltrangliste ⌕	818	2.224	36,78%	2,1	»
5	netzhöhe volleyball ⌕	737	1.267	58,17%	1,3	»
6	libero volleyball ⌕	658	2.169	30,34%	3,6	»

Abb. 3.7: Tabelle mit Suchanfragen, Klicks, Impressionen, Klickrate und Position

In der Tabelle finden Sie den Button HERUNTERLADEN, mit dem Sie dann die angezeigten Daten exportieren können. Auch hier gilt der Hinweis: Sofern Ihre Site sehr groß ist, sollten Sie die Seiten in verschiedene Properties aufteilen. So können Sie auch hier weitaus größere Datenmengen sichern.

Hinweis

Die Sicherung der Google Search Console kann nur einen kleinen Ausschnitt Ihrer Website repräsentieren. Durch die zeitliche Einschränkung von maximal 90 Tagen und die Begrenzung der Zeilen auf 1.000 pro Datenpunkt können die Daten nur teilweise gespeichert werden. Falls Sie aber gar keine anderen Daten zu Ihrer Website zur Verfügung haben, können die Exporte aus der Google Search Console Ihnen helfen, die wichtigsten Keywords und Seiten zu identifizieren.

Checkliste: Google Search Console

- Nutzen Sie die Suchanalyse der Google Search Console, um gut frequentierte Seiten zu finden.
- Achten Sie auf die 90-Tage-Beschränkung der Google Search Console (nutzen Sie für größere Zeiträume die neue Google Search Console).
- Teilen Sie Ihre Website in der Google Search Console in mehrere Properties auf, damit Sie mehr Daten einsehen und sichern können.
- Prüfen und sichern Sie zusätzlich zu den URLs auch Ihre Suchbegriffe und deren Leistungsdaten.

Tipp: Verlassen Sie sich nicht allein auf die Google Search Console

In der Search Console können Sie also sehr schnell (und kostenlos) Ihre wichtigsten Seiten identifizieren. Die Auswertungen sind aber sehr beschränkt, da Sie nur die Klicks über einen relativ kurzen Zeitraum sehen. Viel wichtiger ist, was die Besucher auf Ihren Seiten machen: Eventuell hat eine spezielle Produktseite in Ihrem Shop nur wenige Klicks, macht aber trotzdem einen großen Umsatzanteil aus. Diese Daten werden Sie mit der Search Console jedoch nicht ermitteln können, hierfür benötigen Sie Website-Statistik-Tools, die tiefere Auswertungen – auch auf Umsatzebene – zulassen.

3.1.3 Besucherschwache Seiten aussortieren mit weiteren Tools

Die folgenden Arbeitsschritte gehen davon aus, dass Sie bereits eine funktionierende Website-Statistik installiert haben und darin aussagekräftige Zahlen zu Ihrer Website aufgezeichnet wurden.

Renner und Penner in Google Analytics analysieren

Weiter oben haben Sie bereits die Google Search Console konsultiert, um besonders erfolgreiche Seiten zu identifizieren (Renner). Für das Aufräumen der Seite benötigen Sie jedoch die weniger erfolgreichen Seiten (Penner). In Google Analytics finden Sie die Seiten-Statistik in dem Menüpunkt VERHALTEN und dann im Unterpunkt ALLE SEITEN. Standardmäßig sehen Sie die Seiten mit den häufigsten Aufrufen an oberster Stelle. Die Tabelle ist absteigend nach Seitenaufrufen sortiert, klicken Sie auf die Spaltenbeschriftung SEITENAUFRUFE, dann wird die Sortierung in die entgegengesetzte Richtung umsortiert. Um saisonale Effekte auszuschließen und aussagekräftige Zahlen zu bekommen, empfehle ich Ihnen, einen längeren Zeitraum auszuwerten, z.B. ein Jahr. Aber auch dann kann es zu »merkwürdigen« Ergebnissen kommen, wie Abbildung 3.8 zeigt.

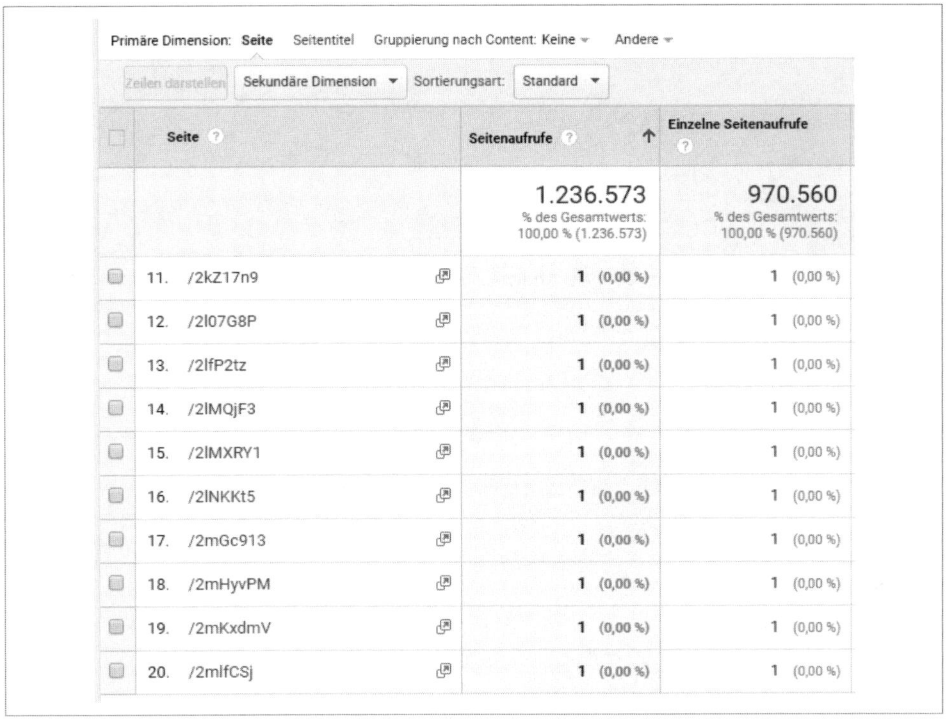

Primäre Dimension: **Seite** Seitentitel Gruppierung nach Content: Keine ▾ Andere ▾		
Zeilen darstellen Sekundäre Dimension ▾ Sortierungsart: Standard ▾		
Seite ?	**Seitenaufrufe** ? ↑	**Einzelne Seitenaufrufe** ?
	1.236.573 % des Gesamtwerts: 100,00 % (1.236.573)	**970.560** % des Gesamtwerts: 100,00 % (970.560)
☐ 11. /2kZ17n9 ▣	**1** (0,00 %)	1 (0,00 %)
☐ 12. /2l07G8P ▣	**1** (0,00 %)	1 (0,00 %)
☐ 13. /2lfP2tz ▣	**1** (0,00 %)	1 (0,00 %)
☐ 14. /2lMQjF3 ▣	**1** (0,00 %)	1 (0,00 %)
☐ 15. /2lMXRY1 ▣	**1** (0,00 %)	1 (0,00 %)
☐ 16. /2lNKKt5 ▣	**1** (0,00 %)	1 (0,00 %)
☐ 17. /2mGc913 ▣	**1** (0,00 %)	1 (0,00 %)
☐ 18. /2mHyvPM ▣	**1** (0,00 %)	1 (0,00 %)
☐ 19. /2mKxdmV ▣	**1** (0,00 %)	1 (0,00 %)
☐ 20. /2mlfCSj ▣	**1** (0,00 %)	1 (0,00 %)

Abb. 3.8: Merkwürdige URLs in Google Analytics

Die URLs in der Spalte SEITE hat es in der analysierten Website nie gegeben, hierbei kann es sich um automatisierte Abfragen von irgendwelchen Bots handeln, die »irgendetwas« damit bezwecken wollten. Ich kenne meine URL-Struktur ziemlich gut und kann somit sehr schnell erkennen, dass es diese URLs in meiner Website nicht gibt und ich diese URLs auch nicht zum Löschen vormerken muss. Wenn Ihnen derartige Merkwürdigkeiten in Ihrer Statistik unterkommen, dann wenden Sie sich bitte an jemanden, der Ihnen helfen kann, diese Daten zu analysieren. Es könnte sich auch um fehlerhafte Verlinkungen innerhalb der Seiten handeln oder, wie in meinem Fall, um »freidrehende Spider«. Auffällig ist in jedem Fall, dass jede dieser URLs nur einmal im gesamten Auswertungszeitraum aufgerufen wurde.

Sinnvoll ist also, einen Schwellenwert für die Anzahl der Seitenansichten einzustellen. Für meine `volleyballer.de`-Seite habe ich im Screenshot aus Abbildung 3.9 die Schwelle auf zehn und mehr Seitenansichten eingestellt. Der Auswertungszeitraum beträgt zwölf Monate. Den Schwellenwert stellen Sie wie folgt ein: Klicken Sie oberhalb der Liste rechts neben dem Suchfeld auf ERWEITERT. Es erscheinen die Filtereinstellungen.

Klicken Sie auf den grünen Balken SEITE, wählen Sie im Drop-down-Menü SEITENAUFRUFE, der grüne Balken wird blau. Schreiben Sie in das Textfeld, neben dem Button GRÖSSER ALS, eine »10«.

Abb. 3.9: Filtereinstellungen in Google Analytics

Abb. 3.10: Erweiterte Filtereinstellungen in Google Analytics

Wenn alles korrekt eingestellt ist und Sie anschließend auf ANWENDEN klicken, sollte sich Ihre Tabelle entsprechend verändern, sodass Sie nur noch Seiten sehen, die zehn und mehr Aufrufe in dem gewählten Auswertungszeitraum aufweisen.

Oftmals sind hier relativ schnell Muster zu erkennen. Es handelt sich bei meiner Seite volleyballer.de um ein Portal rund um den Volleyball- und Beachvolleyballsport. Regelmäßig veröffentliche ich Pressmeldungen der Sportvereine. Diese Meldungen und Spielberichte haben nur eine sehr geringe Halbwertszeit. Im Klartext: Nach spätestens einem Jahr interessiert sich kein Mensch mehr für den Spielbericht vom Oldenburger SV gegen Holzbein Kiel. Außer den Suchmaschinen liest diese Berichte niemand mehr, das verdeutlicht Abbildung 3.11.

Ab Position 10 sehen Sie die Nachrichten-URLs, darüber befinden sich noch weitere URLs mit jeweils elf Aufrufen, hierbei handelt es sich aber um Seiten, die zum Beispiel zur Vollständigkeit der Beachvolleyball-Regeln gehören und nicht gelöscht werden können.

Falls Sie ähnliche Muster entdecken, dann können Sie durch Verfeinern der Filter noch gezielter in die Auswertung einsteigen. In diesem Beispiel möchte ich alle News-Seiten sehen, die mehr als einen Besuch, aber weniger als zwölf Besucher in den letzten zehn Monaten aufweisen können. Die Filtereinstellung sieht dafür wie in Abbildung 3.12 aus.

☐	1.	/beach-zone-outdoor-berlin-outdoor-aussenplaetze_volleyball-beachanlage-details_33.html	⬚	**11** (0,00 %)
☐	2.	/beachanlage-am-dorfplatz-duerrroehrsdorf-dittersbach-ot-stuerza-outdoor-aussenplaetze_volleyball-beachanlage-details_132.html	⬚	**11** (0,00 %)
☐	3.	/beachflags.php	⬚	**11** (0,00 %)
☐	4.	/beachregel.php?Kapitel=13.4.2	⬚	**11** (0,00 %)
☐	5.	/beachregel.php?Kapitel=18.4.2	⬚	**11** (0,00 %)
☐	6.	/beachregel.php?Kapitel=5.3	⬚	**11** (0,00 %)
☐	7.	/beide-spieler-volleyballregel_beachregel_52.html	⬚	**11** (0,00 %)
☐	8.	/bjoern-hoehne_spieler_65.html	⬚	**11** (0,00 %)
☐	9.	/erster-schiedsrichter-volleyballregel_beachregel_232.html	⬚	**11** (0,00 %)
☐	10.	/news/16779.html	⬚	**11** (0,00 %)
☐	11.	/news/19704.html	⬚	**11** (0,00 %)
☐	12.	/news/20045.html	⬚	**11** (0,00 %)
☐	13.	/news/20163.html	⬚	**11** (0,00 %)
☐	14.	/news/20850.html	⬚	**11** (0,00 %)
☐	15.	/news/22525.html	⬚	**11** (0,00 %)

Abb. 3.11: Gefilterte URLs in Google Analytics

Abb. 3.12: Erweiterte Filtereinstellungen

Mit diesem Filter finde ich 1.546 Seiten, die in zwölf Monaten jeweils nicht mehr als elf Aufrufe hatten. Bei einem Schwellenwert von fünf Seitenaufrufen erhalte ich noch 933 Seiten, die eigentlich gelöscht werden können, da diese nur Ressource auf dem Server benötigen und die Zeit der Suchmaschinen-Bots verschwenden.

> **Dokumentation**
>
> Exportieren Sie Ihre schwachen Seiten aus Google Analytics und speichern Sie sie als Liste oder Google-Sheet ab. Mit dieser Liste können Sie dann später beginnen, die einzelnen URLs gezielt aus Ihrer Website und den Suchmaschinen zu entfernen.

Mit dieser Technik erhalten Sie die besucherschwachen Seiten. Betreiben Sie einen Online-Shop, dann kann es jedoch ein Fehler sein, nur auf die Besucherzahlen zu schauen, da es durchaus möglich ist, mit Seiten (Produkten), die selten aufgerufen werden, hohe Umsätze zu generieren.

Im folgenden Abschnitt lernen Sie, wie Sie zunächst das E-Commerce-Tracking in Google Analytics einrichten. Sollten Sie bereits über E-Commerce-Daten innerhalb Ihrer Website-Statistik verfügen, können Sie diesen Abschnitt überspringen.

3.1.4 E-Commerce-Statistik in Google Analytics einrichten

Sie betreiben einen Online-Shop und Ihnen ist natürlich bewusst, welche Produkte Ihre Bestseller sind. Meist handelt es sich dabei um die Produkte, die Sie am häufigsten einpacken und versenden, oder es sind Produkte, die gute Margen aufweisen. Objektiv können Sie die Produktleistung in Google Analytics messen, vorausgesetzt, Sie haben das E-Commerce-Tracking aktiviert und Ihr Shopsystem liefert die entsprechenden Daten an Google Analytics. Tiefergehende Informationen zum E-Commerce-Tracking mit Google Analytics finden Sie unter `relaunch.pro/34`.

Wenn Sie Ihre Verkäufe in Google Analytics messen möchten, dann können Sie das E-Commerce-Tracking wie folgt aktivieren:

Klicken Sie in der linken Navigation auf das Zahnrad und dann auf der Folgeseite ganz rechts auf den Menüpunkt E-COMMERCE-EINSTELLUNGEN. Klicken Sie auf den »Schalter«, um das Tracking zu aktivieren.

Klicken Sie anschließend auf NÄCHSTER SCHRITT, dort können Sie dann noch die ERWEITERTEN E-COMMERCE-EINSTELLUNGEN aktivieren. Mit dieser Einstellung erhalten Sie noch mehr Details über das Verhalten Ihrer Shop-Besucher. Ich empfehle Ihnen, diese Option zu aktivieren. Weitere Informationen zu den erweiterten E-Commerce-Einstellungen finden Sie bei Google unter `relaunch.pro/35`.

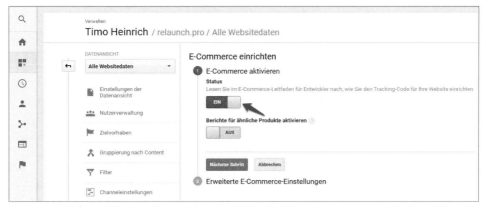

Abb. 3.13: E-Commerce aktivieren

Google Analytics ist jetzt bereit, E-Commerce-Daten zu sammeln, allerdings muss jetzt noch Ihre Shopsoftware konfiguriert werden, damit diese die entsprechenden Daten auch an Google Analytics senden kann. Da es eine große Vielfalt von Shopsystemen am Markt gibt, möchte ich Sie an dieser Stelle an Google verweisen. Suchen Sie einfach nach Ihrem Shopsystem in Kombination mit Google Analytics-E-Commerce-Tracking. Also z.B. »Shopware Google Analytics E Commerce Tracking«.

Ich habe Ihnen hier einige der beliebtesten Shopanbieter als Suchanfragen jeweils in Kombination mit »Google Analytics E Commerce Tracking« vordefiniert. Geben Sie einfach den entsprechenden Link ein, Sie gelangen dann zu den vorgefertigten Google-Suchanfragen:

- Shopware: `relaunch.pro/36`
- Shopify: `relaunch.pro/37`
- Magento: `relaunch.pro/38`
- ePages: `relaunch.pro/39`
- Gambio: `relaunch.pro/40`
- XT Commerce: `relaunch.pro/41`
- Oxid: `relaunch.pro/42`

E-Commerce-Daten auswerten

Wenn Ihr Shop und Google Analytics eingerichtet sind und sich »verstehen«, dann können Sie sehr interessante Auswertungen über Ihren Online-Shop in Analytics einsehen. Abbildung 3.14 zeigt eine Statistik eines Shops, den ich selbst betrieben habe. Sie sehen dort die Top-10-Umsatz-Bestseller. Mit einem Blick können Sie erfassen, wie oft das jeweilige Produkt verkauft wurde und wie viel Umsatz dadurch generiert wurde. Die Ansicht ist nach Umsatz absteigend sortiert.

Produkt	Menge	Einzelne Käufe	Produktumsatz ↓
	2.571 % des Gesamtwerts: 100,00 % (2.571)	**1.569** % des Gesamtwerts: 100,00 % (1.569)	**74.528,36 €** % des Gesamtwerts: 100,00 % (74.528,36 €)
1. Molten V5M5000	150 (5,83 %)	53 (3,38 %)	**6.911,60 €** (9,27 %)
2. Beachvolleyball-Spielfeldmarkierung	56 (2,18 %)	50 (3,19 %)	**4.216,86 €** (5,66 %)
3. TSM Knie-Protec (Knieschoner / Knieschützer)	123 (4,78 %)	117 (7,46 %)	**3.913,52 €** (5,25 %)
4. Mikasa Volleyball MVA 200 - FIVB Official Game Ball, Prüfzeichen DVV Official	61 (2,37 %)	18 (1,15 %)	**3.739,25 €** (5,02 %)
5. Mikasa Beachvolleyball VLS 300	72 (2,80 %)	38 (2,42 %)	**3.640,51 €** (4,88 %)
6. TSM Beachsocks / Neoprensocken (Paar)	79 (3,07 %)	73 (4,65 %)	**2.221,10 €** (2,98 %)
7. TSM Unterarm-Manschette aktiv	126 (4,90 %)	67 (4,27 %)	**1.748,78 €** (2,35 %)
8. Beach Masters Pfosten, 80 x 80 mm, ohne Bodenhülsen	2 (0,08 %)	2 (0,13 %)	**1.698,00 €** (2,28 %)
9. Ersatz-Spannseil aus Kevlar	63 (2,45 %)	51 (3,25 %)	**1.508,85 €** (2,02 %)
10. Mikasa Ballwagen, gelb, weiß, blau	11 (0,43 %)	10 (0,64 %)	**1.498,90 €** (2,01 %)

Abb. 3.14: Verkaufte Produkte in der E-Commerce-Auswertung von Google Analytics

Sortiert man die Tabelle aufsteigend nach EINZELNE KÄUFE, dann finden sich Produkte, die nur ein einziges Mal in dem Auswertungszeitraum verkauft wurden. Der Auswertungszeitraum beträgt hier fünf (!) Jahre. Sie sehen in der E-Commerce-Auswertung allerdings nur Artikel, die mindestens einmal verkauft wurden. Artikel, die gar nicht verkauft wurden, tauchen hier nicht auf, dafür müssen Sie dann doch Ihre Warenwirtschaft oder Shopsoftware bemühen.

Wenn Sie in Ihrem Lager Ladenhüter liegen haben, dann fangen Sie an, Ihre digitalen Regale auszumisten. Sie helfen mit einem schlankeren Shop Ihren Besuchern und den Suchmaschinen, sich besser zurechtzufinden. Achten Sie aber beim Entschlacken darauf, nicht zu viel auszumisten. Es gibt sicherlich auch Produkte, die gute Umsätze machen, wenn man sie nur einmal im Jahr verkauft. Bitte verstehen Sie meine Empfehlung daher nicht pauschal, entscheiden Sie mit gesundem Menschenverstand, welche Produkte Sinn machen und welche nur noch Ressourcen verschwenden.

Natürlich können Sie die oben genannten Beispiele nicht hundertprozentig auf Ihre eigenen Projekte anwenden. Ich hoffe, Ihnen aber verständlich gemacht zu haben, wie wichtig der Zugriff auf eine Website-Statistik ist und wie diese zusätzlich Ihre Arbeit bei Ihrem Relaunch unterstützen kann.

Checkliste: Website-Statistik auswerten

- Verlassen Sie sich nicht allein auf die Daten aus der Google Search Console.
- Werten Sie die Daten Ihrer Website-Statistik aus, um schwache und starke Seiten zu finden.

- Aktivieren Sie das E-Commerce-Tracking in Google Analytics (falls Sie Analytics nutzen).
- Achten Sie darauf, keine Produkte zu löschen, die zwar selten aufgerufen werden, aber trotzdem gute Umsätze erzeugen.
- Misten Sie Ihre digitalen Shopregale aus, machen Sie es den Besuchern und Suchmaschinen leichter, sich in Ihrem Shop zurechtzufinden.
- Wie bitte? Immer noch keine Website-Statistik installiert? Dann wird es aber höchste Eisenbahn!

3.2 Achten Sie auf gut verlinkte Seiten

Verlinkungen von anderen Seiten sind nach wie vor ein wichtiger Faktor in der Suchmaschinen-Optimierung. Googles Erfolg basiert grundlegend auf dem »Page-Rank-Algorithmus«, der von Larry Page (daher der Name) und Sergei Brin an der Stanford University entwickelt wurde. Der Algorithmus stuft stark verlinkte Seite wichtiger ein als weniger verlinkte Seiten. Jede Seite, die auf Ihre Seiten verlinkt, vererbt etwas ihrer eigenen Linkkraft an Ihre Seiten weiter. Kurz: Je mehr Links auf Ihre Websites zeigen, desto besser wird Ihre Seiten von Google in den Suchergebnisseiten präsentiert.

Aber ganz so einfach ist es dann doch nicht, findige Suchmaschinen-Optimierer kamen sehr schnell auf die Idee, Links von anderen Seiten zu kaufen, um so ihre Projekte nach oben zu schieben. Es entstanden sehr große Linkfarmen und -börsen, die nichts anderes machten – und auch noch teilweise machen –, als Links zu kaufen und zu verkaufen. Diese Spam-Techniken sind Google natürlich ein Dorn im Auge, widerspricht diese Technik doch komplett dem Ziel Googles, immer das beste Suchergebnis anzuzeigen. Google korrigiert und verbessert regelmäßig seine Algorithmen und versucht unter anderem auch, Linkspam-Techniken zu erkennen. Mittlerweile müssen Links zum Beispiel aus thematisch passenden Seiten kommen, warum sollte ein Heilpraktiker zu einem Online-Casino verlinken? Google wird immer besser darin, »unnatürliche« Links zu finden, und geht sogar aktiv gegen Linkspam vor, indem es die verlinkten Seiten abstraft. Das kann dazu führen, dass die verlinkten Seiten komplett aus den Suchmaschinenergebnisseiten verschwinden.

Da Sie ja stolzer »Besitzer« einer Google Search Console sind, bekommen Sie in diesem Fall eine sogenannte »Manuelle Maßnahme«, einen entsprechenden Hinweis in der Search Console angezeigt und zusätzlich eine Benachrichtigung per E-Mail von Google. Sie finden den Bericht zu manuellen Maßnahmen in der Search Console in dem Menüpunkt SUCHANFRAGEN.

Abb. 3.15: Manuelle Maßnahmen in der Google Search Console

Sie sehen in Abbildung 3.15, dass hier keine Probleme vorliegen. Auch wenn Sie selbst oder Ihre Agentur keine Links auf unnatürliche Weise aufbauen, sollten Sie den Bericht im Blick haben. Es kann jeder im Netz haufenweise schlechte Links für sehr kleines Geld einkaufen und auf Ihre Website verlinken, um Ihrer Seite damit Schaden zuzufügen. Das klingt aus Suchmaschinen-Optimierer- und Seitenbetreiber-Sicht unsportlich, wird aber tatsächlich praktiziert und in der Branche als »Negative-SEO« bezeichnet.

In diesem Zusammenhang noch mal der Hinweis: Bitte denken Sie daran, eine E-Mail-Adresse in der Google Search Console zu hinterlegen, die Sie regelmäßig abrufen. Google verschickt wichtige Mitteilungen, wie zum Beispiel Informationen zu manuellen Maßnahmen, an die hinterlegte Adresse.

3.2.1 Verlinkungsdaten in der Google Search Console analysieren

Die Google Search Console ist auch für diese Frage Ihre erste Anlaufstelle. In dem Bericht LINKS ZU IHRER WEBSITE finden Sie die Adressen der Seiten, die am häufigsten auf Ihre Website verlinken.

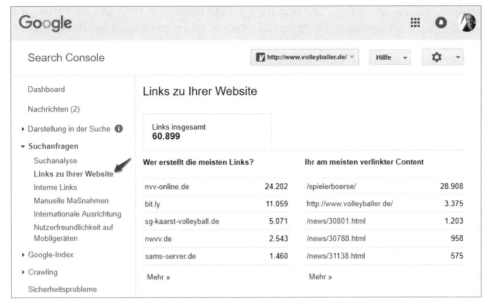

Abb. 3.16: Linkauswertung in der Google Search Console

In Abbildung 3.16 sehen Sie die Linkauswertung der Seite volleyballer.de. In der linken Spalte zeigt Ihnen Google, welche Seiten am häufigsten auf volley-baller.de verlinken, und auf der rechten Seite sehen Sie, welche Seiten am stärksten verlinkt sind. In diesem Beispiel ist es die Spielerbörse mit über 28.000 Links.

Da wir herausfinden möchten, welche Inhalte verlinkt werden, klicken Sie bitte auf das MEHR unter der rechten Spalte. Die folgende Seite zeigt dann die Unterseiten in Ihrer Website mit den häufigsten Verlinkungen, absteigend sortiert nach der Anzahl der Links.

Übersicht » **Alle verlinkten Seiten**
Ihre 1.000 beliebtesten Seiten, die über andere Domains verlinkt sind

| Diese Tabelle herunterladen | Weitere Beispiel-Links herunterladen | Aktuelle Links herunterladen | Anzeigen | 25 Zeilen ▾ | 1 - 25 von 1.000 | ‹ › |

Meine Seiten	Links ▴	Quelldomains
/spielerboerse/	28.908	38
http://www.volleyballer.de/	3.375	268
/news/30801.html	1.203	11
/news/30788.html	958	14
/news/31138.html	575	6
/news/30792.html	360	11
/regeln/downloads.php	201	18
/regeln/regeln-db-index.php	195	43
/regeln/erklaert.php	194	23

Abb. 3.17: Detail-Auswertung der Verlinkungen in der Google Search Console

In der Regel handelt es sich bei den stark verlinkten Seiten auch um die Seiten, die von den meisten Besuchern aufgerufen werden. Das eine bedingt quasi das andere: Gute Inhalte werden häufig verlinkt, bekommen dadurch eine bessere Sichtbarkeit in den Suchmaschinen und dadurch noch mehr Besucher. Wie Sie aber auch in der Auswertung in Abbildung 3.17 sehen können, werden in diesem Fall sogar einzelne Nachrichtenmeldungen (zum Beispiel /news/30801.html) verlinkt. Es ist also nicht so, dass externe Links immer auf die Startseite verlinken, »natürlicher« ist ein gesunder Mix von Links, die auf Unterbereiche, die Startseite und auf spezifische Seiten verweisen.

Sie können zusätzlich noch auf die einzelnen Unterseiten klicken, dann erfahren Sie, welche Seiten von außen auf die jeweilige URL verlinken.

Alle Daten können Sie als Textdatei herunterladen, klicken Sie dafür auf die jeweiligen Buttons oberhalb der Tabellen. Die Sicherung der verlinkten Seiten ist in jedem Fall sinnvoll, so können Sie nach dem Relaunch überprüfen, ob sie nach wie vor erreichbar sind. Relevante Links von anderen Seiten bringen Besucher, diese Besucher sollten auch nach dem Relaunch auf die richtigen Seiten gelangen. Werden diese verlinkten Seiten gelöscht, so verliert Ihre Seite an Stärke und Sichtbarkeit. Zusätzlich frustriert es Nutzer, wenn sie auf Links klicken, die auf Fehlerseiten führen.

Wie Sie die heruntergeladenen Linklisten automatisiert mit dem Screaming Frog SEO Spider überprüfen, erfahren Sie in Abschnitt 9.5.

Machen Sie sich mit der Linkauswertung der Google Search Console vertraut, für ein kostenloses Tool ist sie sehr mächtig und hilfreich. Beachten Sie aber, dass Google nicht alle Daten anzeigt, Sie sehen nur die 1.000 beliebtesten Seiten, die über externe Domains verlinkt sind. Je nach Größe Ihrer Website kann diese Anzahl eventuell ausreichen, bei größeren Seiten sollte man zusätzliche Linktools zurate ziehen. Eine zweite »Meinung« einzuholen ist oft sinnvoll – auch wenn Ihre Website weniger als 1.000 Seiten hat –, daher möchte ich Ihnen noch andere Werkzeuge für die Linkrecherche vorstellen.

3.2.2 Links in Wikipedia finden

Zugegebenermaßen erhalten die wenigsten Seiten Links von Wikipedia, gerade Online-Shops und ganz »normale« Business-Seiten werden nur sehr selten Links aus Wikipedia bekommen. Trotzdem kann es »passieren«, dass Internetprojekte in Wikipedia-Artikeln zitiert und verlinkt werden. Diese Links sind besonders wertvoll, da sie in vielen Fällen der Website Besucher und Vertrauen bringen.

Wikipedia-Artikel werden »scharf« von freiwilligen Helfern überwacht, es ist quasi unmöglich, dort seine eigene Seite zu verlinken. Auch wenn prinzipiell jeder Besucher die Artikel bearbeiten kann, so dauert es meist nur wenige Minuten, bis die Änderung wieder von einem anderen Autor rückgängig gemacht wird. Umso wichtiger ist es eventuell, vorhandene Links ausfindig zu machen und diese dann zu hegen und zu pflegen. Aus der rein technischen Suchmaschinen-Optimierer-Sicht bringen die Links aus Wikipedia Ihrer Seite keine zusätzliche Stärke, da alle externen Links in Wikipedia als »nofollow« gekennzeichnet werden. Durch dieses Attribut wird den Suchmaschinen-Bots mitgeteilt, den Links nicht zu folgen und somit auch keine »Linkkraft« zu vererben. Google weiß auch, dass es sehr schwer ist, Links in Wikipedia zu platzieren. Viele Suchmaschinen-Optimierer sind daher der Meinung, dass Google die verlinkten Seiten vertrauenswürdiger einstuft als Seiten ohne Wikipedia-Links.

Wie auch immer, die Links bringen Ihrer Seite Besucher und darauf kommt es am Ende an. Und so finden Sie Ihre Links in Wikipedia:

Es gibt eine »Spezialseite«, auf der Sie alle Seiten innerhalb des Wikipedia-Projekts suchen können, die auf Ihre Domain verlinken. Gehen Sie dazu auf die Seite `relaunch.pro/43`. Dort finden Sie die »Weblinksuche« und ein Suchformular. Geben Sie in das Formular Ihre Daten nach folgendem Suchmuster ein:

```
http://*.ihredomain.tld
```

Klicken Sie anschließend auf SUCHEN und schon werden Ihnen die Wikipedia-Seiten angezeigt, in denen sich Verlinkungen auf Ihre Seiten befinden.

In Abbildung 3.18 sehen Sie das Suchergebnis für die Domain `volleyballer.de`.

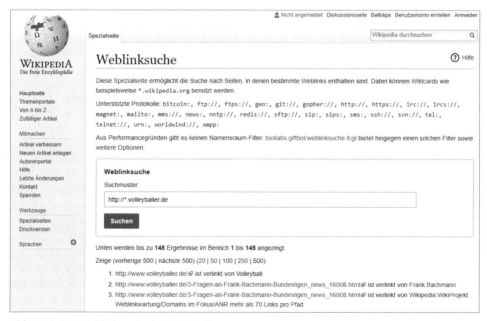

Abb. 3.18: Die Weblinksuche bei Wikipedia

145 Links befinden sich auf der deutschen Wikipedia-Seite zu der Domain `volleyballer.de`. Einige der Links habe ich selbst initiiert, der Großteil ist allerdings organisch gewachsen und wurde von mir unbekannten Autoren erstellt.

Leider gibt es keinen Export, mit dem wir die Linkdaten einfach sichern könnten. Eine Möglichkeit besteht, die Links über die Google-Chrome-Erweiterung »Web Developer« aus der Seite zu »ziehen«. Dafür installieren Sie die kostenlose Erweiterung (`relaunch.pro/44`) in Ihrem Chrome-Browser. Anschließend öffnen Sie die Weblinksuche auf Wikipedia, klicken dann oben auf das Zahnrad (Symbol der Erweiterung). Im Tab INFORMATION finden Sie den Unterpunkt VIEW LINK INFORMATION. Wenn Sie diesen anklicken, erhalten Sie eine Übersicht aller Links, die sich auf der Seite befinden. Die Links können Sie einfach markieren und dann in die Zwischenablage kopieren, um sie dann entsprechend in einem Dokument oder einer Tabelle speichern zu können.

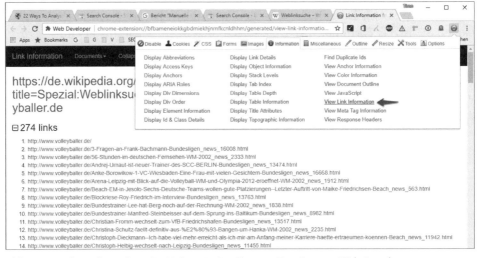

Abb. 3.19: Sichern der Wikipedia-Links mit der Chrome-Erweiterung Web Developer

Natürlich kann Ihnen bei dem Export der Links aus der Wikipedia-Seite auch der Screaming Frog SEO Spider helfen. Dazu versetzen Sie den Spider in den List-Modus. Kopieren Sie die Wikipedia-URL in die Zwischenablage. Bei meiner Suche wird folgende URL erzeugt:

```
https://de.wikipedia.org/w/index.php?title=Spezial:Weblinksuche&
limit=500&offset=0&target=http%3A%2F%2F%2A.volleyballer.de
```

Kopieren Sie den Link über den Upload-Button über die Paste-Funktion in den Screaming Frog. Der Screaming Frog überprüft dann nur diese eine URL. Im unteren Bereich klicken Sie auf den Reiter OUTLINKS, hier verbergen sich alle Links, die auf andere Websites verlinken, unter anderem auch Ihre Links.

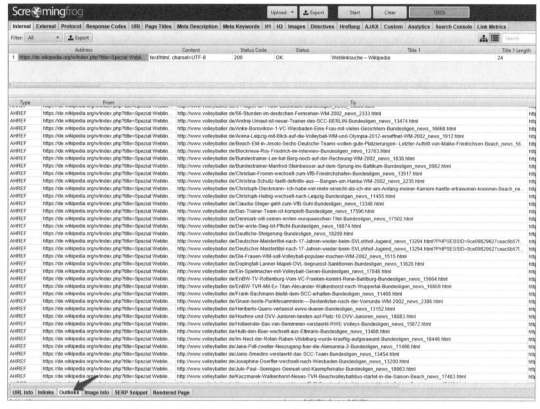

Abb. 3.20: Crawling der Wikipedia-Weblinksuche mit dem Screaming Frog SEO Spider

Die Links können Sie markieren und dann entsprechend in einem Dokument sichern. Und da Sie die Links ja jetzt noch im Zwischenspeicher haben und sich der Screaming Frog SEO Spider gerade im List-Modus befindet, können Sie die Links doch auch gleich mal auf ihre Funktion hin prüfen.

Klicken Sie im Frog wieder auf den Upload-Button und dann auf PASTE. Die URLs landen aus Ihrem Zwischenspeicher im Screaming Frog und werden sofort gecrawlt. Sortieren Sie das Ergebnis nach STATUS CODE, so finden Sie schneller die fehlerhaften Seiten. In einer optimalen Welt sollten natürlich keine Fehler gefunden werden, der Statuscode sollte bei allen URLs 200 oder 301 sein. In der normalen Welt passieren aber Fehler, in meinem Test habe ich sieben Seiten mit dem Fehler-Code »410« gefunden. Diese Seiten habe ich (vorsätzlich) beim Aufräumen gelöscht. Wie erwähnt, wenn man schon Links aus Wikipedia erhält, dann sollten diese auch funktionieren.

Hinweis

Falls Sie tatsächlich Links zu Ihren Seiten in Wikipedia gefunden haben, dann sichern Sie bitte die Liste der Links. Auch wenn rein technisch die Links vielleicht keinen Vorteil bringen, so bringen sie hoffentlich Besucher, Aufträge und Umsätze und darum geht es ja am Ende.

Die Google Search Console und die Wikipedia-Weblinksuche sind gute Tools, um mit der Linksuche zu starten. Es gibt viele weitere spezialisierte Tools, die nichts anderes machen, als Backlinks zu analysieren. Einige dieser Tools möchte ich Ihnen vorstellen, wobei die Preisspanne von kostenlos bis mehrere Hundert Euro pro Monat umfasst. Teurer heißt auch in diesen Fällen nicht unbedingt besser. Je nach Anwendungsfall reichen oft schon die kleinsten Ausbaustufen oder sogar die kostenlosen Tools. Ein Hinweis vorweg: Kein Tool zeigt Ihnen hundertprozentig alle Backlinks an, dafür ist das Internet zu groß. Stellen Sie sich den technischen Aufwand einmal vor: Die Tools müssten jede einzelne Seite im Internet regelmäßig aufrufen, analysieren und die gefundenen Links speichern. Dieser Vorgang sollte dann auch möglichst in kurzen Intervallen erfolgen, da sich das Netz und die Inhalte ständig verändern und die Tools frische Ergebnisse liefern sollen. 2017 waren allein schon 127 Millionen .com- und 16 Millionen .de-Domains registriert. Anhand dieser Zahlen können Sie sich vorstellen, dass der technische Aufwand für die Backlinktools immens sein muss. Wundern Sie sich also nicht, wenn die verschiedenen Tools unterschiedliche Daten für Ihre Domain anzeigen.

Alle Backlinktools funktionieren nach dem gleichen Prinzip: Sie geben eine Domain in den Suchschlitz ein und das Tool zeigt Ihnen die Backlinks zu der angefragten Domain an. Je nach Tool können Sie weitere Analysen der gefundenen Daten ausführen. Zusätzlich erstellen die Tools eine Bewertung der gefundenen Links. Ähnlich dem PageRank werden auch hier die Links entsprechend ihrer eigenen Backlinks gewichtet. So sehen Sie in den Tools, welche Links Ihren Seiten besonders »guttun« können. Eine weitere interessante Funktion ist die Gefahrenanalyse der Links. Einige Tools können Ihnen schädliche Links für Ihre Domain anzeigen, diese Links können Sie dann selbst bewerten und gegebenenfalls in der Google Search Console als ungültig einreichen. Die sogenannte »Disavow«-Funktion sollte jedoch nur mit Bedacht genutzt werden. Wenn Sie sich wirklich sicher sind, dass Spam-Links auf Ihre Seite gesetzt sind, dann können Sie diese Links über eine Disavow-Datei in der Google Search Console einreichen. Bei unsachgemäßem Gebrauch dieser Funktion können allerdings erhebliche Schäden verursacht werden. Näheres hierzu finden Sie in der Google Hilfe: `relaunch.pro/46`.

3.2.3 Weitere Tools, um Links aufzuspüren

Backlinktool: Seokicks

Seokicks ist ein sehr guter Backlink-Checker aus Deutschland mit einem kostenlosen Einstiegspaket, das in der Anzahl der gelieferten Ergebnisse beschränkt ist. Seokicks zeigt nicht nur die Backlinkquellen an, sondern zeigt Ihnen auch, ob Ihre verlinkten Seiten funktionieren (gefunden werden), und erkennt Weiterleitungsketten. Die Oberfläche ist sehr schnell, die Bedienung ist intuitiv. Sie können die Ergebnisse als Textdatei exportieren. Ein Blick in dieses Tool lohnt auf jeden Fall: relaunch.pro/45.

Das Backlinkmodul von Sistrix

Im kostenpflichtigen Linkmodul von Sistrix können Sie vielfältige Linkanalysen für Ihre und die Links Ihrer Mitbewerber ausführen. Sistrix kombiniert die eigenen Linkdaten mit den Daten des Anbieters »Majestic«, dadurch wird die Datenbasis erheblich vergrößert. Wie bereits weiter oben erwähnt, kann Sistrix eine Bewertung der Links (Linkrating) ausführen. Diese Funktion ist leider innerhalb der Sistrix-Toolbox gut versteckt, über den Link relaunch.pro/47 kommen Sie direkt auf diese Funktion. Für einen schnellen Test der am häufigsten verlinkten Seiten bietet sich die Funktion »Erreichbarkeit prüfen« an. Mit einem Klick können Sie die Erreichbarkeit der Seiten mit den stärksten Verlinkungen prüfen und so sehen, ob diese funktionieren oder durch fehlerhafte Seiten Linkkraft verschenkt wird. Abbildung 3.21 zeigt eine Beispielauswertung für die Domain dremel.com, sortiert nach Statuscode.

Abb. 3.21: Schnelle Überprüfung der Verlinkungen mit dem Linkmodul von Sistrix

Auf Ihr eigenes Relaunch-Projekt bezogen können Sie nach dem Relaunch mit dieser Funktion sehr schnell die Erreichbarkeit Ihrer neuen Seiten nachprüfen. Sie können Sistrix 14 Tage kostenlos in der Vollausstattung testen. Das Linkmodul kostet 119 Euro pro Monat: `relaunch.pro/7`.

Die Linkauswertung in Xovi

Ähnlich wie Sistrix handelt es sich bei Xovi um einen kompletten SEO-Werkzeugkasten, mit dem alle Optimierungsarbeiten überwacht und ausgewertet werden können. Auch Xovi bietet eine Linkbewertung an, ist aber im Vergleich zu Sistrix wesentlich preiswerter, da bei Sistrix sehr viele Funktionen schon im kleinsten Paket enthalten sind. Xovi kostet ab 118,98 Euro pro Monat: `relaunch.pro/8`.

Ahrefs – das Tool mit der größten Linkdatenbasis

Da klingt der Name schon nach Backlinks. Tatsächlich wurde Ahrefs ursprünglich als reines Backlinktool entwickelt und bietet somit auch sehr spezielle Funktionen an, wie zum Beispiel automatisierte Benachrichtigungen bei verlorenen oder neuen Links. Zusätzlich brüsten sich die Macher von Ahrefs damit, die größte Linkdatenbasis im Markt anzubieten.

Im Laufe der Zeit wurde das Tool immer wieder durch zusätzliche Funktionen erweitert, so sind jetzt zum Beispiel auch umfangreiche Keyword-Analysen möglich. Das Tool beginnt im kleinsten Paket mit 99 US-Dollar pro Monat und kann natürlich auch kostenfrei getestet werden. Eine Funktion macht dieses Tool besonders interessant: Die Linkdaten können zusätzlich per Schnittstelle bei Ahrefs abgefragt werden, über diese API (Application Programming Interface) können wiederum fremde Tools angebunden werden. Der Screaming Frog SEO Spider ist seit Softwareversion 8 in der Lage, die Ahrefs-Daten »anzuzapfen«. Wie Sie den Screaming Frog SEO Spider und Ahrefs miteinander verbinden, haben Sie bereits im ersten Kapitel gelernt. Sie finden die Website zu Ahrefs unter `relaunch.pro/54`.

Die LinkResearchTools – Kombinieren verschiedener Linkquellen

Ähnlich wie Ahrefs ist LinkResearchTools ein reines Linkdatenbank-Tool. Das Besondere hierbei ist allerdings, dass in diesem Tool 25 Linkquellen integriert werden. So werden Daten aus anderen Backlinktools, wie zum Beispiel Sistrix und MOZ, zusammengeführt und ausgewertet. Die Kombination der Linkdatenbanken führt dazu, dass man in diesem Tool wahrscheinlich die zurzeit umfangreichsten Linkanalysen durchführen kann. Das Tool ist für Profis gemacht, in der Oberfläche werden oft kryptische Abkürzungen genutzt und die Bedienung erschließt sich nicht sofort, was aber auch an der Fülle der Funktionen liegen könnte. Sie können einige Funktionen der LinkResearchTools sieben Tage lang kostenfrei testen. Die günstigste Einstiegsvariante beginnt bei 299 Euro pro

Monat: `relaunch.pro/48`. Abbildung 3.22 gibt nur einen sehr kleinen Einblick in das Tool und vermittelt eventuell die Komplexität der Software.

Abb. 3.22: Die LinkResearchTools

3.2.4 Linkanalyse und Sicherung mit dem Tool »Ahrefs«

Im folgenden Abschnitt möchte ich Ihnen zeigen, wie Sie mit dem Tool Ahrefs Ihre Linkdaten sichern können. Es geht darum, den Ist-Zustand zu dokumentieren, um später prüfen zu können, ob alle von außen verlinkten Seiten erreichbar sind. Das Ziel ist es, so wenig Linkkraft wie möglich durch den Relaunch zu verlieren.

Sie können diese Sicherung mit jedem hier vorgestellten Linktool durchführen. Ich habe Ahrefs gewählt, da es von der Linkdatenbasis und Bedienbarkeit mir am meisten zusagt. Die gleichen Maßnahmen können Sie auch mit Xovi oder Sistrix vornehmen. Wie bereits erwähnt, sind die Linkdaten in den unterschiedlichen Tools nie identisch, die wichtigsten und stärksten Links werden Sie jedoch in jedem Tool wiederfinden.

Ahrefs bietet zusätzlich noch einige Funktionen, die so nicht von allen Tools angeboten werden, dazu aber später mehr. Abbildung 3.22 zeigt die Linkübersicht für die Domain `volleyballer.de`.

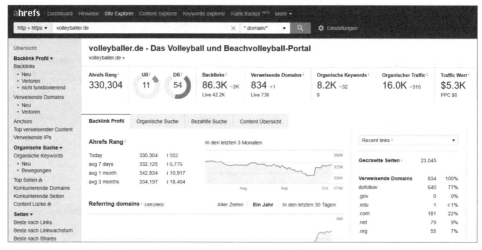

Abb. 3.23: Die Linkübersicht für `volleyballer.de` in Ahrefs

Sie sehen in Abbildung 3.23 verschiedenste Werte, die ich an dieser Stelle nicht im Einzelnen erklären muss, da sie für die Sicherung der Linkdaten nicht relevant sind. Zwei Werte sind in dieser Ansicht wichtig: BACKLINKS und VERWEISENDE DOMAINS. In diesem Fall bekommt die Domain von 834 Domains insgesamt 86.300 Links. Wenn man auf die Zahlen klickt, gelangt man jeweils zu einer Tabelle, in der die Linkdaten dargestellt werden.

In Abbildung 3.24 sehen Sie die verweisenden Domains.

Verweisende Domains

Link-Typ ▾ | TLDs ▾ | In Ergebnissen suchen 🔍

Live | Recent | Historical links | 730 Ergebnisse

Referring domain	DR	Ahrefs Rang	Backlinks	/ dofollow ↓		Erstmals gesehen
sg-kaarst-volleyball.de ▾	35	33,762,211	10,194 ▾	10,184		2 Mar '17
volleyball-talk.de ▾	43	6,670,836	2,333 ▾	2,333		26 Feb '17
smash-hamburg.de ▾	46	3,190,260	1,323 ▾	1,323		28 Feb '17
volleyball-wuppertal.de ▾	27	67,684,880	872 ▾	872		26 Feb '17
schranni.com ▾	37	24,134,675	869 ▾	869		27 Feb '17
svolympia92-volleyball.de ▾	39	16,390,769	622 ▾	612		26 Feb '17
usv-tud.de ▾	38	21,832,585	526 ▾	526		5 Mar '17
beachzeit.de ▾	50	1,042,415	452 ▾	452		2 Mar '17
blogpunktsport.wordpress.com ▾	28	62,816,828	344 ▾	344		23 Jul '17

Abb. 3.24: Verweisende Domains

Okay, jetzt wissen Sie, wie viele Domains auf die Ziel-Website verlinken, aber noch nicht, welche spezifischen Seiten verlinkt wurden. Dafür gibt es in Ahrefs die Funktion BESTE SEITEN mit der Sie herausfinden können, welche Seiten am besten verlinkt sind.

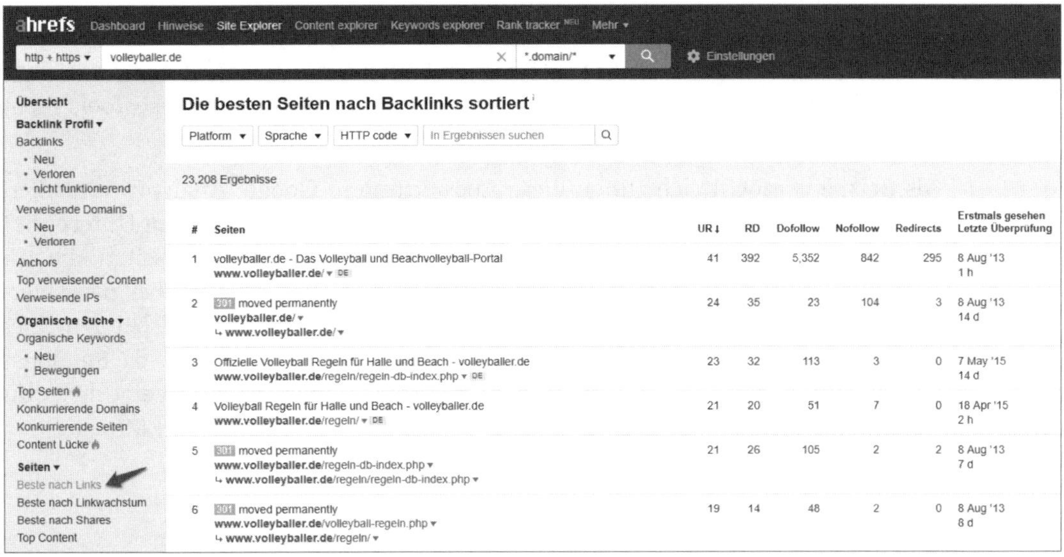

Abb. 3.25: Das sind die besten Seiten laut Ahrefs.

Ahrefs zeigt in diesem Beispiel 23.208 Seiten an, die Tabelle ist nach dem Wert »UR« absteigend sortiert. »UR« steht für »URL-Rating«, je höher dieser Wert ist, desto wichtiger stuft Ahrefs die entsprechende URL ein. Die Daten der Tabelle können komplett als Excel- oder OpenOffice-Datei (CSV) exportiert werden. Klicken Sie dazu einfach auf EXPORT rechts oberhalb der Tabelle.

Abbildung 3.26 zeigt einen Ausschnitt aus den exportieren Daten in Excel.

URL Rating ((	Page URL	Page Title	Referring Do
41	http://www.volleyballer.de/	volleyballer.de - Das Volleyball und Beachvolleyball-Porta	392
24	http://volleyballer.de/		35
23	http://www.volleyballer.de/regeln/regeln-db-index.php	Offizielle Volleyball Regeln für Halle und Beach - volleyba	32
21	http://www.volleyballer.de/regeln/	Volleyball Regeln für Halle und Beach - volleyballer.de	20
21	http://www.volleyballer.de/regeln-db-index.php		26
19	http://www.volleyballer.de/volleyball-regeln.php		14
19	http://www.volleyballer.de/news/31969.html	Bundesligen / Polnische Woche beginnt mit Erfolgserlebn	8
19	http://www.volleyballer.de/news/31972.html	Bundesligen / Häfler starten Einzelticketverkauf / volleyba	7
19	http://www.volleyballer.de/regeln/erklaert.php	Volleyballregeln erklärt - volleyballer.de	12
18	http://www.volleyballer.de/news/31967.html	2. Bundesligen / Volleyball-Team Hamburg zu Gast beim V	8
18	http://www.volleyballer.de/news/	Volleyball News Übersicht / Seite: 1 / - volleyballer.de	13
18	http://www.volleyballer.de/spielerboerse/spielerboerse-eintra	Eintragen Spielerbörse und Trainerbörse für Volleyball un	13
18	http://www.volleyballer.de/spielerboerse-eintragen.php		14
18	http://www.volleyballer.de/news/31974.html	Sitzvolleyball / DM Sitzvolleyball: Bayer Sitzvolleyaller w	7

Abb. 3.26: Export der Linkdaten in Excel geöffnet

In der exportieren Liste haben Sie alle verlinkten Seiten sortiert nach Linkstärke (UR) vorliegen. Sichern Sie diese Daten, damit Sie später nach dem Relaunch prüfen können, ob diese Seiten weiterhin erreichbar sind.

3.2.5   Welche Links bringen Besucher?

Mit den vorgestellten Tools können Sie die Backlinkstruktur Ihrer Website ermitteln und die wichtigsten Links von fremden Seiten auf Ihre Seite finden. Ob diese Links aber auch Besucher zu Ihnen bringen, das können Ihnen diese Tools nicht verraten, dazu müssen Sie in Ihre Website-Statistik schauen.

Als Beispiele möchte ich Ihnen diese Auswertung in Google Analytics vorstellen (Abbildung 3.27). Unter dem Menüpunkt AKQUISITION finden Sie den Unterpunkt ALLE ZUGRIFFE und darunter den Punkt VERWEISE. Verweise sind Seiten, die auf Ihre Seite verlinken. In der Statistik sehen Sie, wie viele Nutzer über diese Verweise auf Ihre Seiten gelangen. Achten Sie bitte wie immer darauf, bei den eigenen Analysen einen ausreichend langen Zeitraum zu betrachten, da Sie sonst Gefahr laufen, saisonale Effekte überzubewerten. Abbildung 3.27 zeigt die zehn stärksten Verweise meiner Seite `volleyballer.de` der letzten zwölf Monate.

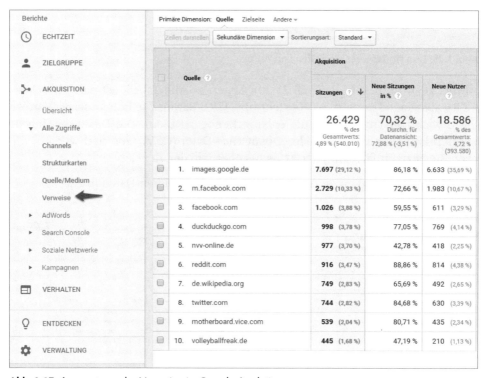

Abb. 3.27: Auswertung der Verweise in Google Analytics

Sie sehen in dieser Ansicht nur die Domainnamen, nicht jedoch, welche Unterseiten der jeweiligen Domains den Verweis auf Ihre Seite enthalten. Klicken Sie auf die Domainnamen, so sehen Sie die URLs der Verweisseiten. In Abbildung 3.28 sehen Sie die verweisenden Seiten der Domain `volleyballfreak.de`.

	Verweispfad ?		Akquisition
			Sitzungen ↓ ?
			445 % des Gesamtwerts: 0,08 % (540.010)
☐	1.	/volleyball-spielersuche-schnell-und-effektiv.html	**266** (59,78 %)
☐	2.	/kira-und-laura-weiter-auf-erfolgskurs-landesligist-will-bundesliga-herrschings-masterplan-world-league-in-frankfurt-world-league-in-frankfurt-hsv-verstaerkt-sich-weiter-brasiliens-legende-tritt.html	**61** (13,71 %)
☐	3.	/volleyballwebseiten	**59** (13,26 %)
☐	4.	/neue-stadt-neuer-verein.html	**30** (6,74 %)
☐	5.	/10-wertvolle-tipps-wie-du-ein-besserer-schiedsrichter-wirst.html	**13** (2,92 %)
☐	6.	/mehr-volleyball-schiedsrichter-braucht-das-land.html	**7** (1,57 %)
☐	7.	/goldene-haendchen-walkenhorstwintererfolg-stalking-im-volleyball-beach-saisonauftakt-in-fort-lauderdale-volleyball-links-der-woche.html	**6** (1,35 %)
☐	8.	/herrsching-lueneburg-aachen-atmen-auf-dvv-pokalfinale-noch-sechs-mal-schlafen-morph-bowes-und-tilo-backhaus-trainieren-beach-maedels-katsche-mit-comeback-em-spielplan.html	**1** (0,22 %)
☐	9.	/in-der-presse-wie-die-weltmeister-so-gehts-teil-2-von-3.html	**1** (0,22 %)
☐	10.	/interview-timo-heinrich-volleyballer-de.html	**1** (0,22 %)

Abb. 3.28: Verweise und Besucher von einer speziellen Domain

Jetzt müssen Sie nur noch herausfinden, auf welche Ihrer Seiten die externen URLs verlinken. Dazu stellen Sie über der Tabelle die SEKUNDÄRE DIMENSION auf den Wert SEITE.

Als Ergebnis erhalten Sie dann eine Tabelle, in der in der ersten Spalte die externen Verweise der ausgewählten Domain und in der zweiten Spalte Ihre verlinkten Zielseiten aufgeführt werden.

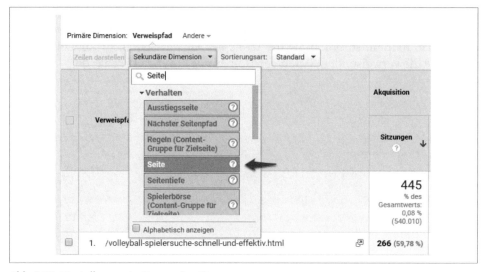

Abb. 3.29: Einstellungen in SEKUNDÄRE DIMENSION

☐	1.	/volleyball-spielersuche-schnell-und-effektiv.html		/spielerboerse/www.volleyballer.de		233 (52,71 %)
☐	2.	/volleyballwebseiten		/www.volleyballer.de		49 (11,09 %)
☐	3.	/kira-und-laura-weiter-auf-erfolgskurs-landesligist-will-bundesliga-herrschings-masterplan-world-league-in-frankfurt-hsv-verstaerkt-sich-weiter-brasiliens-legende-tritt.html		/www.volleyballer.de		40 (9,05 %)
☐	4.	/neue-stadt-neuer-verein.html		/spielerboerse/www.volleyballer.de		27 (6,11 %)
☐	5.	/kira-und-laura-weiter-auf-erfolgskurs-landesligist-will-bundesliga-herrschings-masterplan-world-league-in-frankfurt-hsv-verstaerkt-sich-weiter-brasiliens-legende-tritt.html		/news/30686.html		15 (3,39 %)

Abb. 3.30: Externe Links, interne Seiten und die Anzahl der Besucher

Derartige Auswertungen können Sie auch über andere Website-Statistik-Tools, wie zum Beispiel Matomo oder etracker, abrufen.

Ganz gleich, welches Tool Sie nutzen möchten, prüfen Sie, ob Sie die Linkdaten sinnvoll exportieren und in einer Tabellenverarbeitung wie Excel oder Google Sheets weiterverarbeiten können. Nur so können Sie nach dem Relaunch Ihre verlinkten Ziel-ULRs automatisiert auf Fehler überprüfen. Sinn und Zweck ist es ja, dass die Links (und Besucher) nicht verloren gehen, sondern auf den passenden Seiten innerhalb Ihrer Website landen.

Checkliste: Backlinks auswerten

- Nutzen Sie die Google Search Console, um wichtige Verlinkungen zu finden.
- Prüfen Sie mit der Linksuche in Wikipedia, ob Sie aus Wikipedia-Artikeln verlinkt werden.
- Denken Sie daran, dass die Google Search Console nicht alle Daten preisgibt, nutzen Sie daher zur Evaluierung verschiedene Linkdatenbanken und Tools.
- Sichern Sie alle Daten, damit Sie später die Erreichbarkeit der verlinkten Seiten prüfen können.

3.2.6 Welche Seiten werden über die Social-Media-Kanäle aufgerufen?

Facebook, Twitter und Co. sind mittlerweile wichtige Besucherquellen und dürfen in dieser Betrachtung nicht fehlen. Da diese Plattformen aber nicht immer öffentlich zugänglich sind, können Linkanalysetools die dort verborgenen Links nicht immer finden.

Soziale Netzwerke in Google Analytics auswerten

In Google Analytics finden Sie die Auswertung der Zugriffe über die Social-Media-Portale in dem Menüpunkt AKQUISITION|SOZIALE NETZWERKE. In der Übersicht sehen Sie fein säuberlich aufgeschlüsselt, wie viele Nutzer Ihre Seiten aus den verschiedenen sozialen Netzwerken besuchen.

Hinweis

Soziale Netzwerke in Google Analytics können Sie nur messen, wenn Sie für die Property mindestens ein Ziel definiert haben. Ein Ziel könnte zum Beispiel der Abschluss einer Bestellung oder das Absenden eines Kontaktformulars sein. Sie richten die Ziele in der Verwaltung ein. Klicken Sie dazu unten links in der Navigation auf das Zahnrad und wählen Sie dann für die aktuelle Datenansicht den Punkt ZIELVORHABEN aus. Dort können Sie verschiedenste Ziele Ihrer Website definieren.

In Abbildung 3.31 sehen Sie, dass über 20.000 Besucher in einem Zeitraum von zwölf Monaten die Seiten aufgerufen haben. Ärgerlich wäre, wenn nach dem Relaunch die verlinkten Seiten aus Facebook und den anderen Plattformen nicht mehr erreichbar wären.

Als Nächstes wollen wir herausfinden, welche Seiten im Detail aufgerufen wurden. Dazu klicken Sie links in der Navigation auf den Unterpunkt ZIELSEITEN. Sie gelangen dann zu einer Tabelle, in der Ihre Zielseiten und die jeweiligen Sitzungen aufgeführt werden.

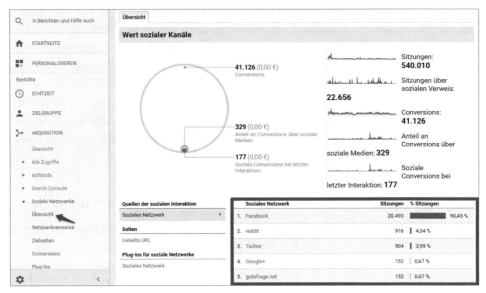

Abb. 3.31: Social-Media-Zugriffsanalyse mit Google Analytics

Primäre Dimension: **Geteilte URL**

Sekundäre Dimension ▼

Geteilte URL ?	Sitzungen ? ↓	Seitenaufrufe ?	Durchschnittl. Sitzungsdauer ?	Seiten/Sitzung ?
1. volleyballer.de/www.volleyballer.de	**1.666** (7,36 %)	3.411 (10,95 %)	00:01:16	2,05
2. www.volleyballer.de/www.volleyballer.de	**1.149** (5,07 %)	2.928 (9,40 %)	00:02:03	2,55
3. www.volleyballer.de/news/31271.html	**877** (3,87 %)	1.084 (3,48 %)	00:00:32	1,24
4. www.volleyballer.de/news/30686.html	**717** (3,17 %)	773 (2,48 %)	00:00:19	1,08
5. www.volleyballer.de/news/31416.html	**656** (2,90 %)	831 (2,67 %)	00:00:25	1,27
6. www.volleyballer.de/news/29853.html	**621** (2,74 %)	700 (2,25 %)	00:00:14	1,13
7. www.volleyballer.de/news/31086.html	**486** (2,15 %)	535 (1,72 %)	00:00:22	1,10
8. www.volleyballer.de/news/31196.html	**376** (1,66 %)	403 (1,29 %)	00:00:17	1,07
9. www.volleyballer.de/news/31419.html	**376** (1,66 %)	470 (1,51 %)	00:00:34	1,25
10. www.volleyballer.de/news/31200.html	**326** (1,44 %)	362 (1,16 %)	00:00:09	1,11

Zeilen anzeigen: 10 ▼   Gehe zu: 1   1 - 10 von 891   ‹ ›

Abb. 3.32: Geteilte URLs in Facebook

Insgesamt werden in der Statistik in Abbildung 3.32 891 Seiten, die aus den sozialen Netzwerken Besucher bekommen, aufgeführt. Sie sollten diese Statistik aus Google Analytics exportieren, ein Tipp hierzu: Sie müssen die Zeilenanzahl unter den Tabellen auf den jeweils passenden Wert einstellen, ansonsten exportieren Sie nur die jeweils angezeigte Zeilenanzahl, im Standard sind das nur zehn Zeilen. In diesem Beispiel stelle ich die anzuzeigenden Zeilen auf 1.000, da ich ja alle 891 Zielseiten exportieren möchte. Anschließend können die Daten in verschiedene Formate exportiert werden, klicken Sie dazu oben links auf EXPORT.

Abb. 3.33: Sichern Sie die Daten über die Exportfunktion.

Hinweise zu den verschiedenen Export-Formaten: Das PDF-Format ist nicht zu empfehlen, da hier oft Schwierigkeiten bei der Weiterverarbeitung auftreten. CSV kann in beliebigen Tabellenkalkulationen, wie zum Beispiel Excel oder Numbers, genutzt werden. Der Export in die GOOGLE TABELLEN öffnet direkt eine neue Tabelle in Ihrem Google Drive. Ein Export in das EXCEL-Format setzt voraus, dass alle Beteiligten mit Excel oder OpenOffice arbeiten. Das CSV-Format können die meisten Tabellenkalkulationen verarbeiten und stellt somit den kleinsten gemeinsamen Nenner dar.

Social-Media-Auswertung in Ahrefs

Sollten Sie noch nicht über ausreichende Zahlen in Ihrer Website-Statistik verfügen, dann können Sie auch externe Tools, wie zum Beispiel Ahrefs, nutzen. Bei Ahrefs finden Sie im Menüpunkt SEITEN|BESTE SEITEN NACH SHARES eine Auflistung Ihrer am häufigsten geteilten URLs.

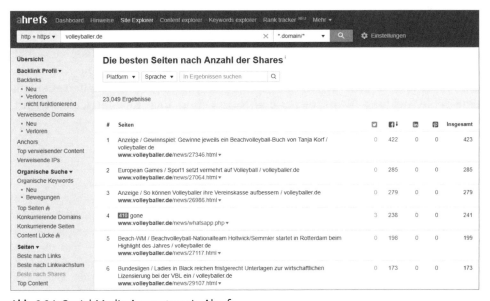

Abb. 3.34: Social-Media-Auswertung in Ahrefs

Natürlich können Sie auch diese Daten exportieren, klicken Sie dazu oberhalb der Tabelle auf EXPORT und wählen Sie die gewünschte Zeilenanzahl aus. Ahrefs exportiert die Daten übrigens auch im CSV-Format.

Ahrefs kann Ihnen zwar keine Besucherzahlen für Ihre Social-Media-Zugriffe anzeigen, Sie können jedoch davon ausgehen, dass über die Social-Media-Portale der ein oder andere Besucher den Weg zu Ihnen finden wird.

Checkliste: Social-Media-Zugriffe

- Werten Sie die Social-Media-Zugriffe mit Google Analytics oder Matomo aus.
- Achten Sie immer darauf, längere Zeiträume auszuwerten, um so möglichst valide Zahlen zu erhalten.
- Falls Ihre Website-Statistik noch zu frisch ist und zu wenig Daten aufgezeichnet wurden, nutzen Sie externe Tools, wie zum Beispiel Ahrefs.
- Externe Tools können nur Links in Social-Media-Portalen finden, zeigen Ihnen jedoch nicht die Besucherzahlen an.
- Sichern Sie die Daten.

Sie sollten jetzt eine Übersicht über Ihre wichtigsten und unwichtigsten Seiten haben. Unter Verwendung verschiedener Tools können Sie sich ein gutes Bild über Ihre Website verschaffen. Im nächsten Abschnitt lernen Sie, wie Sie die unwichtigen Seiten korrekt entfernen und aus dem Index der Suchmaschinen löschen.

3.3   Löschen, aber bitte richtig

Die einfachste und verbreitetste Art, Seiten zu löschen, ist, diese aus der Navigation zu nehmen, den Inhalt im CMS zu löschen oder die Datei physisch auf dem Server zu entfernen. Greift eine Suchmaschine auf die gelöschte Seite zu, erhält sie in der Regel einen Fehlercode »404« – Seite nicht vorhanden. Die Nutzer, die zum Beispiel über eine Suchmaschine auf diese Seite zugreifen, erhalten ebenfalls eine Fehlermeldung. Wenn es für den Nutzer (und auch für Sie) schlecht läuft, dann sieht er eine sehr technische Seite.

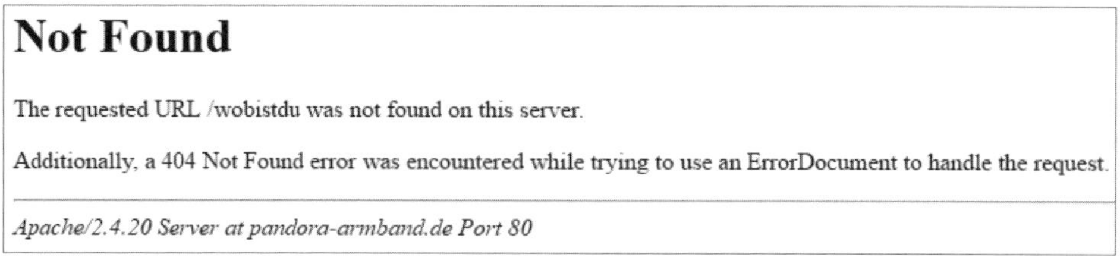

Not Found

The requested URL /wobistdu was not found on this server.

Additionally, a 404 Not Found error was encountered while trying to use an ErrorDocument to handle the request.

Apache/2.4.20 Server at pandora-armband.de Port 80

Abb. 3.35: Endstation: Die Standard-Fehlerseite

Was macht der gemeine Internetnutzer in diesem Fall? Er erschreckt sich und verlässt die Seite, indem er auf den Zurück-Button seines Browsers klickt. Der Nutzer ist weg und ganz nebenbei hat er der Suchmaschine, von der er gerade gekommen ist, noch »mitgeteilt«, dass die verlinkte Seite für die soeben ausgeführte Suche irrelevant ist – weil er ja innerhalb kürzester Zeit schon wieder zurück in der Suchmaschine ist und dasselbe noch mal sucht. Das merkt sich der Nutzer (Internetnutzer sind nachtragend) und die Suchmaschine auch.

3.3.1 Benutzerfreundliche Fehlerseiten gestalten

Der Suchmaschine ist es egal, wie Sie Ihre Fehlerseite gestalten. Hier zählen nur die »inneren« Werte, also die Statuscodes, die Ihre Seiten senden (dazu später mehr). Für den Nutzer sollten Sie allerdings eine freundlichere Fehlerseite bereithalten, um ihn so auf Ihrer Seite zu halten und nicht zu verärgern.

Bevor Sie also Seiten löschen, sollten Sie sich darum kümmern, wie Sie die Besucher nicht verschrecken, wenn sie auf eine Fehlerseite treffen.

Nutzerfreundliche Fehlerseiten enthalten unter anderem:

- eine an die Website angepasste Gestaltung
- eine Entschuldigung an den Nutzer
- einen Link zur Startseite
- ein Suchfeld
- einen Teil der Navigation mit den wichtigsten Seiten/Kategorien

Im Netz gibt es viele Inspirationsquellen für Fehlerseiten, zum Beispiel auf `relaunch.pro/12`. Aber Vorsicht: Viele dieser sehr schön gestalteten Seiten helfen dem Nutzer nicht wirklich weiter. Denken Sie immer an den Nutzer, der durch eine schlecht gestaltete Fehlerseite diese schnell wieder verlässt und Ihre Seite eventuell nie wieder besuchen wird.

3.3.2 Suchmaschinenfreundliches Löschen – 404 vs. 410

Wenn Sie eine benutzerfreundliche und liebevoll gestaltete Fehlerseite für Ihre Seite konfiguriert haben, geht es an das »richtige« Löschen der Inhalte. Wie oben bereits erwähnt, sendet der Server in der Regel einen 404-Statuscode. Der Suchmaschine teilt Ihr Server mit: »Diese Seite ist (in diesem Moment) nicht erreichbar (aber vielleicht funktioniert sie später wieder)«. Die 404-Fehlermeldung ist also nur ein temporärer Fehler und die Suchmaschine wird später immer wieder mal versuchen, die Seite einzulesen. Jedes Mal werden dabei Ressourcen der Suchmaschine verschwendet, was sie auf Dauer »nicht witzig« findet und deshalb Ihre Seite schlechter bewerten könnte. Zusätzlich hat die Suchmaschine nur begrenzt Zeit, Ihre Seiten einzulesen. Wenn sie dann damit beschäftigt ist, Fehlerseiten aufzurufen, hat sie weniger Zeit, die wirklich wichtigen und aktuellen Inhalte Ihrer Domain einzulesen. Sie müssen also dafür sorgen, dass die Seiten als dauerhaft gelöscht markiert werden.

Um Seiten zu löschen, müssen diese den Statuscode »410« senden. Dieser Statuscode führt bei den Suchmaschinen zur Löschung der jeweiligen Seite im Index und spart so Suchmaschinen-Ressourcen beim Crawling Ihrer Seiten.

Seiten löschen über die .htaccess-Datei

In Kapitel 2 haben Sie gelernt, wie Sie mit der `.htaccess` Adressen umleiten, sie kann aber noch wesentlich mehr. Die folgenden Codezeilen zeigen einen Auszug aus einer `.htaccess`-Datei. Mit der Anweisung »Redirect Gone« werden die nachfolgenden URLs als gelöscht (Status 410) markiert.

```
# geloescht 410
Redirect Gone /news/whatsapp.php
Redirect Gone /ausdauertraining.php


# Definition Fehlerseite 410
ErrorDocument 410 /410.php
```

In der letzten Zeile wird definiert, welche URL bei einem 410-Status aufgerufen werden soll. Sie können diese Fehlerseiten genauso gestalten wie oben beschrieben. Der Nutzer erhält so eine entsprechende Fehlerseite und die Suchmaschinen den entsprechenden Fehlercode. Trifft eine Suchmaschine auf eine Seite mit dem Fehlercode 410, wird sie die Seite aus dem Index entfernen und nicht wieder aufrufen.

Erstellen Sie also für Ihre Domain eine `.htaccess` oder erweitern Sie Ihre bestehende `.htaccess`-Datei durch entsprechende Einträge. Tragen Sie dort alle Seiten ein, die Sie löschen möchten. Prüfen Sie unbedingt, ob Ihr Server bei einer Fehlerseite den korrekten Status ausliefert. Es gibt hierzu verschieden Tools im Internet, wie zum Beispiel dieses: `relaunch.pro/15`.

Sie sehen in Abbildung 3.36, dass die beiden überprüften URLs korrekterweise den Status 410 senden. Prüfen Sie stichprobenartig Ihre zu löschenden URLs, um sicherzugehen, dass Ihr Server korrekt konfiguriert ist.

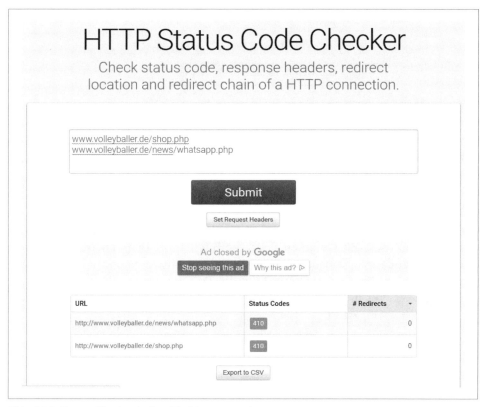

Abb. 3.36: Status-Check mit dem Tool httpstatus.io

Deindexierungsbeschleunigung per Sitemap – Die 410er-Sitemap

Die Seiten werden natürlich nur dann aus dem Index genommen, wenn die Suchmaschinen die betroffenen Seiten aufrufen. Je nach Umfang der Seite kann dieser Prozess einige Zeit in Anspruch nehmen. Eventuell sind einige der zu löschenden Seiten so tief in Ihrem System, dass die Suchmaschinen nur sehr selten bei ihnen vorbeikommen. Um den Löschprozess zu beschleunigen und den Sperrmüll schneller abholen zu lassen, müssen Sie daher bei der Müllabfuhr »anrufen«.

Damit Google von den gelöschten Seiten erfährt, legen Sie eine Sitemap mit den gelöschten Seiten an. Also genau das Gegenteil von dem, wozu man eigentlich eine Sitemap einreichen würde. In dieser »Deindexierungssitemap« werden alle zu löschenden URLs aufgeführt. Für diese Sitemap reicht eine einfache Textdatei mit folgenden Merkmalen:

- eine URL pro Zeile
- UTF8-codiert
- komplette URLs, also mit Protokoll, Domainnamen, Top-Level-Domain und Dateinamen

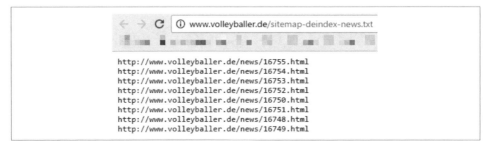

Abb. 3.37: Deindexierung per Sitemap

Abbildung 3.37 zeigt einen Ausschnitt einer von mir angelegten Deindexierungs-sitemap. Hier habe ich alte Volleyball-News zur Löschung eingetragen.

Die Sitemap wird auf den Server geladen und über die Google Search Console angemeldet. Zusätzlich verlinken Sie diese Sitemap in Ihrer `robots.txt`-Datei, damit auch andere Suchmaschinen die Deindexierungssitemap finden. In Abbildung 3.38 sehen Sie in der ersten Zeile die Deindexierungssitemap `/sitemap-deindex-news.txt` in der Google Search Console. Google hat diese Datei korrekt als »URL-Liste« eingestuft.

☐	2	/sitemap-deindex-news.txt	URL-Liste	29. Jan. 2017	-	Web	11.217	Ausstehend
☐	3	/sitemap-news-xml.php	Sitemap	29. Jan. 2017	-	Web	4.801	4.320
☐	4	/sitemap-regeln.xml	Sitemap	20. Jan. 2017	-	Web	288	272
☐	5	/sitemap-spielerboerse-xml.php	Sitemap	29. Jan. 2017	-	Web	611	601
☐	6	/sitemap-spielerportraits.xml	Sitemap	28. Jan. 2017	-	Web	63	63
☐	7	/sitemap-training.xml	Sitemap	28. Jan. 2017	-	Web	15	15
☐	8	/sitemap-turniere-xml.php	Sitemap	28. Jan. 2017	-	Web	348	344
☐	9	/sitemap-vereine-xml.php	Sitemap	29. Jan. 2017	-	Web	2.367	2.109

Abb. 3.38: Deindexierungssitemap in der Google Search Console

In diesem Beispiel habe ich über 11.200 Newsartikel gelöscht und entsprechend per Deindexierungssitemap bei Google angemeldet. Wenn Sie ebenfalls eine große Menge an Seiten löschen, müssen Sie damit rechnen, dass Sie von der Google Search Console eine Warnung per E-Mail erhalten. Google schreibt in dieser Mail, dass die 404-Fehler auf Ihrer Seite stark zugenommen haben. Leider unterscheidet Google in der Mail nicht, ob es sich um 404- oder 410-Fehler handelt. Schauen Sie daher bitte regelmäßig in die Search Console unter Crawling|Crawling Fehler, denn dort wird der jeweilige HTTP-Status korrekt angegeben.

Kontrollieren Sie regelmäßig den Status Ihrer Deindexierungssitemap, Sie können den Lösch-Fortschritt anhand der detaillierten Angaben verfolgen. Und nach und nach sollten die von Ihnen eingereichten zu löschenden Seiten auch bei Google mit dem richtigen Status 410 geführt werden und somit aus dem Index gelöscht werden.

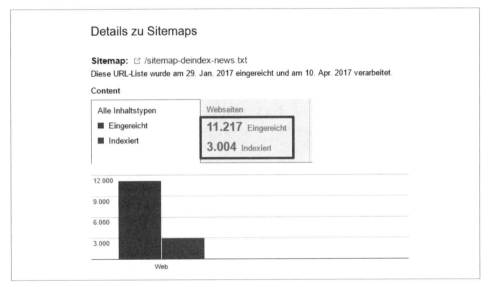

Abb. 3.39: 410er-Fehler in der Google Search Console

Abb. 3.40: Über 8.000 URLs wurden bereits von Google gelöscht.

3.3.3 Seiten aus dem Google-Index entfernen, ohne sie zu löschen

Manchmal ist es sinnvoll, Seiten nur aus dem Index der Suchmaschinen zu entfernen, nicht aber die Inhalte aus der Website vollständig zu löschen. Oftmals handelt es sich hierbei um nutzergenerierte Inhalte, wie zum Beispiel Bildergalerien oder Foren, die nicht mehr aktualisiert werden, dennoch aber einen ideellen Wert für Sie und Ihre Nutzer haben. Diese Seiten sollten nicht aus Ihrer Website verschwinden, die Suchmaschinen müssen diese Inhalte aber auch nicht mehr crawlen.

Der Vorgang ist etwas komplexer als das radikale Löschen von Inhalten. Zunächst müssen Sie den Suchmaschinen mitteilen, dass die jeweiligen Seiten aus dem Index entfernen sollen, und im Anschluss müssen Sie dafür sorgen, dass die Inhalte nicht wieder im Suchmaschinen-Index aufgenommen werden.

Angenommen, Sie möchten ein altes Forum unter der Adresse `www.ihre-seite.de/forum/` aus dem Google-Index löschen. Dann müssen Sie im ersten Schritt in jede Unterseite des Forums eine `noindex`-Anweisung hinterlegen. Das Tag muss in jedem Kopf der Unterseiten eingefügt werden und sieht wie folgt aus:

```
<meta name="robots" content="noindex" />
```

Damit teilen Sie den Suchmaschinen mit, dass die jeweilige Datei nicht im Index aufgenommen wird beziehungsweise entfernt werden soll. Weitere Informationen zum `noindex`-Tag finden Sie unter `relaunch.pro/49`.

Theoretisch könnten Sie jetzt das Verzeichnis `/forum/` per `robots.txt` vom Crawling durch Suchmaschinen sperren, der Schritt wäre aber an dieser Stelle zu früh. Zunächst müssen die Suchmaschinen mitbekommen, dass sie die betreffenden Seiten entfernen sollen und dazu müssen sie jede Seite in dem `/forum/`-Verzeichnis aufrufen und das `noindex`-Tag sehen.

Bot-Beschleuniger

Sie haben mehrere Möglichkeiten, das Crawlen zu beschleunigen. Wie bereits weiter oben erwähnt, können Sie für das Verzeichnis eine eigene Sitemap oder URL-Liste anlegen und diese über die Search Console anmelden. In diesem Fall können Sie auch gut nachverfolgen, wie viele Seiten Google nach und nach aus dem Index nimmt.

Die zweite Möglichkeit wäre, eine oder mehrere Seiten zu erstellen, auf denen Sie die zu löschenden URLs verlinken. Pro Seite empfehle ich Ihnen ca. 100 Links, je nach Anzahl der zu löschenden Inhalte benötigen Sie entsprechend viele Linklisten. Diese Linklisten melden Sie dann über die Google Search Console zur Indexierung an. Klingt unpassend, weil Sie die Seiten ja deindexieren lassen möchten, macht an dieser Stelle aber Sinn, da Sie Google auf die zu löschenden Seiten direkt »ansetzen«.

Abb. 3.41: Melden Sie in der Google Search Console Ihren Löschindex an.

Die Funktion Abruf wie durch Google ruft die Seiten direkt auf und löscht sie dann aus dem Index. Der Löschvorgang benötigt aber Zeit, es ist nicht so, dass

Google sofort die Seiten löscht. Je nach Größe kann der Vorgang schon mal ein paar Wochen in Anspruch nehmen.

Prüfen Sie daher immer mal wieder, wie weit der Löschvorgang bei Google fortgeschritten ist. Am einfachsten können Sie den Status über eine Site-Abfrage checken:

`site:http://www.ihre-seite.de/forum/`

Google zeigt Ihnen mit dieser Abfrage an, wie viele Seiten im Index mit der angefragten URL gespeichert sind. Im Idealfall sollten es immer weniger werden. Zur Beschleunigung des Vorgangs können Sie immer mal wieder Ihre Seite mit den zu löschenden URLs über die Search Console indexieren lassen. Wenn möglich, entfernen Sie vorher bereits gelöschte URLs von dieser Liste, damit Google keine Ressourcen auf bereits gelöschte URLs verschwenden muss.

Sind alle URLs gelöscht, dann können Sie das Verzeichnis per `robots.txt` sperren. Mit folgender Anweisung hindern Sie die Suchmaschinen-Bots, den Ordner aufzurufen:

```
User-agent: *
Disallow: /forum/
```

Durch diese Schritte erhalten Sie die Inhalte für Ihre Nutzer, die Suchmaschinen werden die Inhalte aber nicht mehr in den Suchergebnissen anzeigen und auch keine Energie darauf verschwenden, diese Inhalte immer wieder zu besuchen und zu verarbeiten.

3.3.4 Abschließende Hinweise zum Löschen von Inhalten

Die Erstellung von Inhalten kostet Zeit und Geld, überlegen Sie daher immer vor dem Löschen, ob eine Aufbereitung oder Zusammenführung eventuell Sinn macht. Vor wenigen Jahren wurde für jede Suchwortkombination eine eigene Zielseite erstellt, mittlerweile geht man dazu über, vollumfängliche Seiten zu erstellen. Eventuell sind Ihre Inhalte auch so stark fragmentiert, dass ein Zusammenlegen von thematisch passenden Inhalten sogar Ihre Sichtbarkeit in den Suchmaschinen verbessern könnte.

Bei Shop-Produkten gibt es oft Nachfolgeprodukte, auf die man weiterleiten kann. In diesem Fall geben Sie die Linkkraft des alten Produkts an das neue Produkt weiter. Denken Sie auch an die Nutzer, die eventuell noch in alten Newsletterkampagnen auf Ihre Produktlinks klicken und dann auf Fehlerseiten landen.

Löschen Sie keine Inhalte, an denen Ihre Besucher »hängen«. Wie oben beschrieben, kann zum Beispiel das Löschen einer Bildergalerie, die vom Nutzer auf Ihrer Seite aufgebaut wurde, zu schlechter Stimmung bei Ihren Besuchern führen.

Checkliste: Richtiges Löschen von Inhalten

- Prüfen Sie zunächst, ob Sie einzelne Seiten eventuell zusammenfassen können, bevor Sie sie endgültig löschen.
- Bei Shop-Produkten gibt es häufig Folgeprodukte, auf die Sie weiterleiten können.
- Erstellen Sie benutzerfreundliche Fehlerseiten.
- Die gelöschten Seiten müssen den Status 410 senden, prüfen Sie den Status stichprobenartig.
- Tragen Sie die zu löschenden Seiten in die `.htaccess`-Datei ein.
- Tragen Sie die zu löschenden URLs in eine Textdatei ein.
- Melden Sie diese Deindexierungsdatei als Sitemap in der Google Search Console an.
- Überwachen Sie den Status der Deindexierung in der Google Search Console.

3.4 Zusammenfassung

In diesem Kapitel haben Sie Folgendes gelernt:

- **Renner und Penner identifizieren** – Sie wissen jetzt, wie Sie mit den verschiedenen Tools schlecht und gut besuchte Seiten finden.
- **Gut verlinkte Seiten finden** – Mit Tools wie Ahrefs sind Sie in der Lage, wichtige Verlinkungen zu identifizieren.
- **Ohne Website-Statistik viel über Ihre Website herausfinden** – Externe Tools sind eine große Hilfe, falls Sie noch über keine aussagekräftigen Daten aus Ihrer Website-Statistik verfügen.
- **Verlinkungen über Social-Media-Plattformen finden** – Mit Google Analytics und Ahrefs finden Sie jetzt Seiten, die häufig bei Facebook und Co. geteilt werden.
- **Benutzer- und suchmaschinenfreundlich Seiten löschen** – Mit dem 410er-Status und einer liebevoll gestalteten Fehlerseite können Sie eine saubere Deindexierung vornehmen.
- **Eine Deindexierungssitemap anlegen** – In der Google Search Console können Sie die Deindexierung beschleunigen und überwachen.
- **Seiten aus dem Suchmaschinen-Index zu löschen, ohne die Inhalte zu löschen** – Mit Fingerspitzengefühl und der richtigen Technik wissen Sie jetzt, wie man Inhalte aus dem Suchmaschinen-Index entfernt, die eigentlichen Inhalte aber erhalten bleiben.

## Kapitel 4

Woher und über welche Keywords kommen die Besucher?

Viele Websitebetreiber kennen leider oft die Herkunftsquellen ihrer Besucher nicht, die Website funktioniert ja, Dienstleistungen werden angefragt, Produkte werden verkauft, alles ist gut. Diese Websitebetreiber haben dann häufig nach einem Relaunch das dumpfe Gefühl, dass irgendetwas anders ist als vorher. Das Telefon klingelt nicht mehr so häufig (das könnte ja auch an den Sommerferien liegen ...), der Shop läuft nicht mehr so richtig und die Besucherzahlen gehen zurück.

Merkwürdig.

Zum Glück gehören Sie nicht zu dieser Spezies Websitebetreiber, weil Sie genauestens wissen, woher Ihre Besucher kommen und schon seit Anbeginn Ihrer Online-Aktivitäten alle relevanten Daten messen und überwachen.

Da Sie jetzt (hoffentlich) Zugriff auf Ihre Website-Statistiken habe und diese auch regelmäßig kontrollieren und analysieren, haben Sie ein gutes Gefühl dafür, wie viele Besucher täglich bei Ihnen vorbeischauen oder wie viel Umsatz Sie im Schnitt pro Tag in Ihrem Online-Shop generieren. Ich empfehle Ihnen, diese Zahlen täglich per Hand aus der Statistik in eine Excel-Tabelle zu übertragen. Das klingt für Sie vielleicht etwas angestaubt, da Sie jederzeit Zugriff auf die Zahlen über zum Beispiel Google Analytics haben und das manuelle Abschreiben von Zahlen eher nach letztem Jahrtausend klingt, andererseits bekommen Sie so eine gute Übersicht über die Leistung Ihrer Website. Oft frage ich Zuhörer in Workshops oder Vorträgen nach ihren Besucherzahlen, die meisten haben leider keine Ahnung, wie viele Besucher ihre Website im Schnitt pro Tag besuchen. Verändern sich die Zugriffszahlen, positiv wie negativ, bekommen diese Websitebetreiber im schlimmsten Fall nichts davon mit. Wie soll man auf Veränderungen reagieren, wenn man nichts davon weiß?

Im lokalen Einzelhandel (offline) ist es selbstverständlich, dass die Geschäfte ihre Besucher zählen, automatisiert durch Lichtschranken oder manuell durch das Personal. Zwischendurch geht mal jemand von den Verkäufern zum Kundenparkplatz und schaut auf die Autokennzeichen, um herauszufinden, aus welchen Regionen die Kunden kommen. An der Kasse werden Sie nach Ihrer Postleitzahl gefragt, alles ganz »normale« Dinge. Online scheinen diese Techniken nicht angewendet werden zu müssen, dabei ist es doch so einfach. Sie wissen das, Sie haben ja jetzt eine Website-Statistik, gucken Sie bitte aber auch regelmäßig hinein.

Wenn Sie kein großer Zahlenfan sind, dann lassen Sie sich die wichtigsten Zahlen von einem Profi erklären und die für Sie relevanten Daten auf einer Übersicht zusammenfassen. Bei Google Analytics können sogenannte »Dashboards« eingerichtet werden. Hier können individuell eigene Daten zusammengestellt werden. Interessieren Sie sich nur für die Besucherzahl und den Umsatz, dann lassen Sie sich hierfür ein Dashboard mit genau diesen Zahlen einrichten. Sie können sich sogar dieses Dashboard in regelmäßigen Abständen, zum Beispiel immer montags, per Mail zusenden lassen.

4.1 Besucherquellen in Google Analytics analysieren

Woher kommen also Ihre Besucher? Für diese Frage gibt es mehrere Antworten: Anhand der IP-Adresse der Nutzer kann der Standort des Nutzers bis auf Stadt-Ebene ermittelt werden. Das lässt sich mit den Autokennzeichen auf dem Kundenparkplatz vergleichen. Sie können in der Statistik auch sehen, von welcher Seite aus der Nutzer auf Ihre Website geklickt hat. Klickt der Nutzer einen Link, auch »Verweis« genannt, auf einer Website an, so wird die Quelle des Links mit übertragen. Klickt also jemand auf der Internetseite www.bild.de auf einen Link, der zu Ihrer Seite führt (absurd), dann sehen Sie in Ihrer Statistik diese Seite in Ihren »Verweisen«. Weitere Besucherquellen sind die Social-Media-Plattformen, wie Facebook, Instagram und Pinterest. Diese Quellen werden ebenfalls in der Website-Statistik erfasst. Schalten Sie Werbebanner oder Anzeigen auf Drittseiten, dann können natürlich auch diese Klicks ausgewertet werden. Des Weiteren können Klicks auf Newsletter-Links und Google-AdWords-Anzeigen erfasst werden.

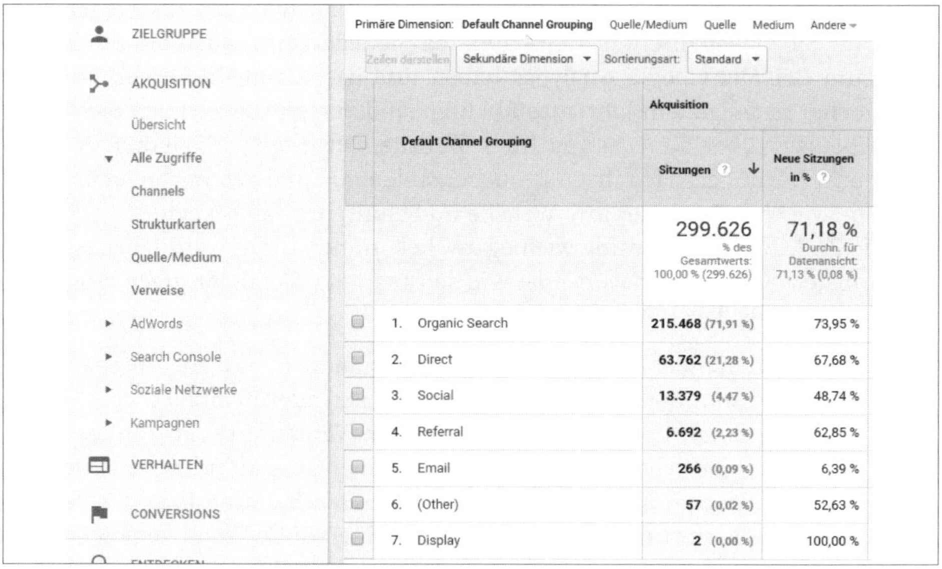

Abb. 4.1: Besucher-Quellen in Google Analytics

Kurzum: Jede Quelle, die Ihnen Besucher auf Ihre Website bringt, kann differenziert ausgewertet werden. Falls Sie in Google Analytics die E-Commerce-Statistik aktiviert haben, können Sie sogar für jeden einzelnen Kanal die jeweiligen Einnahmen ablesen.

In Google Analytics finden Sie den entsprechenden Bericht unter AKQUISITION| ALLE ZUGRIFFE|CHANNELS (siehe Abbildung 4.1).

Die Grafik zeigt den Channel-Bericht absteigend nach Sitzungen sortiert. Sie sehen mit diesem Bericht sehr schnell, welche die wichtigsten Besucherquellen sind. Ich möchte Ihnen kurz die Werte erläutern.

4.1.1 Organic Search

Das ist in meiner Statistik mit Abstand der stärkste Kanal, es handelt sich hierbei um Besucher, die über eine Suchmaschine etwas gesucht und auf meine Seite im Suchergebnis geklickt haben. Wenn Sie auf die jeweiligen Channels klicken, erhalten Sie weitere Informationen. Für diesen Kanal sehen Sie, welche Suchbegriffe zu Ihrer Seite geführt haben.

	Keyword (?)	Akquisition		
		Sitzungen (?) ↓	Neue Sitzungen in % (?)	Neue Nutzer (?)
		215.468 % des Gesamtwerts: 71,91 % (299.626)	73,95 % Durchn. für Datenansicht: 71,13 % (3,97 %)	159.341 % des Gesamtwerts: 74,77 % (213.112)
☐	1. (not provided)	208.924 (96,96 %)	74,03 %	154.672 (97,07 %)
☐	2. volleyball regeln	528 (0,25 %)	74,43 %	393 (0,25 %)
☐	3. volleyball netzhöhe	66 (0,03 %)	62,12 %	41 (0,03 %)
☐	4. volleyball übungen	66 (0,03 %)	90,91 %	60 (0,04 %)
☐	5. regeln volleyball	57 (0,03 %)	73,68 %	42 (0,03 %)
☐	6. volleyballregeln	50 (0,02 %)	92,00 %	46 (0,03 %)
☐	7. volleyballer:de	45 (0,02 %)	0,00 %	0 (0,00 %)
☐	8. libero volleyball	40 (0,02 %)	85,00 %	34 (0,02 %)
☐	9. netzhöhe volleyball	37 (0,02 %)	83,78 %	31 (0,02 %)
☐	10. beachvolleyball regeln	34 (0,02 %)	91,18 %	31 (0,02 %)

Abb. 4.2: Suchbegriffe im Detail

In der ersten Zeile sehen Sie (NOT PROVIDED). Dabei handelt es sich keineswegs um einen Suchbegriff, sondern um den freundlichen Hinweis »nicht zur Verfügung gestellt«. Leider ist es so, dass Google seit einigen Jahren die ausgeführte Suche nicht mehr an die Zielseite überträgt. Somit tappen Sie zu 96% im Dunkeln. In der Regel ist es aber so, dass die nachfolgenden Suchbegriffe die 96%, die sich in der ersten Zeile verstecken, repräsentieren.

Abbildung 4.3 verdeutlicht, wie abhängig diese Seite von den Suchmaschinen ist. In der Grafik sehen Sie noch mal alle Kanäle und deren prozentualen Anteil am Gesamt-Traffic.

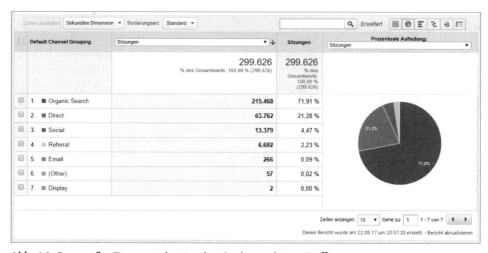

Abb. 4.3: Das größte Tortenstück zeigt den Suchmaschinen-Traffic.

Fast 72% der Besucher gelangen über Suchmaschinen auf diese Seite. Da es sich bei der ausgewerteten Seite um eine deutsche Seite handelt und wir in Deutschland mit Google quasi einen Monopolisten im Suchmaschinenmarkt haben, kommt der Großteil der Besucher über Google. Abbildung 4.4 zeigt die Verteilung der Suchmaschinen.

Googles Anteil am Besucherstrom beträgt in diesem Fall 95,54%, auf dem zweiten Platz folgt Bing mit 3,69%, der Rest fällt jeweils unter die 1%-Grenze. Bei den hier vorgestellten Zahlen handelt es sich um eine Auswertung aus dem Jahre 2017 für die Domain volleyballer.de.

Warum präsentiere ich Ihnen die Zahlen in dieser Tiefe? Weil ich Ihnen verdeutlichen möchte, wie stark wir alle an Googles Tropf hängen; dreht Google den Hahn zu, dann bekommen sehr viele Seiten einfach keine Besucher mehr. Umso wichtiger also, Googles Qualitäts-Richtlinien (relaunch.pro/18) zu kennen und einzuhalten. Essenziell ist aber auch zu wissen, welche Suchbegriffe sich von Ihrer Domain auf welchen Positionen bei Google befinden. Da Sie die Positionen nicht in der Google-Statistik sehen können, müssen Sie sich hier spezielle Tools einrichten, mit denen Sie genau diese Daten überwachen können. Dazu aber später mehr, zunächst möchte ich Ihnen noch die weiteren Besucher-Kanäle erläutern.

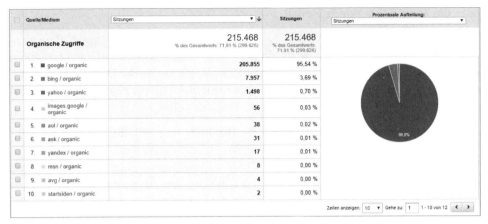

Abb. 4.4: Verteilung der Suchmaschinen

4.1.2 Direct

Wie der Name schon vermuten lassen könnte, handelt es sich bei »direct« um Besuche, die von Nutzern generiert werden, die Ihren Domainnamen direkt in die Browserzeile eingeben. Als direkte Zugriffe zählen auch Klicks auf Links in der Bookmark-Verwaltung der Browser. Wenn Sie in der Statistik auf DIRECT klicken, sehen Sie, welche Lesezeichen sich die Nutzer anlegen oder welche Adressen direkt eingegeben werden.

☐	1.	/www.volleyballer.de	🗗	**18.541** (28,96 %)
☐	2.	/regeln/regeln-db-index.php	🗗	**4.627** (7,23 %)
☐	3.	/regeln/regel.php?Kapitel=2.1	🗗	**1.527** (2,39 %)
☐	4.	/turniere/volleyball-turniere-gesamtliste.php	🗗	**1.121** (1,75 %)
☐	5.	/regeln/downloads.php	🗗	**1.055** (1,65 %)
☐	6.	/spielerboerse/www.volleyballer.de	🗗	**996** (1,56 %)
☐	7.	/training/www.volleyballer.de	🗗	**859** (1,34 %)
☐	8.	/news/tv-termine.php	🗗	**788** (1,23 %)
☐	9.	/turniere/www.volleyballer.de	🗗	**770** (1,20 %)
☐	10.	/spielerboerse/spielerboerse-zeigen.php?KatID=2	🗗	**759** (1,19 %)

Abb. 4.5: URLs der Seiten, die direkt – ohne Suche – aufgerufen werden

Wie Sie in Abbildung 4.5 sehen, steigt der Großteil der Besucher auf der Startseite von `volleyballer.de` ein, auffällig sind aber auch die direkten Zugriffe auf die beliebten Unterbereiche der Domain, wie zum Beispiel die Regeln (zweite Zeile) oder die Turnierliste (vierte Zeile).

Für Google sind diese Direkteinstiege ein wichtiges Signal, das Ihre Nutzer senden. Jeder Nutzer, der Ihre Seite direkt oder über ein Bookmark aufruft, sendet ein »Vertrauenssignal« an Google: »Sieh her, Google, ich kenne die Domain und besuche sie daher regelmäßig ...« Je mehr Nutzer Ihre Seite direkt besuchen, desto stärker wird Ihre Seite zu einer »Marke« innerhalb des Google-Algorithmus.

Für Ihre Seite und Ihr Business sind die direkten Nutzer natürlich von großem Vorteil: Diese Nutzer sind Ihre treuen »Fans«, kommen regelmäßig bei Ihnen vorbei und kaufen eventuell auch regelmäßig in Ihrem Online-Shop ein. Behalten Sie die direkten Zugriffe im Blick, zum einen aus den oben genannten Gründen, zum anderen sind Sie bei diesen Nutzern nicht vom Wohlwollen der Suchmaschinen abhängig. Ein hoher Wert an direkten Zugriffen spiegelt eine hohe Markenbekanntheit wider. Sollten Sie Marken bildende Werbemaßnahmen durchführen, dann können Sie auch hier den Erfolg dieser Maßnahmen sichtbar machen. Im Idealfall sollten die direkten Zugriffe steigen.

4.1.3 Social

In SOCIAL werden alle Zugriffe zusammengefasst, die Google Analytics sozialen Netzwerken zuordnet. Klicken Sie in der Tabelle auf den Link SOCIAL, dann öffnet sich eine Liste mit den entsprechenden Plattformen.

Mit mehr als 98% dominiert hier Facebook. Ähnlich wie bei den Suchmaschinen hat Facebook in Deutschland eine Marktführerposition inne. Die Zahlen sind in meinem Fall vergleichbar, da ich alle News in meinem Portal parallel in Twitter und Google+ einstelle. In Facebook teile ich nur ausgewählte Nachrichten, trotzdem sind die Zugriffe exorbitant höher. Sie finden in der Statistik auch Social-Media-Plattformen, die Sie selbst eventuell gar nicht aktiv »bespielen«. Es ist interessant, wo Inhalte im Netz überall verteilt werden. Je nachdem, wie Sie die Social-Media-Plattformen verwenden, werden Ihre Statistiken von den hier dargestellten Zahlen abweichen.

Klicken Sie auf die sozialen Netzwerke in der Tabelle, dann erhalten Sie den zeitlichen Verlauf der Zugriffe für diese Plattform. Wenn Sie sehen möchten, welche Inhalte von Ihren Seiten zu sozialen Interaktionen geführt haben, dann müssen Sie SEKUNDÄRE DIMENSION auf SEITE einstellen (siehe Abbildung 4.7).

Soziales Netzwerk	Sitzungen ↓	Neue Sitzungen in %	Neue Nutzer
	13.384 % des Gesamtwerts: 4,45 % (300.808)	**48,74 %** Durchn. für Datenansicht: 71,13 % (-31,48 %)	**6.523** % des Gesamtwerts: 3,05 % (213.964)
1. Facebook	**13.203** (98,65 %)	48,70 %	6.430 (98,57 %)
2. gutefrage.net	**83** (0,62 %)	61,45 %	51 (0,78 %)
3. Google+	**39** (0,29 %)	43,59 %	17 (0,26 %)
4. Twitter	**34** (0,25 %)	32,35 %	11 (0,17 %)
5. (not set)	**14** (0,10 %)	71,43 %	10 (0,15 %)
6. Wer-weiss-was	**3** (0,02 %)	33,33 %	1 (0,02 %)
7. Netvibes	**2** (0,01 %)	0,00 %	0 (0,00 %)
8. Pinterest	**2** (0,01 %)	100,00 %	2 (0,03 %)
9. Blogger	**1** (0,01 %)	0,00 %	0 (0,00 %)
10. Diigo	**1** (0,01 %)	0,00 %	0 (0,00 %)

Abb. 4.6: Besucher aus sozialen Netzwerken

Abb. 4.7: Welche URLs werden in den Netzwerken geteilt?

Google Analytics zeigt Ihnen dann die URLs Ihrer Seite, die in dem entsprechenden Netzwerk geteilt oder verlinkt wurden.

☐	1.	gutefrage.net	/vereine/volleyball-verein.php ⬚	**30** (36,14 %)
☐	2.	gutefrage.net	/regeln/regeln-db-index.php ⬚	**13** (15,66 %)
☐	3.	gutefrage.net	/vereine/volleyballvereine-in-deut schland.php ⬚	**10** (12,05 %)
☐	4.	gutefrage.net	/regeln/erklaert.php ⬚	**9** (10,84 %)
☐	5.	gutefrage.net	/regeln/block.php ⬚	**5** (6,02 %)
☐	6.	gutefrage.net	/volleyball-beachanlagen-gesamtl iste.php ⬚	**4** (4,82 %)
☐	7.	gutefrage.net	/regeln/libero.php ⬚	**2** (2,41 %)
☐	8.	gutefrage.net	/regeln/regel.php?Kapitel=10.1 ⬚	**2** (2,41 %)
☐	9.	gutefrage.net	/vereine/volleyball-verein-suche-o rt.php ⬚	**2** (2,41 %)
☐	10.	gutefrage.net	/vereine/volleyball-verein-suche-pl z.php ⬚	**2** (2,41 %)

Abb. 4.8: Diese URLs werden bei gutefrage.net geteilt.

In meinem Beispiel habe ich die Social-Media-Plattform `gutefrage.net` ausgewählt, warum? Weil man nicht sofort bei dieser Seite an eine Social-Media-Plattform denkt. Wenn man sich aber die Plattform anschaut, wird schnell deutlich,
dass es sich hier um menschliche Interaktion in Form von Frage und Antwort handelt. Des Weiteren unterscheiden sich geteilte Inhalte stark von den Inhalten, die
in der Regel bei Facebook und Twitter geteilt werden. Bei `gutefrage.net` werden
spezielle Fragen gestellt und oft direkt auf die Quellen verlinkt. Die Quelle ist in
diesem Fall Ihre Seite oder besser ausgedrückt Ihre Unterseite mit der Antwort auf
die Frage. Gut zu wissen, welche Ihrer Seiten in den Plattformen gegebenenfalls
zitiert und verlinkt werden.

In Abbildung 4.9 sehen Sie detailliert, welche Unterseiten der Domain `gute-
frage.net` auf die `volleyballer.de`-Seiten verlinken. Sie erhalten diese Aus-
wertung, wenn Sie als SEKUNDÄRE DIMENSION die VOLLSTÄNDIGE VERWEIS-URL
auswählen.

Sie können so genau überwachen, über welche Seiten Besucher auf Ihre Seiten
kommen; falls Sie einen Shop betreiben und das E-Commerce-Tracking in Google
Analytics aktiviert haben, dann können Sie sogar den Umsatz, der durch die Verlinkung entsteht, messen.

	Soziales Netzwerk ⓘ	Vollständige Verweis-URL ⓘ ⓘ	Akquisition	
			Sitzungen ↓ ⓘ	Neue Sitzungen in % ⓘ
			83 % des Gesamtwerts: 0,03 % (304.428)	**61,45 %** Durchn. für Datenansicht: 71,16 % (-13,65 %)
☐	1. gutefrage.net	gutefrage.net/frage/volleyballverein-in-chemnitz-und-umgebung-	**33** (39,76 %)	63,64 %
☐	2. gutefrage.net	gutefrage.net/frage/kennt-ihr-einen-volleyballverein-in-bochum	**13** (15,66 %)	53,85 %
☐	3. gutefrage.net	gutefrage.net/frage/volleyball-einfache-regeln	**9** (10,84 %)	33,33 %
☐	4. gutefrage.net	gutefrage.net/frage/volleyballfrage–angriffsschlag	**5** (6,02 %)	80,00 %
☐	5. gutefrage.net	gutefrage.net/frage/brauche-ganz-dringend-volleyball-regeln	**4** (4,82 %)	75,00 %
☐	6. gutefrage.net	gutefrage.net/frage/wo-finde-ich-beach–volleyballplaetze-	**4** (4,82 %)	75,00 %
☐	7. gutefrage.net	gutefrage.net/frage/wie-gross-muss-ein-volleyballfeld-sein	**3** (3,61 %)	66,67 %
☐	8. gutefrage.net	gutefrage.net/frage/wie-sind-die-volleyballregeln	**3** (3,61 %)	0,00 %
☐	9. gutefrage.net	gutefrage.net/frage/darf-man-beim-volleyball-auch-ohne-dreierkontakt-spielen	**2** (2,41 %)	100,00 %
☐	10. gutefrage.net	gutefrage.net/frage/volleyball-libera	**2** (2,41 %)	50,00 %

Abb. 4.9: Vollständige Verweis-URLs aus `gutefrage.net`

4.1.4 Referrer

Bei den Referrern handelt es sich – wie auch beim Kanal »Social« – um Verlinkungen von anderen Domains, mit dem einzigen Unterschied, dass Google diese Verlinkungen nicht in Social-Media-Plattformen »vorsortiert«. In der nächsten Auswertung (Abbildung 4.10) werden Sie sehen, dass dort auch Seiten aufgeführt sind, die eigentlich nicht in diese Liste gehören, da es sich zum Beispiel um Suchmaschinen handelt.

	Quelle ⓘ	Akquisition		
		Sitzungen ⓘ ↓	Neue Sitzungen in % ⓘ	Neue Nutzer ⓘ
		6.801 % des Gesamtwerts: 2,23 % (304.428)	**62,90 %** Durchn. für Datenansicht: 71,16 % (-11,60 %)	**4.278** % des Gesamtwerts: 1,97 % (216.628)
☐	1. duckduckgo.com	**622** (9,15 %)	74,60 %	464 (10,85 %)
☐	2. images.google.de	**591** (8,69 %)	73,94 %	437 (10,22 %)
☐	3. nvv-online.de	**583** (8,57 %)	45,97 %	268 (6,26 %)
☐	4. volleyballfreak.de	**388** (5,71 %)	46,91 %	182 (4,25 %)
☐	5. de.wikipedia.org	**320** (4,71 %)	70,31 %	225 (5,26 %)
☐	6. ecosia.org	**302** (4,44 %)	79,47 %	240 (5,61 %)
☐	7. de.search.yahoo.com	**271** (3,98 %)	82,66 %	224 (5,24 %)
☐	8. motherboard.vice.com	**241** (3,54 %)	61,41 %	148 (3,46 %)
☐	9. urbia.de	**208** (3,06 %)	73,08 %	152 (3,55 %)
☐	10. inside.volleycountry.com	**202** (2,97 %)	5,94 %	12 (0,28 %)

Abb. 4.10: Referrer-Auswertung

Referrer-Spam ausschließen

Zeitweise tauchten in der Referrer-Auswertung auch Spam-Einträge auf. Hier nutzten Hacker eine Sicherheitslücke im Google-Analytics-Code und schrieben direkt in die Statistik Spam-Einträge. Falls Sie also in Ihrer Statistik merkwürdige Einträge finden, wie zum Beispiel www1.social-buttons.com oder googlesucks.com, dann wurden diese von eben diesen Spammern verursacht. Ärgerlich ist zum einen, dass durch die Einträge die Referrer-Statistik unübersichtlicher wird und zum anderen Ihre Besucherzahlen durch diese gefälschten Aufrufe verfälscht werden. Ich habe schon Statistiken von Internetseiten gesehen, die gerade ein paar Tage online waren und schon mehrere Hundert Aufrufe durch diese Spam-Einträge verzeichneten. Falls in Ihrer Statistik derartige Spam-Einträge auftauchen, dann müssen Sie diese über die VERWALTUNG (Zahnrad unten links) und dann in den TRACKING-INFORMATIONEN in die VERWEIS-AUSSCHLUSSLISTE manuell eintragen.

Das ist etwas lästig, Ihre Statistik profitiert aber von dieser Fleißarbeit. Mit etwas Glück tauchen in Ihrer Statistik keine Spam-Einträge auf, Google bekommt das Problem nach und nach in den Griff und sortiert die Spam-Einträge selbst aus.

Abb. 4.11: Verweiszugriffe ausschließen, um Referrer-Spam zu bekämpfen

Suchmaschinenzugriffe definieren

Lästig ist auch die Tatsache, dass Google nicht alle Suchmaschinen »kennt« und Zugriffe über diese Suchmaschinen entsprechend statistisch unkorrekt erfasst. In der Referrer-Auswertung steht an erster Stelle die Website duckduckgo.com. Duck-DuckGo ist eine relativ bekannte Suchmaschine. Es handelt sich um eine Suchmaschine, die sich ganz dem Datenschutz verschrieben hat. So werden bei diesem Anbieter keine persönlichen Daten gesammelt, die Suchmaschinenergebnisse entstammen aus ca. 400 Quellen, wie z.B. Wikipedia, Bing, Yahoo oder Yummly.

Damit Google Analytics die Suchmaschinen, die es nicht kennt, kennenlernt, müssen Sie diese Suchmaschinen ähnlich wie die Spam-Einträge in Google Analytics konfigurieren. Sie benötigen dazu lediglich die Adresse der Suchmaschine und den »Suchparameter«, den sie für ihre Abfragen verwendet. Bei DuckDuckGo sieht die Adresszeile im Browser nach einer ausgeführten Suche wie in Abbildung 4.12 aus.

Abb. 4.12: Die Browser-Adresszeile nach einer Suche mit DuckDuckGo

Hinter dem »/« sehen Sie q=volleyball+regeln. Das q ist in diesem Fall der gesuchte Suchparameter.

Ein weiteres Beispiel: Bei der Suchmaschine ecosia.org sieht die Adresszeile wie in Abbildung 4.13 aus.

> 🔒 Sicher | https://www.ecosia.org/search?q=volleyball+regeln

Abb. 4.13: Und das Gleiche noch mal bei ecosia.org

Auch hier habe ich nach »Volleyball Regeln« gesucht, auch hier ist der Suchparameter q.

Damit Google Analytics diese Suchmaschinen korrekt einordnen kann, tragen Sie diese als zusätzliche QUELLEN DER ORGANISCHEN SUCHE ein. Diese Einstellung finden Sie ebenfalls in der Analytics-Verwaltung, und zwar über den Menüpunkt VERWEIS-AUSSCHLUSSLISTE. Klicken Sie auf den Button SUCHMASCHINE HINZUFÜGEN, in dem folgenden Fenster geben Sie dann die Adresse und den Suchparameter der jeweiligen Suchmaschine ein.

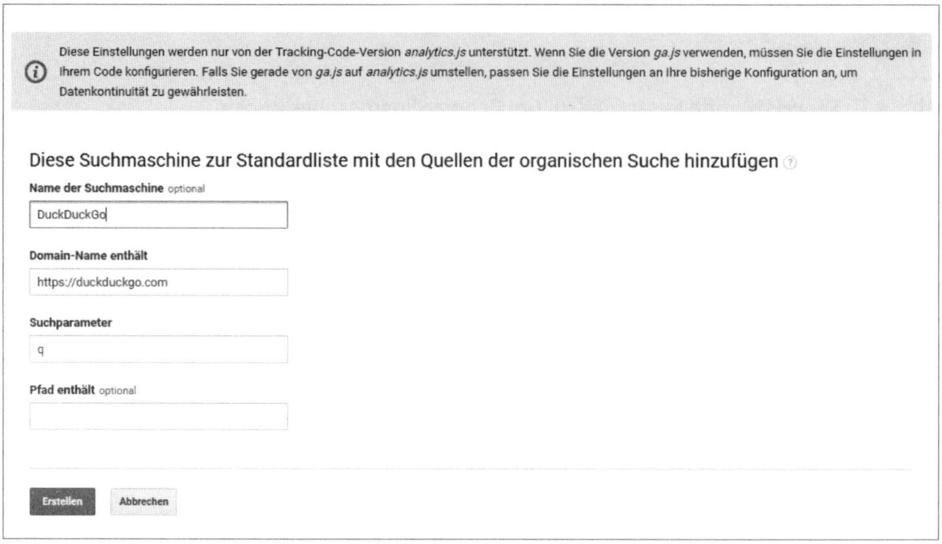

Diese Einstellungen werden nur von der Tracking-Code-Version *analytics.js* unterstützt. Wenn Sie die Version *ga.js* verwenden, müssen Sie die Einstellungen in Ihrem Code konfigurieren. Falls Sie gerade von *ga.js* auf *analytics.js* umstellen, passen Sie die Einstellungen an Ihre bisherige Konfiguration an, um Datenkontinuität zu gewährleisten.

Diese Suchmaschine zur Standardliste mit den Quellen der organischen Suche hinzufügen ⓘ

Name der Suchmaschine optional

DuckDuckGo

Domain-Name enthält

https://duckduckgo.com

Suchparameter

q

Pfad enthält optional

Erstellen   Abbrechen

Abb. 4.14: Suchmaschinen zur organischen Suche hinzufügen

Nachdem Sie die Einstellungen vorgenommen haben, wird Google Analytics die Daten in Zukunft korrekt zuordnen.

Detaillierte Auswertung eines Referrers

In der Referrer-Auswertung sehen Sie die Seite volleyballfreak.de an vierter Stelle. Hierbei handelt es sich um eine befreundete Volleyballseite, die offensichtlich gern auf volleyballer.de verlinkt. Wenn man auf die Domain in der ersten Spalte klickt, bekommt man eine detaillierte Auswertung der verlinkenden Unterseiten von der entsprechenden Domain.

In der ersten Spalte sehen Sie die URL der verlinkenden Seite, in der zweiten Spalte habe ich als SEKUNDÄRE DIMENSION SEITE ausgewählt. Links steht also die Linkquelle und rechts daneben das Linkziel. Wenn Sie bei den Linkzielen auf den kleinen Pfeil klicken, öffnet sich in einem neuen Browserfenster die Linkquelle. Auch in dieser Statistik können Sie bei aktiviertem E-Commerce-Tracking zu jedem Link den generierten Umsatz ablesen, der von den Besuchern generiert wurde, die über diesen Link auf Ihre Seite gekommen sind.

☐	1.	/volleyball-spielersuche-schnell-und-effektiv.html	⧉	/spielerboerse/www.volleyballer.de ⧉	**213** (54,90 %)
☐	2.	/kira-und-laura-weiter-auf-erfolgskurs-landesligist-will-bundesliga-herrschings-masterplan-world-league-in-frankfurt-world-league-in-frankfurt-hsv-verstaerkt-sich-weiter-brasiliens-legende-tritt.html	⧉	/www.volleyballer.de ⧉	**37** (9,54 %)
☐	3.	/volleyballwebseiten	⧉	/www.volleyballer.de ⧉	**31** (7,99 %)
☐	4.	/neue-stadt-neuer-verein.html	⧉	/spielerboerse/www.volleyballer.de ⧉	**29** (7,47 %)
☐	5.	/kira-und-laura-weiter-auf-erfolgskurs-landesligist-will-bundesliga-herrschings-masterplan-world-league-in-frankfurt-world-league-in-frankfurt-hsv-verstaerkt-sich-weiter-brasiliens-legende-tritt.html	⧉	/news/30686.html ⧉	**15** (3,87 %)
☐	6.	/volleyball-spielersuche-schnell-und-effektiv.html	⧉	/spielerboerse/spielerboerse-zeigen.php?KatID=2 ⧉	**7** (1,80 %)

Abb. 4.15: Referrer und Zielseite

4.1.5 E-Mail

Versenden Sie eventuell Newsletter? In diesem Fall könnten die Zugriffe, die aus Ihren E-Mail-Kampagnen erzeugt werden, in dieser Statistik auftauchen. Google Analytics sortiert in diese Auswertung alle Nutzer ein, die auf Links in Mails geklickt haben. Wie zuverlässig diese Zahlen sind, vermag ich nicht zu beurteilen. Dieser Kanal ist aber auch in Hinblick auf einen bevorstehenden Relaunch nicht primär im Fokus, da Sie im Falle eines Newsletters aktualisierte Verlinkungen in Ihren Mails verwenden werden.

4.1.6 Display

Bei dem Kanal »Display« handelt es sich um klassische Werbebannerklicks. Diese Klicks werden oftmals über das Google-Displaynetzwerk ausgelöst, in diesem Fall müssen nach dem Relaunch die Zielseiten in den Displaykampagnen aktualisiert werden. Dieser Bereich fällt in die Werbung mit Google AdWords, darauf werde ich später noch detaillierter eingehen. Es gibt natürlich noch weitere Banner-Vermarkter außer Google, diese müssen ebenfalls entsprechend die Verlinkungen auf Ihre Website an den Relaunch anpassen, damit die Bannerwerbung für Ihre Seite nicht ins Leere läuft.

4.1.7 Paid Search

Bei der »bezahlten Suche« handelt es sich in der Regel um Werbung in den Suchmaschinenergebnisseiten über Google AdWords. Da ich für meine Seiten keine Google-AdWords-Anzeigen schalte, muss ich hier die Demo-Daten des Google-Shops bemühen.

Default Channel Grouping	Akquisition			Verhalten			Conversions E-Commerce ▼		
	Nutzer ↓	Neue Nutzer	Sitzungen	Absprungrate	Seiten/Sitzung	Durchschnittl. Sitzungsdauer	E-Commerce-Conversion-Rate	Transaktionen	Umsatz
	435.821 % des Gesamtwerts: 100,00 % (435.821)	430.060 % des Gesamtwerts: 100,11 % (429.578)	582.143 % des Gesamtwerts: 100,00 % (582.143)	47,16 % Durchn. für Datenansicht: 47,16 % (0,00 %)	4,34 Durchn. für Datenansicht: 4,34 (0,00 %)	00:02:44 Durchn. für Datenansicht: 00:02:44 (0,00 %)	2,91 % Durchn. für Datenansicht: 2,91 % (0,00 %)	16.950 % des Gesamtwerts: 100,00 % (16.950)	3.131.754,15 $ % des Gesamtwerts: 100,00 % (3.131.754,15 $)
1. Organic Search	224.726 (49,88 %)	218.540 (50,82 %)	274.928 (47,23 %)	49,88 %	3,95	00:02:25	0,98 %	2.702 (15,94 %)	291.106,18 $ (9,30 %)
2. Direct	82.609 (18,34 %)	81.571 (18,97 %)	108.691 (18,67 %)	47,18 %	4,40	00:02:55	3,68 %	3.995 (23,57 %)	875.822,18 $ (27,97 %)
3. Social	66.488 (14,76 %)	65.420 (15,21 %)	72.531 (12,46 %)	66,58 %	2,14	00:01:02	0,17 %	124 (0,73 %)	12.382,92 $ (0,40 %)
4. Referral	51.629 (11,46 %)	43.473 (10,11 %)	92.151 (15,83 %)	24,26 %	7,15	00:04:40	10,42 %	9.605 (56,67 %)	1.740.781,14 $ (55,58 %)
5. Paid Search	12.321 (2,73 %)	10.482 (2,44 %)	16.849 (2,89 %)	37,97 %	5,41	00:03:12	2,21 %	372 (2,19 %)	41.216,27 $ (1,32 %)
6. Affiliates	9.021 (2,00 %)	8.386 (1,95 %)	11.244 (1,93 %)	55,04 %	2,84	00:02:36	0,06 %	7 (0,04 %)	536,66 $ (0,02 %)
7. Display	3.664 (0,81 %)	2.164 (0,50 %)	5.631 (0,97 %)	51,13 %	4,62	00:02:53	2,56 %	144 (0,85 %)	169.898,81 $ (5,43 %)
8. (Other)	87 (0,02 %)	24 (0,01 %)	118 (0,02 %)	42,37 %	4,00	00:02:11	0,85 %	1 (0,01 %)	9,99 $ (0,00 %)

Abb. 4.16: Paid Search in Googles Demo-Datensatz

Sie sehen in Abbildung 4.16, dass dieser Kanal einen erheblichen Anteil zum Gesamtumsatz des Shops beiträgt. Hier wird wieder einmal deutlich, warum es so wichtig ist, alle Kanäle seiner Seite zu kennen und objektiv auswerten zu können. In diesem Fall wäre ein Besucherverlust aus diesem Kanal sehr schmerzhaft für den Shopbetreiber.

Damit die Daten aus Ihrem Google-AdWords-Konto in Ihr Google-Analytics-Konto »fließen«, müssen Sie die beiden Tools miteinander verknüpfen. Melden Sie sich dazu in Ihrem Google-AdWords-Konto an, klicken Sie auf den Schraubenschlüssel oben rechts, in dem erscheinenden Menü klicken Sie auf VERKNÜPFTE KONTEN.

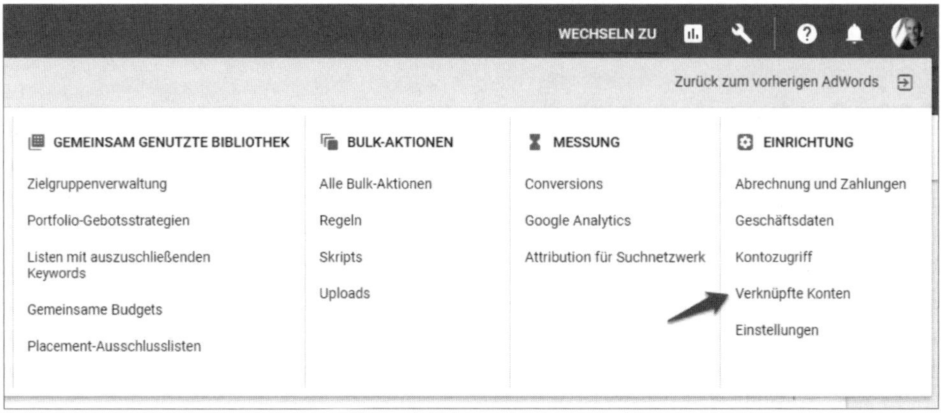

Abb. 4.17: Verknüpfung zwischen Google AdWords und Google Analytics herstellen

Es erscheint eine Übersicht, in der Sie unter verschiedenen Tools auswählen können. Klicken Sie auf DETAILS in der Google-Analytics-Kachel. Auf der Folgeseite erscheinen Ihre Google-Analytics-Properties Ihres aktuell verwendeten Google-Kontos. Klicken Sie bei der gewünschten Property auf VERKNÜPFEN. Es öffnet sich

ein Fenster, aktivieren Sie dort die beiden Schalter VERKNÜPFEN und WEBSITEMESS-
WERTE IMPORTIEREN.

Abb. 4.18: Aktivieren Sie beide Schalter für die Verknüpfung.

Kontrollieren Sie die Verknüpfung in Google Analytics. Klicken Sie in der linken
Hauptnavigation auf das Zahnrad, wählen Sie das entsprechende Konto und die
entsprechende Property aus.

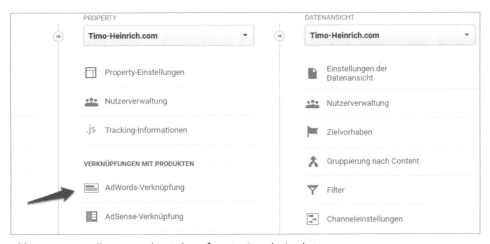

Abb. 4.19: Kontrollieren Sie die Verknüpfung in Google Analytics.

Klicken Sie auf ADWORDS-VERKNÜPFUNG, auf der Folgeseite sollte dann der Ver-
knüpfungsstatus angezeigt werden.

Abb. 4.20: Erfolgreiche Verbindung zwischen AdWords und Analytics

Weitere Hilfen zu diesem Thema finden Sie auch bei Google unter dieser Adresse: relaunch.pro/106.

Tipp: Die Google-Analytics-Demodaten

Google bietet einen Analytics-Demo-Datensatz an, dieser kann verwendet werden, um sich mit Google Analytics tiefer auseinanderzusetzen, auch wenn man selbst noch über keine Daten oder ein Analytics-Konto verfügt. Die Daten stammen aus dem Google-Merchandise-Shop. Interessant an diesen Daten sind vor allem die E-Commerce-Auswertungen, machen diese doch besonders deutlich, wie wichtig diese Auswertungen für Ihr Online-Geschäft sein können. Unter relaunch.pro/50 finden Sie eine Anleitung, wie Sie mit Ihrem Google-Konto auf die Demodaten zugreifen können.

Checkliste: Besucherquellen in Google Analytics analysieren

- In Google Analytics können Sie nachvollziehen, aus welchen Quellen Ihre Besucher Ihre Seiten aufrufen.
- Beachten Sie dabei jeden Kanal getrennt.
- Schließen Sie Referrer-Spam durch entsprechende Filter aus.
- Richten Sie fehlende Suchmaschinen ein, damit diese als verweisende Websites eingestuft werden.
- Verbinden Sie ggf. Ihr Google-AdWords-Konto mit Ihrem Google-Analytics-Konto, damit Sie die Zugriffe aus AdWords in Ihren Statistiken auswerten können.
- Werten Sie immer längere Zeiträume aus, so gleichen Sie saisonale Besucher-Schwankungen aus.
- Richten Sie in Analytics Ziele ein, so können Sie auch die sozialen Netzwerke auswerten.

4.2 Daten sichern und prüfen

Sie können jederzeit auf die Daten in den Kanälen zugreifen und sie exportieren. Wenn Sie nach dem Relaunch die Erreichbarkeit der Zieladressen überprüfen möchten, dann stellen Sie einfach den Auswertungszeitraum auf einen (möglichst langen) Datumsbereich vor dem Relaunch.

Exemplarisch möchte ich anhand der Referrer zeigen, wie Sie in Google Analytics die Daten exportieren und anschließend die Zielseiten mit dem Screaming Frog SEO Spider überprüfen.

4.2.1 Verweise exportieren

Gehen Sie in Google Analytics auf die Auswertung AKQUISITION, klicken Sie auf ALLE ZUGRIFFE und dann in dem Untermenü auf VERWEISE. Sie sehen dann in der Tabelle, welche Domains zu Ihnen verlinken, für unseren Test benötigen wir jedoch die Zielseiten. Klicken Sie über der Tabelle auf den Link ZIELSEITE. In der Tabelle erscheinen dann Ihre verlinkten Seiten, absteigend sortiert nach Sitzungen. Die wichtigsten Seiten stehen somit am Anfang der Tabelle.

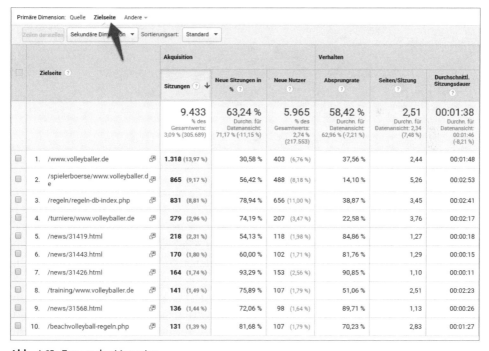

Abb. 4.21: Export der Verweise

Wichtig: Damit alle Zielseiten exportiert werden, müssen Sie unter der Tabelle die Zeilenanzahl erhöhen.

In meinem Bericht sind insgesamt 1.338 Zeilen enthalten, ich stelle die Zeilenanzahl also auf 2.500. Dieser Hinweis gilt für alle Exports, die Sie aus Google Analytics speichern. Achten Sie stets darauf, die kompletten Daten zu exportieren, Sie müssen diese Einstellung bei jedem Export vornehmen. Oben rechts befindet sich die Exportfunktion, wählen Sie ein geeignetes Format, zum Beispiel »Excel«.

SPEICHERN
TEILEN
EXPORT
BEARBEITEN
PDF
Google Tabellen
Excel (XLSX)
CSV

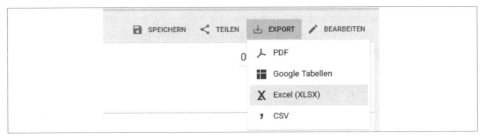

Abb. 4.22: Excel als Exportformat wählen

Der Export enthält die Adressen der verlinkten Seiten, es fehlt jedoch jeweils Ihre Domain; damit der Screaming Frog SEO Spider die verlinkten Seiten überprüfen kann, benötigt er jedoch die kompletten URLs. Hier ist also noch mal Handarbeit in Excel vonnöten.

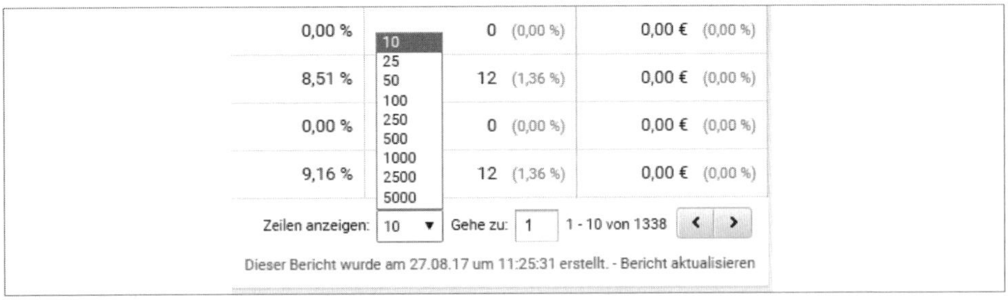

0,00 %
8,51 %
0,00 %
9,16 %
10
25
50
100
250
500
1000
2500
5000
0 (0,00 %)
12 (1,36 %)
0 (0,00 %)
12 (1,36 %)
0,00 € (0,00 %)
0,00 € (0,00 %)
0,00 € (0,00 %)
0,00 € (0,00 %)
Zeilen anzeigen: 10
Gehe zu: 1
1 - 10 von 1338
Dieser Bericht wurde am 27.08.17 um 11:25:31 erstellt. - Bericht aktualisieren

Abb. 4.23: Zeilenanzahl erhöhen, damit der Export vollständig ist

4.2.2 Export in Excel vorbereiten

Legen Sie eine neue Tabelle an. In die erste Spalte der neuen Tabelle schreiben Sie Ihren Domainnamen, in die zweite Spalte kopieren Sie die Zielseiten. Füllen Sie die erste Spalte komplett bis zur letzten Zeile mit Ihrem Domainnamen auf. In der dritten Spalte verketten Sie die erste und die zweite Spalte, kopieren Sie die Verkettung ebenfalls bis zur letzten Zeile. Am Ende sollten in der dritten Spalte Ihre Zielseiten samt Domainnamen aufgeführt sein. Bei meinem Export sieht die Excel-Liste wie in Abbildung 4.24 aus.

Der Pfeil markiert die Verkettungsfunktion, mit der Sie die Spalten zusammenführen.

C2 =VERKETTEN(A2;B2)

	A	B	C	D
1	**Domain**	**Zielseite**	**Komplette URL**	
2	http://www.volleyballer.de	/spielerboerse/	http://www.volleyballer.de/spielerboerse/	
3	http://www.volleyballer.de	/regeln/regeln-db-index.php	http://www.volleyballer.de/regeln/regeln-db-index.php	
4	http://www.volleyballer.de	/turniere/	http://www.volleyballer.de/turniere/	
5	http://www.volleyballer.de	/news/31419.html	http://www.volleyballer.de/news/31419.html	
6	http://www.volleyballer.de	/news/31443.html	http://www.volleyballer.de/news/31443.html	
7	http://www.volleyballer.de	/news/31426.html	http://www.volleyballer.de/news/31426.html	
8	http://www.volleyballer.de	/training/	http://www.volleyballer.de/training/	

Abb. 4.24: Verketten Sie die Zeilen in Excel.

4.2.3 Daten mit dem Screaming Frog SEO Spider prüfen

Markieren und kopieren Sie jetzt die dritte Spalte in die Zwischenablage, um sie anschließend in den Screaming Frog SEO Spider zu »pasten« (UPLOAD|PASTE). Bitte bedenken Sie, dass sich der Screaming Frog SEO Spider dafür im List-Modus befinden muss (MODE|LIST). Wenn der Screaming Frog SEO Spider die URLs lesen kann, Sie also in der Excel-Liste alles richtig verkettet haben, beginnt er auch direkt mit dem Crawlen der URLs.

In meinem Beispiel wurden 1.338 URLs überprüft, davon sind 31 fehlerhaft, senden also einen Statuscode 404 oder 410 zurück. In meinem Fall handelt es sich um alte News, die ich absichtlich gelöscht habe, oder um Seiten, die es schlichtweg nicht mehr gibt, weil dahinterstehende Seitenbereiche nicht mehr existieren, wie z.B. das Forum.

Generell sollten alle Links, die Sie von anderen Seiten erhalten, keine Fehler produzieren, sondern auf funktionierende Zielseiten verweisen. Nur so profitieren Ihre Besucher und Ihre Seiten von diesen Verlinkungen.

Es wäre grob fahrlässig, die Fehler nicht weiter zu untersuchen, handelt es sich doch um Seiten, die von außen verlinkt werden und Besucher zu Ihrer Seite bringen. Diese Besucher landen jetzt auf einer Fehlerseite, die Linkkraft der linkgebenden Seiten »verpuffen«. Es lohnt sich also, einen weiteren Blick auf die Fehler zu riskieren und herauszufinden, wie viele Nutzer von diesen fehlerhaften URLs betroffen waren. Eine Möglichkeit besteht darin, die fehlerhaften URLs mit dem Export aus Google Analytics zu vergleichen und die Zugriffe auf die fehlerhaften URLs abzugleichen. Je nach Menge der Fehler kann diese Vorgehensweise aber schnell zu aufwendig werden.

Eine weitere Möglichkeit besteht darin, den Screaming Frog SEO Spider mit Google Analytics über die Schnittstelle zu verbinden. Den Vorteil dieser Lösung sehen Sie in Abbildung 4.25. In der Spalte GA SESSIONS können Sie direkt ablesen, wie viele Besucher die jeweilige Seite aufgerufen haben, so können Sie einfacher abschätzen, wie schwerwiegend die fehlerhaften Verlinkungen für Ihre Seite sind.

Die Google-Analytics-Schnittstelle steht nur in der kostenpflichtigen Variante des Screaming Frog SEO Spider zur Verfügung, die Einrichtung der Verbindung zwischen Google Analytics und Screaming Frog SEO Spider ist detailliert in Abschnitt 2.4.1 erklärt.

	Address	Status Code ▼	Title 1	GA Sessions	GA % New Sessions
22	http://www.volleyballer.de/subscribe/confirm?u=044024fed...	404			
23	http://www.volleyballer.de/subscribe/post	404			
24	http://www.volleyballer.de/turniere/beachvolleyball	404		3	66.67
25	http://www.volleyballer.de/unsubscribe/post	404			
26	http://www.volleyballer.de/verletzungen/www.volleyballer.de	404		1112	75.18
27	http://www.volleyballer.de/videos/www.volleyballer.de	404		184	79.89
28	http://www.volleyballer.de/volleyball-turnier-suche-ergebnis...	404		4	50.0
29	http://www.volleyballer.de/www.volleyballer.de?u=044024f...	404			
30	http://www.volleyballer.de/www.volleyballer.de?u=044024f...	404			
31	http://www.volleyballer.de/www.volleyballer.de?u=044024f...	404			
32	http://www.volleyballer.de/spielerboerse/60301.html	301		3	33.33
33	http://www.volleyballer.de/spielerboerse/60454.html	301		2	50.0
34	http://www.volleyballer.de/spielerboerse/60528.html	301		1	100.0
35	http://www.volleyballer.de/spielerboerse/60648.html	301		1	100.0
36	http://www.volleyballer.de/spielerboerse/60733.html	301		3	33.33
37	http://www.volleyballer.de/spielerboerse/60747.html	301		1	100.0
38	http://www.volleyballer.de/spielerboerse/60767.html	301		2	100.0

Abb. 4.25: Der Screaming Frog SEO Spider crawlt die verlinkten Seiten.

4.3 Backlinkanalyse ohne Website-Statistik

Nicht jeder hat Zugriff auf eine gut geführte Website-Statistik oder die Statistikdaten wurden noch nicht lange genug erfasst, um belastbare und aussagekräftige Zahlen zu liefern. Ein Problem bei der Auswertung der Website-Statistik ist zusätzlich, dass nur die Links in der Statistik erscheinen, die auch tatsächlich Besucher angeklickt haben. Sie sehen also nur die Links, die tatsächlich Nutzer bringen. Alle anderen bleiben für Sie so leider unter dem Radar. Aber auch diese Links können wichtig sein, weil sie eventuell auf besonders starken Seiten sind und Ihrer Seite somit Linkkraft vererben. Linkkraft wird auch dann vererbt, wenn der Link gar nicht angeklickt wird. Aus diesem Grund sollten Sie in jedem Fall eine weitere Backlinkanalyse vornehmen, im dritten Kapitel wurden bereits einige Tools dazu vorgestellt. Die folgende Analyse wurde mit den SEO-Tools Sistrix und Ahrefs durchgeführt. Ähnlich Vorgehensweisen lassen sich natürlich auch mit vielen anderen Tools ausführen.

Keines der SEO-Tools zeigt exakte Werte an, dafür ist zu viel »Bewegung« im Internet, ständig kommen neue Seiten (und Links) hinzu, alte Inhalte werden gelöscht. Kein Tool der Welt kann da zuverlässig jeden Link finden.

Für die Analyse der Backlinks mit Sistrix benötigen Sie das kostenpflichtige Linkmodul, das mit 119 Euro pro Monat zu Buche schlägt. Die Zahlen sind bei Sistrix sehr akkurat, da Sistrix die eigenen Linkanalysen noch mit Daten vom Backlinkspezialisten Majestic (`relaunch.pro/51`) anreichert. Majestic ist ein reines Tool für die Backlinkanalyse und rühmt sich mit der Aussage »Die größte Link-Datenbank der Welt« (das behaupten andere Tools auch von sich). Die Kombination der beiden Datenquellen kann also nicht schlecht sein.

Es gibt starke und schwache Links, Links aus thematisch relevanten Umfeldern und Links von weniger passenden Websites. Ein Link ist also somit nicht immer gleich zu bewerten. Im Folgenden möchte ich auf die wichtigsten Backlink-Parameter eingehen.

Abbildung 4.26 zeigt einen Teil der Linkübersicht von Sistrix.

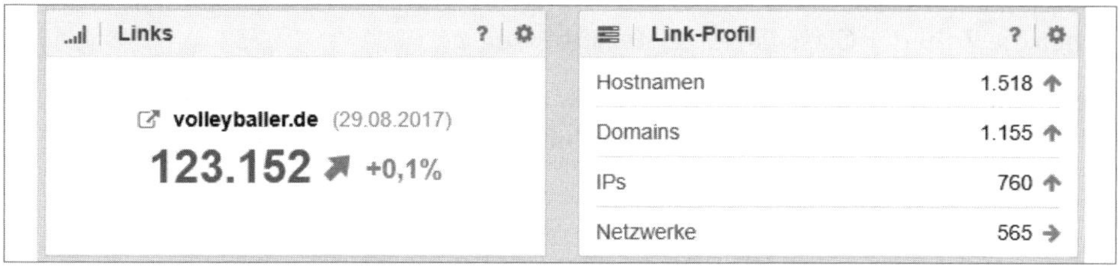

..ıl Links	? ⚙		☰ Link-Profil	? ⚙
☑ **volleyballer.de** (29.08.2017)		Hostnamen	1.518 ↑
123.152 ↗ +0,1%		Domains	1.155 ↑
		IPs	760 ↑
		Netzwerke	565 →

Abb. 4.26: Das Linkprofil in Sistrix

Sie sehen die Anzahl der Links, die allein ist noch nicht aussagekräftig, da hier zum Beispiel seitenweise Links enthalten sind. Wenn jemand Ihre Seite in der Fußzeile jeder Unterseite verlinkt und die linkgebende Seite 12.000 Unterseiten hat, dann bekommen Sie von dieser Seite 12.000 Links. Google erkennt diese Muster sehr einfach und misst derartigen Verlinkungen keinen großen Wert bei.

Der zweite Kasten enthält schon interessantere Zahlen: Die Hostnamen sind die Domainnamen und deren Subdomains, zum Beispiel sind die Domains `bilder.einedomain.de` und `einedomain.de` zwar auf der gleichen Haupt-Domain `einedomain.de`, es sind aber zwei unterschiedliche Hostnamen.

4.3.1 Class-C-Netz

Jede Domain ist einer IP-Adresse zugeordnet, aber nicht jede Domain hat eine eigene individuelle IP, dadurch können auf einer IP-Adresse mehrere Hundert oder Tausend Domains hinterlegt sein. Wenn Sie jetzt planen, mehrere Hundert Domains auf einer IP zu registrieren, um dann von jeder dieser Domains Ihre Website zu verlinken (wegen der vielen Backlinks), dann vergessen Sie diese Gedanken gleich wieder. Diese Idee hatten schon viele Suchmaschinenoptimierer vor Ihnen. Für Google ist so ein Vorgehen sehr einfach und algorithmisch zu erkennen. Sehr viele Links von einer einzigen IP-Adresse sind unnatürlich und werden von Google höchstwahrscheinlich als Linkspam eingestuft. Daher ist auch der dritte Wert – »Netzwerke«, von Bedeutung. Hier sehen Sie, wie viele unterschiedliche »Class C«-Netze Links zu Ihnen enthalten.

Kauderwelsch? Eine IP-Adresse sieht zum Beispiel so aus:

`62.146.95.145`

Bei einem Class-C-Netz ändern sich die beiden letzten Stellen der IP-Adresse, in diesem Beispiel also die »95« und die »145«. Diese beiden Stellen können Werte zwischen 0 und 255 einnehmen. Somit können durch die Kombination der beiden letzten Stellen insgesamt 65.536 unterschiedliche IP-Adressen erzeugt werden.

Warum sind diese Class-C-Netzwerkdaten für die Backlinkdaten wichtig? Je mehr Links Ihre Seite aus unterschiedlichen Class-C-Netzen bekommt, desto unwahrscheinlicher ist, dass die Backlinks »manipulativ« aufgebaut wurden. Der Aufwand, aus verschiedensten IP-Adressräumen Links aufzubauen, ist um ein Vielfaches höher, als viele Links auf wenige IP-Adressen zu setzen. Kurzum: Je höher die Zahl der Class-C-Netze, desto besser.

Wenn Ihnen dieser kleine Ausflug in die zugegebenermaßen sehr trockene Netzwerktheorie gefallen hat, dann können Sie unter `relaunch.pro/52` noch tiefer in die Materie eintauchen.

4.3.2 Top Level Domain und geografische Herkunft

Abbildung 4.27 enthält den zweiten Teil der Linkübersicht.

♀ TLDs	? ⚙	☷ Länder	? ⚙
de	95,18%	(DE)	33,12%
com	3,05%	(–)	31,52%
info	1,00%	(SE)	23,10%
eu	0,26%	(US)	6,74%

Abb. 4.27: TLDs und Länderübersicht

Der erste Kasten zeigt die Anzahl der Links aus den wichtigsten Domainendungen (TLDs), also de, com, info, eu und viele weitere. In meinem Beispiel kommen die meisten Links, über 95%, von Domains mit der Endung »de«. Das ist für eine Domain mit deutschen Inhalten absolut »normal«. Auffällig wären hier häufige Verlinkungen aus fremdsprachigen Ländern, es sei denn, auf der verlinkten Seite gibt es mehrsprachige Inhalte, in diesem Fall wird natürlich auch eine fremdsprachige Seite auf diese Domain verlinken.

Der zweite Kasten zeigt, aus welchen Ländern die Domain verlinkt wird. Hier verhält es sich ähnlich wie bei den Domainendungen, unnatürlich wären in diesem Fall ebenfalls starke Verlinkungen aus dem fremdsprachigen Ausland.

4.3.3 Linkziele

Weiter unten in der Linkübersicht sehen Sie die wichtigsten Linkziele (Abbildung 4.28).

Top-Linkziele	
Linkziel	Links ▾
☑ www.volleyballer.de/ ⊞	18.642
☑ www.volleyballer.de/regeln-db-index.php ⊞	359
☑ volleyballer.de/ ⊞	76
☑ www.volleyballer.de/volleyballregeln-erklaert.php ⊞	26
☑ www.volleyballer.de/volleyball-regeln.php ⊞	54
☑ www.volleyballer.de/offizielle-volleyballregeln-downloads.php ⊞	25
☑ volleyballer.de/laura-ludwig_spieler_16.html ⊞	15
☑ www.volleyballer.de/spielerboerse-eintragen.php ⊞	28
☑ www.volleyballer.de/spielerboerse ⊞	59
☑ www.volleyballer.de/Spitzenspiel-gegen-das-Hoffenheim-des-Volleyballs-2-Bundesligen_news_16153.html ⊞	15

Abb. 4.28: Die wichtigsten Linkziele

Hierbei handelt es sich um die Seiten, die am häufigsten verlinkt werden. In der Regel ist die Startseite in dieser Auflistung immer an der ersten Stelle, da die meisten Links normalerweise einfach auf die Startseite gesetzt werden. Ausnahmen sind Seiten, die sehr starke Inhalte auf Unterseiten veröffentlicht haben, hier kann dann natürlich die Verteilung etwas anders aussehen. Selbst bei Seiten wie stern.de, ist die Startseite die am häufigsten verlinkte Seite.

Die Top-Linkziele sind für Ihre Domain die wichtigsten Seiten und sollten natürlich funktionieren, auch nach dem Relaunch. Diese Seiten bringen Ihnen Besucher und stärken durch die vererbte Linkkraft Ihre Seiten.

In Sistrix gibt es zur Überprüfung der Funktion der Links ein schönes Feature, Sie können mit einem Klick die Erreichbarkeit der wichtigsten Seiten testen. Diese Funktion finden Sie im Menü unter LINKS im Unterpunkt VERLINKTE SEITEN (siehe Abbildung 4.29).

Abb. 4.29: Funktion zur automatischen Überprüfung der Links in Sistrix

Wie in dem Screenshot schon beschrieben, können Sie hier mit einem Klick die Erreichbarkeit Ihrer wichtigsten Seiten prüfen. Sistrix prüft dann jede einzelne Seite live und zeigt Ihnen in der Liste, ob die jeweilige Seite erreichbar ist. Diese Funktion ist auch nach dem Relaunch sehr hilfreich, um die Verlinkungen automatisiert zu checken. Diese Liste enthält nicht alle verlinkten Seiten, sondern nur die Seiten mit den meisten und stärksten Links. Das Ergebnis sieht im Ausschnitt so aus wie in Abbildung 4.30. Fehler werden bei Sistrix rot markiert, grün ist in Ordnung und orange Balken sind permanente Umleitungen.

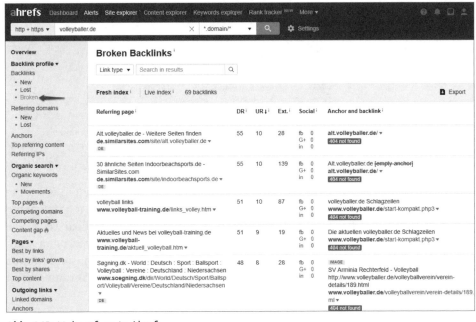

Linkziel	Links ▼	Domains	Antwort
⬀ www.volleyballer.de/ ⊞	18.642	647	✔ Status-Code: 200
⬀ www.volleyballer.de/regeln-db-index.php ⊞	359	33	✔ Status-Code: 301
⬀ volleyballer.de/ ⊞	76	27	✔ Status-Code: 301
⬀ www.volleyballer.de/volleyballregeln-erklaert.php ⊞	26	17	✔ Status-Code: 301
⬀ www.volleyballer.de/volleyball-regeln.php ⊞	54	14	✔ Status-Code: 301
⬀ www.volleyballer.de/offizielle-volleyballregeln-downloads.php ⊞	25	13	✔ Status-Code: 301
⬀ volleyballer.de/laura-ludwig_spieler_16.html ⊞	15	11	✔ Status-Code: 301

Abb. 4.30: Ergebnis der Linküberprüfung

Diese Funktion wird übrigens auch in dem SEO-Tool Xovi (`relaunch.pro/8`) angeboten.

In dem Tool Ahrefs gibt es eine eigene Funktion für die Anzeige der defekten (broken) Links. Hier wird Ihnen eine Liste Ihrer defekten Seiten mit Backlinks angezeigt. Ein weiterer Vorteil bei Ahrefs ist, dass jeder Link mit zusätzlichen Link-Metriken (Domain Rank, URL Rank usw.) angezeigt wird, so sehen Sie auf einen Blick, welche Links Sie sofort reparieren sollten, weil entsprechend starke Seiten auf Ihre defekten Seiten verlinken.

Abbildung 4.31 zeigt diese Auswertung für die Domain `volleyballer.de`, in der rechten Spalte sehen Sie die rot markierten Fehler (404 not found).

Abb. 4.31: Linkprüfung in Ahrefs

4.3.4 Linktexte

Mit den Linktexten verhält es sich ähnlich wie mit den Zielseiten: In der Regel wird der Domainname als Linktext verlinkt. Eine Zeit lang konnte man mit dem Linktext sehr gut das entsprechende Suchwort, das als Linktext verlinkt wurde, optimieren. Wurde also häufig die Suchwortkombination »Sprachreisen England« verlinkt, so gelang es oft, für die entsprechende Suchanfrage mit der verlinkten Domain gut gefunden zu werden. Dieses Vorgehen ist aber unnatürlich, die Suchmaschinen können Milliarden von Linkprofilen auswerten und wissen, dass normalerweise eine Domain über ihren Domainnamen verlinkt wird.

Abbildung 4.32 zeigt die Linktextauswertung mit Ahrefs.

Anchors i							
Anchors i	Begriffe i	Begriffe mit 2 Wörtern	Begriffe mit 3 Wörtern	Begriffe mit 4 Wörtern	Link-Typ ▼	In Ergebnissen suchen	Q

Live i Recent i Historical links i 3,064 phrases						
Anchor Text i	**Verweisende Domains ↓** i	**/ dofollow** i	**Verweisende Seiten** i	**Erstmals gesehen** i	**Letzte Überprüfung** i
volleyballer.de	304 42% ━━━━	261 45% ━━━━	3,793 11% ━━━	26 Feb '17	1 h
www.volleyballer.de	41 6% ▬	35 6% ▬	1,461 4% ━━	26 Feb '17	22 h
volleyballer	26 4% ▪	15 3% ▪	629 2% ━━	26 Feb '17	51 m
...	24 3% ▪	14 2% ▪	111 < 1% ▪	26 Feb '17	11 h
holz	20 3% ▪	5 < 1% ·	73 < 1% ·	14 Sep '17	1 h
volleyball	17 2% ▪	14 2% ▪	73 < 1% ·	28 Feb '17	11 h
http://www.volleyballer.de	17 2% ▪	11 2% ▪	316 < 1% ━	26 Feb '17	15 h

Abb. 4.32: Linktexte ausgewertet mit Ahrefs

Sie sehen ein ganz klares Muster: Auf den ersten drei Plätzen findet sich die Domain in verschiedenen Schreibweisen wieder. Dieses Muster ist typisch für ein organisches Linkprofil.

4.3.5 Linkstärke

Den Begriff »Linkstärke« gibt es in dieser Form eigentlich nicht. In den verschiedenen Tools hat dieser Wert unterschiedliche Bezeichnungen, ich möchte Ihnen lediglich die Bedeutung dieses Wertes erläutern, da er ein immenser Faktor sein kann. Den Begriff »PageRank« hatte ich bereits erwähnt, zur Erinnerung: Dieser Wert, der von Googles Erfindern ins Leben gerufen wurde, spiegelt die Stärke einer Domain oder Unterseite wider. Der PageRank wird an die verlinkte Domain in Teilen vererbt, je mehr Links man von Seiten mit hohem PageRank bekommt, desto höher wird der eigene PageRank. Vor wenigen Jahren konnte der PageRank öffentlich eingesehen werden, mittlerweile gibt es keinen öffentlichen PageRank mehr, sodass die Toolanbieter dazu übergegangen sind, eigene Werte zu berechnen.

Bei Ahrefs gibt es den Wert »UR«, das ist die Abkürzung für »URL Rating« und es gibt den Wert »DR«, was die Abkürzung für »Domain Rating« ist. In Abbildung 4.33 sehen Sie diese beiden Werte. Die Werte können zwischen 0 und 100 liegen.

Verweisende Seiten	DR	UR↓	Ext	Sozial		Anchor und Backlink
Volleyball – Wikipedia 🔒 de.wikipedia.org/wiki/Volleyball ▾ DE WIKIS	83	41	192	fb in	11 0	~~volleyballer.de~~ www.volleyballer.de/ ▾
Dynamics Suhl - Bundesliga Volleyball - Fanclub des VfB 91 Suhl www.dynamics-suhl.de/ ▾ DE	46	30	22	fb in	98 0	Mehr auf volleyballer.de … www.volleyballer.de/ ▾
Volleyball Berlin-Infos rund um den Volleyball Sport in Berlin und Germany (Beach Volleyball,Boerse) www.volleyball-berlin.de/ ▾	39	23	301	fb in	1 0	Volleyballer.de www.volleyballer.de/ ▾
Startseite	SG Kaarst - Volleyball www.sg-kaarst-volleyball.de/ ▾ DE CMS	35	21	54	fb in	161 0	~~Das Aktuelle Sportstudio lädt ein~~ www.volleyballer.de/das-aktuelle-sportstudio-laedt-ein-herren-em_news_31902.html ▾

Abb. 4.33: Verlinkungsauswertung in Ahrefs

Die Tabelle ist absteigend nach dem Wert »UR« sortiert, am Anfang der Tabelle stehen also die stärksten URLs, die auf die Domain `volleyballer.de` verlinken.

Jetzt könnte man meinen, dass es wichtig wäre, nur von besonders starken Domains verlinkt zu werden, da diese am meisten Linkstärke vererben, genau das Gegenteil ist der Fall. Ein organisches Linkprofil enthält Links von schwachen und von starken Seiten, in der Regel sogar eher mehr Links von kleinen als von großen Domains. Versuchen Sie doch mal, Ihre Seite bei Wikipedia zu verlinken, durch die wachsame Autorenschaft wird Ihnen das kaum gelingen, da kommerzielle Verlinkungen in der Regel innerhalb von wenigen Minuten gelöscht werden.

4.3.6 Linkumfeld

Was Sie zusätzlich zu den Linkdaten in der Tabelle in Abbildung 4.33 sehen, ist die thematische Nähe der Seiten. Bei allen Seiten dreht es sich um das Thema »Volleyball«. Jeder Titel und jede URL enthalten das Wort »Volleyball«. Diese Dinge erkennen Suchmaschinen natürlich auch. Da sie noch zusätzlich die Inhalte analysieren, können sie den Kontext, in dem ein Link gesetzt wurde, erkennen und einordnen. Ein Link zu einer Volleyballseite sollte auch aus einer Volleyballseite und nicht aus einer Seite für Tiernahrung gesetzt werden. An dieser Stelle können die Toolanbieter nicht mehr mit den Suchmaschinen mithalten. Die Toolanbieter sind noch nicht in der Lage, Seiten thematisch so granular einzuordnen, wie es die Suchmaschinen tun. Die Toolanbieter müssten theoretisch jede Seite einer Domain einlesen und thematisch einordnen, ich kann mir nicht vorstellen, dass dieser Aufwand in naher Zukunft realisierbar wäre.

Bitte bedenken Sie

Google kennt diese und garantiert noch viele weitere Daten über Ihre Verlinkungsstruktur. Durch die riesigen Serverfarmen und die schier unendliche Rechenkraft können die Suchmaschinen diese Daten viel schneller und akkurater analysieren. Die Toolanbieter können immer nur einen kleinen Teil der Daten finden. Gehen Sie also davon aus, dass gerade Google noch viel mehr über Ihre Website weiß, als Ihnen jedes Tool je anzeigen könnte. Trotzdem sind diese Daten wichtig, damit wir eine Einschätzung über die Qualität der Verlinkungen vornehmen können.

4.4 Keyword-Monitoring – Welche Suchbegriffe sind besonders wertvoll und wofür sind sie gut?

In der Suchmaschinen-Optimierung dreht sich alles in erster Linie um Keywords, also zu Deutsch »Suchbegriffe«. Suchbegriffe, Suchphrasen, Fragen, all das führt die Suchenden über die Suchmaschinen im optimalen Fall auf Ihre Seite. Jede buhlt um die Gunst ihrer Kunden, das bedeutet: Auch Ihre Mitbewerber werden alles daransetzen, in den Suchmaschinen optimal platziert zu sein. Mit SEO-Tools wie Sistrix, Xovi oder Searchmetrics können Sie Ihre Marktbegleiter analysieren und sehen, unter welchen Suchworten diese gut gefunden werden, und sogar, welche Seiten Links auf Ihre Mitbewerber schalten. Ich empfehle Ihnen daher dringend, sich ein SEO-Tool zuzulegen, das ist abhängig vom Budget. Für den Einstieg empfehle ich Ihnen Xovi, da dieses Tool eine sehr breite Funktionspalette für einen relativ geringen Preis bietet. Günstig ist immer relativ, testen Sie einfach die verschiedenen Tools, die Anbieter gewähren Ihnen jeweils einen kostenlosen Testzeitraum von bis zu vier Wochen.

Damit Sie nach dem Relaunch Verluste in den Suchbegriffspositionen erkennen können, müssen Sie zunächst feststellen, mit welchen Begriffen Sie überhaupt gefunden werden und auf welchen Plätzen sich die Suchbegriffe in den Suchmaschinenergebnisseiten befinden. Natürlich können Sie jetzt `Google.de` öffnen, dort Ihre Suchbegriffe eingeben und dann die Positionen dokumentieren. Leider hat diese Vorgehensweise zwei Haken.

Haken Nummer 1: Google passt das Suchergebnis Ihren persönlichen Bedürfnissen an. Wenn Sie Ihre Suchbegriffe googeln und auch noch Ihre eigene Website anklicken, so »denkt« Google, dass Ihnen die angeklickte Seite wohl gefallen wird, und liefert dieselbe Seite bei Ihrer nächsten Suche etwas höher aus. Während Sie zum Kühlschrank stürmen und den Sekt köpfen, sehen alle anderen Nutzer Ihre

Seite viel weiter unten in der Ergebnisseite. Kurz: Sie bekommen kein neutrales Suchergebnis.

Haken Nummer 2: Wenn Sie wirklich viel Zeit haben und Haken Nummer eins außer Acht lassen, dann können Sie gerne alle paar Tage lang mehrere Hundert Suchbegriffe prüfen und in Excel-Listen eintragen, macht aber keinen Sinn und noch weniger Spaß. Sparen Sie Zeit und Geld und investieren Sie bitte in ein Keyword-Tool, dass Ihnen diese Aufgabe automatisiert abnimmt.

4.4.1 Tools & Tipps zum Keyword-Monitoring

Um Ihre Suchbegriffe regelmäßig und dauerhaft zu überwachen, müssen Sie leider zu kostenpflichtigen Tools greifen. Die Tools unterscheiden sich stark voneinander, ich möchte Ihnen daher ein paar Tipps geben, wie Sie ein Tool für Ihre Bedürfnisse finden können. Als Allererstes sollten Sie einen Blick in Ihre Search Console werfen.

Die Google Search Console

Die Google Search Console ist zwar kein Tool, um Ihre Keyword-Daten zu überwachen, trotzdem bekommen Sie einen guten ersten Eindruck über Ihre Suchbegriffe und es darf daher hier nicht unerwähnt bleiben. Die Daten in der Search Console werden maximal 90 Tage gespeichert, alle Daten, die vor 90 Tagen erhoben wurden, werden Ihnen nicht angezeigt.

Klicken Sie in der Google Search Console in der linken Navigation auf SUCHANFRAGEN und dort in der Unternavigation auf SUCHANALYSE. Wählen Sie dann im Drop-down unter ZEITRÄUME 90 Tage aus. Sie erhalten dann eine Ansicht der Suchbegriffe, die in den letzten 90 Tagen zu Ihrer Domain gesucht und geklickt wurden.

Die Ansicht ist standardmäßig nach Klicks sortiert, so sehen Sie zumindest schon mal die wichtigsten Suchbegriffe, die Ihnen am meisten Besucher bringen. Mit drei weiteren Klicks erhalten Sie so weitere Einsichten in Ihre Suchanalysedaten: Klicken Sie oben im grauen Kasten auf IMPRESSIONEN, KLICKRATE und POSITION.

Die angezeigten Daten haben folgende Bedeutung:

Die **Klicks** repräsentieren die Besuche, die aufgrund des jeweiligen Keywords erfolgt sind.

Impressionen sind die Anzahl der Einblendungen Ihres Suchbegriffs aufgrund einer ausgeführten Suche. Wenn jemand etwas sucht und Ihre Seite wird im Suchergebnis angezeigt, egal auf welcher Seite, dann ist das eine Impression.

Die **Klickrate** ist das Verhältnis zwischen Impressionen und Klicks. Je höher dieser Wert ist, desto mehr Nutzer klicken auf Ihre Seiten. Für den ersten Eintrag in der Liste »volleyball regeln« ist die Klickrate bei 51,81%, das ist ein sehr guter Wert,

4.4

Keyword-Monitoring – Welche Suchbegriffe sind besonders wertvoll und wofür sind sie gut?

das Keyword ist in der Regel stabil auf Platz eins. Je nachdem ob über dem Suchergebnis noch Anzeigen geschaltet werden oder nicht, können Klickraten stark tendieren. Sind alle Anzeigenplätze oberhalb der Suchergebnisse belegt, dann sinken die Klickraten für die organischen Ergebnisse. Ich habe auch schon Auswertungen gesehen, in denen die ersten Treffer nur 20 und weniger Prozent Klickrate aufwiesen.

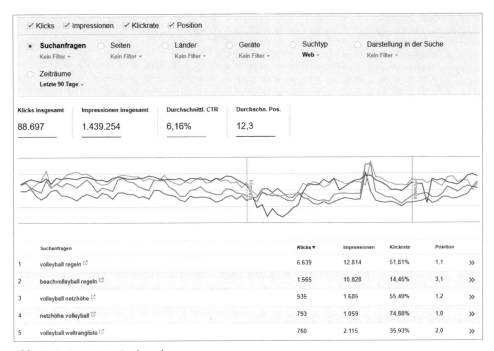

Abb. 4.34: Erweiterte Suchanalyse

Die **Position** ist in diesem Fall ein Durchschnittswert. Wird Ihre Seite für einen Suchbegriff mehrfach angezeigt, zum Beispiel auf Platz 1 und Platz 6, dann ist die Durchschnittsposition 6+1=7 geteilt durch 2=3,5. Dieser Wert ist also nicht sehr hilfreich und kann nur eine Tendenz widerspiegeln.

Sie sollten die Daten aus der Search Console herunterladen, den Link dazu finden Sie unten rechts unter der Suchbegriffstabelle. Klicken Sie auf HERUNTERLADEN und wählen Sie dann das Format aus. In meinem Beispiel habe ich das Google-Docs-Format gewählt, so gelangen die Daten sauber und ohne Umwege in ein gut lesbares Tabellenformat.

Wie bereits erwähnt, ist die Google Search Console aber kein Ersatz für ein Keyword-Tool, mit dem Sie die Suchbegriffe längere Zeit gezielt beobachten können; wenn Sie aber gar keine Daten zu Ihren Suchbegriffen haben, kann Ihnen die Google Search Console an dieser Stelle weiterhelfen.

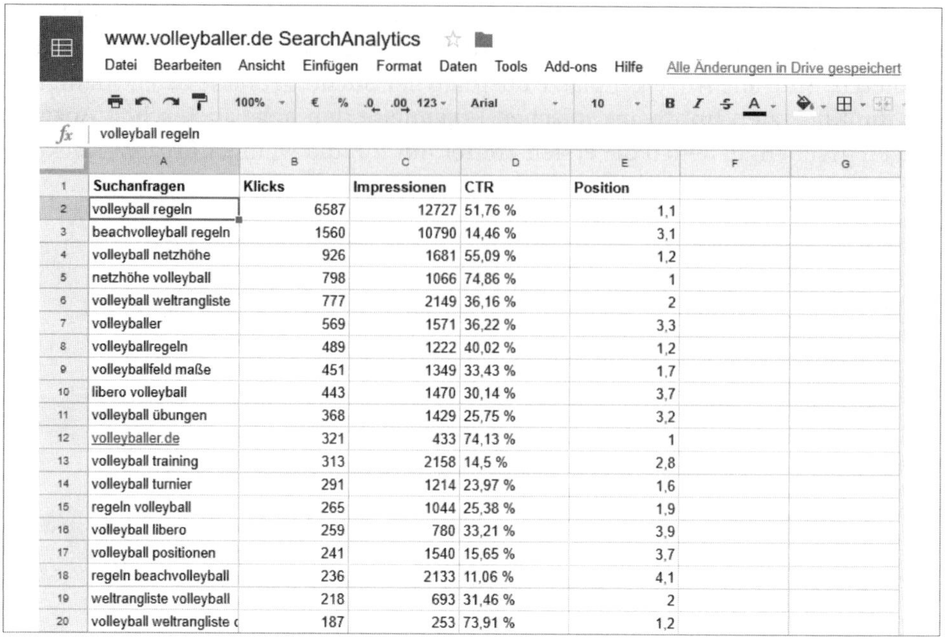

	A	B	C	D	E	F	G
1	Suchanfragen	Klicks	Impressionen	CTR	Position		
2	volleyball regeln	6587	12727	51,76 %	1,1		
3	beachvolleyball regeln	1560	10790	14,46 %	3,1		
4	volleyball netzhöhe	926	1681	55,09 %	1,2		
5	netzhöhe volleyball	798	1066	74,86 %	1		
6	volleyball weltrangliste	777	2149	36,16 %	2		
7	volleyballer	569	1571	36,22 %	3,3		
8	volleyballregeln	489	1222	40,02 %	1,2		
9	volleyballfeld maße	451	1349	33,43 %	1,7		
10	libero volleyball	443	1470	30,14 %	3,7		
11	volleyball übungen	368	1429	25,75 %	3,2		
12	volleyballer.de	321	433	74,13 %	1		
13	volleyball training	313	2158	14,5 %	2,8		
14	volleyball turnier	291	1214	23,97 %	1,6		
15	regeln volleyball	265	1044	25,38 %	1,9		
16	volleyball libero	259	780	33,21 %	3,9		
17	volleyball positionen	241	1540	15,65 %	3,7		
18	regeln beachvolleyball	236	2133	11,06 %	4,1		
19	weltrangliste volleyball	218	693	31,46 %	2		
20	volleyball weltrangliste c	187	253	73,91 %	1,2		

Abb. 4.35: Export der Suchanalyse in Google Docs

Am Markt gibt es mittlerweile eine große Menge von Keyword-Tools, die in der Regel alle die gleichen Funktionen mitbringen. Bei der Auswahl eines Tools sollten Sie auf folgende Funktionen und Ausstattungsmerkmale achten:

Anzahl der Keywords und Anzahl der Abfragen

Alle Toolanbieter begrenzen die Anzahl der Suchbegriffe oder die Anzahl der Abfragen. Möchten Sie beispielsweise 100 Suchbegriffe überwachen und diese jeden Tag erneut prüfen lassen, so berechnen einige Anbieter 700 Anfragen oder auch »Credits« pro Woche. Möchten Sie dazu noch die Anfragen über verschiedene Suchmaschinen oder Sprachen ausführen, so benötigen Sie dafür weitere Anfragen. Eine weitere Funktion kann die Abfragen in die Höhe treiben: die Berücksichtigung des Endgerätes. Die Toolanbieter lassen Ihnen die Wahl, ob Sie die Desktop-, Smartphone- oder die Tablet-Suchergebnisse abfragen möchten. Diese Unterscheidung macht Sinn, da sich die Suchmaschinenergebnisse auf den verschiedenen Endgeräten unterscheiden können. Wenn Sie Ihre Internetseite auf Smartphone-Nutzer ausgerichtet haben, dann sollten Sie auch die Suchmaschinenergebnisse auf den Smartphones überwachen.

Achten Sie also genau auf die Beschreibungen der Anbieter.

Mehrsprachigkeit – Abfragen in verschiedenen Ländern

Ist Ihre Website mehrsprachig und verfügt über Suchmaschinenplatzierungen im Ausland, dann muss der Toolanbieter die Suchmaschinen in Ihren Zielländern unterstützen. Viele unterstützen nur Googles unterschiedliche Sprachvarianten, Xovi unterstützt zum Beispiel auch die russische Suchmaschine Yandex oder die chinesische Suchmaschine Baidu. Berücksichtigen Sie hierbei auch bitte die zur Verfügung stehenden Abfragen, da sich diese durch die Abfragen verschiedener Suchmaschinen natürlich entsprechend vervielfachen.

Alarm!

Gerade bei der regelmäßigen Überwachung der Suchbegriffe kann es sinnvoll sein, Alarmmeldungen per E-Mail zu erhalten, wenn bestimmte Keywords verloren gehen oder in den Ergebnissen abrutschen. Wenn Sie nicht täglich in das Keyword-Monitoring-Tool schauen möchten, sollte es die Möglichkeit der Einrichtung von sogenannten »Alerts« bieten. Sie können dann zum Beispiel Schwellenwerte für Keywords festlegen und das Tool informiert Sie, sobald diese Schwellenwerte über- oder unterschritten werden.

Übersichtlichkeit

Gerade, wenn Sie sehr viele Suchbegriffe überwachen, kann es hilfreich sein, diese sinnvoll zu sortieren und zu filtern. Die meisten Anbieter haben dafür ein »Tagging« integriert. Mit dieser Funktion können Sie die Keywords gruppieren und zu Themen oder Produktblöcken zusammenfassen. Abbildung 4.36 zeigt diese Funktion bei dem SEO-Tool PageRangers (relaunch.pro/55).

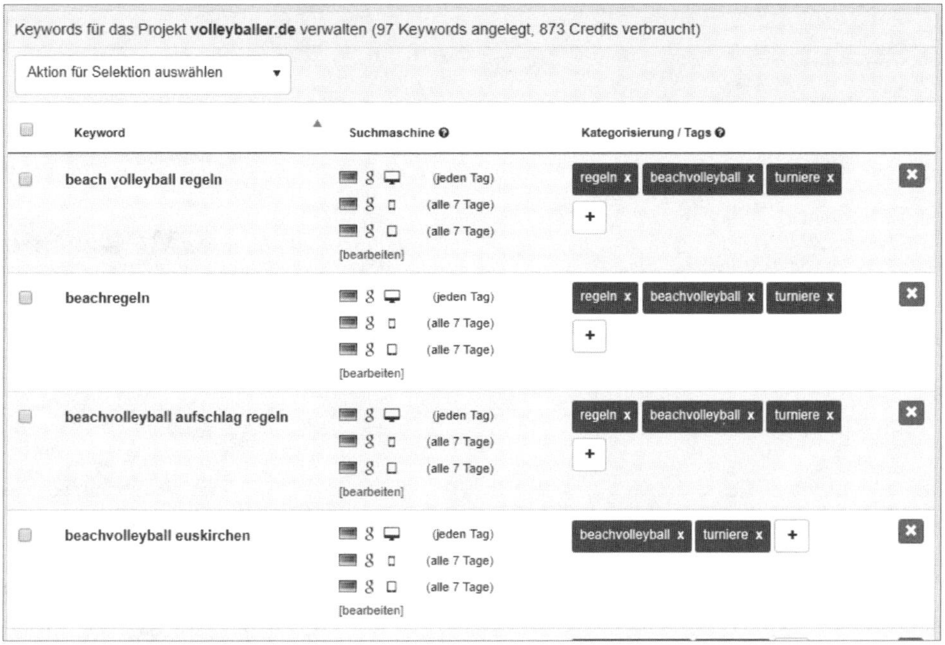

Abb. 4.36: Tagging-Funktion in dem Tool PageRangers

So können Sie einfacher bestimmte Themen im Blick behalten. Wenn Sie einen Online-Shop betreiben, können Sie diese Funktion zum Beispiel nutzen, um Ihre Shop-Kategorien zusammenzufassen. Bei großen inhaltsgetriebenen Seiten ist oftmals eine Einteilung in Themengebiete sinnvoll.

Updateintervall

In diesem Punkt sind die Tools am Markt sehr unterschiedlich, manche fragen die Suchbegriffe täglich ab, andere einmal pro Woche. Bei vielen ist die Updatefrequenz frei wählbar, es gibt aber auch Tools mit fest eingestellten Updateintervallen. Bei einem Relaunch würde ich dazu raten, die wichtigsten Suchbegriffe täglich abzurufen. Die neuen Seiten werden die Suchergebnisse wahrscheinlich (leicht) verändern, daher ist es gerade in der ersten Zeit aus meiner Sicht wichtig, die Hauptbegriffe im Auge zu behalten.

Filter und Suche

Jedes Tool sollte natürlich über eine Suche und wenn möglich über weitere Filtermöglichkeiten innerhalb Ihrer Keyword-Daten verfügen. Im Keyword-Monitoring von PageRangers können Sie eine Vielzahl von Filtereinstellungen vornehmen. Abbildung 4.37 zeigt die Filtermöglichkeiten von PageRangers.

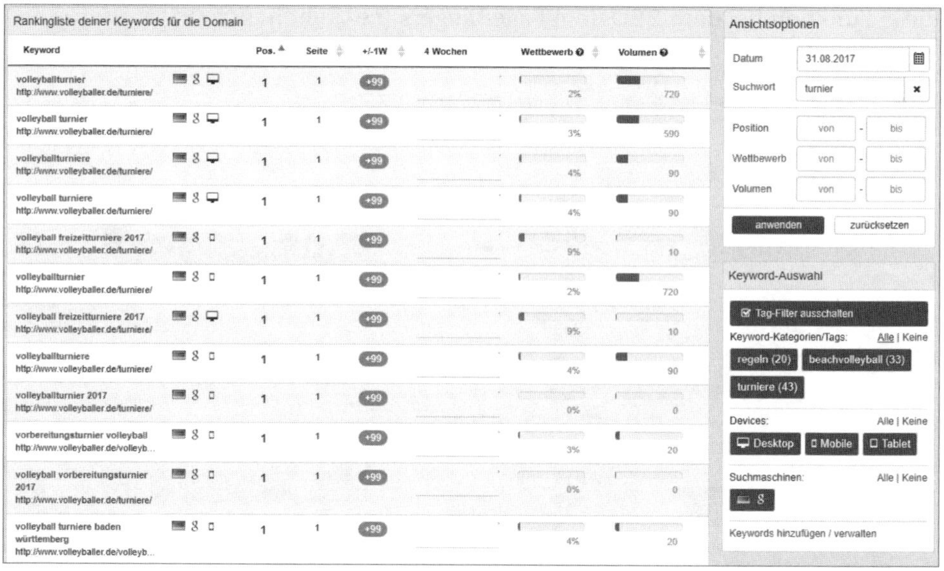

Abb. 4.37: Mit Filtern und einer guten Suchfunktion finden Sie Ihre Keywords einfacher wieder.

Wenn Ihnen diese Filtereinstellungen noch nicht reichen, dann sollten Sie einen Blick in das SEO-Tool Sistrix wagen. Das Keyword-Monitoring verbirgt sich in dem Modul »Monitoring« und kostet wie alle Zusatzmodule bei Sistrix 119 Euro pro

4.4

Keyword-Monitoring – Welche Suchbegriffe sind besonders wertvoll und wofür sind sie gut?

Monat. Das Monitoring-Modul von Sistrix bietet noch viele weitere interessante Funktionen, wie zum Beispiel das Crawlen und Überprüfen von Domains, also ähnlich wie Screaming Frog SEO Spider, nur eben zusätzlich mit Suchbegriffs-überwachung. Bei Sistrix können Sie 1.000 Keyword-Abfragen durchführen. Falls das nicht reichen sollte, können Sie weitere Pakete dazubuchen.

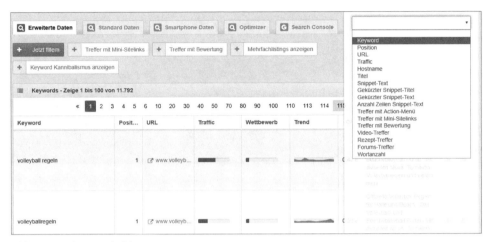

Abb. 4.38: Filtermöglichkeiten in Sistrix

Testen Sie die verschiedenen Tools, manchmal muss es auch nicht der Marktführer mit den tollsten und neuesten Funktionen sein, die Funktionsvielfalt macht ein Tool nicht unbedingt leichter in der Bedienung.

Schnittstellen

Möchten Sie Ihre Keyword-Daten anschaulich in einem Dashboard (Übersicht) mit anderen Daten Ihrer Website kombinieren und anzeigen, dann benötigen Sie über eine Schnittstelle (API) Zugriff auf Ihre Daten. Klipfolio (relaunch.pro/58) ist eine Software, mit der Sie Daten aus verschiedensten Quellen visualisieren können. Abbildung 4.39 zeigt eine Beispielauswertung in Klipfolio.

Benutzerkonten

Eventuell arbeiten Sie mit einer Agentur an Ihrer Website, dann kann es sinnvoll sein, dass alle Beteiligten auf die Keyword-Auswertungen zugreifen können. Hierfür benötigen Sie gegebenenfalls mehrere Benutzerkonten. Einige Toolanbieter lassen es aber auch zu, dass Sie sich mit Ihren Daten gleichzeitig an mehreren Rechnern anmelden. Es gibt nicht das perfekte Tool, vielmehr hängt es immer davon ab, wie Sie es nutzen möchten.

Abb. 4.39: Klipfolio-Beispiel-Dashboard, Quelle: `wikimedia.org`

Apps und Smartphone-Tauglichkeit

Im Zeitalter der Smartphones und Tablets tummeln sich natürlich auch viele Keyword-Monitoring-Apps in den jeweiligen App-Stores der Anbieter. Hier habe ich schon einige Tools ausprobiert, leider hat mich noch keine App überzeugt. Ich schätze, dass aufgrund des allgemein niedrigen Preisniveaus in den App-Stores die Anbieter nicht in der Lage sind, für ein paar Euro eine mächtige SEO-Suite anzubieten. Würden Sie eine App kaufen, die monatlich 49 Euro kostet? Da aber die hier genannten Tools Ihre Webseiten auch für die Bildschirme von Smartphones optimieren, können Sie sich die Recherche in den App-Stores meines Erachtens ersparen.

Wenn Sie auch über ein Smartphone oder Tablet Ihre Keywords und SEO-Daten abrufen möchten, dann besuchen Sie während der Testphase die Tools mit Ihrem Smartphone und/oder Tablet. Prüfen Sie, ob Sie mit der Darstellung arbeiten können, hinterfragen Sie Ihre eigene Arbeitsweise: Gehört das Smartphone zu einem Ihrer Werkzeuge, mit dem Sie ernsthaft an Ihrer Website arbeiten möchten?

Die Anbieter stehen vor der Herausforderung, die umfangreichen Daten einigermaßen augen- und benutzerfreundlich in das Smartphone-Display zu quetschen, das gelingt dem einen oder anderen mal besser, mal schlechter. Ganz abgesehen davon, dass es wohl wenig Spaß macht, umfangreiche Keyword-Listen per Minitastatur einzugeben. Für mich ist die mobile Variante der Tools nicht ausschlaggebend, da ich sie zu 99% an einem Desktoprechner nutze.

4.4

Keyword-Monitoring – Welche Suchbegriffe sind besonders wertvoll und wofür sind sie gut?

Abb. 4.40: Die mobile Ansicht von Sistrix ist gut les- und bedienbar.

Abschließende Tipps zur Auswahl der »richtigen« Monitoringsoftware

Ich kann und möchte Ihnen kein gesondertes Tool eines Anbieters ans Herz legen, dafür sind die Bedürfnisse jedes einzelnen Websitebetreibers zu unterschiedlich. Ich hoffe, Ihnen mit der Übersicht der Tools eine Orientierung zur Vorauswahl des für Sie richtigen Werkzeugs gegeben zu haben. Testen Sie die Tools, die für Sie infrage kommen, ausgiebig, schauen Sie sich die Videodokumentationen an, um ein Gespür für die Funktionsvielfalt der Tools zu bekommen. Die Videos in der Ahrefs Academy erklären die vielfältigen Funktionen praxisnah und verständlich. Die Mitarbeiter von PageRangers bieten jedem Kunden eine telefonische Einweisung in ihre Software an. Sistrix bietet mittlerweile für ziemlich jede Funktion ein Video an.

Sie werden eventuell nicht jede der oben genannten Funktionen benötigen, es handelt sich lediglich um eine kleine Liste mit Ausstattungsmerkmalen, die in dem einen oder anderen Nutzerszenario durchaus Sinn machen.

Toolübersicht

Einige Tools wurden bereits in Teilen vorgestellt, in der folgenden Liste finden Sie eine Übersicht dieser und weiterer Keyword-Monitoring- und SEO-Tools.

- Ahrefs: `relaunch.pro/54`
- KeywordMonitor: `relaunch.pro/60`
- KWFinder von mangools: `relaunch.pro/105`
- OnpageDoc: `relaunch.pro/62`
- Pagerangers: `relaunch.pro/55`

- Rankalyst: `relaunch.pro/61`
- ryte.com: `relaunch.pro/4`
- Semrush: `relaunch.pro/59`
- Sistrix: `relaunch.pro/7`
- Xovi: `relaunch.pro/8`

Bei den hier genannten Tools handelt es sich ausnahmslos um sogenannte SaaS-Tools. SaaS steht für **S**oftware **as a S**ervice, das heißt, Sie müssen keine Software auf Ihren Rechnern installieren. Die Anwendungen laufen auf Servern im Internet. Sie benötigen lediglich einen Internetbrowser, um die Tools nutzen zu können.

Zum Schluss möchte ich Ihnen noch die Internetseite von Eisy empfehlen. Soeren Eisenschmidt schreibt und »podcastet« seit über zehn Jahren über Online-Marketing und Suchmaschinenoptimierung, zudem testet er so ziemlich jedes SEO-Tool sehr ausführlich in seinem Blog. Die hier erwähnten Tools wurden alle bereits von Soeren getestet. Die lesenswerten Testberichte und Videos finden Sie unter `relaunch.pro/63`.

Checkliste: Keyword-Monitoring und Tool-Auswahl

- Die Google Search Console liefert Ihnen die ersten Daten und sollte auch das erste Tool sein, das Sie für einen Keyword-Überblick aufrufen.
- Nach dem Relaunch ist es sinnvoll, die wichtigsten Suchbegriffe täglich zu überwachen.
- Testen Sie die Tools ausgiebig, in der Regel bieten alle Anbieter eine kostenlose Testphase an.
- Prüfen Sie Ihre Anforderungen an ein Keyword-Tool:
  - Wie viele Keywords kann das Tool abfragen?
  - Welche Sprachen und Suchmaschinen werden berücksichtigt?
  - In welchem Rhythmus können die Begriffe abgefragt werden?
  - Werden verschiedene Endgeräte berücksichtigt?
  - Können die Keywords kategorisiert werden (wird auch oft als *Tagging* bezeichnet)?
  - Können verschiedene Domains abgefragt werden (Stichwort »Marktbeobachtung«)?
  - Gibt es außer den Positionen der Suchbegriffe zusätzliche Keyword-Daten, wie zum Beispiel Suchvolumina oder Trafficdaten?
  - Gibt es die Möglichkeit von regelbasierten Alarmmeldungen, sobald bestimmte Suchbegriffspositionen unter- oder überschritten werden?
  - Können die Daten über eine Schnittstelle (API) abgerufen werden?
  - Können die Daten exportiert und gesichert werden?

- Können mehrere Nutzerkonten eingerichtet werden?
- Schauen Sie sich die Schulungsvideos der Toolanbieter an, damit Sie die Tools sinnvoll einsetzen können

4.5 Wie finden Sie Ihre Suchbegriffe ohne Zugriff auf die Search Console?

In den oben beschriebenen Beispielen gehe ich davon aus, dass Sie bereits auf eine Google Search Console mit aussagekräftigen Daten zugreifen können, um mit den gewonnenen Daten dann das Monitoring Ihrer Suchbegriffe und Links aufzusetzen. In vielen Unternehmen ist der Einsatz von Google Analytics und der Google Search Console jedoch aus datenschutzrechtlichen Bedenken unerwünscht. Da auch andere Website-Statistik-Tools keine Suchbegriffsdaten anzeigen, müssten Sie in diesem Fall im Blindflug Ihren Relaunch ausführen. Wie Sie aber bereits gelernt haben, ist das Wissen um die Suchbegriffe extrem wichtig. Nur wenn Ihre besten Keywords und Verlinkungen auch nachher noch funktionieren, kann der Relaunch ohne Besucher- und Umsatzverluste über die Bühne gehen.

Wenn Sie also keine Ahnung haben, welche Suchbegriffe für Ihre Seiten überlebenswichtig sind, aber keinen Zugriff auf die kostenlosen Google-Tools haben, müssen Sie zu kostenpflichtigen Tools greifen.

4.5.1 Sistrix

Sistrix (`relaunch.pro/7`) gehört in Deutschland seit dem Jahr 2008 zum führenden Tool für Suchmaschinenoptimierer. Von Beginn an zeichnet Sistrix Suchbegriffe und deren Positionen in den Suchmaschinenergebnissen auf. Im Wochenrhythmus fragt das Tool dazu alle ihm bekannten Websites und deren Suchbegriffe und Positionen bei Google ab. Sie erhalten einen historischen Verlauf Ihrer Suchbegriffe und Positionen. Der große Vorteil: Sie müssen Ihre Website dafür nicht bei Sistrix anmelden. Sistrix crawlt ständig das Internet nach neuen Domains und Seiten ab und übernimmt diese dann in ihr Tool. Der technische Aufwand dahinter ist immens und nur schwer vorstellbar, relativiert aber vielleicht die im ersten Blick hoch erscheinenden Preise des Tools.

Schauen Sie sich Abbildung 4.41 an, sie zeigt den Positionsverlauf für den Begriff »Kreuzspinne« von der Domain `stern.de` seit dem Jahr 2008. Die Kurve beschreibt den Positionsverlauf, unter der Verlaufskurve befindet sich eine Tabelle mit den gefundenen `stern.de`-URLs. Sie können also sehen, welche URL zu welchem Zeitpunkt welchen Platz bei Google für den Begriff »Kreuzspinne« innehatte. Diese Auswertung lässt ungefähr erahnen, wie viele Daten Sistrix regelmäßig erhebt.

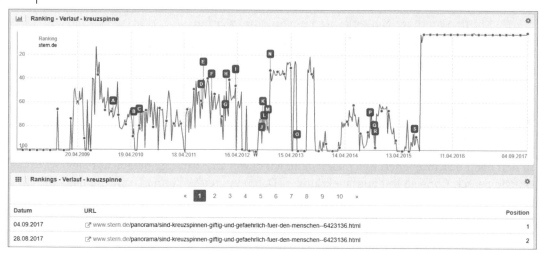

Abb. 4.41: Der historische Verlauf der »Kreuzspinne« in Sistrix

Sistrix wird höchstwahrscheinlich auch Ihre Domain kennen und Ihnen die Such-begriffsdaten liefern, die Ihnen für Ihr Keyword-Monitoring fehlen.

Sobald Sie Ihren (oder jeden anderen) Domainnamen in den Suchschlitz bei Sis-trix eingeben, wirft das Tool Ihnen raus, was es über Ihre Seite gespeichert hat. Als erstes Ergebnis erhalten Sie eine Übersicht der wichtigsten Daten und Keywords sowie einen Sichtbarkeitsverlauf. Zunächst schauen wir uns die Auswertung der Suchbegriffe an, in Abbildung 4.42 am Beispiel der Domain moz.com.

⊘ Interessante Rankings		
Keyword	Ranking	URL
moz	3 +2	⬈ 🔒 moz.com/
titles	9 +26	⬈ 🔒 moz.com/learn/seo/title-tag
google updates	4	⬈ 🔒 moz.com/google-algorithm-change
google analytics	26 -4	⬈ 🔒 moz.com/blog/absolute-beginners-guide-to-goo…
reciprocal link	2	⬈ 🔒 moz.com/community/q/reciprocal-links-4
links page	8 -2	⬈ 🔒 moz.com/blog/what-a-links-page-should-look-lik…
link building	11 -1	⬈ 🔒 moz.com/beginners-guide-to-seo/growing-popul…
aol search	17 +5	⬈ 🔒 moz.com/blog/aol-search-data
sitemap.xml	20 +3	⬈ 🔒 moz.com/blog/xml-sitemaps-guidelines-on-their-…

Abb. 4.42: Keywords und Rankings der Domain moz.com

Sistrix zeigt Ihnen »Interessante Keywords«, dabei handelt es sich um Suchbegriffe, die eine sehr gute Position einnehmen, hohe Suchvolumina aufweisen und stark

4.5

Wie finden Sie Ihre Suchbegriffe ohne Zugriff auf die Search Console?

umkämpft sind. In dem Screenshot sehen Sie beispielsweise die Suchphrase »google updates«, für diese Suchkombination wird die Seite moz.com auf Platz 4 gefunden. Des Weiteren werden Ihnen folgende Werte für jedes Keyword angezeigt:

Ranking: Zusätzlich zu den aktuellen Positionen der Suchbegriffe werden Ihnen jeweils die Positionsveränderungen zur Vorwoche in roten (Position hat sich verschlechtert) und grünen (Position hat sich verbessert) Balken angezeigt

URL: Hierbei handelt es sich um die gefundenen URLs für den entsprechenden Suchbegriff. Das kleine grüne Schloss steht für »SSL-verschlüsselt«.

Wettbewerb: Zeigt an, wie stark ein Keyword umkämpft ist, je länger dieser rote Balken wird, desto größer ist die Konkurrenz. Kann Werte zwischen 0 und 100 annehmen.

Traffic: Wird ebenfalls in einer Skala von 0 bis 100 ausgewertet und soll ein Gefühl für den zu erwartenden Besucherstrom vermitteln, der über dieses Keyword kommen könnte.

CPC: Ist der durchschnittliche Klickpreis, den Sie bei Google AdWords für diesen Suchbegriff pro Klick bezahlen müssten.

Bei dieser Übersicht von »interessanten Keywords« handelt es sich nur um eine exklusive Auswahl, die gesamten (Sistrix bekannten) Suchbegriffe erhalten Sie, wenn Sie im Modul »SEO« auf KEYWORDS klicken.

Abbildung 4.43 zeigt nur einen kleinen Ausschnitt der Liste aller Keywords, die Sistrix für diese Domain gefunden hat und regelmäßig überwacht.

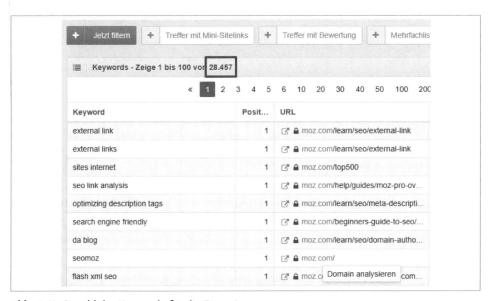

Abb. 4.43: Anzahl der Keywords für die Domain moz.com

Der rote Rahmen in der Abbildung zeigt die Gesamtzahl der Suchbegriffe für die Domain `moz.com`: 28.457. Es handelt sich bei dem Unternehmen hinter der Website `moz.com` um die größte SEO-Agentur in den USA, natürlich ist diese Firma darauf bedacht, im Internet möglichst sichtbar zu sein. Erstaunlich ist aber, dass ein SEO-Tool wie in diesem Fall Sistrix so viele Suchbegriffe zu einer Seite findet und regelmäßig auswertet.

Bei diesem Beispiel habe ich absichtlich eine US-amerikanische Seite mit Sistrix in der deutschen Google-Suche analysiert. Je nachdem, in welchen Ländern Sie Ihre Websites betreiben und gefunden werden wollen, müssen Sie auch die lokalen Suchmaschinen berücksichtigen. Sistrix kann mittlerweile 13 Länder auswerten, stellen Sie bitte immer das korrekte Zielland in dem SEO-Tool Ihrer Wahl ein. Manchmal ist es auch sinnvoll, Tools auszuwählen, die in den jeweiligen Zielländern entwickelt wurden. Bitte schauen Sie sich das folgende Beispiel an, dann werden Sie sehen, wie wichtig diese Entscheidung sein kann.

Stellt man in Sistrix die Länderauswahl auf USA und analysiert noch mal die Domain `moz.com`, so erhält man ein anderes Ergebnis (Abbildung 4.44).

Keywords - Zeige 1 bis 100 von 3.701

« 1 2 3 4 5 6 10 20 30 33 34 35

Keyword	Position	URL
seo	1	moz.com/beginners-guide-to-seo
sites list	1	moz.com/top500
site list	1	moz.com/top500
link building	1	moz.com/beginners-guide-to-seo/growing-popularity-and-links
blog link	1	moz.com/blog/how-to-build-links-to-your-blog-a-case-study
external link	1	moz.com/learn/seo/external-link
links sites	1	moz.com/top500

Abb. 4.44: Keywords für `moz.com` in den USA

Sie sehen: Jetzt findet Sistrix »nur noch« 3.701 Ergebnisse. Zudem unterscheiden sich auch die Keywords, die für die Domain gefunden werden. Der Begriff »seo« ist in den USA auf Platz 1 (Chapeau!), in der deutschen Auswertung wird derselbe Suchbegriff für `moz.com` gar nicht gelistet. Das ist kein Fehler von Sistrix, sondern vielmehr eine Funktion, die die lokalen Unterschiede der Suchmaschinenergebnisse berücksichtigt und korrekt wiedergibt.

4.5.2 Ahrefs

Diese lokalen Unterschiede werden noch deutlicher, wenn wir uns die Domain mit einem US-amerikanischen Tool anschauen. Ich hatte das SEO-Tool Ahrefs schon in der Linkrecherche erwähnt, Ahrefs hat zusätzlich zu der riesigen Linkdatenbank eine extrem starke Keyword-Basis. Abbildung 4.45 zeigt einen Ausschnitt der Keyword-Analyse in Ahrefs für die Domain moz.com.

Der rote Rahmen markiert wieder das Gesamtergebnis der gefundenen Keywords. Ahrefs findet **252.873** Keywords für die Domain moz.com. Das sind signifikant mehr Keywords, als bei Sistrix gefunden werden, zudem zeigt Ahrefs noch detaillierte Daten pro Keyword an. In Abbildung 4.46 sehen Sie einen kleinen Ausschnitt der Detailanalyse des Keywords »local seo« in Ahrefs.

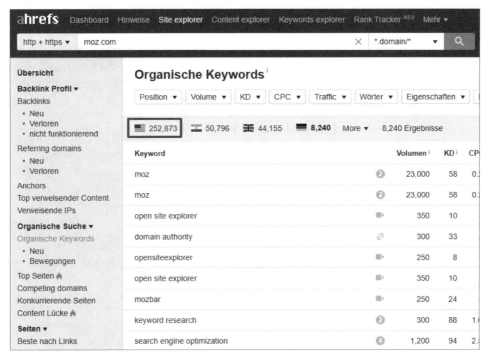

Abb. 4.45: Ahrefs findet über 250.000 Keywords für die Domain moz.com.

Abb. 4.46: Keyword-Details in dem Tool Ahrefs

Anders als bei Sistrix erhalten Sie hier keine Indexwerte (0–100) für das Suchvolumen, sondern absolute Zahlen. In diesem Beispiel wird das Suchvolumen mit 4.600 Suchen pro Monat im Jahresdurchschnitt angegeben. Da sich auf den Ergebnisseiten für den Suchbegriff »local seo« auch bezahlte Anzeigen befinden, rechnet Ahrefs in diesem Fall mit einem Traffic-Potenzial von 900 Klicks, sofern sich der Begriff auf Position 1 in der Google-Suchergebnisseite befindet. Das Klickpotenzial wird von weiteren Faktoren beeinflusst: Befindet sich beispielsweise die Antwort schon auf der Ergebnisseite, so müssen die Nutzer gar nicht klicken. Wenn Sie Google nach dem Alter von Angus Young befragen, steht die Antwort schon in der Ergebnisseite.

Das erste organische Ergebnis muss nicht angeklickt werden, die Antwort liefert Google direkt. So berücksichtigt der Wert »Klicks pro Suche« bei Ahrefs genau diese Eigenarten der Ergebnisseiten und spiegelt so eine relativ reale Klickwahrscheinlichkeit für jeden einzelnen Suchbegriff wider.

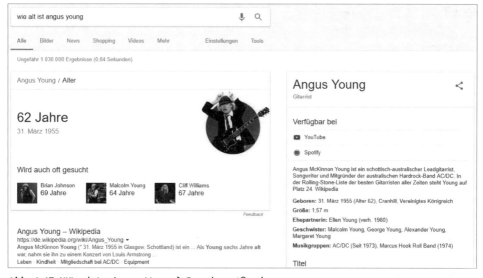

Abb. 4.47: Wie alt ist Angus Young? Google weiß es!

Ahrefs geht noch einen Schritt weiter und zeigt Ihnen die angenommenen Klickzahlen für jede Position in den Suchergebnissen. In Abbildung 4.48 ist diese »Traffic«-Spalte markiert.

Sie sehen für jede einzelne URL die berechneten Klickzahlen pro Monat. Diesen Zahlen können Sie natürlich nicht 100%ig vertrauen, verglichen mit realen Besucherzahlen sind die hochgerechneten Daten von Ahrefs jedoch schon ziemlich nah an der Realität.

Suchergebnisse[i]	AR[i]	DR[i]	UR[i]	Backlinks[i]	Domains[i]	Traffic[i]
▸ 2 adwords top						
① Local SEO - Moz https://moz.com/blog/category/local-seo ▾	601	75	39	948	198	858
▸ 2 site links						
② Local SEO: How To Rank Your Local Business - Search Engine Land http://searchengineland.com/local-seo-rank-local-business-218906 ▾	785	74	48	1,056	431	978
③ Local SEO in 2017: 5 simple ways to dominate local search http://searchengineland.com/local-seo-2017-5-simple-ways-dominate-local-search-268412 ▾	785	74	38	498	138	1,016
④ About Local SEO | How Can Local SEO Services Help Your Business? https://www.brightlocal.com/about-local-seo/ ▾	8.7K	66	31	104	68	651
⑤ Local SEO Guide: Local SEO Consultants for Enterprise http://www.localseoguide.com/ ▾	82.1K	58	53	11,692	3,369	525
⑥ Local SEO Ranking Factors Study 2016 - Local SEO Guide http://www.localseoguide.com/guides/local-seo-ranking-factors/ ▾	82.1K	58	42	736	281	47
⑦ Local SEO | #1 Strategy Guide Resource for Business 2017 https://thesiteedge.com/local-seo-guide/ ▾	816K	51	32	147	80	173
⑧ How to Attract Local Customers: A Complete Guide to Local SEO https://neilpatel.com/blog/how-to-attract-more-local-customers-a-complete-guide-to-local-seo/ ▾	4.5K	68	24	43	28	52
⑨ Local SEO Checklist | SEO Checklist 2017 https://localseochecklist.org/ ▾	1.6M	49	41	693	210	230
⑩ Local SEO: The Ultimate Guide To Ranking Your Local Business https://www.thehoth.com/local-seo/ ▾	138K	56	16	9	4	24

Abb. 4.48: Voraussichtlicher Traffic pro Keyword in Ahrefs

Auch andere SEO-Tools bieten ähnliche Funktionen an, diese Beispiele sollten Ihnen verdeutlichen, wie wichtig und interessant der Einsatz dieser Tools sein kann. Im Folgenden möchte ich Ihnen Schritt für Schritt zeigen, wie Sie ein Keyword-Monitoring einrichten können.

4.6 Der Sichtbarkeitsindex

Viele der hier vorgestellten Tools berechnen einen Indexwert, der die Sichtbarkeit der jeweiligen Domain in den Suchergebnisseiten widerspiegeln soll. Die Berechnungen erfolgen bei den unterschiedlichen Anbietern mit abweichenden Algorithmen, sodass die Werte nicht direkt miteinander vergleichbar sind.

Das SEO-Tool PageRangers berechnet einen Sichtbarkeitswert auf Basis Ihrer angelegten Suchbegriffe. Sie sehen also nur den Verlauf Ihrer eigenen Keywords in Ihrer Nische. Das ist bei kleinen Seiten ein Vorteil, bekommen Sie doch so einen guten Überblick über den Sichtbarkeitsverlauf Ihrer relevanten Begriffe. Zusätzlich können Sie sich so viel einfacher mit Ihren Mitbewerbern vergleichen, da diese im selben »Suchwortfischteich« fischen. Bei großen Seiten, die für sehr viele Suchbegriffe gefunden werden, ist diese Praxis nicht immer anwendbar, da diese quasi jedes Suchwort kennen und entsprechend überwachen müssten.

Bei Sistrix wird der sogenannte »Sichtbarkeitsindex« daher mit einem allgemeinen Keyword-Set von ca. 250.000 Begriffen berechnet. Der Vorteil dieser Berechnung liegt darin, dass Sistrix so für jede Domain ohne spezifische Analysen der domaineigenen Keywords eine Ad-hoc-Auswertung liefern kann. Zusätzlich ist bei Sistrix über den allgemeinen Sichtbarkeitsindex eine Betrachtung der historischen Daten möglich (sofern Sistrix die Domain kennt). Der Sichtbarkeitsindex wird von Sistrix täglich für jede Website neu berechnet. Auch hier gilt: Je höher der Sichtbarkeitswert, desto besser ist die jeweilige Seite in den Suchmaschinen zu finden. Abbildung 4.49 zeigt den historischen Verlauf der Sichtbarkeit für die Domain volleyballer.de.

Die blauen Marker dokumentieren die wichtigsten Google-Updates, so können Sie vergleichen, ob Abhängigkeiten zwischen starken Veränderungen im Sichtbarkeitsindex und dem Google-Algorithmus zu erkennen sind. Abbildung 4.50 verdeutlicht diese möglichen Abhängigkeiten.

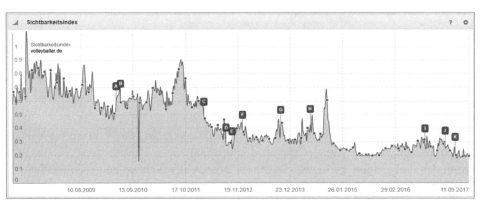

Abb. 4.49: Sichtbarkeitsverlauf der Domain volleyballer.de über Sistrix gemessen

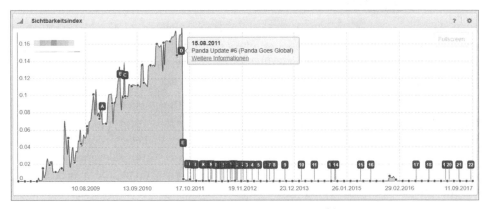

Abb. 4.50: Hier hat das »Panda«-Update mit voller Härte zugeschlagen.

Diese beängstigende Sichtbarkeitskurve zeigt den Absturz eines Projekts, das leider im Jahre 2011 offensichtlich dem »Panda«-Update von Google zum Opfer gefallen ist. »Panda Goes Global« war für diese Seite der Tod. Das von Google durchgeführte Update hatte zum Ziel, minderwertige Seiten aus den Suchergebnissen zu filtern. Bei diesen Updates kommt es immer mal wieder zu Kollateralschäden, bei denen auch Internetseiten ausgefiltert werden, die eigentlich gar nicht in die Filterkriterien passen. Bei diesem Projekt waren auf allen Seiten Produktlinks zu Amazon, was den Google-Algorithmus wahrscheinlich dazu veranlasste, diese Seite als minderwertig einzustufen und »auszulisten«. Fakt ist: Nach diesem harten Schlag bekam die Seite so gut wie keine Besucher mehr, das Projekt war damit gestorben und zeigt mal wieder, wie sehr wir an Googles Nadel hängen.

Dieser Sichtbarkeitsverlauf ist ein extremes Beispiel, die nächste Kurve (Abbildung 4.51) ist etwas »ausgeglichener«, dokumentiert aber sehr schön, wie sich ein Relaunch auf die Sichtbarkeit auswirken kann.

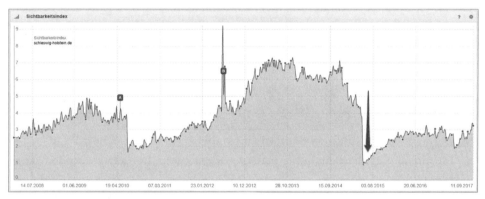

Abb. 4.51: Sichtbarkeitsverlauf mit kleiner »Relaunch-Delle«

Der Pfeil markiert hier den Zeitpunkt eines Relaunches. Das Land Schleswig-Holstein hat, wie man sieht, nicht viel Wert auf die Sichtbarkeit in den Suchmaschinen gelegt und wurde prompt in Google schlechter gelistet.

4.6.1 Vor- und Nachteile von Sichtbarkeitskurven

Die vorgestellten Beispiele zeigen sehr schön den Vorteil dieser Sichtbarkeitskurven. Diese versetzen Sie in die Lage, Entwicklungen und extreme Veränderungen schnell zu erkennen. Dabei ist es gar nicht wichtig, wie hoch der Sichtbarkeitswert ist, vielmehr ist der Gesamtverlauf von Interesse, spiegelt dieser doch die »Vitalwerte« einer Website grob wider.

Trotz der vielen Vorteile, die so eine Sichtbarkeitskurve mit sich bringt, möchte ich Sie auch auf die Nachteile hinweisen. Sobald Sie sich in einer Marktnische mit Ihrem Produkt oder mit Ihrer Dienstleistung befinden, können die SEO-Tools gegebenenfalls nicht genügend »allgemeine« Suchbegriffe für Ihre Seite finden, auf deren Basis Sie einen verlässlichen und aussagekräftigen Sichtbarkeitswert berechnen können. Ein weiteres Problem: Bei der Berechnung werden Suchbegriffe einbezogen, für die eine Seite »zufällig« gefunden wird. Diese Suchbegriffe müssen aber nicht zwangsweise wichtig für die jeweilige Seite sein, da sie zu allgemein sind oder nicht viel mit den Produkten und Dienstleistungen gemein haben. Ein Beispiel aus der Praxis: Ich arbeite in einem Unternehmen, das sich auf den Handel von Domains und dem Hosting von Websites spezialisiert hat. Der Löwenanteil unserer Besucher kommt über die Suchmaschinen, da wir für sehr viele generische Begriffe sehr gut gefunden werden. Unter anderem werden wir auch unter dem Suchbegriff »IP Adresse« gefunden. Diese Suchphrase hat ein hohes Suchvolumen und ein starkes Mitbewerberumfeld und beeinflusst dadurch den Sichtbarkeitswert stärker als zum Beispiel die Suchphrase »Domain kaufen«. Die Phrase »IP Adresse« ist für unser Geschäft irrelevant, die Suche nach »Domain kaufen« hingegen sehr relevant. Verschlechtert sich die Position für »IP Adresse«, wird diese Veränderung den Sichtbarkeitswert stark negativ beeinflussen, unser Geschäft betrifft diese Veränderung aber in keiner Weise. Stürzt die Suchphrase »Domain kaufen« ab, so beeinflusst dies maßgeblich unseren Geschäftserfolg, dem Sichtbarkeitsindex wird man das aber kaum anmerken.

Bedenken Sie in Hinsicht auf den Sichtbarkeitsindex folgende Punkte:

- Der Sichtbarkeitsindex verläuft nicht parallel zu Ihren Besucherzahlen.
- Ein hoher Sichtbarkeitsindex bedeutet nicht mehr Besucher, Kunden oder Käufer.
- Der Sichtbarkeitsindex ist kein KPI (Key-Performance-Indikator), siehe Beispiel »IP Adresse« vs »Domain kaufen«.
- Verfallen Sie nicht in Panik, wenn der Wert fällt.
- Verfallen Sie nicht in Partystimmung, wenn der Wert extrem ansteigt, leider handelt es sich oftmals um Messfehler (kommt selten vor).
- Sehen Sie den Sichtbarkeitswert als Abbild der Vitaldaten Ihrer Websites.
- Nutzen Sie wenn möglich eigene Keyword-Sets, dann können Sie Ihre Sichtbarkeit auch seriös mit Ihren Mitbewerbern vergleichen.

4.6.2 Vergleichsfunktion in Sistrix

Apropos vergleichen: Sistrix bietet eine sehr schöne Vergleichsfunktion, leider etwas versteckt, an. Dort können Sie die Sichtbarkeitskurven von maximal vier Domains direkt miteinander vergleichen.

Sie finden die Vergleichsfunktion, indem Sie auf das Zahnrad in der Sichtbarkeitsgrafik oben rechts klicken und dann DIAGRAMM VERGLEICHEN auswählen.

Die Vergleichsfunktion ist sehr hilfreich, Sie zeigt Ihnen Ihre Sichtbarkeit in Ihrem Keyword-Set im Vergleich zu Ihren Mitbewerbern und gibt Ihnen so ein Bild, wie Sie in Ihrem »Markt« dastehen.

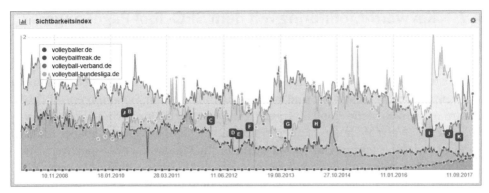

Abb. 4.52: Vergleichsfunktion in Sistrix

Suchbegriffe der Mitbewerber vergleichen

Sistrix kann auch Keywords vergleichen und Ihnen anzeigen, für welche Suchbegriffe Ihre Mitbewerber im Vergleich zu Ihren Keywords gefunden werden. Abbildung 4.53 zeigt einen kleinen Ausschnitt dieser Auswertung. In der ersten Spalte sehen Sie die Domain `volleyballer.de`, dahinter befinden sich die Mitbewerber, die Sie frei wählen können. Die grüne Markierung bedeutet, dass die Vergleichsdomain besser platziert ist als die Mitbewerber.

Keyword	volleyballer.de▲	volleyballfreak.de
volleyballregeln	1	2
volleyballturnier	1	90
volleyballverein	1	
volleyballvereine	1	
volleyballturniere	1	7
beach house dresden	1	
beachvolleyball berlin verein	1	6
berlin beachvolleyball verein	1	6
berlin volleyballverein	1	2
cvjm volleyball hamburg	1	15
doppelschlag volleyball	1	
dvmb volleyball münchen	1	
einfach schön beachen augsburg	1	
ermlitz volleyball	1	
indoor volleyball dresden	1	

Keywords - Zeige 1 bis 100 von 11.450

« **1** 2 3 4 5 6 10 20 30 40 50 60 70 80 90 100 11

Abb. 4.53: Direkter Platzierungsvergleich mit den Mitbewerbern in Sistrix

4.7 Keyword-Monitoring mit dem SEO-Tool PageRangers

Sie haben gelernt, wie wichtig die Überwachung der Suchbegriffe und deren Positionen in den Suchmaschinen sind, in diesem Abschnitt möchte ich Ihnen zeigen, wie Sie die wichtigsten Keywords Ihrer Websites im Auge behalten. Je nachdem, in welchem Land Sie aktiv sind und welche Suchmaschinen Sie abfragen möchten, kommen verschiedene Tools infrage. Viele Keyword-Monitoring-Tools überwachen nur die verschiedenen Länderversionen von Google. Google ist aber nicht in jedem Land der Suchmaschinen-Marktführer. In Russland ist beispielsweise Yandex, in China aufgrund der zensorischen Beschränkungen Baidu die erste Wahl der Internetnutzer. Das SEO-Tool Xovi (`relaunch.pro/8`) aus Köln deckt zurzeit den größten Teil der Suchmaschinen ab. Dieses Tool möchte ich Ihnen empfehlen, wenn Sie zum Beispiel in Russland Ihre Keywords überwachen möchten.

Im Großteil der restlichen Welt ist aber nach wie vor Google die meistgenutzte Suchmaschine, von daher möchte ich Ihnen die Einrichtung eines Keyword-Monitorings mit dem Tool PageRangers (`relaunch.pro/55`) näherbringen.

Im Grunde ist die Einrichtung bei den meisten Tools sehr ähnlich: Sie geben die gewünschten Suchbegriffe an, wählen das Zielland, das Endgerät (Smartphone, Tablet, Desktop) und die Abfragefrequenz an. Sie können das Gelernte also auf jedes andere Keyword-Tool anwenden.

Sie benötigen zunächst einen Account, bei PageRangers kostet der kleinste Account 47,45 Euro pro Monat. Mit diesem Account bekommen Sie 500 Keyword-Credits. Richten Sie im ersten Schritt Ihr Projekt ein, geben Sie dazu den Projektnamen und die URL ein.

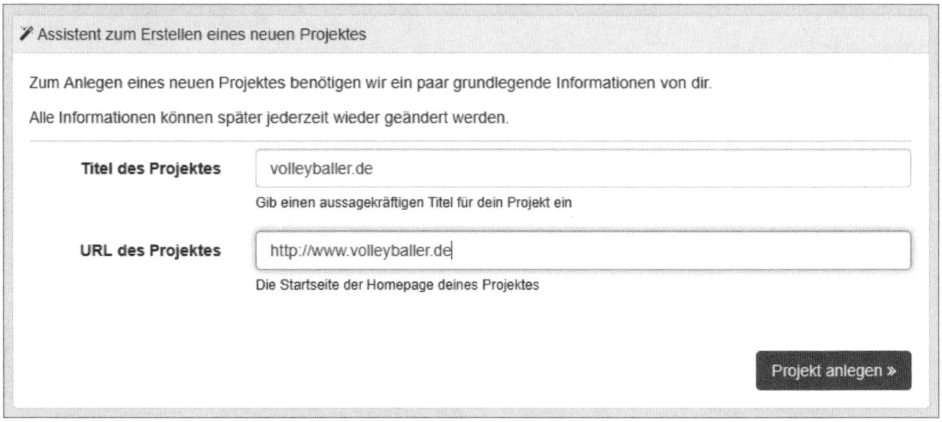

Abb. 4.54: Der Projektassistent von PageRangers

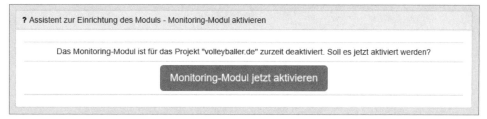

Abb. 4.55: Aktivieren Sie das Monitoring-Modul

Folgen Sie den angezeigten Schritten (siehe Abbildung 4.56), geben Sie nochmals die zu überwachende Domain an und klicken Sie dann auf WEBSITE ÜBERPRÜFEN.

Abb. 4.56: Angabe der Domain

Wenn alles geklappt hat, sollte ein Bild Ihrer Website erscheinen. Klicken Sie dann bitte unten rechts auf den Button JA – WEITER ZUM NÄCHSTEN SCHRITT. Im folgenden Dialogfenster werden Ihnen Suchbegriffe anhand des Inhalts Ihrer Website vorgeschlagen. Sie können diese auswählen oder selbst durch Eingabe in das Feld anlegen:

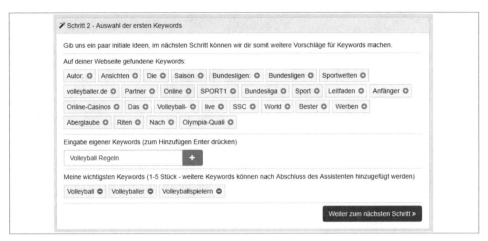

Abb. 4.57: Keyword-Vorschläge sind leider nicht immer passend, es sind ja aber auch nur Vorschläge.

In diesem Schritt können Sie zunächst bis zu fünf Suchbegriffe anlegen, später können weitere Keywords zur Überwachung definiert werden. Anhand Ihrer Angaben werden weitere Keywords durch das Tool ermittelt, im nächsten Fenster können Sie weitere Keywords festlegen.

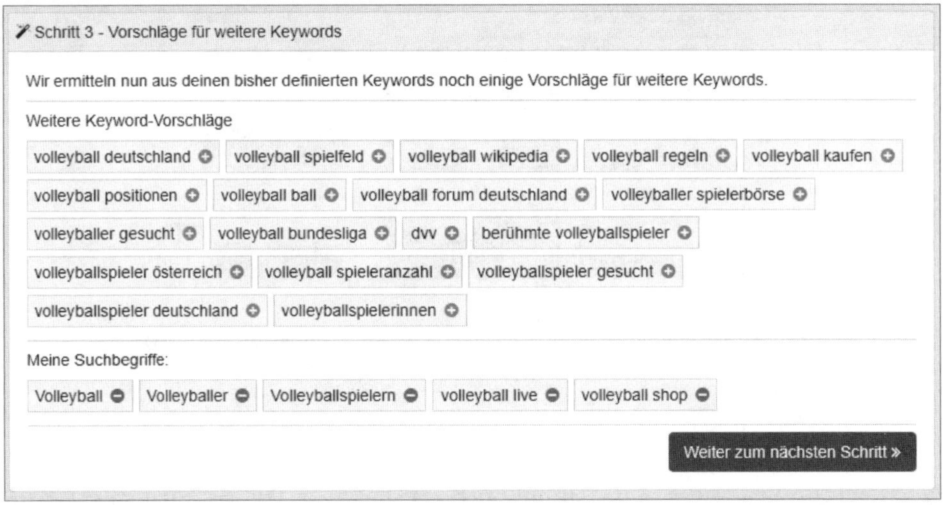

Abb. 4.58: Anhand der definierten Keywords werden weitere Suchbegriffe vorgeschlagen.

Jetzt erfolgt die Abfrage der Mitbewerber. Sie können zusätzlich zu Ihren eigenen Seiten auch noch Ihre direkten Marktbegleiter überwachen. Die Mitbewerber werden für die von Ihnen angegebenen Suchbegriffe ebenfalls bei Google gefunden.

Abb. 4.59: Vorschläge für Ihre Mitbewerber

Setzen Sie einfach die Haken bei den Mitbewerbern, die Sie in Ihrem Umfeld mit im Blick behalten möchten. Klicken Sie am Ende der Seite auf den blauen Button, die Einrichtung des Projekts ist damit abgeschlossen. PageRangers beginnt im Anschluss mit seiner Arbeit und sammelt über Ihr Projekt und Ihre Mitbewerber Daten ein und stellt sie Ihnen dann auf dem Dashboard zur Verfügung.

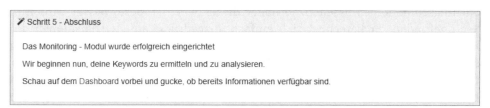

Abb. 4.60: Der Assistent ist abgeschlossen, jetzt werden Daten eingesammelt.

Die Analyse Ihrer Daten und die Ihrer Mitbewerber kann je nach Größe des Projekts einige Zeit in Anspruch nehmen. Bitte haben Sie also etwas Geduld, nach ca. einer Stunde sollten Sie aber im Dashboard die ersten Daten für Ihr Projekt sehen können.

Auf dem Dashboard sehen Sie die wichtigsten Kennzahlen Ihrer Projekte. Alle Tool-Hersteller bieten ihren Nutzern eine derartige Übersicht an, die angezeigten Daten und deren Herleitungen sind teilweise sogar ähnlich, sodass ich Ihnen an dem exemplarischen Dashboard von PageRangers einige Zahlen erläutern möchte. Sie können mit diesem Wissen alle anderen Tools, wie zum Beispiel Xovi und Sistrix, ebenfalls bedienen und ihre Auswertungen nachvollziehen.

Abb. 4.61: Das PageRangers-Dashboard

In dem oberen Block werden folgende Werte aufgrund der Angaben während der Projekteinrichtung angezeigt:

Rankingindex: Der Rankingindex beschreibt die Sichtbarkeit der Domain in den Suchmaschinenergebnisseiten. Je höher dieser Wert ist, desto besser wird Ihre Seite gefunden. Er berechnet sich einfach ausgedrückt aus den Positionen der Keywords und deren Suchvolumen. PageRangers benutzt für diese Berechnung die Suchbegriffe, die bei der Einrichtung des Projekts angegeben wurden. Dieser Umstand ist wichtig zu erwähnen, da Sie so einen guten Überblick über Ihre Nische bzw. Branche bekommen und sie so auch direkt mit Ihren Marktbegleitern vergleichen können. Hat ein Suchbegriff ein hohes Suchvolumen und eine gute Position in den Suchmaschinen, so beeinflusst das den Rankingindex stärker als ein Keyword mit einem geringeren Suchvolumen und einer schwachen Position.

KWs in Top 10: »Keywords in den Top 10« zeigt Ihnen, wie viele von Ihren angegebenen Suchbegriffen bei Google auf der ersten Seite gefunden werden. Wichtig: Diese Zahl spiegelt nicht alle Keywords wider, nur Ihre eigenen aus der Projekteinrichtung.

KWs in Top 100: »Keywords in den Top 100« ist selbsterklärend, wenn Sie »KWs inTop 10« gelesen haben.

Ø Top-Position: Zeigt Ihnen die durchschnittliche Position der analysierten Keywords bei Google.

URLs in Top 10: Zeigt an, wie viele URLs Ihres Projekts mit den angegebenen Suchbegriffen auf der ersten Google-Seite gefunden werden. Oftmals wird eine

URL für mehrere Suchbegriffe angezeigt, so kann sich dieser Wert vom Wert »KWs in Top 10« unterscheiden.

URLs in Top 100: Wie bei den Keywords werden auch hier die URLs gezählt, die für die Suchbegriffe unter den ersten 100 Suchergebnissen gefunden werden.

Da ich bei der Einrichtung des Projekts nur wenige Suchbegriffe angegeben habe, sind diese Werte alle sehr niedrig und ohne jede Aussage. Um die »Gesundheit« des Projekts wirklich überwachen zu können, ist es daher ratsam, möglichst viele Suchbegriffe zu überwachen.

Sie sollten in jedem Fall Ihre wichtigsten Suchbegriffe schon vor dem Relaunch in einem Wochenrhythmus abfragen. Nur so können Sie im Nachhinein feststellen, welche Keywords abgestürzt sind oder sich sogar in ihren Positionen verbessert haben. Eventuell stellen Sie auch schon vor dem Relaunch starke Veränderungen der Rankings fest, diese können zum Beispiel durch Google-Updates ausgelöst werden. Ihre Mitbewerber schlafen nicht, womöglich werden Sie in den Suchmaschinenergebnissen von Ihren Marktbegleitern überholt, weil diese sich auch um die Optimierung ihrer Seiten kümmern. Das alles können Sie aber nur feststellen, wenn Sie Ihre wichtigsten Suchbegriffe im Blick behalten.

Im SEO-Tool von PageRangers stehen Ihnen im kleinsten Paket 500 Keyword-Credits zur Verfügung. Damit können Sie also 500 Keywords pro Woche überprüfen, wenn Sie ein kürzeres Intervall wählen, verringert sich die Keyword-Anzahl entsprechend.

Um die Suchbegriffe einzurichten, gehen Sie wie folgt vor: Klicken Sie in der linken Navigation auf KEYWORDS VERWALTEN. Es erscheinen die bereits in der Projekteinrichtung angelegten Suchbegriffe und deren Abfrage-Einstellungen.

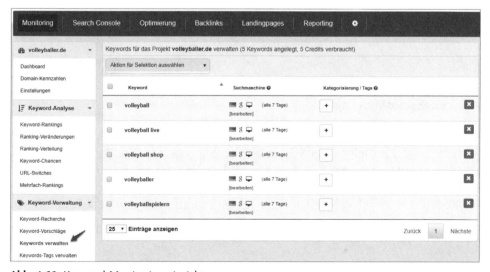

Abb. 4.62: Keyword-Monitoring einrichten

Für jedes einzelne Keyword können Sie folgende Parameter bestimmen:

- Für welches Land soll die Position abgefragt werden?
- Für welches Endgerät (Desktop, Smartphone, Tablet) soll die Anfrage erfolgen?
- In welchem Rhythmus soll die Abfrage erfolgen?

Klicken Sie in der rechten Seite auf den blauen Button KEYWORDS HINZUFÜGEN. Es öffnet sich ein Fenster mit einem Textfeld, in das Sie Ihre Keywords eintippen oder kopieren können. Zusätzlich befinden sich über dem Textfeld zwei Reiter:

IMPORTIEREN: Über diese Funktion können Sie Ihre Suchbegriffe als Textdatei hochladen und so zum Beispiel die Daten aus der Google Search Console importieren.

VORSCHLÄGE: Hier werden Ihnen Suchbegriffe vorgeschlagen, die das Tool für Ihre Seiten gefunden hat. In Abbildung 4.63 sehen Sie diese Vorschläge. Sie können die gewünschten Keywords einfach anhaken und so für die Überwachung auswählen.

Abb. 4.63: Keyword-Vorschläge

Wählen Sie Ihre gewünschten Suchbegriffe aus und klicken Sie anschließend auf WEITER. Im darauf folgenden Schritt werden Sie gebeten, Ihre Keyword-Auswahl zu überprüfen, bestätigen Sie Ihre Auswahl, indem Sie wieder unten rechts auf WEITER klicken. Keine Angst! Sie können auch nach Abschluss dieser Einrichtung die Keyword-Auswahl jederzeit ändern, Keywords entfernen und neue hinzufügen.

Abschließend definieren Sie das Abfrageintervall, die Sprachen und die Endgeräte.

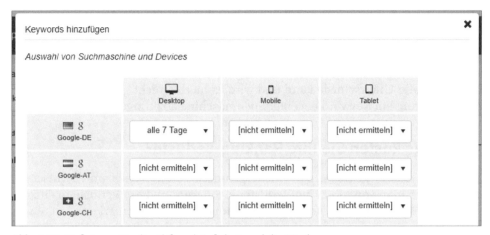

Abb. 4.64: Definieren Sie die Abfragehäufigkeit und die Länder.

PageRangers bietet Ihnen an, bis zu elf Sprachen pro Keyword abzufragen. Bitte beachten Sie, dass jede weitere Anfrage Ihre »Keyword-Credits« dezimiert. Behalten Sie daher die Zeile unter dem Kasten im Auge.

In dem Beispiel in Abbildung 4.65 habe ich insgesamt 41 Suchbegriffe in das Monitoring eingegeben. Frage ich diese Suchbegriffe bei einer Suchmaschine mit einem Endgerät einmal pro Woche ab, dann benötige ich dafür 41 Credits. Erhöhe ich die Anfragefrequenz auf »jeden Tag«, so berechnet das Tool dafür 287 Credits (7*41). Möchte ich zusätzlich zum täglichen Monitoring noch ein weiteres Endgerät berücksichtigen, so verdoppeln sich die benötigten Credits.

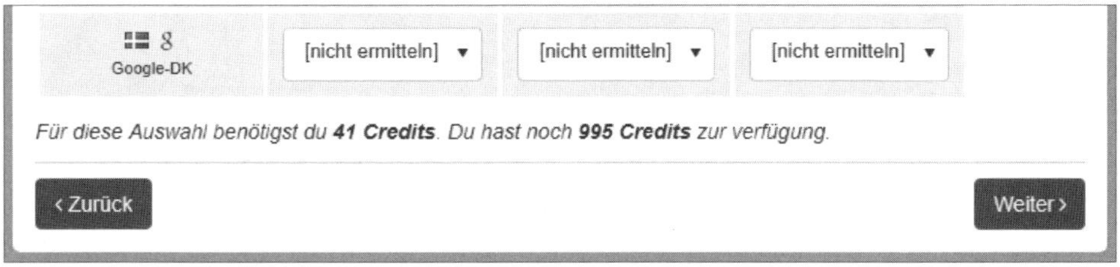

Abb. 4.65: Achten Sie auf die »Credits«!

Im letzten Schritt können Sie die angelegten Keywords noch mit einer Kategorie versehen. Gerade bei großen Projekten mit unterschiedlichen Themen oder Produktgruppen ist eine Kategorisierung von Vorteil, da Sie dann in PageRangers diese Kategorie einfacher und separiert betrachten können. Sinnvoll ist auch eine Kategorisierung in wichtige und weniger wichtige Keywords. Die wichtigen Suchbegriffe rufen Sie täglich ab, die weniger wichtigen nur alle sieben Tage. Sie können einem Keyword auch mehrere Kategorien zuweisen, der Fantasie sind an dieser Stelle keine Grenzen gesetzt. Ein Tipp: »KISS« Keep it simple, stupid!

Mit einem Klick auf KEYWORDS HINZUFÜGEN schließen Sie den Assistenten ab, die Keywords werden in das Monitoring-Modul geladen und beim nächsten Abfrageintervall ihre Suchbegriffspositionen bestimmt.

Die Einrichtung des Keyword-Monitorings ist bei den meisten Anbietern sehr ähnlich, große Unterschiede kann und wird es hierbei nicht geben, sind doch die Möglichkeiten, ein Keyword bei einer Suchmaschine abzufragen, sehr beschränkt.

4.8   Was kosten Sie Ihre Ranking-Verluste?

Wenn Ihre Suchbegriffe in den Suchergebnissen weiter nach unten rutschen, dann spricht man von »Ranking-Verlusten«. Sie werden diese Verluste in sinkenden Besucherzahlen und schlechteren Shop-Umsätzen bemerken. Mit etwas Mathematik können Sie vorausberechnen, wie sich diese Ranking-Verluste oder natürlich auch die Ranking-Gewinne auf Ihr Business auswirken.

Ich möchte Ihnen mit den Zahlen aus einem realen Online-Shop diese relativ einfache Rechnung erläutern. Ein Online-Shop verkauft Mode für starke Männer, eine wichtige Suchbegriffskombination des Shops ist »Große Größen Herren«. Für diesen Begriff wird der Shop auf dem dritten Platz bei Google angezeigt.

Ahrefs zeigt für die Suchwortkombination »Große Größen Herren« die Keyword-Analyse an, die Sie in Abbildung 4.66 sehen.

Abb. 4.66: Suchvolumen und Klicks für »Große Größen Herren« laut Ahrefs

Das Keyword wird ca. 2.900 Mal pro Monat gesucht (Suchvolumen), bedingt durch ihr Klickverhalten und die eingeblendeten Anzeigen oberhalb der Suchergebnisse klicken ca. 2.912 Nutzer (56% von 5.200 Klicks) auf die organischen, also nicht bezahlten Ergebnisse. Um zu wissen, wie viele Nutzer auf die jeweiligen Treffer-Positionen klicken könnten, müssen Sie die Klickverteilung in den Ergebnissen bei Google kennen. Zu dieser Frage hat Sistrix eine Studie veröffentlicht (`relaunch.pro/56`).

Die Klickverteilung in den organischen Suchergebnissen verteilt sich laut dieser Studie wie in Abbildung 4.67 gezeigt.

Abb. 4.67: Klickverteilung der Positionen 1–11, laut einer Studie von Sistrix

4.8.1 Erster Fall: Platz 3

Welche Zahlen benötigen wir noch für die Berechnung?

- die aktuelle Position des Suchbegriffs für den Shop: **Platz 3**
- die daraus resultierenden Besucher (Klicks auf Platz 3): **230 Besucher**
- die Konversionsrate des Shops (wie viele Besucher bestellen):
  3,5% = 8,05 Bestellungen
- den Durchschnittsbestellwert: **130 Euro**

→ Daraus resultiert ein **Umsatz von 1.064,50 Euro** pro Monat.

Der Shopbetreiber macht also auf der Position 3 mit dem Suchbegriff »Große Größen Herren« einen Umsatz von 1.064,50 Euro pro Monat.

4.8.2 Zweiter Fall: Platz 1

Die Parameter Klicks, Konversionsrate und Durchschnittswarenkorb bleiben gleich, es ändert sich lediglich die Anzahl der Besucher. Auf den ersten Platz klicken wesentlich mehr Nutzer, laut der Studie ca. 59,6%. Zum Vergleich: Bei Platz 3 sind es nur 7,9%.

- die aktuelle Position des Suchbegriffs für den Shop: **Platz 1**
- daraus resultierenden Besucher (Klicks auf Platz 1): **2912 Besucher**
- Konversionsrate des Shops und Bestellungen: **3,5% = 60,7 Bestellungen**

→ Daraus resultiert ein **Umsatz von 7.891 Euro** pro Monat.

Diese kleine Rechnung, die im Übrigen auf realen Umsatz- und Konversionswerten beruht, zeigt, wie wichtig die Kenntnisse über die eigenen Suchbegriffe und deren Positionen sind. Zudem können Sie mit etwas Mathematik und dem Wissen über Such- und Klickvolumina die gewinnbringendsten Keywords finden und optimieren. Leider zeigt die Studie von Sistrix zur Klickverteilung in den Suchergebnissen auch, dass eine Platzierung unterhalb von Platz 3 nur zu sehr wenigen Besuchern führt. Die ersten drei Plätze bei Google erhalten demnach ca. 80% der Klicks. Die Werte zur Klickverteilung sind nicht in Stein gemeißelt, offizielle Zahlen von Google gibt es hierzu nicht. Sistrix hat die Zahlen aus über 124 Millionen Klicks ihrer Kunden über die Google-Search-Console-Schnittstelle abgerufen und ausgewertet, sie können also nur als grober Anhaltspunkt dienen.

Ich habe für Sie unter folgendem Link eine Google-Tabelle hinterlegt: `relaunch.pro/57`, mit der Sie das gezeigte Szenario für Ihre eigenen Suchbegriffe durchspielen können. Zusätzlich ist in dieser Tabelle der Konversionswert variabel, schauen Sie sich doch einmal an, was passiert, wenn nicht nur 3,5, sondern 4% Ihrer Shop-Besucher zu Kunden werden. In dem oben genannten Beispiel bedeutet eine Konversionssteigerung von 0,5% 1.131 Euro mehr Umsatz pro Monat.

4.9 Zusammenfassung

In diesem Kapitel haben Sie Folgendes gelernt:

- **Besucherquellen identifizieren** – Mit Google Analytics sind Sie jetzt in der Lage, jeden Besucherursprung zurückzuverfolgen. Sie kennen Ihre Kanäle!

- **Datensicherungen herstellen** – Zur Not können Sie jetzt aus allen Google-Analytics-Statistiken die wichtigsten Werte exportieren, sichern und mit dem Screaming Frog SEO Spider überprüfen.

- **Auch ohne Analytics überleben** – Leider haben Sie keinen Zugriff auf Google Analytics, aber da Sie jetzt wissen, wie Sie mit externen SEO-Tools arbeiten, ist das kein Problem mehr für Sie.

- **Backlinkdaten verstehen** – Ganz nebenbei haben Sie gelernt, was ein Class-C-Netz und wie wichtig ein gutes Linkumfeld ist.

- **Keyword-Tools auswählen** – Sie stellen die richtigen Fragen an die Toolanbieter und wissen genau, welche Funktionen Sie für Ihr Keyword-Monitoring benötigen.

- **SEO-Tools anwenden** – Um damit Suchbegriffe zu finden, die Sie noch gar nicht »auf dem Zettel« hatten.

- **Sichtbarkeitsindizes verstehen** – Sie geraten nicht gleich in Panik, wenn sich Ihr Sichtbarkeitsindex um 50% verschlechtert, weil Sie verstanden haben, wie diese Indizes zustande kommen.

- **Rankingverluste in bare Münze umrechnen** – Sie kennen die Klickraten auf den unterschiedlichen Google-Platzierungen und können Besucherzahlen und Shopumsätze berechnen.

## Kapitel 5

Unsichtbar, aber wichtig

Sichern Sie auch die Bestandteile Ihrer Website, die nicht auf den ersten Blick sichtbar sind!

Oftmals werden bei einem Relaunch wichtige Komponenten vergessen. Zum Beispiel spezielle Zielseiten (Landingpages), die gar nicht innerhalb der Webpräsenz verlinkt sind, sondern nur über Werbekampagnen aufgerufen werden (zum Beispiel über Facebook-Ads, Google AdWords oder Bannerwerbung). Auch werden bestimmte Quellcodebestandteile, die für die Besucherstatistik verantwortlich sind, häufig einfach übersehen. Codes, die den Erfolg von Werbekampagnen messen sollen, werden erst dann vermisst, wenn plötzlich kein Erfolg mehr gemessen wird. Viele dieser Codes sind oft undokumentiert und für den Laien meist nicht direkt zu erkennen. Lernen Sie in diesem Kapitel, diese Codes und versteckten Seiten zu erkennen und zu sichern, damit auch diese in den neuen Seiten wieder fehlerfrei integriert werden können.

5.1   So finden Sie versteckte Seiten in Ihrer Website

Sie haben gelernt, wie Sie mit verschiedenen Tools Ihre gesamte Websitestruktur crawlen und sichern können. Der Screaming Frog SEO Spider und auch andere Onpage-Crawler können aber nur Seiten finden, die innerhalb der Website verlinkt oder in der XML-Sitemap eingetragen sind. Suchmaschinen-Bots können diese versteckten Seiten ebenfalls nicht aufspüren, auch sie benötigen Links zu allen Seiten innerhalb Ihrer Domain. Wie können Sie also Seiten finden, die von diesen Bots und Tools nicht gefunden werden können? Und um welche Art von Seiten kann es sich bei diesen unauffindbaren Inhalten handeln?

Oftmals werden für bestimmte Aktionen eigene Zielseiten, zu neudeutsch »Landingpages« erstellt. Diese Landingpages sind meist eigenständige Seiten, häufig in einem eigenen, der Aktion angepassten Layout. Die Besucher kommen auf diese Seiten per Werbebanner, AdWords-Kampagnen, Facebook-Werbung, Newsletteraktionen oder über andere Kanäle. Im schlechtesten Fall ist die Aktion irgendwann beendet und die Landingpage wird vergessen. Einsam und unverlinkt wartet sie darauf, dass jemand sie löscht, damit man mit ihren Pixeln neue Landingpages bauen kann. Diese Seiten sind nur schwer ausfindig zu machen; wenn diese Landingpages nicht mehr aufgerufen werden, erzeugen sie auch keinen Traffic, den wir mit Google Analytics oder Matomo messen könnten. Eifrige Webmaster notieren sich daher die URLs dieser Zielseiten während ihrer Entstehung, um sie dann beizeiten zu löschen oder für neue Aktionen wiederzuverwerten (Der Valentinstag ist jedes Jahr am 14. Februar). Diese Seiten werden Sie nur aufspüren, wenn Sie Ihre Website-Statistik schon über einen längeren Zeitraum aktiviert haben, sodass diese Seiten dort erfasst werden konnten.

In der Regel sollten diese Landingpages durch die Bewerbung in den verschiedenen Kanälen Traffic-Spitzen erzeugen. Schauen Sie daher als Erstes in Ihre Website-Statistik, wie zum Beispiel Google Analytics, stellen Sie einen möglichst langen Auswertungszeitraum ein und versuchen Sie dann, Auffälligkeiten im Besucherverlauf zu finden.

Abbildung 5.1 zeigt die Auswertung meiner Seite `volleyballer.de` im Zeitraum von 2012 bis 2017.

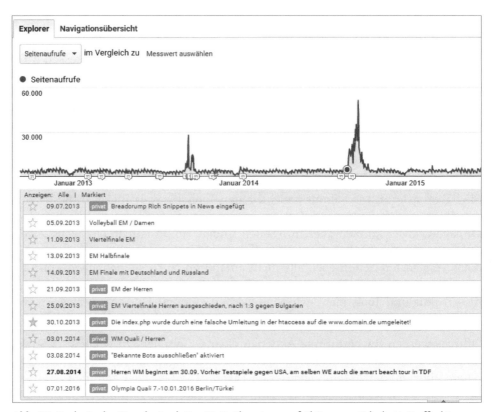

Abb. 5.1: Peaks in der Google-Analytics-Statistik weisen auf Aktionen mit hohem Traffic hin.

Die Traffic-Spitzen sind hier ziemlich markant. Unter der Verlaufskurve sehen Sie Notizen, diese Notizen können Sie in Google Analytics für jedes Datum anlegen. Die höchste Spitze markiert das Herren-EM-Halbfinale, die gesamte deutsche Volleyball-Welt googelte an diesem Tag nach »Volleyball im Fernsehen«. Da meine

Seite »zufällig« auf diese Suchphrase vorbereitet war, landeten damals viele Nutzer auf `volleyballer.de`. Hier war es also keine Werbeaktion, die diese Besucherspitzen erzeugte, sondern es waren Großereignisse, wenn man bei der Randsportart Volleyball überhaupt von »groß« reden kann. Bei den weiteren kleinen Spitzen handelt es sich ebenfalls um Weltmeisterschaften oder Europameisterschaften.

Ähnlich sehen Besucherverläufen bei Websites aus, für die Werbung geschaltet wurde. Gerade Fernseh- oder Radiowerbung kann einen extremen Peak erzeugen. Schauen Sie sich Ihre Besucherverläufe an und suchen Sie nach auffälligen Besucherspitzen, schränken Sie dann den Auswertungszeitraum ein, um so die Landingpages zu identifizieren.

Abbildung 5.2 zeigt den Zeitraum von 15. August bis 15. Oktober 2014.

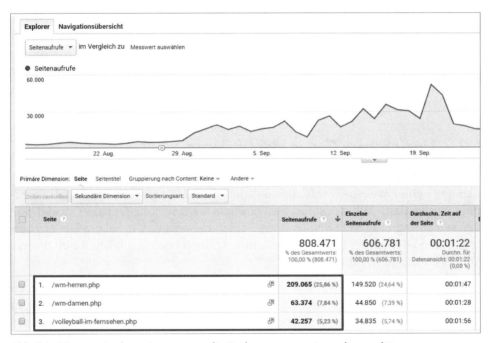

Abb. 5.2: Kürzerer Analysezeitraum, um die Peaks genauer untersuchen zu können

Die markierten URLs waren in diesem Zeitraum die Seiten mit den häufigsten Besuchen.

Prüfen Sie, ob es bei Ihnen derartige Seiten gibt; sind auf diesen Seiten immer noch Besucher, dann denken Sie daran, diese Seiten mit umzuziehen. Sind die Seiten »tot«, dann löschen Sie sie und tragen Sie diese zusätzlich mit einem 410-Statuscode in Ihre `.htaccess`-Datei. Werden die Seiten immer mal wieder benötigt (Valentinstag), dann sorgen Sie dafür, dass sie den Relaunch überleben und entsprechend gesichert werden.

Weitere klassische Landingpages sind Ziele aus AdWords-Kampagnen. Diese Seiten sind wichtig, da sie die bezahlten Besucher mit den zielgerichteten Inhalten versorgen. Aber auch diese Seiten müssen nicht zwingend innerhalb der Website verlinkt sein, sodass die Suchmaschinen-Bots und die Onpage-Tools diese Seiten ebenfalls nicht finden können. Vergessen Sie, diese Landingpages mit in den Relaunch zu überführen, gehen Klicks auf diese Anzeigen ins Nirvana und nicht mehr auf die Zielseiten. Im schlimmsten Fall verbrennen Sie so sehr viel Geld und wundern sich, wo Ihre Besucher bleiben. Google AdWords ist mittlerweile so intelligent, dass es Anzeigen, die auf Fehlerseiten führen, deaktiviert, es sei denn, die fehlenden Seiten erzeugen keinen 404-Fehlercode (was gar nicht so selten vorkommt).

Google AdWords kann über eine eigene Scriptsprache gesteuert werden, mit einem kostenlosen Script können Sie automatisiert prüfen, ob alle Anzeigenzielseiten in Ihrem AdWords-Konto erreichbar sind. Das Script »Linkprüfung« und eine Anleitung für die Implementierung finden Sie unter `relaunch.pro/64`.

Prüfen Sie alle Werbekanäle und retten Sie die Landingpages Ihrer Werbebanner, Facebook-Anzeigen und AdWords-Werbung. Denken Sie bei der Neugestaltung Ihrer Seiten auch an die Umgestaltung dieser Zielseiten, nicht dass diese später in dem alten Layout erscheinen.

5.2 Unsichtbare Codes identifizieren

Überschriften, Texte, Navigationselemente, Bilder, das sind alles direkt sichtbare Elemente einer Website. Fehlt zum Beispiel ein Bild, weil es eventuell falsch verlinkt wurde, dann fällt das sofort auf. Zusätzlich können die Onpage-Crawler, wie der Screaming Frog SEO Spider, diese Fehler auswerten. Unsaubere Überschriftstrukturen oder gar fehlende Überschriften können ebenfalls leicht durch diverse Tools sichtbar gemacht werden.

Viele Bestandteile einer Website sind aber nicht so offensichtlich, sondern arbeiten im Verborgenen. Bei diesen Bestandteilen kann es sich beispielsweise um Tracking-Codes für Google Analytics, etracker oder Matomo handeln. Diese Codes sehen Sie nicht direkt (es sei denn, Sie durchforsten den Quellcode), Sie werden sie aber spätestens dann vermissen, wenn Ihre Statistik nicht mehr funktioniert.

Wenn Sie Ihre Website nicht selbst erstellt haben und daher nicht genau wissen, was alles in Ihre Website eingebaut wurde, müssen Sie darauf vertrauen, dass die neue Website schon alle benötigten Codes wieder eingepflanzt bekommt. Vertrauen ist gut, Kontrolle ist besser. Um sich einen Überblick über die auf der eigenen Seite eingesetzten Tracking-Codes zu verschaffen, können Sie sich mit der Browsererweiterung Ghostery Ihre Seite analysieren lassen. Ghostery ist ein kostenloses Tool, das sich den Datenschutz auf die Fahne geschrieben hat und dazu die Tracking-Codes in Websites deaktiviert. Die Deaktivierung macht die Seiten angeblich schneller und schützt die Daten der Nutzer, so zumindest die Aussage auf der Website von Ghostery: `relaunch.pro/65`. Ghostery gibt es als Browser-erweiterung für Google Chrome, Firefox und viele andere Browser.

Installieren Sie sich die Erweiterung in dem Browser Ihrer Wahl und besuchen Sie anschließend Ihre Website. Ghostery sollte dann unten rechts am Bildschirmrand ein lilafarbenes Fenster mit Informationen zu den gefundenen Tracking-Codes einblenden. In Abbildung 5.3 sehen Sie eine beispielhafte Auswertung.

Auf dieser Seite wurden 22 Tracker-Codes gefunden, die eigentliche Funktion hinter Ghostery besteht darin, diese Codes auf Wunsch zu deaktivieren, darum geht es aber in diesem Beispiel nicht. Dieses Beispiel soll nur verdeutlichen, dass es eine ganze Menge Codes gibt, die der »normale« Internetnutzer gar nicht sieht, die aber trotzdem wichtig für den Betrieb der Seiten sind.

Ihnen kann diese schnelle Übersicht helfen, den Ist-Stand für sich oder Ihre Agentur zu dokumentieren. Nach dem Relaunch sollten die gefundenen Tracking-Codes wieder komplett vorhanden sein, es sei denn, es wurden anderslautende Vereinbarungen getroffen. Prüfen Sie also nach dem Relaunch im Schnellverfahren mit Ghostery, ob alle gewünschten Tracking-Codes wieder vorhanden sind.

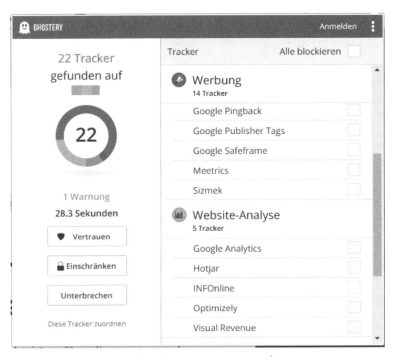

Abb. 5.3: Die Auswertung der Chrome-Erweiterung Ghostery

Alternativ zu Ghostery möchte ich Ihnen die Erweiterung Wappalyzer empfehlen, diese Erweiterung zeigt noch weitere technische Daten, wie zum Beispiel das verwendete Content-Management-System und die Serverplattform. Sie erhalten die Erweiterung unter relaunch.pro/66.

Ausführlichere Testmethoden werden im zweiten Teil des Buches »Nach dem Relaunch« beschrieben.

5.3 Conversion-Pixel & AdWords-Conversion-Codes

Mit dem Conversion-Pixel werden Conversions gemessen. Eine Conversion ist zum Beispiel eine Bestellung in einem Online-Shop. Eine Conversion könnte auch ein abgeschicktes Kontaktformular sein. Der Conversion-Code oder das Conversion-Pixel melden diese Zielerfüllung an die Werbeplattform, dabei könnte es sich um AdWords oder auch Facebook handeln. Ziel dieser Conversion-Pixel ist es also, den Erfolg einer Werbemaßnahme messbar zu machen. In AdWords können Sie dadurch den Shop-Umsatz direkt mit Ihren Werbekosten vergleichen. Ärgerlich, wenn diese Zielmessung mit dem Relaunch nicht mehr vorhanden wäre. Problem und deshalb ein Sonderfall: Die Conversion-Codes verbergen sich hinter Bestellstrecken und Kontaktformularen, diese werden aber von den Suchmaschinen-Bots nicht ausgefüllt und somit sehen die Bots diese Codes nicht. Der Screaming Frog SEO Spider findet die Conversion-Codes ebenfalls nicht im Spider-Modus, da auch er keine Formulare abschickt oder Bestellstrecken durchläuft.

Wenn Sie bei Google AdWords oder auch bei Bing Werbung schalten, dann sollten Sie prüfen, ob dort Conversion-Codes eingestellt wurden. Abbildung 5.4 zeigt einen Conversion-Code aus Google AdWords.

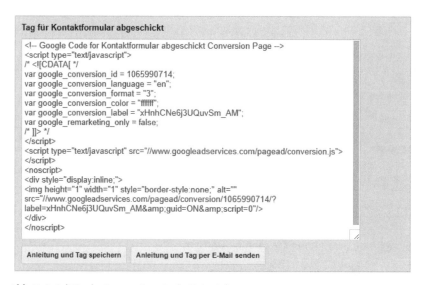

Abb. 5.4: AdWords-Conversion-Code-Beispiel

Dieser Code wird in die Website integriert und meldet bei einem abgesendeten Kontaktformular die Conversion an Google AdWords. In Google AdWords finden Sie diese Einstellung unter TOOLS und dann CONVERSIONS. Wenn Sie bereits Conversions eingerichtet haben, sehen Sie eine Liste Ihrer definierten Conversion-Codes.

In Shopsystemen werden diese Codes oftmals über sogenannte Plugins eingepflegt, Sie benötigen dann zum Beispiel nur die »Conversion_ID« und das »Conversion_Label«, die korrekte Implementierung übernimmt dann die Shopsoftware.

Abbildung 5.5 zeigt die Einstellmöglichkeiten des Shopware-Plugins Google Services von der Shopware AG.

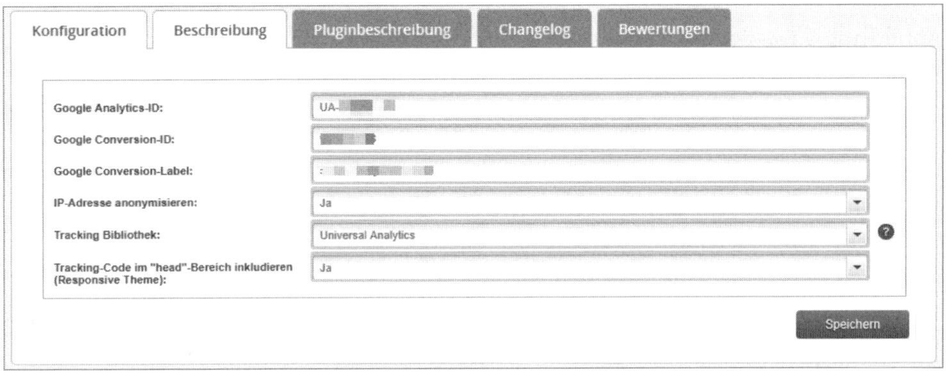

Abb. 5.5: Google-Services-Plugin in der Shopsoftware Shopware

Blog-Systeme wie WordPress oder Content-Management-Systeme (CMS) realisieren die Einbindung der Tracking-Codes ebenfalls meist über Plugins. Je nach Plugin müssen Sie auch hier nur Ihre Conversion- oder Analytics-ID angeben, der Rest wird dann von der entsprechenden Erweiterungen geregelt.

Falls Sie ein Shop- oder Content-Management-System einsetzen, dann prüfen und dokumentieren Sie dort die eingestellten Tracking-Codes.

Notieren Sie:

- Google-Analytics-ID
- Google-Conversion-ID
- Google-Conversion-Label

Diese Daten müssen nach dem Relaunch wieder in die Shopsoftware übernommen werden.

5.4 Rich Snippets/Strukturierte Daten

Mit strukturierten Daten können spezielle Inhalte in Internetseiten maschinenlesbar ausgezeichnet werden. Zu diesen speziellen Inhalten gehören zum Beispiel Shop-Produkte, Personen, Adressen, Navigationselemente, Termine und vieles mehr. Auf der Seite schema.org können Sie weitere Details zu diesem Standard nachlesen.

Wenn Sie Ihre Shop-Produkte mit dieser Technik ausgezeichnet haben, so sieht der Shopbesucher nichts von alledem, Suchmaschinen können jedoch durch die Auszeichnung Daten, wie z.B. den Preis, die Verfügbarkeit, Bewertungen oder den Beschreibungstext für jedes Produkt, erkennen und die Suchergebnisse mit diesen Daten anreichern. Der Nutzer kann dann schon im Suchergebnis erkennen, wie gut oder schlecht ein Produkt oder eine Dienstleistung bewertet wurde oder wie viel ein Produkt kostet.

Abbildung 5.6 zeigt ein Suchergebnis für die Suchphrase »Wordpress umziehen«.

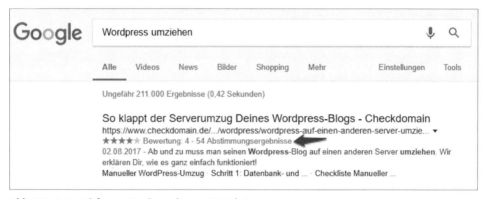

Abb. 5.6: Beispiel für ein Suchergebnis mit Rich Snippets

Der Pfeil markiert die Bewertung des Blogartikels. Im Quelltext der Seite wird die Bewertung in strukturierten Daten hinterlegt und kann somit im Suchergebnis angezeigt werden. Diese Rich Snippets werden nicht immer von Google angezeigt, wundern Sie sich also nicht, wenn Sie mal keine Sterne sehen. Google experimentiert ständig mit dem Erscheinungsbild der Ergebnisse und testet immer wieder neue Funktionen. Die Hervorhebungen von Produktdetails sieht man eher selten, die Bewertungssternchen werden recht häufig eingebunden.

5.4.1 Strukturierte Daten in der Google Search Console

Falls Sie bereits Rich Snippets auf Ihren Seiten verwenden und Sie die Google Search Console einsetzen, dann können Sie darin die verschiedenen Rich Snippets auswerten. Öffnen Sie dazu die Google Search Console (relaunch.pro/68) und klicken Sie auf Ihre Property. In der Navigation auf der linken Seite klicken

Sie anschließend auf DARSTELLUNG IN DER SUCHE, dort dann auf den Unterpunkt
STRUKTURIERTE DATEN.

Abb. 5.7: Auswertung der strukturierten Daten

In der Auswertung in Abbildung 5.7 sehen Sie, wie viele Elemente insgesamt
erkannt wurden, in diesem Fall sind es 9.301 auf 2.223 Seiten. Unter der Verlaufs-
grafik finden Sie eine detaillierte Aufstellung der verschiedenen Typen.

Datentyp	Quelle	Seiten	Elemente
Breadcrumb	Markup: data-vocabulary.org	1.804	5.686
WebPage	Markup: schema.org	1.700	1.700
Article	Markup: schema.org	1.383	1.383
Event	Markup: schema.org	419	419
Person	Markup: data-vocabulary.org	101	101
VideoObject	Markup: schema.org	12	12
NewsArticle	Markup: schema.org	0	0

Abb. 5.8: Detaillierte Angaben zu den gefundenen Rich Snippets

Anhand dieser Tabelle können Sie erkennen, welcher Datentyp auf wie vielen Seiten eingebunden ist. Falls Fehler in den Codes erkannt wurden, dann werden
Ihnen noch weitere Daten zu den Fehlern angezeigt.

Die Google Search Console ist sehr mächtig und so können Sie bei der Auswertung der strukturierten Daten noch einen Schritt tiefer gehen. Klicken Sie auf
einen Datentyp, Sie bekommen dann eine Aufstellung der Seiten, bei denen der
Datentyp erkannt wurde. In Abbildung 5.9 sehen Sie die Auswertung für den
Datentyp »Event«. Diesen habe ich in den Turnierdaten hinterlegt.

Seiten-URL	Elemente	Elemente mit Fehlern ▾	Zuletzt erkannt	Name	Startzeit (startDate)
Herunterladen		Nach URL filtern ▽			
/turniere/3794.html	1	–	13.09.17	SachsenBeach 2017 - ...	2017-07-05
/turniere/3801.html	1	–	13.09.17	27. ERKA-Turnier - 2017	2017-09-10
/turniere/3568.html	1	–	13.09.17	Herbstturnier - 2016	2016-09-17
/turniere/3521.html	1	–	13.09.17	26. Freiluft-Volleyballtu...	2016-07-01
/turniere/3502.html	1	–	13.09.17	Weinfest-Turnier - 2016	2016-09-10
/turniere/4025.html	1	–	13.09.17	Laudenbacher Froscht...	2017-09-30

Abb. 5.9: Die tiefste Ebene in der Auswertung der strukturierten Daten

Google zeigt Ihnen die spezifischen URLs und weitere Daten für den ausgewählten Datentyp an. Sie können so sehr gut prüfen, ob Google alle Angaben für die Datentypen erkannt hat. In dem gezeigten Beispiel sehen Sie die Felder NAME und STARTZEIT, diese Daten hat Google aus den strukturierten Daten extrahiert.

5.4.2 Rich-Snippet-Testing-Tool

Wenn Sie noch keinen Zugriff auf eine Google Search Console eingerichtet haben, dann sollten Sie das spätestens jetzt nachholen.

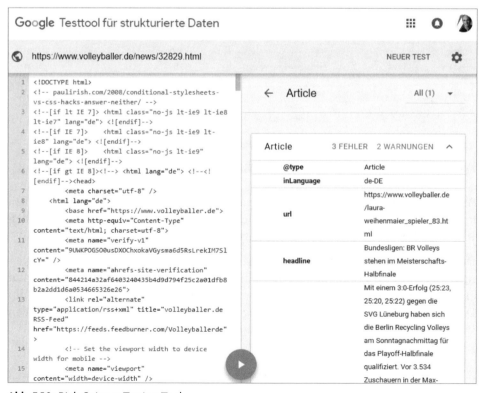

Abb. 5.10: Rich-Snippet-Testing-Tool

Aber auch ohne Search Console sind Sie in der Lage, die Rich Snippets Ihrer Seite zu testen. Google stellt hierfür das Test-Tool für strukturierte Daten zur Verfügung (`relaunch.pro/69`).Hier können Sie jede URL prüfen, Google wertet diese URL aus und zeigt Ihnen, welche Rich Snippets erkannt und eventuell fehlerhaft sind. Dieses Tool ist hervorragend geeignet, um während der Entwicklungsphase der neuen Seiten die Implementierung der strukturieren Daten zu überprüfen.

Auf der linken Seite in Abbildung 5.10 sehen Sie den Quelltext der Seite, im rechten Bereich die strukturierten Daten und gegebenenfalls Warnhinweise zu fehlerhaften Elementen.

Rich Snippets sind kein Garant für ein besseres Suchergebnis, sie können das Suchergebnis aber schöner und größer machen. Google zeigt die Snippets auch leider nicht immer an, trotzdem lohnt die Arbeit, zumal die Codes meist nur einmal in die Seitenvorlagen programmiert werden müssen und dann auf allen Unterseiten zur Verfügung stehen. Der Aufwand hält sich also in Grenzen.

Dokumentieren Sie für den Relaunch die verschiedenen Datentypen, die Sie jetzt nutzen, eventuell planen Sie ja auch, noch weitere Datentypen einzusetzen, schaden kann es auf keinen Fall.

5.5   Open Graph und Twitter Cards

Noch weitere Codes, die erst dann auffallen, wenn sie fehlen. Mit dem Open Graph werden, ähnlich wie bei den strukturierten Daten, standardisierte Daten einer Website für Facebook zur Verfügung gestellt. Die Open Graph Tags (`relaunch.pro/70`) befinden sich im Header jeder URL und sorgen dafür, dass eine URL, die bei Facebook geteilt wird, mit dem richtigen Bild, der richtigen Überschrift und dem gewünschten Textausschnitt in der Timeline bei Facebook erscheint. Eventuell ist es Ihnen schon mal selbst aufgefallen, dass teilweise die geteilten URLs in Facebook mit unpassenden Bildern oder Texten dargestellt werden. In diesen Fällen fehlen die Open Graph Tags, Facebook nimmt dann das »Erstbeste« aus der geteilten Seite, was nicht immer das Beste sein muss.

Open Graph Tags sind keine zwingend notwendigen Bestandteile einer Seite, machen aber häufig Sinn. Stellen Sie sich vor, jemand möchte einen Artikel aus Ihrem Online-Shop bei Facebook empfehlen, dann wäre es doch schön, wenn das korrekte Produktbild mit Beschreibung und Preis auch bei Facebook erscheint und nicht irgendein zufällig von Facebook ausgewählter Inhalt.

5.5.1   Der Facebook-Debugger

Wenn Sie sich unsicher sind, ob Ihre Seite OG-Tags (Open Graph Tags) verwendet, dann möchte ich Ihnen den Facebook-Debugger empfehlen: `relaunch.pro/71`. Mit diesem Tool können Sie testen, wie Ihre Website von Facebook und seinen Benutzern gesehen wird.

Abbildung 5.11 zeigt das Ergebnis des Facebook-Debuggers für die URL `volley-baller.de/news/31933.html`.

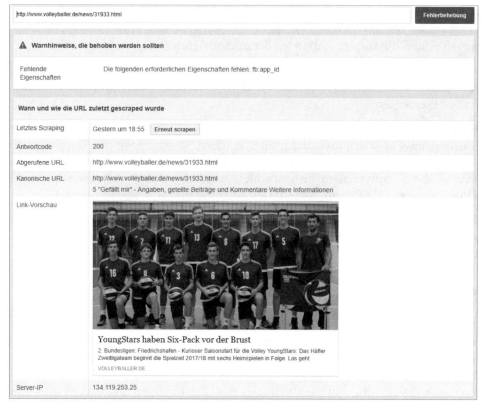

Abb. 5.11: Der Facebook-Debugger, Foto: Gunthild Schulte-Hoppe

Im ersten Teil der Vorschau zeigt Ihnen Facebook die Interpretation Ihrer Open-Graph-Daten. Im zweiten Teil werden alle erkannten Open Graph Tags und deren Inhalte aufgelistet.

Wir haben auf Basis der Raw Tags die folgenden Open Graph-Einstellungen entwickelt	
og:url	http://www.volleyballer.de/news/31933.html
og:type	article
og:title	YoungStars haben Six-Pack vor der Brust
og:description	2. Bundesligen: Friedrichshafen - Kurioser Saisonstart für die Volley Young 2017/18 mit sechs Heimspielen in Folge. Los geht
og:image	http://www.volleyballer.de/bilder/news/User-admin-608623.jpg
og:image:alt	YoungStars haben Six-Pack vor der Brust - Foto: Gunthild Schulte-Hoppe

Abb. 5.12: Erkannte Tags im Facebook-Debugger

5.5.2 Twitter Card Validator

Jetzt könnte man meinen, dass auch andere Social-Media-Plattformen sich der Inhalte aus den Open Graph Tags bedienen, weit gefehlt. Daher muss der emsige Webmaster (oder ein entsprechendes Plugin) auch noch Twitter Cards (relaunch.pro/72) in den Quelltext integrieren.

Twitter Cards erweitern den Twitter-Feed durch Bilder und zusätzliche Elemente und sorgen dafür, dass die Tweets auffälliger dargestellt werden. Abbildung 5.13 zeigt die gleiche URL wie oben, nur in der Twitter-Card-Variante.

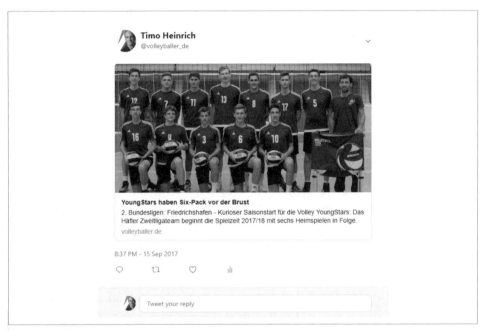

Abb. 5.13: Twitter Card, Foto: Gunthild Schulte-Hoppe

Auch bei Twitter gibt es ein entsprechendes Test-Tool, den Card Validator, Sie finden ihn unter relaunch.pro/73. Testen Sie Ihre Seite mit dem Tool, um herauszufinden, ob in Ihre Seiten bereits Twitter Cards integriert sind.

In Abbildung 5.14 sehen Sie den Twitter-Validator; wenn Sie links unter CARD URL eine Adresse eingeben und auf PREVIEW CARD klicken, erhalten Sie rechts die Vorschau auf die Twitter Card.

Dokumentieren Sie den Einsatz der Open Graph Tags und Twitter Cards, damit diese nicht vergessen und in die neue Seite übernommen werden können.

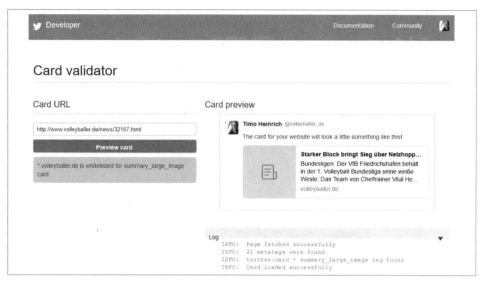

Abb. 5.14: Mit dem Twitter-Validator prüfen Sie Ihre Twitter Cards.

5.6 Facebook Instant Articles

Schon wieder Facebook? Ja, es gibt noch weitere Techniken, die eigenen Inhalte Facebook zur Verfügung zu stellen. Mit Instant Articles übertragen Sie nicht nur eine Vorschau Ihrer Inhalte, sondern den kompletten Inhalt der jeweiligen URL. Diese Inhalte werden dann komplett auf Facebook angezeigt, klickt also ein Facebook-Nutzer auf Ihren geteilten Inhalt, dann bleibt er innerhalb der Facebook-Seite oder -App und wird nicht auf Ihre Seite weitergeleitet.

Der Vorteil für Ihre Inhalte: Die Daten werden sehr schnell bei Facebook geladen, Ihre Nutzer haben ein gutes Erlebnis mit Ihren Inhalten. Das ist die Sichtweise von Facebook. Aus Ihrer Sicht gesehen: Der Nutzer kommt nicht auf Ihre Seite, sondern bleibt im Facebook-Universum. Eventuell könnte der Nutzer denken, dass die Inhalte von Facebook zur Verfügung gestellt werden und nicht von Ihnen. Instant Articles sind daher eine umstrittene Technik.

Wenn Sie diese Technik einsetzen, dann denken Sie daran, sie auch wieder in die neuen Seiten einzubauen. Für WordPress zum Beispiel gibt es hierzu Plugins, die sich um die Instant-Article-Einbindung kümmern.

Weitere Informationen zur Integration von Facebook Instant Articles finden Sie unter relaunch.pro/74.

5.7 Google AMP

Das Ziel, die Nutzer auf den eigenen Seiten zu halten und sie dort schon möglichst umfassend zu informieren, verfolgt auch Google. Googles Antwort auf Facebook Instant Article ist: AMP. AMP steht für **A**ccelerated **M**obile **P**ages, also für beschleunigte, mobile Seiten. Es handelt sich bei AMP um ein abgespecktes Derivat von HTML. Mehr zur AMP-Implementierung lesen Sie unter `relaunch.pro/75`. Die Seitenbetreiber müssen, damit Google die AMP-Seiten anzeigen kann, eine eigene Version der Seiten anlegen und diese über ein entsprechendes Canonical-Tag (eine Art Referenz) im Kopf der Ursprungs-URL angeben. Klingt kompliziert, ist es aber nicht.

Zunächst möchte ich Ihnen zeigen, wie AMP-Seiten von Google angezeigt werden. Nehmen Sie Ihr Smartphone zur Hand und suchen Sie nach einem aktuellen Tagesgeschehen. Abbildung 5.15 eines Smartphones zeigt einen Ausschnitt des Suchergebnisses für »Volleyball 2. Bundesliga«.

Abb. 5.15: Google AMP in der Suchergebnisseite

Der obere, nicht sichtbare Teil des Screenshots enthält die normalen organischen Treffer auf verschiedene relevante Seiten. In dem sichtbaren Bereich sehen Sie einen Abschnitt, der mit der Überschrift »Schlagzeilen« hervorgehoben wird. Die drei Ergebnisse in diesem Block sind Google-News-Seiten, das erste Ergebnis ist mit dem kleinen Blitz und der Beschriftung »AMP« markiert. Klickt der Nutzer auf den Eintrag, bekommt er die Seite in der AMP-Version direkt angezeigt. Die Seiten erscheinen quasi sofort nach dem Klick und werden extrem schnell aufgebaut, was daran liegt, dass die AMP-Seiten zum einen sehr schlank programmiert werden müssen und Google die Seiten aus einem Zwischenspeicher aufruft. Die Seiten werden also nicht erst beim Server des Anbieters abgeholt, sondern direkt von Googles Server. Zusätzlich kann der Nutzer durch Wischen nach rechts oder links die einzelnen AMP-Seiten aus dem Suchergebnis direkt aufrufen und so bequem durch die Schlagzeilen navigieren.

5.7.1   AMP-Seiten in der Google Search Console auswerten

Sofern Sie bereits AMP-Seiten einsetzen, finden Sie in der Google Search Console rudimentäre Daten über ihren technischen Zustand. Klicken Sie in der Google Search Console auf Darstellung in der Suche und dort auf den Unterpunkt Accelerated Mobile Pages. Google zeigt Ihnen die Anzahl der indexierten und die Anzahl der fehlerhaften Seiten an, mehr leider nicht.

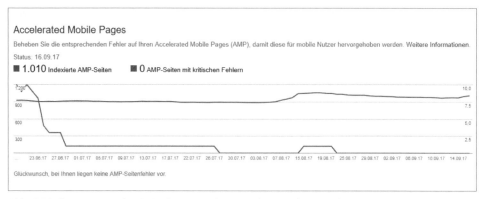

Abb. 5.16: Auswertung der AMP-Seiten in der Google Search Console

Abbildung 5.16 zeigt die Auswertung der News-Sektion der Domain volleyballer.de. Die blaue Kurve entspricht der Anzahl der indexierten Seiten, die rote Kurve zeigt die Fehleranzahl an. Wenn man sich die beiden Kurvenverläufe anschaut, könnte man meinen, dass im Juli 2017 extrem viele Fehler in den AMP-Seiten enthalten waren. Die Darstellung ist etwas verwirrend, die rote Kurve bezieht sich nämlich auf eine eigene Skala, die am rechten Rand des Diagramms angezeigt wird. Diese Fehlerskala zeigt in diesem Beispiel Werte zwischen 0 und 10 an, die blaue Skala reicht von 0 bis 1200. Es ist also nicht so dramatisch, wie es auf den ersten Blick aussieht. Die Fehler kommen meist durch inkompatible Sonderzeichen zustande, die dem UTF-8-Standard nicht entsprechen oder falsch codiert wurden.

Auch wenn Sie nur wenige Daten in der Google Search Console sehen, so können Sie zumindest erkennen, ob und wie viele AMP-Seiten vorhanden sind und wie sich die Fehleranzahl verhält. Nach dem Relaunch können Sie erkennen, ob es signifikante Veränderungen gibt. Wurden die AMP-Seiten in den neuen Seiten nicht integriert, wird die blaue Kurve (Seitenanzahl) entsprechend abstürzen.

5.7.2   AMP-Seiten-Aufrufe mit Google Analytics messen

AMP-Seiten können mit einem eigenen AMP-Pixel Daten an Google Analytics senden, so können Sie sie als Seitenbetreiber gesondert messen. Ich empfehle Ihnen dringend, dies auch zu tun, nur so können Sie analysieren, ob Ihre AMP-

Seiten überhaupt gelesen werden. Vielleicht handelt es sich in Ihrem Fall um eine wertvolle Besucherquelle, die auch nach dem Relaunch nicht versiegen sollte.

So integrieren Sie den Google-Analytics-Tracking-Code für Ihre AMP-Seiten

Die Integration des Codes ist sehr einfach. Legen Sie zunächst eine eigene Property in Google Analytics für die separate Messung der AMP-Seiten an. Sie könnten die AMP-Besucherdaten auch in Ihre bestehende Property fließen lassen, für eine getrennte Betrachtung der Kanäle ist aber die Trennung in eigene Properties sinnvoll.

In den AMP-Seiten-Quelltext müssen Sie dann in den <head>-Bereich ein JavaScript von Google laden:

```
<script async custom-element="amp-analytics"
  src="https://cdn.ampproject.org/v0/amp-analytics-0.1.js"></script>
```

Den folgenden Code setzen Sie an das Ende der AMP-Seiten:

```
<amp-analytics type="googleanalytics">
<script type="application/json">
{
 "vars": {
 "account": "UA-XXXXX-Y"
 },
 "triggers": {
 "trackPageview": {
  "on": "visible",
  "request": "pageview"
 }
 }
}
</script>
</amp-analytics>
```

Die Account-ID (UA-XXXXX-Y) ersetzen Sie bitte durch Ihre korrekte Google-ID.

Wenn alles korrekt funktioniert, können Sie in Zukunft die AMP-Seitenaufrufe in Ihrem Google-Analytics-Konto messen.

Unter relaunch.pro/76 finden Sie weitere Integrationsmöglichkeiten des Tracking-Codes.

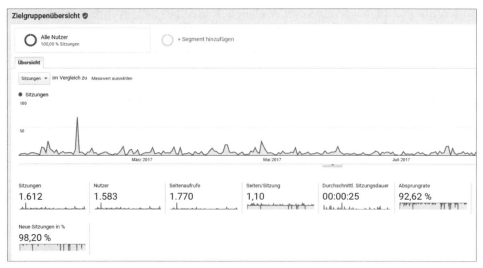

Abb. 5.17: AMP-Seitenaufrufe in Google Analytics

Haben Sie das Tracking integriert? Dann dokumentieren Sie dieses für den Relaunch, damit der Code später wieder in den neuen Seiten auftaucht.

5.8   RSS-Feeds

Für viele vielleicht ein Relikt aus dem vergangenen Jahrtausend: der RSS-Feed. Die Abkürzung RSS steht für »Really Simple Syndication«, zu Deutsch »einfache Zusammenfassung«. RSS stellt in einer standardisierten Form Nachrichten oder Website-Inhalte zur Verfügung. Ich selbst nutze diese Feeds, um mir damit auf meinem Smartphone meine eigenen Nachrichten zusammenzustellen. Viele große und kleine Websites bieten diesen Service an. Nutzer können diese RSS-Feeds abonnieren und dann entsprechend auf unterschiedlichen Plattformen und Endgeräten betrachten. WordPress-Blogs beispielsweise stellen standardmäßig einen RSS-Feed in dem Verzeichnis /feed/ zur Verfügung.

Ein sehr beliebter Feed-Reader ist Feedly (relaunch.pro/79). Hier können Sie bequem per Weboberfläche Ihre Feeds abonnieren, kategorisieren und natürlich auch lesen. Die einfach zu bedienende App steht für alle Smartphone-Betriebssysteme zur Verfügung.

Wenn Ihre Seite ebenfalls einen RSS-Feed zur Verfügung stellt und dieser von Ihren Nutzern abonniert wird, dann kann es sich bei diesem Feed um einen wertvollen Kanal für Ihre Seite handeln, den Sie auf jeden Fall im Auge behalten sollten. Ich schleuse meinen Feed durch die zu Google gehörende Web-App Feed-Burner (relaunch.pro/80). Dadurch bekomme ich Statistiken zur Nutzung meines Feeds und kann so sehen, ob und wie häufig er abonniert wurde. Zusätzlich können durch Parametrisierung der Verlinkungen die Klicks in Google Analytics gemessen werden. In Abbildung 5.18 sehen Sie die Statistik meiner Volleyballseite in FeedBurner.

Abb. 5.18: Statistiken eines RSS-Feeds in der Anwendung FeedBurner

Die Crawler, wie z.B. Screaming Frog SEO Spider, zeigen diese Feeds in der Regel nicht an, da sie nicht direkt in den Seiten verlinkt werden. Wenn Sie sich nicht sicher sind, ob Ihre Seite bereits über einen Feed verfügt, schauen Sie in dem Quelltext Ihrer Seiten nach.

In meiner Volleyball-Seite befindet sich ein entsprechender Hinweis auf den Feed im <head>-Bereich jeder URL.

```
<link rel="alternate" type="application/rss+xml" title="volleyballer.de
RSS-Feed" href="http://feeds.feedburner.com/Volleyballerde">
```

In der Seite stern.de finden sich gleich vier Feeds:

```
<link rel="alternate" type="application/rss+xml"
href="http://www.stern.de/feed/standard/all/"
title="stern.de RSS-Feed - Alle Artikel" />
<link rel="alternate" type="application/rss+xml"
href="http://www.stern.de/feed/overview/"
title="stern.de RSS Feed - Der Tag im Überblick" />
```

```
<link rel="alternate" type="application/rss+xml"
href="http://www.stern.de/feed/standard/alle-nachrichten/"
title="stern.de RSS Feed - Nachrichtenticker" />
<link rel="alternate" type="application/rss+xml"
href="http://www.stern.de/feed/standard/video/"
title="stern.de RSS Feed - Alle Videos" />
```

Suchen Sie also im Quelltext nach `application/rss+xml`. Wenn Sie fündig werden, nutzt Ihre Seite News-Feeds. Achten Sie in diesem Fall darauf, dass der Feed auch nach dem Relaunch erreichbar ist, da Sie ansonsten Besucher aus diesem Kanal verlieren werden.

Zusätzlich zu dem öffentlichen RSS-Feed beliefere ich noch weitere Partner mit Inhalten. Diese Datenlieferung erfolgt ebenfalls über verschiedene RSS-Feeds, deren Inhalte dann von den Partnern in ihre eigenen Websites integriert werden. Es handelt sich also quasi um eine Schnittstelle zu den Inhalten meiner Website. Das mag jetzt wie eine Sonderlösung klingen, ist aber recht verbreitet. Der Nachteil hierbei ist, dass Sie diese RSS-Feeds im Quelltext der Seiten nicht sehen können. Lediglich die Partner (und ich) kennen die Adressen der Feeds. Dokumentieren Sie in jedem Fall die Nutzung von Feeds, in diesem Fall ist Dokumentation noch wichtiger, da die Inhalte wie erwähnt auf den ersten Blick nicht sichtbar sind.

5.9   Schnittstellen zu Drittsystemen

Es gibt noch viele weitere Einsatzzwecke von Feeds. Produktfeeds beispielsweise stellen die Verbindung zu Marktplätzen zur Verfügung. Shopsysteme steuern so zum Beispiel Google-AdWords-Shopping-Anzeigen. Fehlt dieser Feed nach dem Relaunch, werden auch keine Anzeigen mehr geschaltet. Ärgerlich, wenn Traffic und Umsatz über diesen Kanal dann einbrechen. Google-Shopping-Anzeigen benötigen eine Verbindung zu Ihrem Google Merchant Center (`relaunch.pro/81`), dort finden Sie Details zu Ihrem Produktfeed aus Ihrem Shop und seine Adresse, der durch Ihren Shop erzeugt und gepflegt wird.

Ihr Shopsystem sendet dann an das Google Merchant Center den Produktfeed, das Shopsystem muss dazu entsprechend konfiguriert werden.

Bei der weitverbreiteten Shopsoftware Shopware finden Sie die Exporteinstellungen unter dem Menüpunkt MARKETING|PRODUKTEXPORTE.

Wie Sie in Abbildung 5.19 unschwer erkennen können, gibt es noch eine ganze Menge weitere Exportmöglichkeiten zu den verschiedensten Marktplätzen. In diesem Beispiel ist jedoch nur der Produktexport für Google aktiviert.

Produktexporte		
⊕ Hinzufügen		
Titel	**Dateiname**	**Anzahl Artikel**
Google Produktsuche	export.txt	0
Kelkoo	kelkoo.csv	0
billiger.de	billiger.csv	0
Idealo	idealo.csv	0
Yatego	yatego.csv	0
schottenland.de	schottenland.csv	0
guenstiger.de	guenstiger.csv	0
geizhals.at	geizhals.csv	0
Ciao	ciao.csv	0
Pangora	pangora.csv	0
Shopping.com	shopping.csv	0
Hitmeister	hitmeister.csv	0
evendi.de	evendi.csv	0
affili.net	affilinet.csv	0
Google Produktsuche XML	export.xml	122 ⟵
preissuchmaschine.de	preissuchmaschine.csv	0
RSS Feed-Template	export.xml	0

Abb. 5.19: Produktexporte in Shopware

Prüfen Sie Ihre Shopsoftware und suchen Sie nach den hier beschriebenen Exportschnittstellen. Wenn Sie bereits Daten exportieren, dann dokumentieren Sie die URLs, unter denen diese Feeds eingerichtet sind. Für einen reibungslosen Relaunch sollten Sie diese Exporte auch später wieder unter diesen URLs einrichten oder sie entsprechend umleiten.

Ich kann hier nicht auf jede mögliche Schnittstelle zu Drittsystemen eingehen, dazu sind die Möglichkeiten und Variationen einfach zu vielfältig. Wichtig ist, dass Sie eine Sensibilität für dieses Thema entwickeln und Ihre Website auf mögliche Schnittstellen und versteckte Codes hin untersuchen und diese bei Ihrem Relaunch berücksichtigen.

5.10 Codes automatisiert suchen

Sind alle Codes in allen Seiten vorhanden? Sie können jetzt natürlich anfangen, jede Seite aufzurufen und den Quelltext zu studieren, das macht aber wenig Sinn und noch weniger Spaß. Praktisch, wenn man ein Tool wie den Screaming Frog SEO Spider für diese Arbeiten einsetzen kann. Der Screaming Frog SEO Spider hat eine integrierte Suchfunktion, Sie können bei einem Crawl nach zehn verschiedenen Zeichenketten suchen.

5.10.1 Der Frosch kann helfen

Mit der folgenden Konfiguration können Sie nach den üblichen Verdächtigen in Ihrer Website suchen. Sie können diese Konfiguration natürlich für Ihre Bedürfnisse anpassen, ich möchte Ihnen lediglich zeigen, wie man mit dem Screaming Frog SEO Spider nach speziellen Inhalten fahndet.

In meinem Portal `volleyballer.de` gibt es sechs Codes, die auf allen Seiten vorhanden sein sollten:

- Google-Analytics-Tracking
- Matomo-Tracking
- Vermarkter-(Werbebanner-)Scripts
- Facebook-Remarketing-Pixel
- RSS-Feed-Verlinkung (FeedBurner)
- diverse strukturierte Daten

Das Konfigurationsmenü für die Suche finden Sie im Screaming Frog SEO Spider unter CONFIGURATION|CUSTOM|SEARCH.

Ich stelle die Filter so ein, dass mir die Seiten angezeigt werden, die die entsprechenden Codes nicht enthalten (DOES NOT CONTAIN).

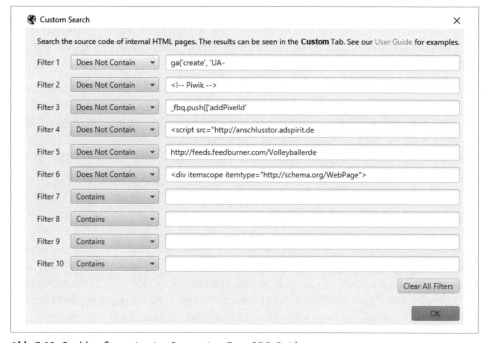

Abb. 5.20: Suchkonfiguration im Screaming Frog SEO Spider

Die verschiedenen Filter suchen nach den Fragmenten folgender Codes:

- Filter 1: Google-Analytics-Tracking-Code
- Filter 2: Matomo-Tracking-Code
- Filter 3: Facebook-Remarketing-Pixel
- Filter 4: Werbebanner-Code des Partners »Anschlusstor«
- Filter 5: RSS-Feed
- Filter 6: Strukturierte Daten

Sie sehen in den Filtereinstellungen in Abbildung 5.20, dass ich immer nur kurze Fragmente der einzelnen Codes in die Suchfelder eingegeben habe. Diese Fragmente sollten natürlich so gewählt sein, dass sie eindeutig auf das jeweilige Codeelement zurückzuführen sind.

Nachdem die Filter eingestellt sind, sollten Sie die Konfiguration speichern. So können Sie später mit diesen Filtereinstellungen immer wieder nach den Codes suchen, ohne die Filtereinstellungen jedes Mal erneut vornehmen zu müssen.

Klicken Sie zum Speichern der Konfiguration auf FILE|CONFIGURATION|SAFE AS.

Gerade wenn Sie umfangreiche Einstellungen im Screaming Frog SEO Spider vornehmen, wie zum Beispiel die Anbindung von Google Analytics und der Google Search Console, macht es Sinn, die Konfigurationen zu speichern, dann sparen Sie sich bei dem nächsten Crawl eine Menge Arbeit.

Das Ergebnis der Filter finden Sie schon während des Crawls unter dem Reiter CUSTOM. In dem dazugehörigen Drop-down-Menü auf der linken Seite können Sie den gewünschten Filter auswählen.

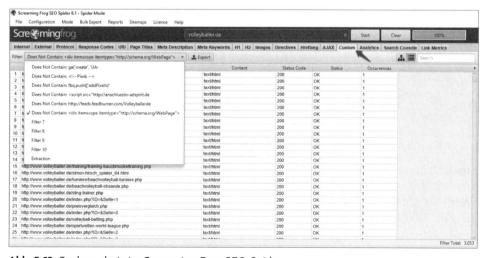

Abb. 5.21: Suchergebnis im Screaming Frog SEO Spider

In Abbildung 5.21 sehen Sie eine Menge Seiten, auf denen die strukturierten Daten fehlen. Im Idealfall sind die Filterergebnisse leer und zeigen keine fehlenden Elemente an. In diesem Fall habe ich die Fehler provoziert, um Ihnen zu zeigen, wie es nicht aussehen sollte.

5.10.2 DeepCrawl kann auch helfen

Den Onpage-Crawler DeepCrawl hatte ich Ihnen bereits für das Crawlen großer Seiten vorgestellt. Noch mal zur Erinnerung: DeepCrawl ist dem Screaming Frog SEO Spider sehr ähnlich, nur mit dem Unterschied, dass diese Software auf Servern im Internet betrieben wird und dadurch nicht von den Ressourcen Ihres Rechners abhängig ist. Zusätzlich ist DeepCrawl darauf ausgelegt, Internetseiten in bestimmten Intervallen immer wieder zu crawlen und die Unterschiede zwischen den Crawls zu dokumentieren. Das Tool ist also optimal geeignet, Ihren Relaunch-Prozess zu begleiten. Außerdem hat DeepCrawl von Haus aus schon viele Filter und Suchfunktionen eingebaut, mit denen Sie die wichtigsten Codes in Ihrer Internetseite finden können. Abbildung 5.22 zeigt die Auswertung der Open Graph Tags, also die Tags für Facebook und Twitter.

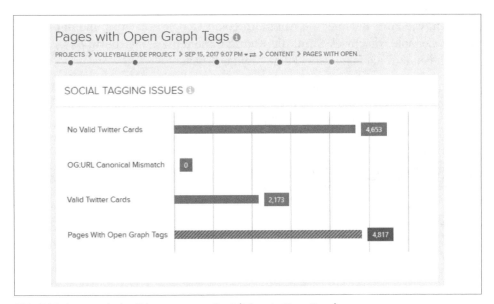

Abb. 5.22: Automatische Erkennung von Social-Tags in DeepCrawl

Wenn Sie auf die Balken klicken, dann bekommen Sie die Detailauswertungen, in diesem Fall die Liste der entsprechenden URLs. DeepCrawl zeigt Ihnen auch an, in welchen Seiten die Tags fehlen.

Des Weiteren erkennt DeepCrawl automatisch AMP-Seiten-Verlinkungen und führt diese in einer separaten Auswertung auf.

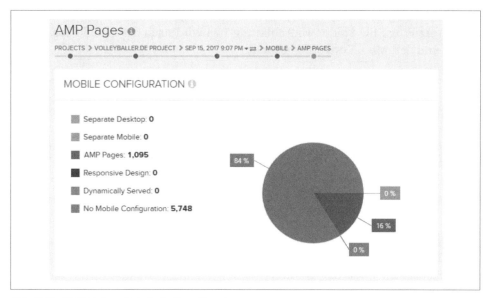

Abb. 5.23: AMP-Seiten-Details in DeepCrawl

Wie auch der Screaming Frog SEO Spider beherrscht DeepCrawl das Suchen nach speziellen Suchmustern. So können Sie nach verschiedenen Tags wie zum Beispiel Matomo- oder Facebook-Tracking-Codes suchen.

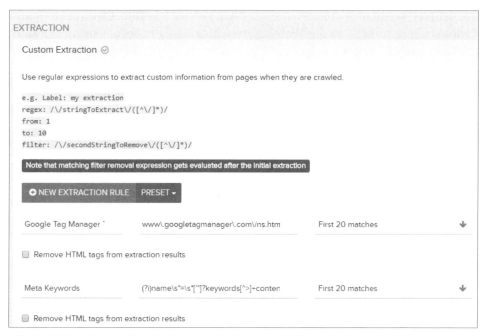

Abb. 5.24: Einstellungen für die Extraktion bestimmter Inhalte in DeepCrawl

Die Einstellungen sind in DeepCrawl etwas komplexer als im Vergleich zum Screaming Frog SEO Spider. In Abbildung 5.24 wird nach der Google-Tag-Manager-ID und den Meta-Keywords gesucht.

5.10.3 Codes überwachen

Mit dem Screaming Frog SEO Spider und DeepCrawl prüfen Sie in der Regel die komplette Domain und sehen nur Fehler, wenn Sie anschließend die Ergebnisse analysieren. DeepCrawl ist in dieser Hinsicht etwas komfortabler, da dieses Tool die Seiten in einem festen Intervall crawlt und die Veränderungen optisch hervorhebt. Als Seitenbetreiber müssen Sie jedoch aktiv die Crawl-Ergebnisse regelmäßig auswerten.

Immer wieder passiert es, dass bei Arbeiten an den Websites aus Versehen Codezeilen vergessen oder beschädigt werden. Wenn sich diese Fehler in den unsichtbaren Teilen Ihrer Website einschleichen, dann bekommen Sie in der Regel erst sehr spät oder nie etwas davon mit.

Da Sie aber hoffentlich wichtigere Dinge zu tun haben, als die Analysen des Screaming Frog SEO Spiders nach Fehlern zu durchforsten, empfehle ich Ihnen, das Tool Testomato (`relaunch.pro/82`) einzusetzen. Testomato ist eine Webanwendung und wurde für das Überwachen von Websites und deren Bestandteile entwickelt. Das Tool kann in sehr kurzen Intervallen (bis minimal 15 Sekunden) verschiedene Tests auf Ihrer Website durchführen. Diese Tests können von Ihnen frei definiert werden. So können Sie zum Beispiel nach bestimmten Inhalten und Codes suchen, prüfen, ob die Website erreichbar ist, oder sogar Formulare automatisiert ausfüllen lassen.

Abb. 5.25: Das Dashboard von Testomato

Gerade wenn viele Teams an einem Webprojekt arbeiten, kann es schnell zu Fehlern kommen, auf einmal fehlen Meta-Descriptions oder Canonical-Tags wurden versehentlich entfernt. Viele Websites und Anwendungen basieren auf Vorlagen, was das Testen einfacher macht, da sich Fehler so in den meisten Fällen auf alle Unterseiten durchziehen. Ein Shop zum Beispiel besteht aus Kategorieseiten, Suchergebnisseiten, Produktseiten und Bestellstrecken. Jede dieser einzelnen Seiten basiert auf diesen Vorlagen, auch Templates genannt. Verändert man ein Template, dann verändert man auch alle darauf basierenden Seiten. Alle Produktdetailseiten zum Beispiel haben dann den gleichen Fehler, da sie alle auf derselben Vorlage basieren. Mit Testomato müssen Sie demnach nicht jede einzelne Seite kontrollieren, sondern jeweils nur eine Stellvertreterseite pro Template. Zusätzlich zu den inhaltlichen Tests testet Testomato die Erreichbarkeit sowie die Geschwindigkeit der Website. Wenn Sie also für jede Seitenvorlage jeweils einen Test definieren, dann können Sie dadurch den größten Teil Ihrer gesamten Website überwachen.

Besonders praktisch ist in diesem Testszenario die Gruppierungsfunktion. Damit können Sie Eigenschaften festlegen, die für alle Seiten zutreffend sind. So müssen Sie beispielsweise nicht bei jedem Test mit angeben, dass der Google-Analytics-Code und die Meta-Description vorhanden sein müssen. Abbildung 5.26 zeigt ein Beispiel mit Eigenschaften, die ich gruppiert abfragen möchte.

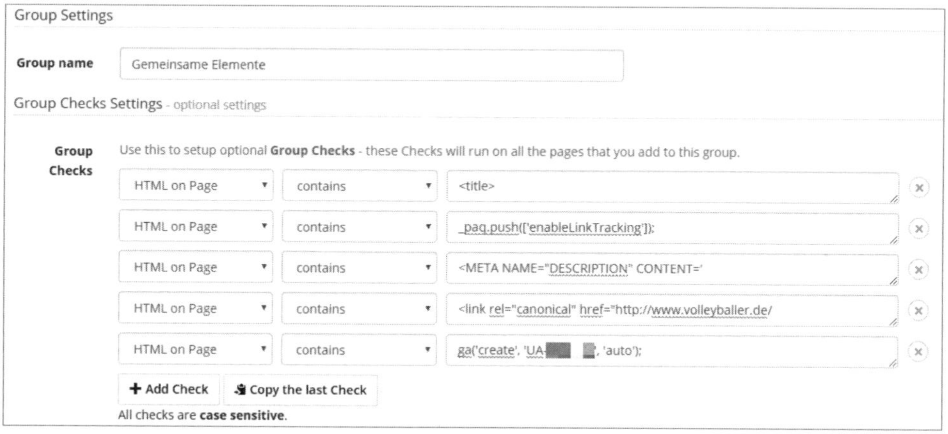

Abb. 5.26: Gruppierung von Tests in Testomato

Durch diese Einstellungen müssen bei jedem Test:

- ein Title-Tag,
- ein Matomo-Code,
- eine Meta-Description,
- ein Canonical-Element und ein Google-Analytics-Tracking-Code

im Quelltext der geprüften Seite enthalten sein.

Fügen Sie jetzt in diese Gruppe Seiten für den Test ein, dann werden diese alle auf die in der Gruppe eingestellten Tests geprüft. Sie ersparen sich so eine Menge Konfigurationsschritte.

Die Gruppierungsfunktion sollte mit Bedacht eingesetzt werden, selbst Unterschiede in der Groß- und Kleinschreibung werden schon als Fehler eingestuft. Schreiben Sie also in der einen Seite `Meta-Description` und in einer anderen Seite `META-DESCRIPTION`, dann wertet das Testomato als Fehler. Außerdem können Sie natürlich nur Eigenschaften gruppiert abfragen, die auch wirklich in allen zu prüfenden Seiten vorhanden sind.

Weiterführende Informationen und Strategien zum Einsatz von Testomato finden Sie in einem Blogartikel von Stefan Keil: `relaunch.pro/83`.

Es gibt noch viele weitere zusätzliche Codes, die hier nicht alle im Einzelnen beschrieben werden können. Benutzen Sie die in Abschnitt 5.2 beschriebene Browsererweiterung Ghostery, um die Codes zu identifizieren, schauen Sie sich Ihre Shopsoftware, Content-Management- und Blog-Systeme genau an. Welche Plugins und Erweiterungen werden dort bereits eingesetzt? Dokumentieren Sie alles, damit am Ende jeder Beteiligte um diese Codes weiß und alles wieder in die neuen Seiten einfließen kann.

5.11   Alles an einem Platz: Der Google Tag Manager

Sicherlich haben Sie jetzt verschiedenste Tracking-Codes, Remarketing-Pixel und sonstige Codefragmente in Ihrer Website gefunden. Wäre es nicht großartig, wenn Sie all diese verteilten Codeschnipsel mit einem Tool gemeinsam in einer übersichtlichen Oberfläche verwalten könnten? Mit dem kostenlosen Google Tag Manager (`relaunch.pro/77`) haben Sie Ihre Tracking-Codes im Griff. Dieses Tool sammelt alle zusätzlichen Codes zentral in einer Verwaltungsoberfläche. Sie müssen so nicht mehr in Ihren Quelltexten und Systemen die Codes einzeln integrieren, sondern können alle Codes in dem Google Tag Manager verwalten und steuern.

Abbildung 5.27 zeigt die Verwaltungsoberfläche des Google Tag Managers.

Der Google Tag Manager wird einmal in allen Seiten integriert und kann dann in verschiedenen oder allen Seiten Codes dynamisch einblenden. Ein Beispiel: Wenn Sie einen Verkauf in einem Shop mit Google AdWords messen möchten, dann müssen Sie den AdWords-Conversion-Code in die letzte Seite (Bestellbestätigung) des Bestellvorgangs einsetzen. Entweder erledigt das Ihre Shopsoftware oder Sie müssen selbst Hand an den Shop-Quelltext anlegen. Mit dem Google Tag Manager können Sie einfach definieren, dass in der Bestellbestätigung der AdWords-Code eingeblendet wird, ohne dass Sie die Seite bearbeiten müssen. Durch sogenannte »Trigger« können Sie diese beschriebene Einstellung genauso vornehmen.

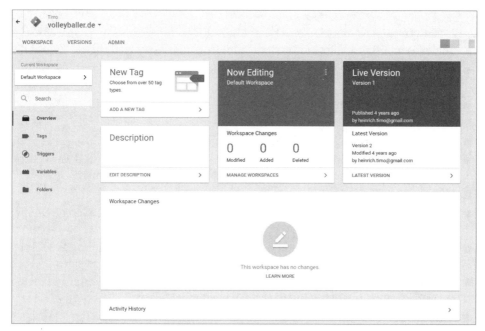

Abb. 5.27: Der Google Tag Manager

Ein weiterer Vorteil ist die Geschwindigkeit, mit der Sie weitere Codes hinzufügen können. In großen Firmen durchlaufen Code-Änderungen oftmals viele Testprozesse, so kann eine kleine Änderung oder Ergänzung der Codes manchmal Wochen dauern. Mit dem Google Tag Manager können Sie diese Codes direkt implementieren. Ein Tipp: Sagen Sie den Entwicklern trotzdem Bescheid, das sorgt für bessere Stimmung.

Weitere Hilfen und Videos zum Google Tag Manager finden Sie unter: `relaunch.pro/78`.

Wenn Sie sich noch in der Relaunch-Planung befinden, dann prüfen Sie, ob der Einsatz des Google Tag Managers für Sie infrage kommt, und führen Sie gegebenenfalls jetzt schon alle Codes darin zusammen, dann ist die Integration später mit wenigen Klicks zuverlässig erledigt.

Der richtige Zeitpunkt, um aufzuräumen

Eventuell haben Sie bei Ihrem Test schon ein paar alte Codeleichen gefunden, jetzt ist es an der Zeit, diese vergessenen und wahrscheinlich unnützen Bestandteile zu entsorgen. Halten Sie Ihre Website schlank, entschlacken Sie Ihr Projekt und fassen Sie die Codes eventuell schon im Google Tag Manager zusammen. Die Arbeit lohnt sich, das werden Sie spätestens nach dem Relaunch bemerken, wenn Sie mit wenigen Klicks alle Tracking-Codes implementiert haben.

Checkliste: Unsichtbares ist wichtig

- Viele Codebestandteile sind versteckt und trotzdem essenziell für die Website.
- Schauen Sie in Ihre Google Search Console. Werden dort strukturierte Daten aufgeführt?
- Nutzen Sie AMP von Google oder Instant Article von Facebook?
- Setzen Sie Twitter-Cards-Auszeichnungen ein?
- Gibt es Conversion-Codes oder Conversion-Pixel in Ihren Seiten?
- Nutzen Sie Google AdWords oder andere Werbemaßnahmen und verlinken Sie dort eigene Zielseiten, die in den Onpage-Crawls nicht auftauchen?
- Bieten Sie RSS-Feeds an?
- Haben Sie Schnittstellen zu Drittsystemen eingerichtet, wie z.B. Google-Shopping-Anzeigen oder Marktplätzen?
- Nutzen Sie die Suchfunktionen der Onpage-Crawler Screaming Frog SEO Spider und DeepCrawl zur seitenweiten Fahndung nach versteckten Codes.
- Richten Sie ein Monitoring-Tool wie Testomato ein, um alarmiert zu werden, wenn sich wichtige Elemente in Ihrer Website verändern.
- Führen Sie alle Tracking- und Conversion-Codes im Google Tag Manager zusammen, damit Sie sie besser verwalten können.
- Dokumentieren Sie die verwendeten Codes und Fundstellen, damit später nichts vergessen wird.
- Entfernen Sie nicht mehr benötigte Codes.

5.12 Zusammenfassung

In diesem Kapitel haben Sie Folgendes gelernt:

- **Versteckte Codes verstehen** – Sie wissen jetzt, wie wichtig die kleinen Helfer im Hintergrund für den reibungslosen Betrieb Ihrer Website sein können. Falls Sie nach dem Relaunch auf einmal keine Besucher mehr in Ihrer Website-Statistik verzeichnen, sind Sie in der Lage, die Fehlerursache schnell zu identifizieren.
- **Strukturierte Daten erkennen** – In der Google Search Console finden Sie alle Auswertungen zu Ihren strukturierten Daten und sorgen dafür, dass diese auch nach dem Relaunch unverändert gut – oder besser – wieder eingesetzt werden.
- **Social-Media-Tags finden** – Damit eine geteilte URL bei Facebook und Twitter gut rüberkommt, bedarf es des Einsatzes von Open Graph Tags. Klar!
- **Schnittstellen pflegen** – RSS-Feeds und Google-Shopping-Anzeigen benötigen Daten aus Ihrem System. Sie kennen jede Schnittstelle und jede XML-URL Ihres Systems.
- **Alarmierung einrichten** – Vertrauen ist gut, Kontrolle ist besser, das gilt auch bei dem Betrieb und der Pflege von Websites. Mit dem richtigen Tool sind Sie bestens gerüstet und stets informiert, wenn sich an Ihrer Website etwas Unerwünschtes tut.

## Kapitel 6

Lastenheft erstellen und Agentur finden

Sie haben jetzt alle relevanten Daten über Ihre Website gesammelt und dokumentiert, damit haben Sie das nötige Rüstzeug, um jetzt auch eine Agentur zu suchen und diese sauber und umfangreich über die Umsetzung des Relaunches zu instruieren. In diesem Kapitel möchte ich Ihnen Tipps geben, wie Sie zum einen mit einem Lastenheft vergleichbare Angebote einholen und wie Sie die richtige Agentur für Ihr Projekt finden.

6.1   Inhalt und Struktur des Lastenheftes

Bitte lassen Sie sich von dem etwas sperrig klingendem Wort »Lastenheft« nicht abschrecken, in der Software-Entwicklung hat sich die Kombination Lasten- und Pflichtenheft als zuverlässiges Werkzeug für eine optimale Angebots- und Arbeitsvorbereitung etabliert. In dem Lastenheft definieren Sie für Ihre potenziellen Auftragnehmer den Ist-Zustand und Ihre Wünsche bezüglich Ihres Projekts. Anhand des Lastenhefts kann der Auftragnehmer im Vorwege den Aufwand abschätzen und Ihnen mit dem von ihm erstellten Pflichtenheft ein differenziertes Angebot erstellen. Der initiale Aufwand ist hierfür natürlich etwas größer, als es Ihnen und der Agentur vielleicht lieb ist, jedoch zahlt sich dieser Aufwand für alle Parteien am Ende aus. Klarheit, definierte Ziele und Funktionen werden eindeutig beschrieben und können so später überprüft und abgenommen bzw. nachgebessert werden. Ein weiterer Vorteil: Mit dem Lastenheft sind Sie in der Lage, vergleichbare Angebote von verschiedenen Dienstleistern einzuholen, da die Angebote alle auf den gleichen Anforderungen basieren.

Ein Lastenheft sollte bestimmte Inhalte vorweisen, damit jeder potenzielle Auftragnehmer möglichst gut über Ihr Vorhaben und Ihre Ziele informiert ist. Ziel des Lastenheftes ist es jedoch nicht, dem Auftragnehmer jedes Detail bis ins Kleinste vorzuschreiben, vielmehr soll ihm die Chance gegeben werden, eigene Lösungsansätze und Techniken vorzuschlagen und anzubieten. Wenn das Korsett zu eng wird, dann wird es für Sie schwer, die passende Agentur zu finden, da nicht jede Agentur alle Anforderungen ohne Weiteres erfüllen kann.

Ich möchte im Folgenden auf die Struktur und die für einen Relaunch relevanten Inhalte eingehen. Bitte bedenken Sie, dass ich im Rahmen dieses Buches nicht auf alle Punkte eines Lastenheftes eingehen kann. Als Startpunkt für tiefer gehende Recherchen möchte ich Ihnen den Wikipedia-Artikel zu diesem Thema empfehlen: `relaunch.pro/107`.

6.1.1 Einführung

In der Einführung stellen Sie Ihre Firma und Ihr Projekt vor. Sie werden sich im Vorwege auch über Ihre potenziellen Auftragnehmer informiert haben, von daher ist es nur fair, dass alle Beteiligten wissen, mit wem sie es jeweils zu tun haben.

Zusätzlich beschreiben Sie Ihr Vorhaben und grob Ihre Ziele, die Sie wie weiter unten beschrieben noch detaillierter ausführen.

6.1.2 Der Ist-Zustand

Den Ist-Zustand haben Sie ausführlich in den vorangegangenen Abschnitten dokumentiert. Im Lastenheft sollten Sie so viel wie möglich vom aktuellen Status der Website beschreiben. Es mag Ihnen etwas befremdlich erscheinen, ich rate Ihnen trotzdem, so viele Daten von Ihrem Websiteprojekt wie möglich bekannt zu geben, auch wenn der potenzielle Auftragnehmer so direkten Einblick in Ihre Geschäftszahlen bekommt. Je mehr Transparenz Sie im Vorwege gewähren, desto besser werden die Angebote und schlussendlich auch das Endergebnis werden.

Legen Sie folgende Tabellen dem Lastenheft (in digitaler Form) bei:

- Liste aller URLs als Excel-Liste oder CSV-Datei, mit Title und Description (Screaming Frog SEO Spider)
- Liste aller Keywords inklusive rankender URLs und Platzierungen, Export aus der Google Search Console und weiteren Keyword-Tools (falls vorhanden)
- Liste aller Backlinks, Quell- und Ziel-URLs aus der Google Search Console und anderen Backlinktools
- Liste aller Landingpages, die aus Kampagnen, wie AdWords- und Facebook-Werbung aufgerufen werden
- Export des gesamten Crawls aus Screaming Frog SEO Spider

Bei dem Großteil der Tools können Sie zusätzliche Nutzerkonten einrichten, teilweise können diese beschränkt werden, sodass die Nutzer nur einen Teil der Auswertung sehen oder nur mit Leserechten ausgestattet werden können.

Geben Sie den Auftragnehmern folgende Zugriffe:

- Leserechte auf Google Analytics (der Auftragnehmer muss dafür nur über ein Google-Konto verfügen)
- Leserechte auf die Google Search Console (Google-Konto)
- Leserechte auf weitere Tools wie zum Beispiel Sistrix, Xovi, Ahrefs, DeepCrawl usw.

Wie bereits beschrieben, können Sie die relevanten Daten auch aus Analytics und der Google Search Console exportieren, dazu gehören:

■ Besucherzahlen in einem Zeitraum von mindestens zwölf Monaten

■ Exporte der Keywords, Verlinkungen, Statistiken über strukturierte Daten aus der Google Search Console

■ Exporte aller Quellen aus dem Google-Analytics-Bericht AKQUISITION|ÜBERSICHT

■ Exporte aller Seiten aus dem Google-Analytics-Bericht VERHALTEN|WEBSITE-CONTENT|ALLE SEITEN

Mit diesen Daten und Zugriffen kann sich der Auftragnehmer schon ein sehr gutes Bild von Ihrem Projekt machen. Außerdem, kleiner Psychotrick: Wenn Sie dem potenziellen Auftragnehmer Exporte aus Screaming Frog SEO Spider und/oder Zugriff auf das »Nerd-Tool« Ahrefs geben, dann weiß er, dass er es hier mit jemandem zu tun hat, der weiß, wovon er spricht, und begegnet Ihnen auf Augenhöhe.

Sicherheitshalber sollten Sie, bevor Sie Ihre Daten offenlegen, mit dem potenziellen Dienstleister eine Geheimhaltungspflicht vereinbaren. Oft wird auch von einer sogenannten »NDA« gesprochen, dabei handelt es sich um die Abkürzung für **N**on **D**isclosure **A**greement. Es handelt sich hierbei um einen Vertrag, »welcher das Stillschweigen über Verhandlungen, Verhandlungsergebnisse oder vertrauliche Unterlagen festschreibt. Der Verpflichtete stimmt zu, ihm zugänglich gemachte Informationen geheim zu halten.« (Zitat von Wikipedia: `relaunch.pro/84`).

Zusätzlich übergeben Sie in Listenform folgende Daten und Inhalte:

■ Welches Shopsystem oder CMS wird zurzeit eingesetzt?

■ Welche Serverplattform, Datenbank und Scriptsprachen werden verwendet?

■ Welche strukturierten Daten werden verwendet?

■ Welche Tracking-Systeme werden eingesetzt?

■ Werden Remarketing-Maßnahmen eingesetzt? Wenn ja, wie sind diese technisch integriert?

■ Werden in Ihrer Website-Statistik spezielle Events, Ziele und Conversions gemessen? Wenn ja, wie und wo? Zum Beispiel Zieleinrichtungen in Google Analytics oder Conversion-Tracking in Google AdWords

Sinn und Zweck ist es, spätere Überraschungen während der Realisierung zu vermeiden, je offener alle Auftraggeber und Auftragnehmer miteinander umgehen, desto besser und schneller wird sich ein für alle Beteiligten zufriedenstellendes Ergebnis einstellen.

Der Soll-Zustand

Der Soll-Zustand stellt Ihre Wünsche an die neue Website dar. Diese müssen und können nicht bis ins kleinste Detail definiert werden, sondern können im Gegenteil auch etwas blumiger ausfallen. Bitte verstehen Sie mich nicht falsch, aber es ist schlichtweg nicht möglich, zu jedem Suchbegriff, jeder Funktion und zu jedem Pixel der Website klare Vorgaben zu machen.

So könnte Ihre Wunschliste aussehen

- Die Seite soll auch auf Smartphones gut aussehen und funktionieren.
- Die Seite soll auf allen Geräten schnell laden und einen Google-PageSpeed-Wert von mindestens 80 Punkten erreichen (okay, schon ziemlich klar definiert, aber »schnell« wäre mir dann doch zu schwammig).
- Meine Top-Keywords (Platz 1–10) dürfen sich auf keinen Fall verschlechtern.
- Meine Conversion-Rate ist derzeit 1%, ich wünsche mindestens 2%.
- Wir haben eine neue Corporate Identity, die bitte im Design berücksichtigt werden muss.
- Alle externen Backlinks müssen auf eine passende Seite zeigen und eventuell angepasst werden.
- Ich möchte alle Seiten selbst pflegen können.
- Das Content-Management-System muss einfach zu bedienen sein.
- Ich möchte nicht TYPO3 einsetzen (man kann ja auch mal sagen, was man nicht möchte).
- Ich möchte Google Analytics oder eine adäquate Alternative (falls noch nicht vorhanden) einsetzen.
- Die Seiten müssen per SSL verschlüsselt werden.
- Alle Inhalte sollen aus dem alten Auftritt in die neue Seite migriert (übertragen) werden.
- Ich möchte ca. 200 neue Produkte im Shop anbieten, für diese neuen Produkte benötige ich ausführliche Produkttexte, bitte unterbreiten Sie mir ein Angebot für die Texterstellung.
- Es dürfen innerhalb der neuen Seiten keine doppelten Inhalte (Duplicate Content) auftreten.
- Alle Shop-Produkte, Bestellungen und Kunden sollen im neuen Shop migriert werden.
- Die Seiten sollen auch auf Polnisch und Dänisch umgesetzt werden, bitte unterbreiten Sie ein Angebot für die Übersetzung und Dateneingabe.
- Ich möchte möglichst viele Zahlungsarten in meinem Shop anbieten.
- Ich benötige Schnittstellen zu eBay, Amazon und anderen Marktplätzen.

- Jede Seite muss einfach auf den wichtigsten Social-Media-Plattformen geteilt werden können.
- Ich möchte regelmäßig Newsletter an ca. 50.000 Empfänger versenden.
- Ich möchte weitere innovative Kommunikationsmittel, wie z.B. Browser-push- oder WhatsApp-Benachrichtigungen einsetzen.
- Die Verfügbarkeit der Seiten muss mindestens 99,5% betragen, ich wünsche mir hierfür eine monatliche Statistik.
- Der Shop muss regelmäßig auf volle Funktion geprüft werden, dazu müssen automatisiert Bestellungen ausgeführt werden.
- Ich wünsche ein fehlertolerantes und intelligentes Suchsystem für meine Seite/meinen Shop.

Sie sehen schon, die Wunschliste kann sehr ausführlich werden, die Arbeit lohnt sich aber für Sie. Eventuell denken Sie bei einigen Punkten, dass es sich um Selbstverständlichkeiten handelt, meine Erfahrung zeigt aber, dass gar nichts selbstverständlich ist. Der Punkt »Übernahme der Produkte, Bestellungen und Kunden« kann bei einem Wechsel des Shopsystems für den Auftragnehmer eine harte Nuss werden, für Sie ist dieser Punkt jedoch einleuchtend und selbstverständlich und würde gegebenenfalls daher nicht in Ihrem Lastenheft aufgeführt werden.

Da es sich bei diesem Buch vornehmlich um die technischen Aspekte und Herausforderungen eines Relaunches dreht, möchte ich Ihnen in diesem Punkt detaillierte Tipps und Hinweise für diese Bereiche in Ihrem Lastenheft an die Hand geben.

Anforderungen in Hinsicht auf die Onpage-Elemente

Dieser Punkt mag in vielen Lastenheften nicht separiert aufgeführt sein, ich empfehle Ihnen aber, hier noch mal etwas Arbeit hineinzustecken, da auch hier der Teufel im Detail steckt.

Title-Tag/Seitentitel

Der Seitentitel wird in den Suchmaschinenergebnissen als anklickbarer Link angezeigt. Der Inhalt des Title-Tags sollte daher nicht zu lang und nicht zu kurz sein. Jede Unterseite muss einen individuellen, auf den Inhalt der jeweiligen Unterseiten abgestimmten Text enthalten. Optimal ist das für die Unterseite wichtigste Keyword im Title-Tag enthalten. Das Title-Tag sollte nicht über 50 Zeichen inklusive Leerzeichen lang sein.

Anforderung: *Das Title-Tag muss manuell gepflegt werden können.*

Der Screaming Frog SEO-Spider kann die Title-Tags separiert auswerten und auch gleich eine Vorschau des Snippets anzeigen.

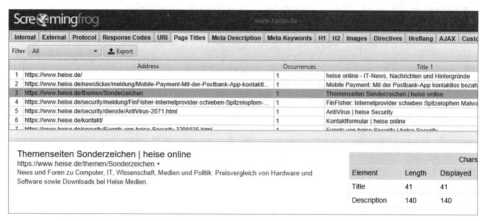

Abb. 6.1: Title-Tags im Screaming Frog SEO Spider

Sie können Ihre Seiten mit dem Screaming Frog SEO Spider crawlen und den Page-Title-Report einfach exportieren und dem Lastenheft beilegen. So können die bestehenden Title-Tags wieder für den Relaunch verwendet werden.

Meta-Description

Die Meta-Description taucht auch in den Suchmaschinenergebnissen auf. Sie ist die Beschreibung unter dem blauen Title-Tag und von daher ebenfalls sehr wichtig für die Klickrate. Sie stellt quasi gemeinsam mit dem Title-Tag den ersten Kontakt zu Ihren Kunden her und sollte daher mit Bedacht getextet werden. Sollte es keine Meta-Description geben, dann nimmt sich Google irgendeinen passenden Textausschnitt aus der Seite und zeigt ihn im Suchergebnis an.

Die Meta-Description sollte nicht länger als (ungefähr) 230 Zeichen sein, da sie sonst im Suchergebnis von Google einfach abgeschnitten wird. Der Screaming Frog SEO Spider hat auch hierfür eine eigene Ansicht, die entsprechend ebenfalls exportiert werden kann.

Anforderung: *Die Meta-Description muss manuell gepflegt werden und für jede Seite individuell angelegt werden können.*

Die Zeichenlängen-Angaben sind nicht in Stein gemeißelt, im Gegenteil, Google experimentiert immer wieder mit der Anzeige in den Suchergebnissen. Auch wenn Sie sich an die Längenangaben halten, so kann es in der Zukunft immer mal wieder zu kleinen Überraschungen kommen, wenn Google an den Längen und Darstellungsformen herumschraubt.

Falls Sie Hilfe bei der Erstellung der Title-Tags und Meta-Descriptions benötigen, möchte ich Ihnen den kostenlosen SERP-Snippet-Generator von Sistrix empfehlen: `relaunch.pro/85`. Mit diesem Tool können Sie die bestehenden Daten einer URL laden, Title und Beschreibung ändern und sofort das Ergebnis samt einer Bewertung sehen.

\<Hx\>-Überschriften

Ein gut strukturiertes Dokument enthält hierarchisch gegliederte Überschriften, in Word gibt es dafür entsprechende Formatierungen. Werden diese Überschriften sinnvoll eingesetzt, dann kann das Textverarbeitungsprogramm automatisch anhand der Gliederung ein Inhaltsverzeichnis erstellen. Bei Internetseiten ist das ganz ähnlich. Hier werden die Überschriften im Quelltext mit der Auszeichnung \<h1\> bis \<h6\> eingesetzt, wobei die \<h1\> die Überschrift der ersten Ordnung ist. Damit die Suchmaschinen Ihre Internetseite zumindest strukturell verstehen, sollten die Überschriften in der richtigen Reihenfolge eingesetzt werden. Klingt logisch, wird aber leider trotzdem häufig falsch umgesetzt.

Anforderung: *Überschriftenstruktur muss korrekt eingebunden werden. Alle Überschriften können editiert werden.*

Pro Unterseite darf eine (einzige) \<h1\> eingesetzt werden. Alle anderen Überschriften müssen in der richtigen Reihenfolge darunter eingesetzt werden. Oftmals ist es sinnvoll, in der \<h1\> ein wichtiges Suchwort zu erwähnen, das lässt sich häufig auch gar nicht vermeiden. Im Ernst: Sie sollten bitte in den Überschriften relevante Wörter aufnehmen, aber bitte keine Aufzählungen. Schreiben Sie für den Menschen, nicht für die Maschine.

Mit der Browser-Erweiterung Web Developer für Chrome (`relaunch.pro/44`) sind Sie in der Lage, einen Überschriften-Schnelltest auszuführen. Rufen Sie die zu analysierende Seite im Chome-Browser auf, klicken Sie in der Erweiterung auf den Reiter INFORMATION und dort dann auf den Unterpunkt VIEW DOCUMENT OUTLINE.

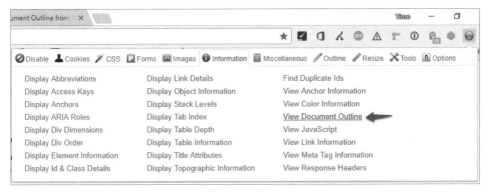

Abb. 6.2: Mit der Erweiterung Web Developer für Chrome lassen sich die Überschriften in einer Website schnell anzeigen.

Als Ergebnis sehen Sie die Überschriften-Struktur der aktuell aufgerufenen Seite (Abbildung 6.3).

Abb. 6.3: Fehlerhafte Überschriftenstruktur

Sofern die Struktur Fehler enthält, werden diese farblich markiert (siehe Abbildung 6.3). Mit diesem kleinen Werkzeug können Sie also auch nach dem Relaunch Ihre Seiten prüfen. Der Screaming Frog SEO Spider hat natürlich auch hierfür eine Lösung: Hinter den beiden Reitern H1 und H2 finden Sie die Auswertungen für diese beiden Überschriften, allerdings sehen Sie im Screaming Frog SEO Spider leider nicht die komplette Überschriften-Struktur, aber zumindest können Sie analysieren, ob die ersten beiden Überschriftenebenen korrekt eingesetzt wurden.

Canonical-Tags

Das Canonical-Tag hatte ich bereits beim Thema »Crawling-Probleme« angerissen, Noch mal zur Erinnerung: Jede Unterseite sollte ein Canonical-Tag enthalten, das (in der Regel) auf sich selbst verweist. Damit soll verhindert werden, dass es für eine URL mehrere Varianten gibt und die Suchmaschinen dadurch mehr Seiten crawlen als eigentlich notwendig. Das Canonical-Tag ist nicht zwingend notwendig, kann aber den Suchmaschinen helfen, Ihre Seiten besser und schneller zu crawlen. Wobei auch das Canonical-Tag von Google hin und wieder ignoriert wird. Ich hatte mal den Fall, dass das Canonical-Tag in einer Seite auf eine andere Seite verwies, da die Seite nicht im Suchergebnis erscheinen sollte. Die Seite war aber von externen Domains so stark verlinkt, dass Google sich die Freiheit nahm und die Seite trotz des Canonicals angezeigt hat.

Anforderung: *Jede Seite kann ein Canonical-Tag enthalten, die Canonical-Tags können vom Auftraggeber editiert werden.*

hreflang-Tags

Wie die Überschrift vermuten lässt, handelt es sich hierbei um Spracheinstellungen für mehrsprachige Websites. Im Klartext: Wenn Sie Ihre Seiten in mehreren Sprachen anbieten, dann können Sie mit dem hreflang-Tag die verschiedenen

Sprachversionen untereinander verlinken und so den Suchmaschinen einen Hinweis auf die jeweils entsprechende anderssprachige Seite geben.

Im Screaming Frog SEO Spider gibt es mehrere Exportmöglichkeiten, mit denen Sie die hreflang-Tags in Ihrer Seite analysieren können.

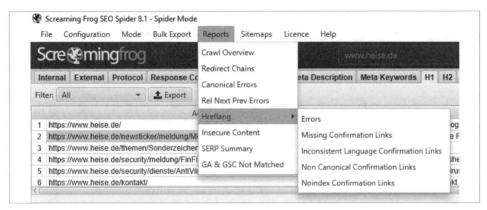

Abb. 6.4: hreflang-Exportfunktion in Screaming Frog SEO Spider

Anforderung: *Das CMS oder die Shopsoftware müssen hreflang-Tags automatisiert und korrekt einbinden.*

URL-Schema

Mit dem URL-Schema werden zwei Dinge definiert: Wie sehen die Dateinamen aus und wie wird die URL samt Unterverzeichnissen aufgebaut? Die Zeit der langen URL-Ungeheuer ist zum Glück vorbei, immer seltener sieht man URLs wie diese:

`www.ausdersteinzeit.de/1/1998/index?ID=2123&Kat=4&Lang=DE`

Die Adresse ist kryptisch und nicht »sprechend«. Sprechende URLs lassen den Nutzer schon vor dem Klick erahnen, welcher Inhalt sich hinter der Adresse verbergen könnte. Indirekt betreiben Sie mit klaren URLs Suchmaschinen-Optimierung, da Nutzer eher klicken, wenn das Risiko geringer ist. Dieses Verhalten haben Sie wahrscheinlich schon mal bei sich selbst beobachtet. Wenn Sie eine Suchergebnisseite scannen, dann bleiben Sie an den Ergebnissen hängen, die Ihre Schlüsselwörter enthalten.

Für die URLs gilt daher die Anforderung: *Das System erzeugt automatisiert »sprechende URLs«. Der Auftraggeber muss die URLs bearbeiten können.*

Die zweite zu definierende Eigenschaft der URLs ist die Verzeichnistiefe. Hier gilt der Grundsatz: je kürzer, desto besser, was nicht darin münden muss, dass sich alle Dateien auf der ersten Verzeichnisebene befinden. Sinnvoll in einem Shop sind beispielsweise Unterverzeichnisse für Shop-Kategorien.

Die folgende URL erfüllt beide Eigenschaften, Kürze und Verständlichkeit:

`www.superschuheshop.de/herren/sneaker/adidas/`

Die Adresse ist »sprechend«, Sie wissen auch ohne Klick auf die URL, was sich dahinter verbergen wird. Wenn Sie nach »Adidas Sneaker für Herren« gesucht haben, dann wird Ihnen dieser Shop das passende Angebot unterbreiten können.

Verzeichnisstruktur sinnvoll gestalten

Früher galt einmal in der »SEO-Welt« der Grundsatz: Die URL muss möglichst kurz gehalten werden, damit die Suchmaschinen sie besser indexieren können. Das führte dazu, dass teilweise Verzeichnisse komplett entfernt wurden. Mittlerweile geht man dazu über, sinnvolle Verzeichnis- und Dateinamenstrukturen anzuwenden. Dies hat mehrere Vorteile: Zum einen ist eine URL mit den entsprechenden Verzeichnissen noch »sprechender«. Bei der URL `https://ein-shop.store/sneaker/herren/adidas/` kann man sich schon anhand der Verzeichnisnamen vorstellen, was sich dahinter verbirgt, und ahnt, was einen erwartet. Zum anderen können Sie mit Verzeichnissen sehr viel besser externe Systeme wie Google Analytics, die Google Search Console oder zum Beispiel Sistrix einrichten, da viele dieser Systeme über die Verzeichnisse eigene Auswertungen erstellen. So können Sie in Sistrix beispielsweise die Sichtbarkeit auf Verzeichnisebene auswerten und in Google Analytics Inhalte in Verzeichnisse gruppieren und besser betrachten.

Weitere Tipps für die Gestaltung der URLs

Ich möchte Ihnen noch weitere Hinweise für die Gestaltung der URLs geben. Wenn Sie die URLs in Ihrem neuen Shop- oder Content-Management-System ändern können, dann versuchen Sie, die folgenden Hinweise zu beherzigen:

Erwähnen Sie Suchbegriffe in der URL: Die Suchmaschinen heben die Suchbegriffe in den Ergebnissen durch eine Fettung hervor. Der Nutzer kann so schneller erkennen, ob das Suchergebnis für ihn relevant ist. Ihr Suchergebnis ist durch die Hervorhebung sichtbarer.

Vermeiden Sie Parameter: Wie in dem oben genannten Paradebeispiel für schlechte URLs gezeigt, verunstalten angehängte Parameter, wie zum Beispiel ?ID=222 jede URL. Die Adresse wird kryptisch. Zusätzlich können bei Suchmaschinen Probleme beim Erfassen dieser Seiten auftauchen und somit besteht die Gefahr, gar nicht in den Suchergebnissen angezeigt zu werden. Mittlerweile können die Suchmaschinen gut mit Parametern umgehen, sicherer ist es aber, ganz darauf zu verzichten.

Bitte keine Unterstriche in den URLs: Wenn Sie Wörter trennen müssen, dann verwenden Sie den Bindestrich. Das Problem beim Unterstrich ist, dass er als Sonderzeichen gilt und einfach aus der URL durch die Suchmaschinen intern entfernt wird. Die Suchmaschinen verstehen dann nicht mehr die einzelnen Wörter in der URL. Die URLs werden in den Suchergebnissen zwar korrekt dargestellt, die Information daraus geht aber durch den Unterstrich verloren.

Schreiben Sie immer alles klein: Das Internet unterscheidet zwischen Klein- und Großschreibung. Wenn Sie in Dateinamen mit Groß- und Kleinschreibungen arbeiten, dann besteht die Gefahr, dass externe Seiten, die auf Ihre Seiten verlinken, Ihre URLs falsch schreiben. Werden Ihre Seite und Ihre URLs häufig durch direktes Eintippen der Adressen im Browser aufgerufen, dann ist hier die nächste Fehlerquelle.

Halten Sie Ihre URL-Regeln ein: Legen Sie fest, wie Sie URLs in Ihren Seiten gestalten, und halten Sie sich an diese Regeln. Dokumentieren Sie die Regeln, so weiß jeder Beteiligte, wie die URLs in Ihren Seiten auszusehen haben.

Wenn Sie jetzt neugierig geworden sind und herausfinden wollen, wie Ihre jetzigen URLs aussehen, dann werfen Sie den Screaming Frog SEO Spider an, der hat natürlich die passende Funktion im Gepäck: Im Reiter URL finden Sie in den Filtereinstellungen diverse Sortierungsmöglichkeiten. In Abbildung 6.5 sehen Sie den Filter für »Underscores«, also Unterstriche, in Aktion.

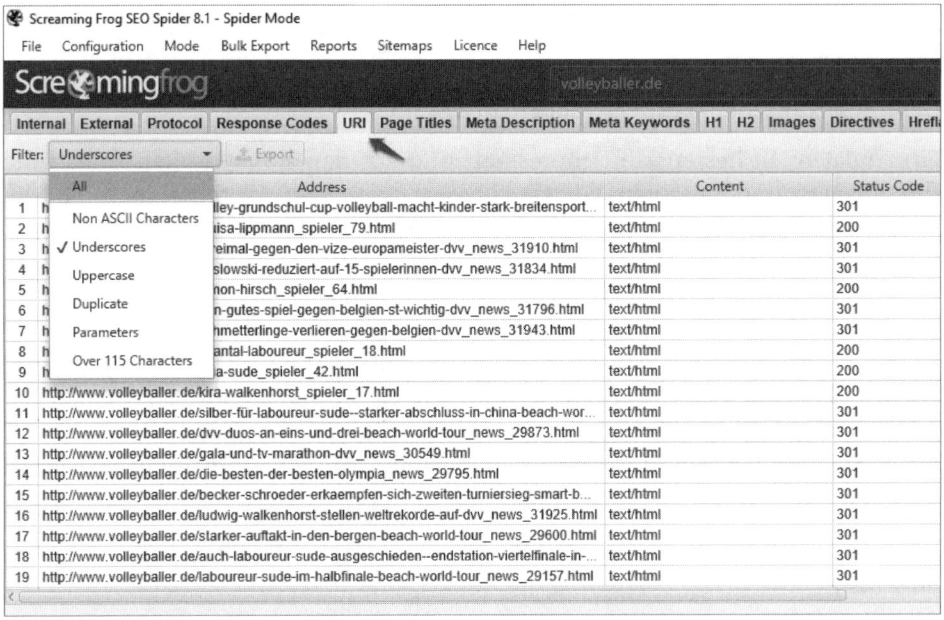

Abb. 6.5: Der Screaming Frog SEO Spider hat spezielle Filter für die Unterstriche in Ihren URLs.

Strukturierte Daten

Wie bereits erwähnt, können Inhalte einer Website mit speziellen Tags für Suchmaschinen-Bots hervorgehoben werden. Diese strukturierten Daten helfen den

Suchmaschinen, die Inhalte besser einordnen zu können. So können Sie beispielsweise Produkte, Veranstaltungen oder Videos mit diesen Auszeichnungen markieren. Da die Einbindung nicht immer zum Standardrepertoire der Agenturen gehört, ist es sinnvoll, diese Anforderung im Lastenheft zu definieren. Durch die Vielzahl der möglichen Tags sollten Sie je nach Website-Typ dem Auftragnehmer bei der Auswahl helfen. Im Folgenden möchte ich Ihnen einige Beispiele für verschiedene Websites geben.

Allgemeine Rich-Snippets

Es gibt einige Tags, die unabhängig vom Website-Typ in jede Website gehören, sofern die entsprechenden Inhalte vorhanden sind.

Breadcrump-/Brotkrumennavigation: Klingt merkwürdig, haben Sie aber sicherlich schon mal gesehen. Auf den Websites stehen meist oberhalb des Inhalts: »Sie sind hier: Start > Herrenschuhe...«. Wie in dem Märchen von Hänsel und Gretel weisen diese Brotkrumen Ihnen den Weg nach Hause.

Definition auf schema.org: `relaunch.pro/86`

Navigationselemente: Jegliche Navigation (zusätzlich zu der Brotkrumennavigation) kann entsprechend ausgezeichnet werden, Suchmaschinen können so besser Inhalt und Navigation voneinander unterscheiden und die Verlinkungsstruktur einfacher verstehen.

Definition auf schema.org: `relaunch.pro/87`

Firmendaten: Spätestens im Impressum und auf den Kontaktseiten sollten Sie Ihre Firmenadresse nennen. Gerade bei lokal agierenden Unternehmen hilft die Auszeichnung der Adressdaten den Suchmaschinen, das Unternehmen regional einzuordnen. Oftmals stehen die Kontaktdaten auch in der Fußzeile, auch hier sollten diese Daten mit den entsprechenden Tags angereichert werden.

Definition auf schema.org: `relaunch.pro/88`

Lokales Geschäft: Ergänzend zu den Firmendaten-Auszeichnungen können Sie mit dem Markup `LocalBusiness` und `Store` Ihr lokales Geschäft markieren. Wenn Sie lokal agieren und zum Beispiel einen Offline-Shop betreiben, machen diese Markups Sinn.

Definition auf schema.org: `relaunch.pro/89` (Store), `relaunch.pro/90` (Local-Business)

Sie können hier noch viele weitere Geschäftstypen angeben, es gibt Tags für Anwaltskanzleien, Reisebüros, Kindergärten und vieles mehr. Eine Liste aller zurzeit verfügbaren lokalen Geschäftstypen finden Sie auf schema.org unter `relaunch.pro/90`

Videos: Wenn Sie mit Videos in Ihren Seiten arbeiten, dann können Sie diese mit dem VideoObjekt-Tag markieren. Ganz egal, um welche Art von Video es sich handelt, ob Sie Image- oder Produktvideos veröffentlichen: Durch die Markierung mit dem VideoObject-Tag steigt die Chance, in den Suchmaschinenergebnisseiten mit seinem Video angezeigt zu werden.

Definition auf schema.org: relaunch.pro/91

Produkte: In Online-Shops können Sie mit diesem Tag Daten wie z.B. Namen, Beschreibungen, Bilder, Verfügbarkeit und Preis Ihrer Produkte auszeichnen. Diese Daten können als zusätzliche Zeile in den Suchergebnissen auftauchen.

Definition auf schema.org: relaunch.pro/95

Bewertungen für Produkte und Dienstleistungen: Durch diese Tags besteht die Möglichkeit, Bewertungsergebnisse von Produkten, Ihrem Unternehmen oder zum Beispiel Blog-Beiträgen auszuzeichnen. Das Ergebnis der Implementierung ist in den Suchmaschinenergebnisseiten sehr auffällig. Die Snippets werden mit Sternen angezeigt, was das jeweilige Snippet sichtbarer erscheinen lässt und dadurch die Klickrate auf das Ergebnis beträchtlich erhöhen kann.

---

132 SEO Tools für mehr Erfolg mit Deiner Domain - checkdomain
https://www.checkdomain.de/blog/onlinemarketing/.../seo-tools/ ▼
★★★★★ Bewertung: 5 - 9 Abstimmungsergebnisse
13.10.2017 - **132 SEO Tools**, Websites und Apps für die Suchmaschinen-Optimierung Deiner Website. Keyword-Recherche, Statistik, Buchtipps, und viel ...

Abb. 6.6: Bewertungssterne in den Google-Suchergebnissen

In Abbildung 6.6 sehen Sie die fünf Sterne und die nachfolgenden Details der Datengrundlage (neun Abstimmungsergebnisse).

Definition auf schema.org: relaunch.pro/92

Blog-Artikel und News: Redaktionelle Inhalte wie Nachrichten und Blog-Artikel können im Hintergrund zusätzliche Angaben wie Veröffentlichungszeitpunkt, den Autor und weiterer Meta-Daten zur Verfügung stellen. Durch diese zusätzlichen Angaben könnte Google diese Inhalte zum Beispiel in Google-News platzieren.

Definition auf schema.org: relaunch.pro/93 (News), relaunch.pro/94 (Blog)

Events: Veröffentlichen Sie auf Ihrer Website Termine für Messen, Kongresse oder anderweitige Veranstaltungen, dann können Sie diese mit dem Event-Tag markieren. Die Events können dann bereits in einer übersichtlichen tabellarischen Form in den Suchergebnissen angezeigt werden.

Veranstaltungen in Rock & Pop - Ticketmaster
www.ticketmaster.de/konzerte/rock-pop/1/events ▾
Tickets für **Rock** & **Pop** suchen. ... **Rock** & **Pop**. Beliebt. Lady Gaga; **Rock** Legenden; 2Cellos .... Alle
Konzerte. Alternative & Indie-**Rock** (51) · Chorgesang (4) ...

Mi., 27. Sep.	55 Jahre Omega	Admiralspalast (Theatersaal ...
Mi., 27. Sep.	Bodyformus - Die Prototypen ...	Essigfabrik Köln, Köln
Mi., 27. Sep.	Kaiser Franz Josef	Auster Club, Berlin

Abb. 6.7: Google-Suchergebnis mit Eventdetails in Tabellenform

Definition für Events auf schema.org: `relaunch.pro/97`

In Ihrem Lastenheft sollten Sie Ihre Anforderungen an die gewünschten Rich Snippets klar definieren.

Folgende Daten sollen per schema.org bei einem Online-Shop ausgezeichnet werden:

- Produktdetails
- Produktbewertungen
- Navigation
- Breadcrump-Navigation
- Bewertungen von Drittanbietern, wie z.B. Trusted Shops, Trustpilot oder ausgezeichnet.org
- Organisation

Bei einer Seite mit News- oder Blogartikeln empfehle ich, mindestens folgende Rich Snippets im Lastenheft zu definieren:

- Bewertungen
- Navigation
- Breadcrump-Navigation
- Organisation
- Events (wenn vorhanden)
- Videos (wenn vorhanden)

Wichtiger Hinweis

Die Einbettung der entsprechenden Codes ist kein Garant für die Anzeige der verschiedenen Elemente in den Suchmaschinenergebnisseiten. Leider werden die wenigsten Elemente tatsächlich angezeigt. Zusätzlich experimentieren die Suchmaschinen immer wieder mit den Designs der Ergebnisseiten. Einige Zeit lang konnte man zum Beispiel Autorenbilder mit seinen Seiten verknüpfen, sodass nach kurzer Zeit die gesamten Ergebnisseiten voll mit kleinen Bildchen waren. Google hat daher diese Option wieder zurückgenommen. Seien Sie also nicht enttäuscht, wenn trotz aller Mühen nicht alle Tags die gewünschten Ergebnisse liefern.

Interne Suche – Sitelinks Searchbox

Auf vielen Seiten werden Suchfunktionen eingebunden, gerade in Shops ist eine gute Suche unverzichtbar. Eventuell ist Ihnen schon einmal aufgefallen, dass bei Google in den Suchergebnissen teilweise schon direkt ein Suchschlitz integriert ist. Abbildung 6.8 zeigt das Suchergebnis bei Google für den Suchbegriff »Heise«.

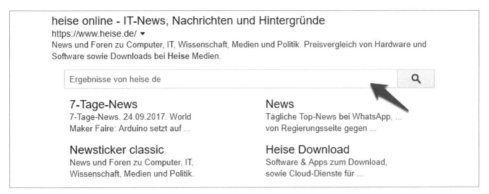

Abb. 6.8: Das Suchfeld von heise.de wird hier bereits in der Suchergebnisseite von Google eingebettet.

Der Pfeil markiert den Suchschlitz. Wenn Sie dort eine Suchanfrage eingeben und auf das Lupensymbol klicken, landen Sie direkt im internen Suchergebnis bei heise.de. Durch den Suchschlitz wird das Ergebnis sehr groß und zusätzlich handelt es sich um eine sehr komfortable Funktion für den Nutzer.

Damit auch Ihre Seite mit einem Suchschlitz bei Google erscheint, müssen folgende Anforderungen erfüllt sein:

- Ihre Seite muss über eine interne Suche verfügen.
- Sie müssen diese Suche mit einem speziellen Code auszeichnen (relaunch. pro/96).
- Ihre Seite muss von sehr vielen Besuchern aufgerufen werden, wobei »viel« nicht näher von Google definiert wird.

Die Searchbox erscheint in der Regel bei großen Markennamen. Die Einbettung des Codes gibt Ihnen also auch hierbei wieder nicht die Garantie auf Funktion. Testen kostet aber nichts, und wenn Sie möchten, dass die Auftragnehmer die »Sitelink-Searchbox« integrieren, dann schreiben Sie das in das Lastenheft:

Anforderungen: *Integration des Codes für die Google-Sitelink-Searchbox erwünscht.*

XML-Sitemap(s)

Je nach Umfang und Themengebiet Ihrer Domain macht es Sinn, mehrere themen- oder kategoriespezifische Sitemaps einzurichten. Der Vorteil mehrerer Sitemaps liegt darin, dass Sie diese einzeln in der Google Search Console anmelden können und dann für jede einzelne Sitemap den Indexierungszustand bei Google einsehen können. Diese Technik ist gerade bei einem Relaunch sinnvoll, da Sie so eine bessere Kontrolle über den Zustand des Crawlings durch Google haben.

Noch wichtiger, als einzelne Sitemaps für verschieden Bereiche bereitzustellen, ist die automatische Aktualisierung bei Änderungen in Ihrer Seitenstruktur. Kommen neue Seiten oder Produkte hinzu oder werden Seiten gelöscht, dann müssen die Sitemaps vom jeweiligen Shop- oder Content-Management-System automatisiert auf den neuesten Stand gebracht werden. Die Erstellung der Sitemaps muss also durch das System erfolgen, da nur so sichergestellt werden kann, dass hierbei auch Seiten in die Sitemaps eingetragen werden, die für die Suchmaschinen eventuell verborgen bleiben. Externe Tools wie der Screaming Frog SEO Spider sehen auch nicht mehr von Ihrer Website als eine Suchmaschine, da diese Tools nichts anderes machen als die Suchmaschinen-Bots: Sie folgen lediglich jedem (sichtbaren) Link und lesen dann die Seiten ein. Wenn Sie aber Navigationstechniken einsetzen, die von den Suchmaschinen und Tools nicht verstanden werden, weil sie eventuell per JavaScript umgesetzt wurden, dann finden die Tools diese Seiten nicht. Für das Lastenheft gibt es in Bezug auf die Sitemaps daher mehrere Anforderungen.

Anforderungen: *Die Sitemaps sollen in Themengebiete (oder Produktgruppen) aufgeteilt werden. Die Sitemaps müssen automatisch durch das System erstellt werden. Die Sitemaps müssen stets auf dem neuesten Stand gehalten werden. Wenn Änderungen in der Seite erfolgen, dann müssen die Sitemaps automatisch aktualisiert werden.*

404, 410, 301, 302

Bei diesen Zahlen handelt es sich nicht um sehr kurze Telefonnummern, sondern um spezielle Statuscodes, die in bestimmten Fällen von Ihrem Shop- oder Content-Management-System gesendet werden sollten. Da man leider nicht immer davon ausgehen kann, dass die Systeme die korrekten Codes automatisch verwenden, sollten Sie diese in Ihrem Lastenhaft definieren.

Ich habe diese Codes schon einmal erwähnt, möchte sie hier aber noch einmal für Sie, Ihr Lastenheft und Ihren Auftragnehmer zusammenfassen.

Status 404

Der Webserver teilt mit diesem Statuscode dem anfragenden Client (Browser des Nutzers) mit: »Ich bin zurzeit nicht erreichbar, du kannst aber gerne später noch einmal vorbeikommen, vielleicht gibt es mich dann wieder.« Treffen Suchmaschinen-Bots auf diesen Statuscode, dann nehmen sie diesen Fehlercode wörtlich und kommen tatsächlich immer wieder (Bing ist dabei besonders hartnäckig).

Wann wird dieser Code eingesetzt? Eigentlich nur dann, wenn eine Seite aus technischen Gründen, z.B. bei Überlastung, vorübergehend nicht erreichbar ist. Wann wird dieser Code nicht eingesetzt? Wenn Sie eine Seite aus Ihrem System entfernt haben, z.B. ein Shop-Produkt oder eine Inhaltsseite. Wenn Sie bei einer gelöschten Seite einen 404-Code senden, dann strapazieren Sie zum einen die Nerven Ihrer Besucher – die bekommen dann nämlich eine Fehlerseite angezeigt – und zum anderen die Ressourcen der Suchmaschinen. Suchmaschinen sind im Gegensatz zu Menschen nicht nachtragend und werden immer wieder versuchen, die gelöschte Seite aufzurufen. Es muss daher sichergestellt werden, dass Ihr System bei gelöschten Seiten den korrekten Statuscode sendet, der korrekte Statuscode ist ...

... 410!

Mit diesem Code teilen Sie den Suchmaschinen-Bots mit: »Ich wurde gelöscht, du kannst mich bitte auch aus deinem Index löschen, ich werde nicht wiederkommen.« Diese Message kommt sogar bei dem hartnäckigsten Bot an. Dem Menschen, der auf diesen Code trifft, muss natürlich eine vernünftige Fehlermeldung und eine entsprechende Handlungsoption angeboten werden. Dem Nutzer ist auch schlussendlich egal, ob er da gerade auf einem 404- oder einem 410-Statuscode gelandet ist. Sie müssen auf Ihre Fehlerseite auch nicht mit riesigen Ziffern »404« schreiben, ich schätze mal, dass 90% der Internetnutzer mit dieser Zahl eh nichts anfangen können.

Anforderungen: *Bei gelöschten Seiten, die nicht umgeleitet werden, muss das System einen HTTP-Statuscode 410 senden.*

301 – der Nachsendeantrag

Bei diesem Statuscode handelt es sich um eine permanente Umleitung. Die Suchmaschine bekommt die Nachricht: »Hallo! Ich bin umgezogen, du findest mich ab jetzt immer unter der Adresse /meine-neue-adresse.html.« Weil die Suchmaschine schlau ist, vermerkt sie sich diese neue Adresse in ihrem Index und wird in Zukunft die alte Adresse nicht mehr aufrufen. Das spart Energie und schont wahrscheinlich sogar die Umwelt. Ich möchte gar nicht wissen, wie viel CO_2 man einsparen könnte, wenn die Nutzer und Suchmaschinen nicht mehr fehlgeleitet durchs Internet irren.

Wann setzt man diesen Code ein? Ein Beispiel aus der Praxis: Die roten Sneaker der Marke »A« in Ihrem Shop sind ausverkauft, Sie werden auch in Zukunft keine roten Sneaker der Marke »A« anbieten. In diesem Fall könnten Sie per 301-Weiterleitung entweder auf die roten Sneaker der Marke »B« oder auf die Oberkategorie »Rote Sneaker« umleiten. Der Besucher erhält so ein adäquates Nutzererlebnis und findet (fast), wonach er gesucht hat. Die Suchmaschinen »vergessen« die alte Seite der Marke »A« und besuchen in Zukunft die angegebene Nachfolgeseite.

Ein weiteres Szenario: Ihre Seite bekommt eine neue URL-Struktur (was wahrscheinlich der Fall sein wird), dann müssen die alten URLs auf die neuen per 301-

Weiterleitungen umgeleitet werden. Wenn diese Umleitungen nicht eingesetzt werden, dann produziert Ihre Seite massenweise 404-Fehler, da die Suchmaschinen die alten URLs in regelmäßigen Abständen aufrufen.

Anforderungen: *Der Auftraggeber muss in der Lage sein, einfach Seiten per 301-Weiterleitungen umzuleiten. Wenn sich die URL-Struktur verändert, dann hat der Auftragnehmer dafür Sorge zu tragen, dass die alten URLs per 301-Weiterleitungen auf die entsprechenden URLs umgeleitet werden.*

302 – bin im Urlaub

Bei der 302-Weiterleitung handelt es sich um eine temporäre Umleitung, diese gilt nur für eine bestimmte Zeit. Die Suchmaschine erhält die Nachricht: »Ich bin gerade nicht hier, sondern im Urlaub, du findest mich momentan unter der folgenden Adresse: `urlaubsadresse.html`.« Da es sich hierbei nur um die vorübergehende Urlaubsadresse handelt, speichert die Suchmaschine nicht die Urlaubsadresse, sondern ruft immer wieder die Heimatadresse auf, irgendwann ist der schönste Urlaub ja auch mal zu Ende.

Wann setzt man diese temporäre Umleitung ein? Wir bleiben bei den roten Sneakern, in diesem Fall ist aber neue Ware auf dem Weg und wird demnächst eintreffen. Damit der Nutzer jedoch nicht enttäuscht ist, leiten Sie ihn per 302-Weiterleitung auf die Oberkategorie »Rote Sneaker«, dort findet der Nutzer ähnliche Schuhe. Die Suchmaschine merkt sich ebenfalls diesen temporären Zustand und löscht die alte Adresse nicht, da diese Seite ja wieder aktiviert wird.

Wann setzt man diese Umleitung nicht ein? Sie ahnen es bereits: Wenn in unserem Shop-Beispiel Seiten, Artikel oder Kategorien gelöscht werden und auch garantiert nicht wieder im Shop aufgenommen werden, dann sollte man diese per 301 permanent auf Folgeseiten umleiten oder per 410 löschen. Sonst eben 302.

Anforderungen: *Der Auftraggeber muss in der Lage sein, einfach Seiten per 302-Weiterleitungen umzuleiten.*

AMP – Googles beschleunigte mobile Seiten

Falls Sie Inhalte veröffentlichen, die sich für dieses Format anbieten, dann sollten Sie diesen Wunsch in Ihrem Lastenheft äußern. Klassische Inhalte für AMP-Seiten sind News und Blogartikel. Shop-Produkte werden eher selten in den Suchmaschinenergebnisseiten als AMP-Snippet angezeigt.

Anforderungen: *Das System muss automatisiert AMP-Seiten erstellen und über die entsprechenden Meta-Angaben in den Quellseiten verlinken.*

Facebook Instant Articles

Was für AMP gilt, ist natürlich auch für Facebooks Instant Articles zu berücksichtigen: Soll diese Technik eingesetzt werden, muss dieses definiert werden.

Anforderungen: *Das System muss automatisiert Facebook Instant Articles erstellen und per API an Facebook übermitteln.*

OG-Tag – Open Graph und Twitter Cards

Wenn Sie sicherstellen möchten, dass beim Teilen Ihrer Seite in Facebook sinnvolle Inhalte als Vorschau in der Timeline erscheinen, dann müssen Sie diese sinnvollen Inhalte über die Open Graph Tags definieren. Ähnliches gilt für die Twitter Cards, auch hier müssen die für Twitter spezifischen Tags in den Kopf Ihrer Seiten eingesetzt werden.

Anforderungen für Facebook-OG-Tags: *Das System muss automatisiert Facebooks OG-Tags für jede Unterseite erzeugen. Der Auftraggeber muss die Inhalte (Titel, Text, Bild) der OG-Tags bei Bedarf anpassen können.*

Anforderungen für Twitter Cards: *Das System muss automatisiert Facebooks Twitter Cards für jede Unterseite erzeugen. Der Auftraggeber muss die Inhalte (Titel, Text, Bild) der Twitter-Card-Tags bei Bedarf anpassen können.*

RSS und andere Feeds

Diese versteckten Elemente wurden bereits bei der Besucherquellen-Analyse erläutert. Wenn dem Auftragnehmer diese Datenschnittstellen nicht bekannt sind, dann werden die Feeds mit an Sicherheit grenzender Wahrscheinlichkeit in Ihrem Relaunch nicht integriert. Wenn Sie also RSS-Feed und Datenfeeds nutzen, um zum Beispiel Google-Shopping-Anzeigen zu füttern, oder einfach nur einen Newsfeed anbieten, dann dokumentieren Sie die Feeds im Lastenheft. Idealerweise nennen Sie auch ihre aktuellen URLs.

Anforderungen für RSS-Feeds: *Aktuell können Nutzer unseren RSS-Feed unter der Adresse* `www.volleyballer.de/feed` *abonnieren. Dieser Feed muss vom Content-Management-System automatisch aktualisiert werden.*

Shop-Feed-Anforderungen: *Wir beliefern mit dem Produktfeed unter* `www.irgendeinshop.eu/artikel-export.txt` *das Google Merchant Center mit unseren Shopartikeln. Dieser Feed muss automatisiert vom Shopsystem aktualisiert werden.*

Optimierung von Bildern

Die Seitenladezeit ist ein Ranking-Faktor, Mensch und Maschine mögen schnelle Seiten. Achten Sie auf eine optimale Komprimierung der Bilder, da diese einen hohen Einfluss auf die Ladezeiten haben. Mittlerweile gibt es eine ganze Reihe von Plugins für Content-Management- und Shopsysteme. Unter `relaunch.pro/` 98 erhalten Sie beispielsweise das WordPress-Plugin von TinyPNG, das hervorragende Dienste bei der automatisierten Optimierung der Bilder leistet.

Anforderungen für die Bildoptimierung: *Das System soll die durch den Auftraggeber eingepflegten Bilder ohne sichtbaren Qualitätsverlust auf eine möglichst kleine Dateigröße komprimieren.*

Sichtbarer Text

Wichtiger Text, der von Ihren Nutzern und von Google gleichermaßen gesehen werden soll, muss ohne weitere Klicks auf irgendwelche Reiter, Tabs oder Akkordeon-Elemente sichtbar sein. Google selbst schreibt in den Webmaster-Richtlinien hierzu Folgendes (relaunch.pro/99):

> *Stellen Sie sicher, dass die wichtigsten Inhalte Ihrer Website standardmäßig sichtbar sind. Google ist in der Lage, HTML-Inhalte zu crawlen, die sich hinter Navigationselementen wie Tabs oder maximierbaren Bereichen verbergen. Wir stufen diese Inhalte jedoch als weniger zugänglich für Nutzer ein und sind der Ansicht, dass die wichtigsten Informationen in der Standard-Seitenansicht sichtbar sein sollten.*

Was bedeutet das für Ihre Seiten? Wenn Sie zum Beispiel einen Shop betreiben, dann sollten Sie die wichtigsten Inhalte zu Ihren Artikeln gut sichtbar in Ihren Seiten anzeigen. Die Produktbeschreibung gehört in den direkt sichtbaren Bereich, unwichtigere Inhalte, wie zum Beispiel Angaben zu Materialzusammensetzungen oder Inhaltsstoffen, können Sie hinter dynamischen Elementen, wie zum Beispiel einem Reiter, verstecken.

Anforderungen an die Texteinbindung: *Wichtige Textinhalte müssen direkt sichtbar sein und dürfen nicht hinter Tabs, Reitern und Ähnlichem versteckt werden.*

Achten Sie auf gute Nachbarschaft

Viele Websites teilen sich mit anderen Domains einen Server. Oftmals sind dabei mehrere Tausend Domains auf einem Server unter derselben IP-Adresse erreichbar. Durch diese Zentralisierung der Domains und Websiteprojekte sparen Provider und Kunden Geld und Energie. Im Normalfall ist an dieser Technik nichts auszusetzen und sie ist daher auch marktüblich.

Für Sie als Kunden könnte es aber zu Problemen kommen, wenn Sie sich auf einem Server befinden, auf dem:

- sehr viele Domains mit hohem Besucheraufkommen gehostet werden, weil Ihre Seiten dann eventuell langsamer laden,
- Domains mit rechtswidrigen und/oder pornografischen Inhalten verwaltet werden,
- Internetseiten, die von Google abgestraft wurden, gehostet werden,
- Websites, die gegen Google-Richtlinien verstoßen, abgelegt sind,
- Viren- oder Malware-verseuchte Seiten gehostet werden.

Die oben genannten Faktoren können Ihre Seite negativ beeinflussen: Ihre Suchmaschinenergebnisse und die Performance Ihrer Seiten gehen bei schlechter Nachbarschaft in den Keller. Aber bitte keine Panik: Wenn eine fragwürdige Domain in Ihrer Hosting-Umgebung verwaltet wird, muss das nicht sofort bedeuten, dass Ihre Seite davon direkt negativ beeinflusst wird. Ich möchte lediglich darauf hinweisen, dass man über das Lastenheft dem Auftragnehmer einen entsprechenden Hinweis geben sollte.

Anforderungen an die Shared-Hosting Umgebung: *Der Auftraggeber wünscht auf seinem Shared-Hosting keine rechtswidrigen, pornografischen oder rechtswidrigen Inhalte, die gegen Googles Richtlinien verstoßen.*

Wahrscheinlich sind Sie jetzt neugierig geworden und fragen sich, wie Sie die Nachbarschaft auf Ihrem Server auskundschaften können. Ich möchte Ihnen hierfür die Website dnsqueries.com (relaunch.pro/100) empfehlen, dort können Sie durch Eingabe der IP-Adresse Ihres Servers die weiteren Domains auf diesem Server analysieren.

Wenn Sie gezielt nach unerwünschten Inhalten auf Ihrem Server suchen möchten, können Sie Bing (das ist eine Suchmaschine) dafür nutzen. Geben Sie bei Bing in den Suchschlitz IP: gefolgt von der IP-Adresse Ihres Servers ein und hängen Sie zusätzlich den gewünschten Suchbegriff an die Suchanfrage. Mit dieser Technik können Sie nach speziellen Inhalten auf Ihrem Webserver suchen.

Abbildung 6.9 zeigt die Suche nach meinem Namen auf dem Server mit der IP-Adresse 134.119.253.25.

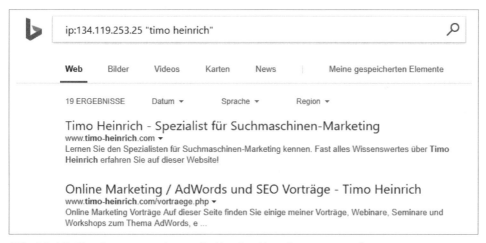

Abb. 6.9: Mit Bing kann man sehr gut die Hosting-Umgebung untersuchen.

Anforderungen in Hinsicht auf Indexierbarkeit des Testsystems

Der Auftragnehmer wird die neue Seite in der Regel auf einem Testsystem entwickeln und von Ihnen schrittweise einzelne Arbeitsabschnitte abnehmen lassen. Damit Sie Ihre neuen Seiten aufrufen und begutachten können, müssen sie über das Internet erreichbar sein, es sein denn, Ihre Agentur ist vor Ort und Sie können die Zwischenabnahmen direkt in der Agentur vornehmen. Wenn Sie aber über das

Internet auf die Entwicklungsumgebung zugreifen müssen, dann muss die Agentur dafür sorgen, dass die Seiten nicht öffentlich erreichbar sind. Zum einen wollen Sie Ihre Seiten vor den neugierigen Mitbewerbern schützen und zum anderen sollen natürlich die Suchmaschinen nicht auf die Seiten zugreifen und diese womöglich auch noch indexieren. Der einfachste und sicherste Schutz ist ein Passwortschutz per HTTP-Authentifizierung (siehe auch `relaunch.pro/113`). Laut Google ist dies die einzig wirksame Methode, die Bots der Suchmaschinen auszuschließen. Es gibt noch weitere Techniken, die aber alle nicht zuverlässig funktionieren.

Anforderungen an das Testsystem: *Sofern ein Testsystem zur Verfügung gestellt wird, ist von dem Auftragnehmer sicherzustellen, dass die Suchmaschinen die Seiten des Testsystems nicht indexieren können. Ebenso muss der Zugriff für Dritte gesperrt sein.*

Mit den hier genannten Definitionen ist Ihr Lastenheft natürlich noch nicht vollständig. In Bezug auf die suchmaschinenrelevanten Themen gehen Sie aber schon mal auf Nummer sicher, wenn Sie so viel wie möglich dokumentieren.

Auf der Seite der Handwerkskammer Ostwestfalen-Lippe finden Sie unter folgendem Link eine PDF-Vorlage für die Erstellung eines Lastenhefts: `relaunch.pro/102`.

Checkliste: Diese Punkte sollten Sie für Ihr Lastenheft bedenken

- Je klarer Ihre Angaben zu Ihrem Projekt sind, desto besser können die Auftragnehmer Aufwand, Kosten und Produktionszeit einschätzen.
- Lassen Sie dem Auftragnehmer Freiraum für Kreativität und technische Umsetzung.
- Mit dem Lastenheft sind Sie in der Lage, vergleichbare Angebote einzuholen, da Sie klar Ihre Anforderungen definiert haben.
- Spielen Sie mit offenen Karten, geben Sie Zugriffe auf Statistiken und gegebenenfalls Ihre SEO-Tools frei.
- Definieren Sie auch die Dinge, die auf den ersten Blick nicht sichtbar sind, wie z.B. die Einbindung von strukturierten Daten und Schnittstellen an Drittsysteme.
- Fordern Sie eine saubere Hosting-Umgebung.
- Wenn Sie die technischen Anforderungen wie hier beschrieben definieren, weiß der Auftragnehmer, dass Sie wissen, wovon Sie reden, und wird Ihnen auf Augenhöhe begegnen.

Die folgende Tabelle kann Ihnen als Grundlage zur Erstellung Ihres Lastenhefts dienen, ich habe hier noch einmal alle Punkte aus diesem Kapitel in Kurzform zusammengefasst.

Onpage	Anforderungen
Title-Tag/Seitentitel	Das Title-Tag muss manuell gepflegt werden können.
Meta-Description	Die Meta-Description muss manuell gepflegt werden und für jede Seite individuell angelegt werden können.
\<Hx>-Überschriften	Überschriftenstruktur muss korrekt eingebunden werden. Alle Überschriften können editiert werden.
Canonical-Tags	Jede Seite kann ein Canonical-Tag enthalten, die Canonical-Tags können vom Auftraggeber editiert werden.
hreflang-Tags	Das CMS oder die Shopsoftware müssen hreflang-Tags automatisiert und korrekt einbinden.
URL-Schema	Das System erzeugt automatisiert »sprechende URLs«. Der Auftraggeber muss die URLs bearbeiten können.
Sichtbarer Text	Wichtige Textinhalte müssen direkt sichtbar sein und dürfen nicht hinter Tabs, Reitern und Ähnlichem versteckt werden.
Optimierung von Bildern	Das System soll die durch den Auftraggeber eingepflegten Bilder ohne sichtbaren Qualitätsverlust auf eine möglichst kleine Dateigröße komprimieren.
Strukturierte Daten	Typen
	Breadcrump-/Brotkrumennavigation
	Navigationselemente
	Lokales Geschäft
	Videos
	Produkte
	Bewertungen für Produkte und Dienstleistungen
	Blogartikel und News
	Events
	Interne Suche/Sitelinks-Searchbox
XML-Sitemap	Die Sitemaps sollen in Themengebiete (oder Produktgruppen) aufgeteilt werden. Die Sitemaps müssen automatisch durch das System erstellt werden. Die Sitemaps müssen stets auf dem neuesten Stand gehalten werden. Wenn Änderungen in der Site erfolgen, dann müssen die Sitemaps automatisch aktualisiert werden.
Umleitungen	Anforderungen
301	Der Auftraggeber muss in der Lage sein, einfach Seiten per 301-Weiterleitungen umzuleiten. Wenn sich die URL-Struktur verändert, dann hat der Auftragnehmer dafür Sorge zu tragen, dass die alten URLs per 301-Weiterleitungen auf die entsprechenden URLs umgeleitet werden.
302	Der Auftraggeber muss in der Lage sein, einfach Seiten per 302-Weiterleitungen umzuleiten.
410	Bei gelöschten Seiten, die nicht umgeleitet werden, muss das System einen HTTP-Statuscode 410 senden

AMP, RSS & Social Media	Anforderungen
AMP	Das System muss automatisiert AMP-Seiten erstellen und über die entsprechenden Meta-Angaben in den Quellseiten verlinken.
Facebook Instant Articles	Das System muss automatisiert Facebook Instant Articles erstellen und per API an Facebook übermitteln.
OG-Tag – Open Graph	Das System muss automatisiert Facebooks OG-Tags für jede Unterseite erzeugen. Der Auftraggeber muss die Inhalte (Titel, Text, Bild) der OG-Tags bei Bedarf anpassen können.
Twitter Cards	Das System muss automatisiert Facebooks Twitter Cards für jede Unterseite erzeugen. Der Auftraggeber muss die Inhalte (Titel, Text, Bild) der Twitter-Card-Tags bei Bedarf anpassen können.
RSS und andere Feeds	Aktuell können Nutzer unseren RSS-Feed unter der Adresse: `www.volleyballer.de/feed` abonnieren. Dieser Feed muss vom Content-Management-System automatisch aktualisiert werden.
Shop Feed	Wir beliefern mit dem Produktfeed unter `www.irgendeinshop.eu/artikel-export.txt` das Google Merchant Center mit unseren Shopartikeln. Dieser Feed muss automatisiert vom Shopsystem aktualisiert werden.
Hosting & Sonstiges	Anforderungen
Shared-Hosting	Der Auftraggeber wünscht auf seinem Shared-Hosting keine rechtswidrigen, pornografischen oder rechtswidrigen Inhalte, die gegen Googles Richtlinien verstoßen.
Indexierbarkeit des Testsystems	Sofern ein Testsystem zur Verfügung gestellt wird, ist von dem Auftragnehmer sicherzustellen, dass die Suchmaschinen die Seiten des Testsystems nicht indexieren können. Ebenso muss der Zugriff für Dritte gesperrt sein.

6.2   Das Pflichtenheft

Auf das Lastenheft folgt das Pflichtenheft. Das Pflichtenheft wird von dem Auftragnehmer erstellt und beschreibt, wie und womit er die einzelnen Aufgaben realisieren wird. Manchmal werden auch andere Begriffe, wie zum Beispiel »Feinkonzept« oder »Fachspezifikation« verwendet.

Das Pflichtenheft minimiert die Risiken im gesamten Projekt und ermöglicht am Ende eine objektive Validierung des Soll- und Ist-Zustands. Des Weiteren wird der Auftragnehmer mit der Erstellung des Pflichtenheftes in die Lage versetzt, Ressourcen und Kosten für das Projekt, durch die detaillierte Definition der Funktionen besser abschätzen zu können.

Wenn Sie das Pflichtenheft vorgelegt bekommen, dann vergleichen Sie die aufgeführten Positionen mit Ihrem Lastenheft. Hat der Auftragnehmer jeden Ihrer

Wünsche verstanden und aufgenommen? Gehen Sie gegebenenfalls das Pflichtenheft gemeinsam mit Ihrem Auftragnehmer Punkt für Punkt durch. Da die Pflichtenhefte oftmals von Technikern/Entwicklern angefertigt werden, müssen Sie mit einem erheblichen Anteil von Fachchinesisch rechnen, lassen Sie sich daher unverständliche Formulierungen erklären.

Die Erstellung des Pflichtenhefts ist für den potenziellen Auftragnehmer die erste Feuerprobe. Wenn Sie während des Prozesses ein gutes Gefühl haben und alles problemlos abläuft (Kommunikation und Zeithorizont), dann ist das ein Zeichen für eine gute Zusammenarbeit. Hakt es allerdings schon in dieser ersten Phase, dann wird das, was danach kommen wird, wohl auch nicht zu Ihrer Zufriedenheit ablaufen. In diesem Fall sollten Sie sich nach einer anderen Agentur umschauen.

Im Netz finden Sie viele Vorlagen und weitere Informationen zur Erstellung eines Pflichtenheftes.

- Definition des Pflichtenhefts, Wikipedia: `relaunch.pro/101`.
- Anleitung zum Pflichtenheft, Infrasoft (PDF): `relaunch.pro/108`
- Kostenlose Word-Vorlage, Markus Baersch: `relaunch.pro/109`
- Musterpflichtenheft, Prozeus: `relaunch.pro/110`

6.3 Eine Agentur finden

Sie haben mit Ihrem gut ausgearbeiteten Lastenheft jetzt die Aufgabe, eine Agentur für die Umsetzung Ihres Relaunches zu finden. In diesem Abschnitt möchte ich Ihnen ein paar Tipps und Vorgehensweisen an die Hand geben, wie Sie Ihre Internet-Agentur finden. Eventuell arbeiten Sie bereits mit einer Agentur zusammen, aber auch dann können Ihnen die folgenden Tipps helfen, die bestehende Partnerschaft zu prüfen und zu festigen.

Ihr Budget und Ihre Ziele beeinflussen die Wahl der Agentur entscheidend. Wenn Sie eine große Marke sind, dann werden Sie sich höchstwahrscheinlich und sinnvollerweise an große Agenturen wenden. Stehen Ihnen große Budgets zur Verfügung, dann ist die Wahl einer bekannten und erfolgreichen Agentur eventuell der richtige Schritt. Der größte Teil der Klein- und Mittelständler kann sich jedoch eine namhafte Agentur in den seltensten Fällen leisten. Dieser Zielgruppe möchte ich ein paar Empfehlungen für die Agentursuche mit auf den Weg geben.

6.3.1 Die Suche

In den letzten Jahren habe ich festgestellt, dass es Auftraggebern und Auftragnehmern wieder wichtiger wird, direkt miteinander zu sprechen und zu arbeiten. Auch wenn wir von überall auf der Welt miteinander kommunizieren und arbeiten können, ist die Arbeit effektiver und einfacher, wenn wir uns hin und wieder von Angesicht zu Angesicht über die Ziele und Ergebnisse direkt austauschen.

Ich empfehle Ihnen daher, eine Agentur vor Ort zu suchen. Für die Suche gibt es mehrere Möglichkeiten:

- Suchen Sie mit Google (oder einer anderen Suchmaschine) nach »Internet-agentur *Ort*«, also beispielsweise »Internetagentur Kiel«.

- Fragen Sie Mitarbeiter, Freunde, Bekannte nach Agenturen aus der Umgebung. Welche Erfahrungen wurden gemacht?

- Schauen Sie sich Firmenseiten aus Ihrer Umgebung an, oftmals sehen Sie im Impressum einen Hinweis auf die ausführende Agentur.

- Checken Sie Ihre Mitbewerber, eventuell finden Sie dort auch Hinweise auf Agenturen aus Ihrer Umgebung, mit denen Sie auf keinen Fall arbeiten möchten, da diese schon für Ihre Konkurrenz arbeiten.

- Besuchen Sie Vorträge, Konferenzen und Messen. Viele Agenturen teilen auf diesen Veranstaltungen in Workshops und Seminaren ihr Wissen. Meist handelt es sich dabei um lokale Agenturen, so bekommen Sie einen ersten Überblick über den Agenturmarkt vor Ort.

- Nehmen Sie an Webinaren teil. Dabei handelt es sich um kurze Vorträge oder Workshops, die über eine spezielle Software einer geschlossenen Gruppe im Internet vorgetragen werden. Ein Beispiel: Der Händlerbund (`https://www.haendlerbund.de`), ein Zusammenschluss von Online-Händlern, hält regelmäßig zu E-Commerce-Themen interessante Webinare. Teilnehmen können auch Nicht-Mitglieder.

Haben Sie ein paar Agenturen auf Ihrer Liste? Dann schauen Sie sich den nächsten Tipp an.

6.3.2 Der erste Eindruck zählt

Gucken Sie sich kritisch die Internetseiten der Agenturen an. Auch wenn in der Branche gern das alte Sprichwort, »Der Schuster hat die schlechtesten Schuhe«, als Entschuldigung für eine veraltete Webpräsenz zitiert wird, sollten Sie genau überlegen, ob Sie mit einer Agentur zusammenarbeiten möchten, die es nicht einmal schafft, ihre Eigendarstellung im Internet aktuell zu halten.

Über Geschmack lässt sich streiten, Design kann oftmals nur subjektiv bewertet werden, objektiv können Sie aber folgende Bestandteile prüfen:

- Wird die Seite sauber und bedienbar auf Smartphones angezeigt?
- Funktioniert die Seite einwandfrei?
- Ist die Seite klar strukturiert?
- Wissen Sie immer, wo Sie sich auf der Seite befinden?
- Funktioniert die Navigation verständlich?
- Ist der Seitenaufbau schnell?

Subjektiv werden Sie sich über diese Dinge Gedanken machen:

- Gefällt mir das Design der Seite?
- Verstehe ich, was die mir verkaufen wollen?
- Verstehe ich die Texte oder stopfen die alles mit Fremdwörtern voll?
- Kann ich dem Laden vertrauen?
- Finde ich die Ansprechpartner sympathisch?

Geben Sie in Ihrer Liste jeder Agentur Schulnoten. Natürlich können Sie die Agenturen, die Ihnen nicht zusagen, auch gleich von der Liste löschen, aber eventuell benötigen Sie die »Streichkandidaten« später, falls Ihre Liste am Ende zu kurz wird.

Bei den nächsten Tipps geht es darum herauszufinden, was die Agenturen so draufhaben.

6.3.3 Das Leistungsspektrum

Was kann die Agentur? Schauen Sie sich das Leistungsspektrum genau an, suchen Sie nach Punkten wie:

- SEO (Search Engine Optimization) oder zu Deutsch »Suchmaschinen-Optimierung«
- Web-Controlling/Web-Analyse
- Erstellung von Online-Shops (wenn Sie einen Online-Shop relaunchen möchten)
- Google AdWords, Suchmaschinen-Werbung
- Online-Marketing-Beratung
- Performance-Marketing
- Relaunch-Begleitung (sieht man selten)

Die hier genannten Punkte sind typische Leistungen, die eine Internet-Agentur abdecken sollte. Nicht jede Agentur wird dieses Leistungsspektrum anbieten können, manchmal ist es auch sinnvoller, Agenturen zu wählen, die sich in einem Gebiet spezialisiert haben. Für die Aufgabe des Relaunches ist es nicht zwingend nötig, dass die Agentur Google-AdWords-Anzeigen schalten kann, hier wäre es eher von Vorteil, wenn sie Web-Controlling und SEO beherrscht. Eventuell finden Sie ja sogar eine Agentur, die die Relaunch-Begleitung schon im Portfolio hat, diese Agentur sollten Sie dann auf jeden Fall in Ihre Auswahl aufnehmen.

Denken Sie aber auch daran, dass Sie eventuell nach dem Relaunch weitere Dienstleistungen in Anspruch nehmen könnten. Große Full-Service-Agenturen decken meist das komplette Werbespektrum bis hin zur Fernsehwerbung ab. Vielleicht wollen Sie Werbung in Zeitschriften oder im Radio schalten, dann sind diese Full-Service-Agenturen für Sie von Vorteil.

6.3.4 Referenzen und Bewertungen

Pixel sind geduldig, am Ende zählt die Leistung der Agenturen und die lässt sich am besten anhand der Referenzen beurteilen. Auch Kundenstimmen gehören dazu, vertrauen Sie hierbei aber bitte nicht den Lobhudeleien, die von den Agenturen selbst veröffentlicht werden, hier werden Sie keine kritischen Stimmen finden.

Schauen Sie mal bei Google vorbei und suchen Sie nach dem Firmennamen, auf der rechten Seite des Suchergebnisses finden Sie häufig ein Unternehmensprofil samt Bewertungen. Viele Firmen sind auch bei Facebook aktiv und werden dort bewertet. Interessant sind zusätzlich Mitarbeiterbewertungen auf dem Portal Kununu (`relaunch.pro/111`). Schauen Sie sich nicht nur die guten Bewertungen, sondern auch den Umgang mit schlechten Bewertungen an. Reagieren die Agenturen auf negative Kritik und wenn ja, wie?

Zurück zu den Referenzen: Beachten Sie bei der Referenzliste bitte die folgenden Hinweise.

- **Passt die Anzahl der vorgestellten Referenzen zur Agentur?** Wenn beispielsweise eine Agentur damit wirbt, 20 Jahre am Markt zu sein, aber nur zehn Kunden auf der Referenzseite zeigt, dann kann das verschiedene Gründe haben. Eventuell möchte der restliche Kundenstamm nicht genannt werden oder die Agentur hat keine Zeit gefunden, ihre Kunden auf die Referenzseite zu stellen.

- **Passt die Art der Referenzen zur Agentur?** Eine Agentur bewegt sich in der Regel in einem bestimmten Kundensegment. Wirbt eine Agentur mit einer Referenz für die Telekom, hat aber ansonsten nur kleine Handwerksbetriebe bedient, dann sollten Sie die Agentur bei Ihrem Vor-Ort-Termin mal nach der Telekom-Referenz fragen.

- **Der Begriff »Partner« sollte nicht mit dem Begriff »Referenzen« verwechselt oder gar vermischt werden.** Partner können auch Lieferanten, wie die Telekom für die Internetleitung, sein.

- **Achten Sie auf Interessenkonflikte:** Werden viele Referenzen aus derselben Branche aufgeführt, z.B. Ostsee-Ferienwohnungen, dann fragen Sie die Agentur, wie sie die Suchmaschinen-Optimierung für diese Kunden bewerkstelligt. Auf der schönen Ostsee-Insel Fehmarn gibt es ca. 1.300 Vermieter von Ferienwohnungen, alle wollen auf Platz eins bei Google. Wenn nur ein paar von diesen Vermietern von derselben Agentur betreut werden, dann hat diese Agentur ein Problem ...

Knallhart: Referenzen mit Sistrix überprüfen

Wenn Sie das Buch aufmerksam bis hierher gelesen haben, dann werden Sie unweigerlich auf die Idee kommen, doch einfach mal die angegebenen Referenzen mit Ihren SEO-Tools zu durchleuchten. Sehr gute Idee! Da Sistrix einen sehr guten historischen Sichtbarkeitsverlauf für sehr viele Domains anzeigen kann, empfehle ich Ihnen, einige der Referenzen mit Sistrix zu prüfen. Abbildung 6.10 zeigt den Sichtbarkeitsverlauf einer willkürlich gewählten Domain.

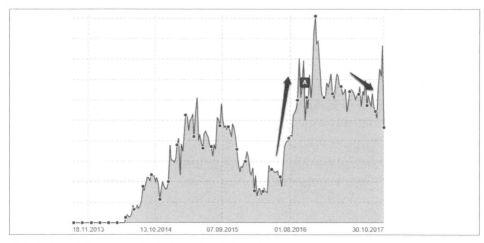

Abb. 6.10: Sichtbarkeitsverlauf mit starken Schwankungen

Auffällig sind der starke Anstieg ab August 2016 und dann der kontinuierliche Abstieg. Offensichtlich wurden hier Optimierungen vorgenommen, die aber keinen Bestand hatten bzw. wieder rückgängig gemacht wurden. Wie auch immer, nur wichtig ist für Sie, diese Auffälligkeiten in den Sichtbarkeitskurven zu finden und dann bei der Agentur anzusprechen. Die Agentur sollte Ihnen erklären können, wie es zu diesen Schwankungen kam. Schauen Sie sich in diesem Zusammenhang auch die Suchbegriffe und deren Positionsänderungen an. Wie Sie wissen, kann ein einziges Keyword allein schon den Sichtbarkeitswert entscheidend verbessern oder verschlechtern. Überprüfen Sie zusätzlich die Verlinkungsprofile. Da Sie wissen, wie ein gewachsenes und organisches Linkprofil aussieht, können Sie sehr schnell erkennen, ob hier manipulativer Linkaufbau betrieben wurde oder betrieben wird.

Abbildung 6.11 zeigt die Idealkurve eines Sichtbarkeitsverlaufs.

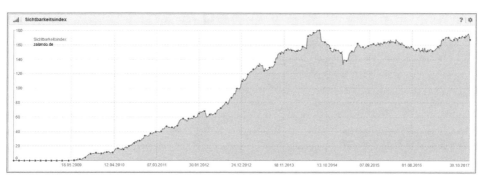

Abb. 6.11: Stabiler Sichtbarkeitsverlauf mit stetigem Wachstum

Der Sichtbarkeitsverlauf gehört zur Domain `zalando.de`. Diese Firma steckt sehr viel Geld in das Online-Marketing und die Suchmaschinen-Optimierung. Natürlich sollte sich nicht jeder mit Zalando vergleichen, der Verlauf der Zalando-Sichtbarkeit ist aber auch für kleine und mittelständische Unternehmen anzustreben.

Knallhärter: Agenturen über Sistrix vergleichen

Die logische Konsequenz aus der Überprüfung der Referenzen ist die Durchleuchtung der Agentur selbst mit den gleichen Werkzeugen. Da die Agenturen in der Regel auf die gleichen Suchbegriffe optimieren, können Sie diese sogar direkt gegeneinander antreten lassen.

In Sistrix gibt es hierfür die gut versteckte Funktion DIAGRAMM VERGLEICHEN. Klicken Sie auf das Zahnrad rechts oberhalb der Sichtbarkeitskurve und dann auf den Unterpunkt DIAGRAMM VERGLEICHEN.

Abb. 6.12: Tolle Funktion, aber gut versteckt

Es öffnet sich ein Fenster, in dem Sie vier Adressen zum Vergleich eingeben können. In Abbildung 6.13 habe ich »Internetagentur Köln« eingegeben und die ersten vier unbezahlten Treffer in die Felder eingetragen:

Abb. 6.13: Eingabe der Mitbewerber zum direkten Vergleich der Sichtbarkeitsverläufe

Als Ergebnis bekommen Sie den historischen Verlauf aller eingegebenen Domains (Abbildung 6.14).

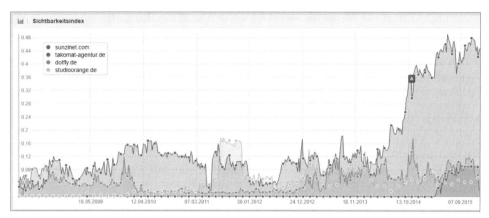

Abb. 6.14: Direkter Sichtbarkeitsvergleich der Agenturen

In dem hier vorgestellten Beispiel sehen Sie sehr schnell, dass die Sichtbarkeit der Agentur sunizet.com (rote Kurve) wesentlich höher als die der anderen ist. Bei der Agentur mit der grünen Kurve können Sie einen sehr unsteten Verlauf diagnostizieren, was in diesem Fall nicht unbedingt für die Agentur spricht, da sich der Trend eher abwärtsbewegt.

Zusätzlich zur Betrachtung der Sichtbarkeitskurven können Sie auch noch mal den Screaming Frog SEO Spider auf die Referenzen und Agenturseiten schicken. Eventuell finden Sie so auch noch Dinge, die Ihnen nicht zusagen, oder im Gegenteil vorbildlich umgesetzte Internetseiten.

Noch einmal der Hinweis: Der Sichtbarkeitsindex ist nur ein Richtwert und sagt nicht unbedingt etwas über die Qualität einer Agentur aus. Trotzdem kann er ein erster Anhaltspunkt für die Auswahl einer Agentur für Sie sein. Viele Agenturen optimieren die eigenen Seiten kaum, da dazu einfach die Zeit fehlt oder sie nur mit großen Marken zusammenarbeiten und sie es so einfach nicht für nötig befinden, die eigene Präsenz auf Vordermann zu bringen. Diese großen Agenturen arbeiten dann eher daran, ihren Ruf in der Branche durch die Teilnahme an Designwettbewerben zu stärken.

6.3.5 Agenturbesuch

Sie haben jetzt eine Vorauswahl von verschiedenen Agenturen anhand der oben beschriebenen Techniken vorgenommen. Versuchen Sie jetzt, einen Termin bei den Agenturen vor Ort zu vereinbaren. Jetzt können Sie natürlich auch die Agenturen zu sich bitten, immerhin wollen die ja einen Auftrag von Ihnen. Ich würde Ihnen aber trotzdem den für Sie etwas mühsameren Weg empfehlen. Besuchen

Sie die Agenturen in ihren Büroräumen, so können Sie sich ein Bild von der Agentur und den Mitarbeitern machen. Werden Sie nett empfangen? Lässt man Sie warten? Bietet man Ihnen Getränke an? Behandelt man Sie wie einen Gast oder stören Sie? Kurzum: Wenn Sie sich wohlfühlen und die Agentur sich Zeit für Sie nimmt, ist das schon ein gutes Zeichen für eine mögliche Zusammenarbeit.

Wenn möglich, lassen Sie sich die Agentur zeigen, so können Sie sich auch ein Gesamtbild machen. Ist der Rest der Agentur auch so schön gestaltet wie der Eingangsbereich und der Konferenzraum?

Haben Sie Ihr Lastenheft dabei? Super, dann erklären Sie anhand Ihrer Dokumentationen der Agentur Ihr Projekt und Ihre Ziele. Werden Sie möglichst konkret in Ihren Aussagen. Keiner Partei ist geholfen, wenn man mit Informationen hinterm Berg hält. Transparenz macht es der Agentur leichter, auf Ihre Wünsche einzugehen und das zu liefern, was Sie sich vorstellen und wünschen.

Erwarten Sie bitte nicht, dass Ihnen der Berater sofort einen Preis für Ihr Vorhaben nennen kann. Dafür ist die Umsetzung meist zu komplex und muss daher mit den Projektbeteiligten innerhalb der Agentur besprochen werden. Seien Sie also nicht enttäuscht, wenn Sie nicht mit einem Angebot nach Hause gehen können. Im Gegenteil, eine Agentur, die Ihnen sofort auf Basis des Lastenhefts ein Angebot unterbreitet, würde ich als unseriös einschätzen. Auf Basis Ihres Lastenhefts und Ihrer Dokumentationen kann aber jede Agentur in der Regel innerhalb von wenigen Tagen ein Angebot erstellen und dafür haben Sie es ja auch mühsam hergestellt.

Da Sie einen Relaunch planen, wäre es interessant, von der Agentur zu erfahren, welche Relaunch-Referenzen sie vorzuweisen hat. Lassen Sie sich konkret die URLs nennen. Laptop eingepackt? Vielleicht können Sie ja dann mit dem Berater gleich mal die Relaunch-Referenzen in Sistrix analysieren und besprechen. Gibt es Auffälligkeiten im Sichtbarkeitsverlauf, Merkwürdigkeiten im Linkprofil? Ansonsten notieren Sie sich die Relaunch-Referenzen und schauen sich diese später in Ruhe an.

Lassen Sie sich das Vorgehen der Agentur bei einem Relaunch erklären. Wie stellt die Agentur sicher, dass es nicht zu Verlusten in der Sichtbarkeit kommt? Bitte bedenken Sie jedoch, dass es bei jedem Relaunch auch immer einen kurzen Dämpfer in der Sichtbarkeit geben wird, je nach Größe der Website kann dieser Dämpfer bis zu sechs Monaten andauern, spätestens dann sollte sich jedoch die Seite erholt haben.

Fragen Sie die Agentur, mit welchen Shop- und Content-Management-Systemen sie arbeitet. Wenn Sie bereits ein CMS oder Shopsystem nutzen, wird die Agentur dann ein anderes System einsetzen? Viele Agenturen spezialisieren sich auf einige wenige Systeme, was durchaus Sinn macht. Bedenken Sie jedoch, dass ein Systemwechsel ungleich schwieriger ist und sich höchstwahrscheinlich negativ auf die Sichtbarkeit Ihrer Seite auswirken wird.

Und das Beste zum Schluss: Rufen Sie ein paar Kunden der Agentur an, bitten Sie höflich um eine Meinung über die Zusammenarbeit. Lief alles wie geplant? Blieb man im Zeitplan, gab es Überraschungen in der Abrechnung? Das ist völlig legitim, so bekommen Sie ein gutes Bild über die Agentur. Bitte bedenken Sie: Es geht hierbei um Ihren Geschäftserfolg, um Ihre Mitarbeiter und Arbeitsplätze, dafür lohnt es sich, bei der Agenturauswahl ganz genau hinzuschauen.

Checkliste: So finden Sie Ihre Agentur

- Schauen Sie sich die Bewertungen in den verschiedenen Portalen an.
- Besuchen Sie die Internetseiten der Agenturen, der erste Eindruck zählt.
- »Der Schuster hat die schlechtesten Schuhe« – zählt nicht!
- Prüfen Sie das Leistungsspektrum, werden alle benötigten Dienstleistungen angeboten?
- Analysieren Sie die Referenzen der Agenturen mit Ihren SEO-Tools wie Sistrix und Screaming Frog SEO Spider.
- Prüfen Sie auch die technischen Aspekte der Agenturen-Seiten, ebenfalls mit Sistrix und Screaming Frog SEO Spider.
- Besuchen Sie die Agenturen, machen Sie sich ein Bild, wie ist der erste Eindruck?
- Lastenheft und Laptop nicht vergessen!
- Fragen Sie konkret nach Relaunch-Referenzen, analysieren Sie die Referenzen ggf. schon vor Ort gemeinsam mit den Beratern.
- Erwarten Sie nicht, dass die Agentur Ihnen sofort einen Preis nennt, das wäre unseriös. In der Regel sollte Ihnen ein Angebot innerhalb einer Woche vorliegen.

6.3.6   Keine Agentur gefunden?

Entspricht keine der Agenturen Ihren Ansprüchen oder ist bei Ihnen vor Ort jetzt nicht gerade das digitale Epizentrum? Oftmals können die Werbeagenturen nicht alle gewünschten Ansprüche bedienen. Das ist auch völlig normal, nicht jede Agentur »hält« sich z.B. einen Suchmaschinen-Optimierer, den wir für unseren Relaunch benötigen würden. In diesem Fall ist es besonders sinnvoll, Vorträge und Seminare zu besuchen, auf denen Themen wie »Online-Marketing« und »Suchmaschinen-Optimierung« besprochen werden. Die Handels- und Handwerkskammern vor Ort veranstalten häufig für kleines Geld über das Jahr verteilt kleine Vortragsabende, auf denen Sie potenzielle SEO-Agenturen antreffen können.

Eine weitere Möglichkeit sind Online-Portale, wie `https://www.seo-united.de` (`relaunch.pro/112`). Bei dieser Seite handelt es sich um ein Dienstleisterverzeichnis aus dem Bereich Suchmaschinen-Optimierung.

Legen Sie bei der Suche nach einem Spezialdienstleister die gleichen Maßstäbe wie bei der Agentursuche an. Natürlich muss auch ein SEO-Spezialist über eine ordentliche Homepage verfügen und entsprechend aussagekräftige Referenzen vorweisen können. Ein Hinweis: Oftmals lassen sich die SEOs nicht so offen in die Karten schauen, weshalb Sie nur schwer im Netz Referenzen öffentlich finden werden. Rufen Sie die Agentur einfach an, schildern Sie Ihr Vorhaben und bitten Sie um die Angabe einiger Referenzen.

Sie können die Relaunch-Arbeiten auch aufteilen, buchen Sie eine Agentur für die Umsetzung des Designs und der Programmierung und einen Spezialisten, der den Relaunch begleitet und der Agentur in allen technischen Fragen unter die Arme greifen kann. So bekommen Sie das Beste aus zwei Welten.

6.4 Zusammenfassung

In diesem Kapitel haben Sie Folgendes gelernt:

- **Erstellung eines Lastenhefts** – Sie wissen, was Sie wollen, und jetzt wissen Sie auch, dass Sie Ihre Wünsche möglichst differenziert schriftlich in Ihrem Lastenheft fixieren sollten. Mit dem Lastenheft sind Sie in der Lage, vergleichbare Angebote einzuholen.

- **Einblicke in das Pflichtenheft** – Der Auftragnehmer wird Ihnen auf Basis Ihres Lastenhefts ein Pflichtenheft erstellen und Ihnen anschließend ein vergleichbares Angebot unterbreiten. In diesem Prozess lernen Sie die Arbeitsweise Ihres potenziellen Auftragnehmers kennen.

- **Wie man eine Agentur findet** – Der Agenturmarkt kann gerade in Ballungsgebieten sehr unübersichtlich sein. Mit Ihrem Know-how, dem kreativen Einsatz der SEO-Tools, sind Sie in der Lage, etwas Licht in den Agenturwald zu bringen und die richtige Agentur für Ihren Relaunch zu finden.

- **Agenturen auf den Zahn fühlen** – Bei Ihren Agenturbesuchen machen Sie sich ein umfassendes Bild der möglichen Partner. Sie stellen die richtigen Fragen, auch wenn's wehtut.

- **Einen Spezialisten finden** – Auch wenn Sie keine Agentur gefunden haben, die alle benötigten Leistungen abdeckt, wissen Sie sich zu helfen. Sie suchen sich dann einen Experten, der den Relaunch technisch begleitet, und eine Agentur, die sich um die kreative Umsetzung kümmert.

Teil II

Nach dem Relaunch

Ein perfekter Start für Ihre neue Internetseite.

Der größte Teil der Marathonstrecke ist gelaufen, jetzt geht es an die letzten zehn Kilometer. Die können noch mal richtig wehtun. Bezogen auf Ihren Relaunch bedeutet dies, alle Arbeiten zu überprüfen und gemeinsam mit Ihrer Agentur noch mal alle Punkte aus dem Pflichtenheft gewissenhaft abzuhaken. Nichts ist ärgerlicher, als mit einem fehlerhaften Relaunch online zu gehen und so Besucher und womöglich Umsätze zu verlieren. Sind alle Bilder, Überschriften und Texte korrekt eingebunden? Funktionieren alle Statistik-Tools? Wurde an alle Landingpages gedacht? Funktionieren Verlinkungen von externen Seiten noch? Sind alle Seiten korrekt untereinander verlinkt? In diesem Teil lernen Sie durch den Einsatz verschiedener Tools, die oben genannten Bestandteile zu überprüfen.

In diesem Teil:

## Kapitel 7

Fertig? Testen Sie die neuen Seiten auf Herz und Nieren!

Im ersten Schritt beginnen wir mit den technischen Tests. Hierbei überprüfen wir die generelle Qualität und die technische Umsetzung der Arbeiten.

7.1 So testen Sie innerhalb der Entwicklungsumgebung

In der Regel sollte Ihre Agentur Ihnen eine Testansicht zur Verfügung stellen, in der Sie Ihren neuen Seiten auf Herz und Nieren prüfen können. Da die Testumgebung andere Seitenadressen aufweist und wahrscheinlich auch unter einer temporären Domain betrieben wird, müssen Sie beim Testen entsprechende Einstellungen an Ihrem Onpage-Crawler vornehmen. Der Screaming Frog SEO Spider ist hierzu mit speziellen Konfigurationsmöglichkeiten ausgestattet, die es zum Beispiel ermöglichen, Seiten hinter einem Passwortschutz zu crawlen oder URL-Schemata umzuschreiben, um so Umleitungen auf Korrektheit zu prüfen.

7.1.1 Passwortschutz umgehen

Wie bereits erwähnt, empfehle ich für die Sperrung der Entwicklungsumgebung vor Suchmaschinen-Bots, die Standard-Passwort-Technik per HTTP-Authentifizierung. Der Screaming Frog SEO Spider kommt an dieser Passwortabfrage auch nicht vorbei, blendet aber in diesem Fall während des Crawl-Vorgangs ein Dialogfenster für die Eingabe der Benutzerdaten ein. So können Sie mit dem Screaming Frog SEO Spider also auch die gesperrte Entwicklungsumgebung crawlen.

Abb. 7.1: Passwortabfrage im Screaming Frog SEO Spider

> **Hinweis**
>
> Achten Sie strikt darauf, welche Bereiche Sie für den Screaming Frog SEO Spider freischalten. In administrativen Bereichen sollten Sie den Crawler nicht unbeaufsichtigt crawlen lassen. Der Screaming Frog SEO Spider klickt jeden Link an, er kann nicht unterscheiden, ob es sich dabei um einen normalen Link zu einer weiteren Seite handelt oder um einen Link, der etwas löscht oder ein Plugin installiert.

7.1.2 Robots.txt ignorieren

Wenn der Passwortschutz für den Screaming Frog SEO Spider ausgehebelt wurde und er trotzdem die Seiten nicht crawlen kann, wurden eventuell durch Ihre Agentur in der `robots.txt` Vorkehrungen getroffen, die die Indexierung durch Bots ausschließen. In diesem Fall konfigurieren Sie den Screaming Frog SEO Spider so, dass er die Einstellungen in der `robots.txt` einfach ignoriert.

Klicken Sie hierfür auf CONFIGURATION|ROBOTS.TXT|SETTINGS.

Wählen Sie die Option IGNORE ROBOTS.TXT.

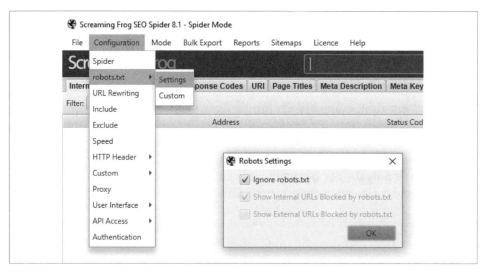

Abb. 7.2: `robots.txt`-Einstellungen im Screaming Frog SEO Spider

Mit einem ersten Testcrawl können Sie feststellen, ob der Screaming Frog SEO Spider die Seiten überhaupt aufrufen kann. Starten Sie den Screaming Frog SEO Spider und lassen Sie ihn auf Ihre neue Seite testweise los. Denken Sie dabei an eventuelle Passwortabfragen und Bot-Ausschlüsse (siehe oben). Wenn Sie das Gefühl haben, der Spider kann die Seiten problemlos einlesen, dann stoppen Sie den Crawl, indem Sie auf STOP klicken.

7.2 Technische Tests

Bevor inhaltliche Details überprüft werden, sollte man zunächst einen generellen technischen Test ausführen. Deckt dieser Test schon viele Fehler auf, kann man sich tiefer gehende Analysen vorerst sparen, da diese erst dann sinnvoll sind, wenn in der Site alle technischen Fehler behoben wurden und sie einwandfrei funktioniert.

Ich nutze für den technischen Test die Tools DeepCrawl, OnPage.org oder den Screaming Frog SEO Spider.

Mit diesen Tools überprüfe ich für den technischen Test die folgenden Punkte:

- Sind alle Seiten und Ressourcen (JavaScript, CSS, Schriften) erreichbar?
- Sind Weiterleitungen vorhanden und welchen Status senden die Weiterleitungen (301/302)?
- Gibt es Auffälligkeiten bei den Ladezeiten?
- Wie viele Seiten werden gecrawlt und passt die Anzahl zu der vor dem Relaunch festgestellten Seitenzahl?
- Wurde die URL-Struktur wie gewünscht umgesetzt (Groß- und Kleinschreibung, Bindestriche statt Unterstriche)?
- Wie sieht die Verzeichnisstruktur aus?
- Gibt es unerwünschte Seiten, wie z.B. Filter- oder Suchergebnisseiten?
- Bei einer Umstellung auf SSL (HTTPS): Sind alle internen Ressourcen korrekt eingebunden? Werden alle externen Ressourcen per HTTPS nachgeladen?
- Sind die Canonical-Tags korrekt gesetzt?
- Wurde das `hreflang`-Tag (bei mehrsprachigen Seiten) korrekt eingesetzt?

Unsichtbare Fehler mit fatalen Folgen

Fehler in der technischen Umsetzung sind leider nicht immer sofort sichtbar. Ob eine Seite einen Statuscode 302 oder 301 sendet oder ein falsch gesetztes Canonical-Tag enthält, können Sie daher zuverlässig nur mit Onpage-Tools überprüfen. Da diese Fehler zu schwerwiegenden Problemen führen können, möchte ich Ihnen zeigen, wie Sie diese vermeiden und testen.

7.2.1 Ressourcen prüfen

Hierbei handelt es sich um den grundlegendsten Test, bei dem es darum geht, die Erreichbarkeit aller Seiten und Inhalte zu überprüfen. Starten Sie dazu beispielsweise den Screaming Frog SEO Spider und crawlen Sie die gesamte Seite bzw. die Testumgebung.

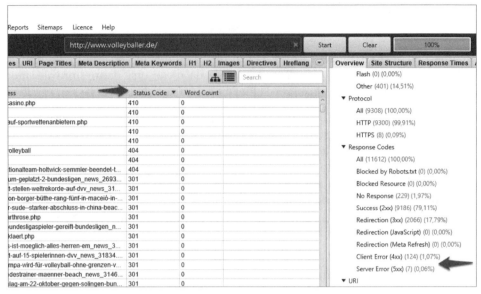

Abb. 7.3: Auswertung der Statuscodes im Screaming Frog SEO Spider

Die beiden Pfeile in Abbildung 7.4 markieren die in dieser Auswertung wichtigsten Statuscodes. In der Tabelle können Sie durch Klicken auf STATUS CODE die Tabellenspalte nach dem Statuscode sortieren, klicken Sie zweimal auf die Beschriftung, so erhalten Sie Statuscodes mit den höheren Werten am Tabellenanfang. In der Grafik sehen Sie absteigend die Codes 410 (gelöschte Seite), 404 (nicht gefundene Seite) und 301 (permanent umgeleitete Seite).

Auf der rechten Seite in der Abbildung markiert ein weiterer Pfeil zwei Statuscode-Filter. In diesem Fall die Filter »4xx«, also alle Statuscodes, die mit einer »4« beginnen, und als Zweites den Filter »Server Error 5xx«. Bei den 500er-Fehlern handelt es sich oftmals um Fehler, die durch Scriptsprachen wie PHP oder Perl hervorgerufen werden. Sie können die Filter im rechten Bereich des Screaming Frog SEO Spider anklicken und erhalten dann im linken Bereich die entsprechenden URLs, die diese Fehler hervorrufen.

Diese Auswertung erhalten Sie auch, wenn Sie auf den Reiter RESPONSE CODES klicken und dort im Drop-down-Menü FILTER die entsprechenden Response-Codes auswählen.

Bei den hier festgestellten 5xx-Fehlern handelt es sich ausschließlich um Fehler von extern verlinkten Seiten. Diese Fehler sind zunächst nicht dramatisch, zumal Sie auch keinen Einfluss auf die fremden Seiten haben, trotzdem sollten Sie die Verlinkungen überprüfen oder löschen, damit Sie Ihre Nutzer nicht verärgern, die diese Links anklicken. Wenn Sie sehr viele defekte Seiten verlinken, kann das bei den Suchmaschinen zu einer Abwertung führen, da Sie durch diese defekten Links immer wieder negative Qualitätssignale senden.

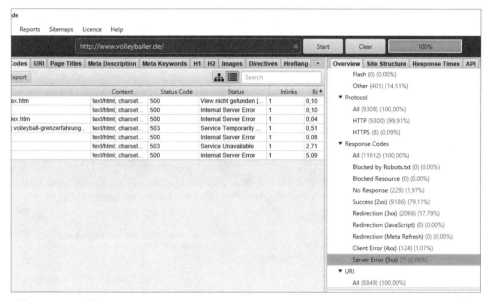

Abb. 7.4: 5xx-Fehlerauswertung

Zusätzlich zu den Statuscode-Filtern können Sie im Screaming Frog SEO Spider nach Ressourcen-Typen filtern. Wechseln Sie in den Reiter INTERNAL und klicken Sie auf das Drop-down-Menü FILTER.

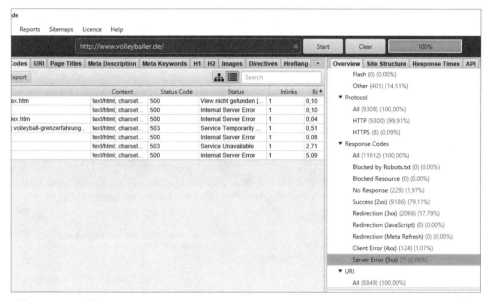

Abb. 7.5: Weitere Filtermöglichkeiten nach Ressourcen-Typen

Sortieren Sie anschließend die Tabelle durch Klicken auf die Tabellenspalte STATUS CODE. Wenn Sie den Filter auf ALL stellen, bekommen Sie alle Ressourcen in einer Ansicht angezeigt.

Tipp

Speichern Sie das Crawl-Ergebnis ab, gerade bei größeren Seiten kann der Crawl schon einige Zeit in Anspruch nehmen. Klicken Sie zum Speichern in der Menüleiste auf FILE und anschließend auf SAFE. Wenn Sie später weitere Analysen an dem Crawl-Ergebnis vornehmen möchten, können Sie einfach über FILE und OPEN RECENT die gewünschte Datei auswählen und in den Screaming Frog SEO Spider laden.

Zu Dokumentationszwecken können Sie die Fehler über den Reiter RESPONSE CODES und dann mit einem Klick auf den Button EXPORT speichern.

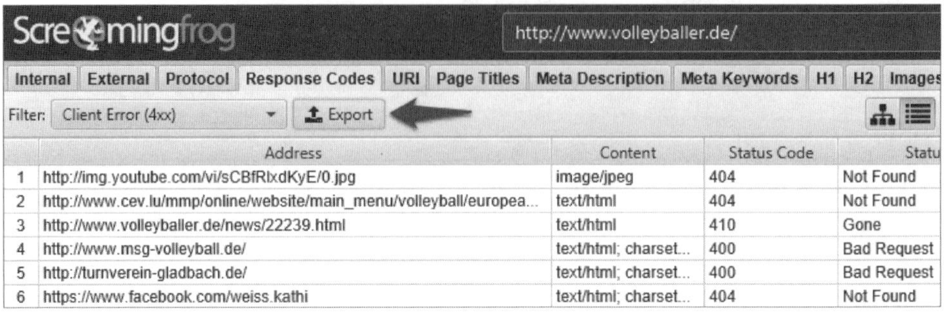

	Address	Content	Status Code	Statu
1	http://img.youtube.com/vi/sCBfRlxdKyE/0.jpg	image/jpeg	404	Not Found
2	http://www.cev.lu/mmp/online/website/main_menu/volleyball/europea...	text/html	404	Not Found
3	http://www.volleyballer.de/news/22239.html	text/html	410	Gone
4	http://www.msg-volleyball.de/	text/html; charset...	400	Bad Request
5	http://turnverein-gladbach.de/	text/html; charset...	400	Bad Request
6	https://www.facebook.com/weiss.kathi	text/html; charset...	404	Not Found

Abb. 7.6: Export der 4xx-Fehler

Die Seite sollten möglichst keine Fehler aufweisen. Bei einer alten, gewachsenen Internetseite kommt es im Laufe der Zeit immer wieder zu Dateileichen und fehlerhaften Verlinkungen, bei einer neuen Seite sollten jedoch keine Fehler auftauchen.

Laufende Qualitätssicherung

Die hier vorgestellten Tests können und sollten Sie auch im laufenden Betrieb Ihrer Website immer wieder mal durchführen, so halten Sie Ihre Seite sauber und funktionsfähig.

Checkliste Erreichbarkeit

- Alle Seiten in Ihrer neuen Domain sollten erreichbar sein und den Statuscode »200« senden.
- Prüfen Sie auch externe Verlinkungen und korrigieren Sie diese gegebenenfalls, Links auf externe Seiten sollten funktionieren.
- Prüfen Sie alle Ressourcen, die Sie in Ihre Website laden, auch externe Scripts, Bilder und CSS-Dateien.
- Führen Sie die hier beschriebenen Analysen regelmäßig aus und halten Sie so Ihre Seite technisch einwandfrei und sauber.

7.2.2 Weiterleitungen erkennen

Weiterleitungen entstehen dann, wenn zum Beispiel interne Seiten über unterschiedliche URLs verlinkt werden. Wenn Sie den ersten Crawl Ihrer neuen Seiten durchführen, dürften in der Regel keine Weiterleitungen auftreten, da alle Seiten intern korrekt eingebunden und verlinkt sein sollten. Trotzdem kann es in manchen Fällen zu Fehlern innerhalb der Seiten kommen. Ein Beispiel aus der Praxis: Auf einer Shopkategorieseite werden die Produkte einer Kategorie aufgelistet. Jedes Produkt verlinkt auf die entsprechende Produktseite, die Produkte sind über verschiedene URLs erreichbar:

- **Technische URL**
  `https://www.shopadresse.tld/turnschuhe-45/detail.php?ID=1234`
- **Sprechende URL**
  `https://www.shopadresse.tld/adidas-sneaker-modelx`

Beide URLs zeigen denselben Inhalt an, nämlich rote Adidas-Sneaker. Wenn in der Artikelliste die technische URL eingesetzt wird, dann kann es sein, dass der Shop auf die sprechende URL umleitet. Die Umleitung erfolgt so schnell, dass Sie in der Regel davon nichts mitbekommen sollten. Für die Suchmaschinen bedeutet jedoch jede unnötige Umleitung eine kleine Verzögerung. Diese Verzögerung führt im schlimmsten Fall dazu, dass die Suchmaschinen nicht genügend Zeit haben, Ihre komplette Seite zu indexieren und somit nicht alle Inhalte Ihrer Domain im Suchmaschinenindex landen. In der neuen Version Ihrer Website sollten sich demnach keine Umleitungen (mit wenigen Ausnahmen) befinden.

Falls Sie bei diesem Test schon sehr viele unnötige Umleitungen finden, dann sprechen Sie Ihre Agentur unbedingt auf diesen Umstand an. Eventuell gibt es technische Gründe, die der Testumgebung geschuldet sind, oder es handelt sich tatsächlich um Fehler in den Seiten. In diesem Fall sollte die Agentur natürlich die Fehler beheben.

Im Screaming Frog SEO Spider finden Sie die Umleitungen wie folgt:

Klicken Sie auf den Reiter RESPONSE CODES, wählen Sie dann im Drop-down-Menü FILTER die Option REDIRECTION (3XX).

Als Ergebnis sehen Sie alle Seiten, die einen Statuscode mit der Anfangsziffer »3« senden. Bei diesen Statuscodes handelt es sich um Weiterleitungen. Achten Sie bei der Betrachtung des Ergebnisses darauf, dass der Screaming Frog SEO Spider auch alle externen Verlinkungen und deren Statuscodes hier mit aufführt. Unten rechts in Abbildung 7.7 sehen Sie die Anzahl der gefilterten Umleitungen, 2.066 URLs werden demnach weitergeleitet. Damit Sie nur Ihre eigenen Fehler sehen, können Sie über das Suchfeld den Filter auf Ihre eigene Domain einschränken.

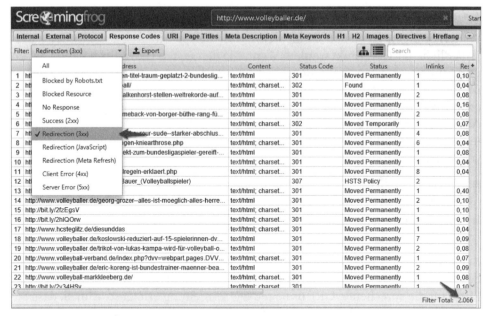

Abb. 7.7: Umleitungsfilter im Screaming Frog SEO Spider

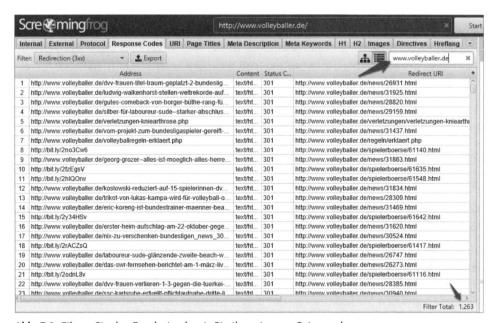

Abb. 7.8: Filtern Sie das Ergebnis, damit Sie Ihre eigenen Seiten sehen.

Wie Sie sehen, ist das Gesamtergebnis dann sehr viel kleiner, 1.263 Seiten bleiben in meinem Beispiel übrig. Für eine alte, gewachsene Seite ist diese Zahl nicht beängstigend, bei einer nagelneuen Seite sollte das Ergebnis jedoch gegen null tendieren.

Zusätzlich zu den Statuscodes zeigt Ihnen der Screaming Frog SEO Spider auch die jeweiligen Zielseiten an, in Abbildung 7.8 finden Sie Zieladressen in der Spalte REDIRECT URI.

Mit den verschiedenen Statuscodes der Umleitungen werden wir uns später noch mal eingehender beschäftigen, wenn wir die Umleitungen der alten URLs prüfen.

Umleitungen der Startseite

Besonderes Augenmerk sollten Sie auf die Umleitung der Startseite setzen. Häufig werden die Startseiten direkt systembedingt auf eine Unterseite umgeleitet. Das CMS Weblication leitet die Anfragen für die Startseite standardmäßig direkt um auf die Unterseite /de/index.php. Wenn diese Umleitung mit dem korrekten Statuscode versehen wird, ist das auch kein Problem, wird die Seite jedoch mit einem falschen Statuscode umgeleitet, so kann dieser Umstand zum Problem werden. Durch falsch gesetzte Umleitungen werden die Linkkraft und somit auch die Sichtbarkeit einer Seite geschwächt. Leiten Sie daher immer per permanenter 301-Weiterleitung um. Gerade bei der Startseite einer Domain handelt es sich in aller Regel um die stärkste Seite, da sie am häufigsten von anderen externen Seiten verlinkt wird, deshalb müssen Sie sicherstellen, dass diese Seite korrekt umgeleitet wird.

Die folgenden Codezeilen aus einer .htaccess-Datei zeigen ein Beispiel für eine permanente Umleitung, in diesem Fall wird die Startseite index.html auf die Datei index.php in dem Unterverzeichnis /de/ umgeleitet.

```
RewriteEngine On
RedirectPermanent /index.html      /de/index.php
```

Bei diesem Codeschnipsel handelt es sich nur um ein exemplarisches Beispiel, es kann unzählige Umleitungs-Szenarien geben, daher kann hier nur die grundlegende Technik erläutert werden.

Mit dem Tool httpstatus.io (relaunch.pro/15) können Sie im Schnellverfahren die Umleitung einer Seite prüfen. Geben Sie in das Textfeld einfach die URLs ein, die Sie testen möchten, (oder auch mehrere) und klicken Sie anschließend auf SUBMIT.

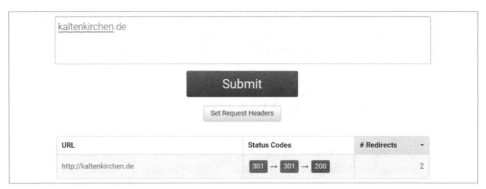

Abb. 7.9: Umleitungen mit httpstatus.io prüfen

Als Ergebnis bekommen Sie die Statuscodes der Weiterleitungen angezeigt und um wie viele Weiterleitungen es sich insgesamt handelt. Bei diesem Beispiel wird die Startseite zwei Mal umgeleitet:

Die erste Umleitung zeigt auf die URL `http://www.kaltenkirchen.de`. Diese Adresse wird wiederum auf die URL `http://www.kaltenirchen.de/de/index.php` umgeleitet. Technisch könnten alle Anfragen sofort auf die letzte Zielseite umgeleitet werden, so erspart man den Suchmaschinen-Bots einen zusätzlichen Zwischenschritt.

Sie sehen in Abbildung 7.9 in der Spalte STATUS CODES den jeweiligen Statuscode der Weiterleitung, der letzte Statuscode ist »200«. Dieser Code bedeutet »OK, Seite wurde gefunden«. Die 301-Codes sind permanente Umleitungen, was in diesem Fall auch korrekt ist, so senden Sie den Suchmaschinen den Hinweis: »Diese Seite ist permanent verschoben.« Die Suchmaschinen-Bots merken sich in der Regel die neue Adresse und rufen sie in Zukunft direkt auf.

Vermeiden sollten Sie hingegen Umleitungen mit dem Statuscode »302«, diese Umleitung ist eine temporäre Umleitung. Die Suchmaschinen rufen in diesem Fall immer wieder die Ursprungsadresse auf und müssen dann jedes Mal die Umleitungen nacheinander abklappern, bis sie die Zielseite erreichen. Dieser Vorgang kostet immer wieder Ressourcen, die besser für das Indexieren Ihrer Seite eingesetzt werden könnten.

Überprüfen Sie diesen Punkt und bitten Sie Ihre Agentur um korrekte Umsetzung. Ziel ist es, die Startseite mit nur einer 301-Weiterleitung auf die endgültige Startseite umzuleiten. Falls Sie HTTPS (SSL) einsetzen, sollte auch die Umleitung von http auf https mit nur einer Umleitung erfolgen.

SSL-Umleitungsketten

Immer mehr Seiten verwenden erfreulicherweise die SSL-Verschlüsselung, um die Daten ihrer Nutzer zu verschlüsseln und sicher übertragen zu können. Mit dem Einsatz von SSL ändert sich auch die URL, aus http wird https. Für die Suchmaschinen sind diese URLs mit der neuen Protokollbezeichnung komplett neue URLs und – Sie ahnen es bereits – auch diese URLs müssen korrekt und komplett umgeleitet werden.

Tipp

Wenn sich bei Ihrem Relaunch die URL-Struktur komplett ändert und Sie nicht zwingend auf SSL angewiesen sind, dann vermeiden Sie zunächst den Einsatz von SSL. Die Suchmaschinen werden es Ihnen danken. Erst wenn der Relaunch ohne Sichtbarkeitseinbußen vonstattengegangen ist, sollten Sie die SSL-Implementierung vornehmen. Als Faustregel für den Website Relaunch gilt: Ändern Sie so wenig wie möglich an der URL-Struktur, dann stehen die Chancen gut, dass sich die Sichtbarkeit Ihrer Seiten nicht verschlechtert. Tipps zu einem sauberen SSL-Umzug finden Sie in Kapitel 13.

Leider wird bei der Implementierung des SSL-Protokolls häufig folgender Fehler begangen: Die Seiten werden zu häufig umgeleitet. Im schlechtesten Fall kommt es zu folgender Weiterleitungskette:

Die Zielseite ist die Seite mit der Adresse `https://www.eineseitemitssl.de`.

Gestartet wird mit der URL `http://eineseitemitssl.de` (kein https und kein www). Aus vergangenen Tagen ist in der Umleitungstabelle hinterlegt, dass allen Seiten ein www vorangestellt wird: `http://www.eineseitemitssl.de`. Da jetzt aber SSL genutzt wird, muss die Seite wieder umgeleitet werden: `https://eineseitemitssl.de`. Nun fehlt aber wieder das www, also noch mal umleiten: `https://www.eineseitemitssl.de` – Ziel erreicht. Klinkt merkwürdig, passiert aber leider immer wieder.

Adressen mit und Adressen ohne vorangestelltes www sind für die Suchmaschinen ebenfalls komplett unterschiedliche Adressen und müssen daher umleitungstechnisch wie die SSL-Umleitung behandelt werden.

Die einfachste Vermeidungsstrategie für Umleitungsketten ist, immer gleich auf die korrekte Version umzuleiten, in diesem Beispiel also die Variante mit https und www.

Checkliste Umleitungen

- Ihre neue Seite sollte in der Regel keine Weiterleitungen aufweisen.
- Wenn Weiterleitungen in diesem Status schon implementiert wurden, dann sollten diese mit dem Statuscode 301 umgesetzt sein.

- Die Startseite ist die stärkste Seite und muss mit besonderer Vorsicht und Hingabe umgeleitet werden (wenn sie überhaupt umgeleitet werden muss).
- Prüfen Sie den Einsatz von SSL. Wenn es sich vermeiden lässt, dann setzen Sie die Verschlüsselung erst zu einem späteren Zeitpunkt ein.
- Vermeiden Sie unnötige Weiterleitungsketten.

7.2.3 Ladezeiten messen

Für Ihre Besucher und für die Suchmaschinen sind schnell ladende Internetseiten von großem Vorteil. Die menschlichen Besucher kommen mit einer schnellen Internetseite schneller zum Ziel, die Suchmaschinen können Ihre Seiten besser indexieren. Den Ladezeiten sollten Sie daher genau auf den Zahn fühlen.

Immer wieder beobachte ich, dass unnötige Programmcodes in Internetseiten geladen und damit die Seiten langsam werden. Man kann den Agenturen noch nicht einmal einen Vorwurf daraus machen, oftmals werden einfach Designvorlagen (Templates) bei externen Anbietern eingekauft. Diese Templates sind dann wiederum häufig mit unnötigen Programm-Bibliotheken angereichert, um dem Käufer des Templates möglichst viel Programmierarbeiten abzunehmen. Gerade auf mobilen Endgeräten mit beschränkter Bandbreite führen langsame Seiten zu Frust bei den Nutzern.

Google hat bereits 2010 die Seitenladezeiten zusätzlich als offiziellen Ranking-Faktor aufgenommen, heißt also: Je schneller Ihre Seiten laden, desto besser werden sie bei Google gefunden. Und ein letztes Argument, ein Zitat von Greg Linden, Amazon:

> *100 ms of extra load time caused a 1% drop in sales.*

Amazon verliert demnach 1% Umsatz, wenn die Amazon-Seiten nur 100 ms langsamer laden.

Ziel ist es daher, den Kunden eine möglichst gute und schnelle Bedienbarkeit Ihrer Internetseite zu ermöglichen.

Antwortzeiten mit dem Screaming Frog SEO Spider messen

Der Screaming Frog SEO Spider misst die sogenannte »Response-Time« bei jedem Crawl für jede einzelne Adresse. Das Ergebnis finden Sie im Reiter INTERNAL in der Spalte RESPONSE TIMES. In der Standardeinstellung befindet sich diese Spalte recht weit hinten in der Tabelle. Scrollen Sie daher die Tabelle nach rechts, bis Sie die Spalte gefunden haben. Verschieben Sie dann die Spalte durch Klicken und Ziehen nach links, so können Sie die URLs und die dazugehörigen Antwortzeiten direkt nebeneinanderstellen. Die Response-Time wird in Sekunden angegeben.

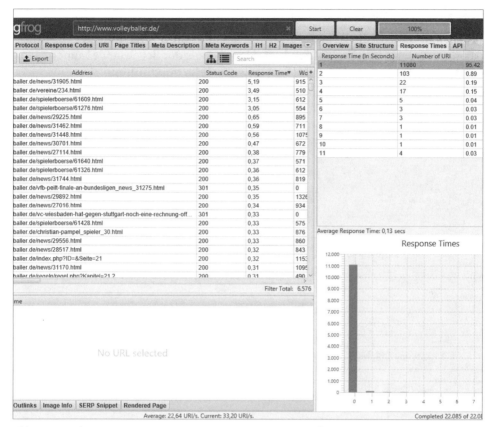

Abb. 7.10: Ladezeitenauswertung im Screaming Frog SEO Spider

Sie können die Ansicht wie üblich durch Klicken auf die Spalte RESPONSE TIMES sortieren. In Abbildung 7.10 sehen Sie zusätzlich rechts eine Zusammenfassung der Antwortzeiten. Über das Drop-down-Menü FILTER können Sie zusätzlich einzelne Dateitypen auswählen und so beispielsweise die Bilder mit der langsamsten Antwortzeiten identifizieren. Klicken Sie dafür auf das Drop-down-Menü FILTER und wählen Sie anschließend IMAGES aus.

Hinweis zur Response-Time-Auswertung

Der Screaming Frog SEO Spider zeigt Ihnen in dieser Auswertung nicht die Ladezeiten an, sondern die Antwortzeiten. Die Antwortzeiten hängen stark von Ihrer Netzwerkverbindung und der Leistungsfähigkeit des Servers ab, auf dem sich die Seiten befinden. Um die tatsächlichen Ladezeiten zu ermitteln, müssen Sie andere Tools einsetzen.

Ladezeiten mit »Pingdom« ermitteln

Pingdom ist eine Online-Plattform zur Messung und Überwachung der Leistungsdaten von Internetseiten. Mit den kostenlosen Tools auf der Seite `relaunch.pro/`
`114` können Sie unterschiedliche Performance-Tests durchführen.

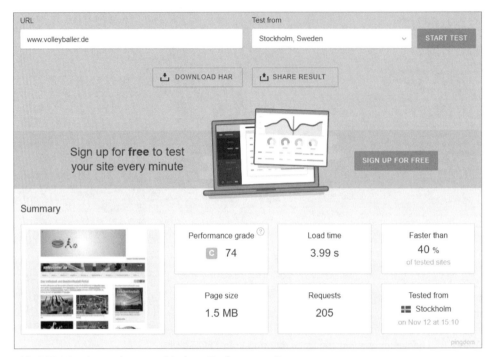

Abb. 7.11: Pingdom misst verschiedene Performance-Daten.

In Abbildung 7.11 sehen Sie die Ergebnisse für folgende Messungen:

Performance grade: Hierbei handelt es sich um einen Indexwert, der von Google
vergeben wird. Der Wert kann zwischen 0 (viel zu langsam) und 100 (echt schnell)
betragen. Sie können diesen Wert auch direkt bei Google ermitteln, dazu später
mehr.

Load time: Um diese Zahl geht es uns, hier wird Ihnen angezeigt, wie lang die
untersuchte Seite zum Laden benötigt.

Faster than: Ist ein interner Vergleich aller Messungen innerhalb des Pingdom-
Tools.

Page size: Ist die Gesamtdatei-Größe der überprüften Seite. Die Seitengröße können Sie auch mit dem Screaming Frog SEO Spider messen, siehe unten.

Request: Zeigt die Anzahl der einzelnen zu übertragenden Dateien an, die
geprüfte Seite besteht also aus 205 einzelnen Häppchen.

Tested from: Von diesem Standort aus wurde Ihre Seite geprüft, es macht Sinn, einen geografisch sinnvollen Teststandort zu nutzen, um möglichst realistische Daten zu erhalten.

Testen Sie verschiedene Seitentypen

Es erscheint wenig sinnvoll, jede einzelne Unterseite Ihres Projekts manuell zu überprüfen. Stattdessen sollten Sie jedoch stellvertretend die einzelnen Seitentypen Ihres Systems testen. In einem Online-Shop wären das zum Beispiel: **Startseite, Kategorieseiten, Artikelseiten, Suchergebnisseiten.** Testen Sie diese Seitentypen und Sie erhalten ein gutes Bild über die Performance Ihrer gesamten Seite.

Google Page Speed

Wie in der Pingdom-Analyse bereits erwähnt, gibt es direkt bei Google eine Möglichkeit, einen Index-Wert für die Seitengeschwindigkeit abzurufen. Gehen Sie dazu auf die Seite von Googles PageSpeed Insights: `relaunch.pro/115`.

Geben Sie in den Eingabeschlitz Ihre URL ein und klicken Sie anschließend auf ANALYSIEREN.

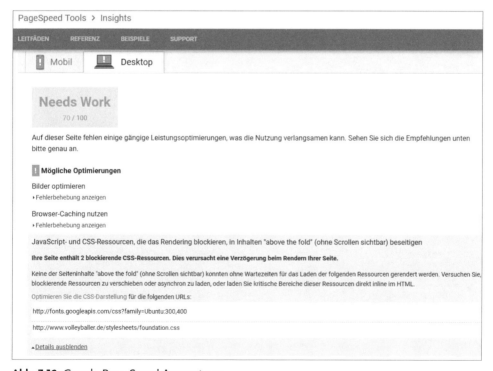

Abb. 7.12: Google-Page-Speed-Auswertung

Einen Teil des Ergebnisses sehen Sie in Abbildung 7.12, den Google-Page-Speed-Wert finden Sie in der grauen Box. In diesem Beispiel beträgt er 70 von 100 möglichen Punkten. Weiter unten in der Auswertung finden Sie individuelle Empfehlungen von Google, mit denen Sie Ihre Ladegeschwindigkeit verbessern können. Dazu gehören Punkte wie:

- Reduzierung der CSS- und JavaScript-Dateien
- Optimierung der Bilder
- Komprimierung der Datenübertragung
- Aktivierung des Browser-Cachings für statische Daten, wie z.B. Bilder
- Reduzierung des HTML-Quelltextes

Die Empfehlungen sind oftmals sehr hilfreich, häufig können kleine Änderungen schon große Wirkung erzielen. Die Komprimierung der Datenübertragung beispielsweise ist eine sehr schnelle und einfache Änderung, bei der lediglich ein Haken in der PHP- oder Serverkonfiguration an der richtigen Stelle gesetzt werden muss, und schon verbessert sich die Ladegeschwindigkeit der gesamten Seite merklich.

Google-Page-Speed-Daten in Analytics

Aber auch in diesem Fall können Sie unmöglich jede einzelne Seite mit dem Page-Speed-Tool messen.

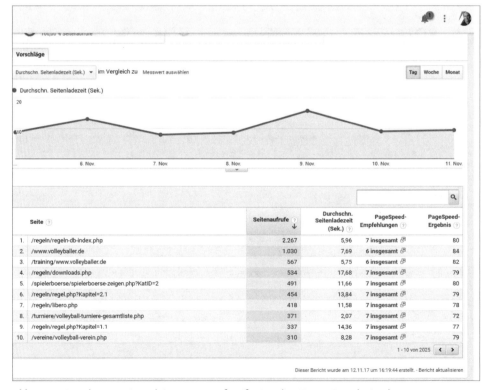

Abb. 7.13: Google-Page-Speed-Auswertung für (fast) jede URL in Google Analytics

Bitte prüfen Sie daher auch hier die stellvertretenden Seiten, um sich ein Bild von der Gesamtperformance machen zu können.

Falls in Ihrer neuen Seite bereits Google Analytics eingesetzt wird, können Sie die Page-Speed-Werte auch hier ablesen. Klicken Sie dazu in den Bericht: VERHALTEN|WEBSITEGESCHWINDIGKEIT|EMPFEHLUNGEN ZUR SCHNELLEN (heißt tatsächlich so).

In der Spalte PAGESPEED-ERGEBNIS finden Sie die Auswertungen für die jeweiligen Seiten. Zusätzlich erhalten Sie in der Spalte PAGESPEED-EMPFEHLUNGEN einen Link, der die Page-Speed-Insights-Seite aufruft und dort eine Live-Analyse der entsprechenden URL ausführt.

Wie schwer sind Ihre Seiten?

Oftmals hängt die Ladezeit der einzelnen Seiten direkt mit der Menge der zu übertragenden Daten zusammen. Je mehr Daten der Server an den Browser übertragen muss, desto länger benötigt die jeweilige Seite zum Laden. Zusätzlich zur Menge der Daten ist die Ladezeit abhängig von der Anzahl der zu übertragenden Einzeldateien. Eine Seite besteht in der Regel aus mehreren Bildern und Scripts, die alle geladen werden müssen. Je mehr Einzeldateien übertragen werden, desto langsamer lädt eine Seite.

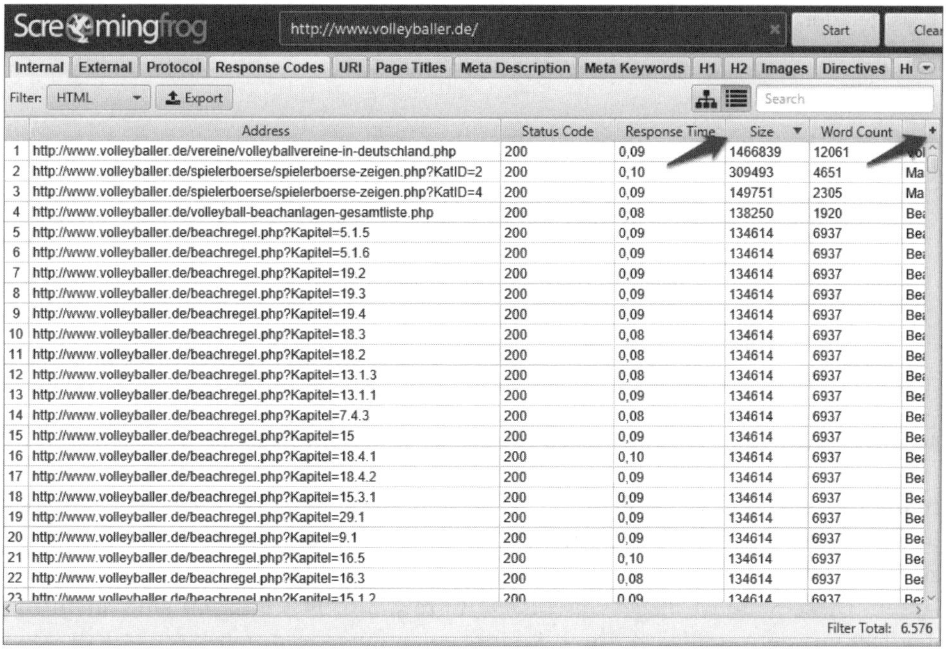

	Address	Status Code	Response Time	Size	Word Count
1	http://www.volleyballer.de/vereine/volleyballvereine-in-deutschland.php	200	0,09	1466839	12061
2	http://www.volleyballer.de/spielerboerse/spielerboerse-zeigen.php?KatID=2	200	0,10	309493	4651
3	http://www.volleyballer.de/spielerboerse/spielerboerse-zeigen.php?KatID=4	200	0,09	149751	2305
4	http://www.volleyballer.de/volleyball-beachanlagen-gesamtliste.php	200	0,08	138250	1920
5	http://www.volleyballer.de/beachregel.php?Kapitel=5.1.5	200	0,09	134614	6937
6	http://www.volleyballer.de/beachregel.php?Kapitel=5.1.6	200	0,09	134614	6937
7	http://www.volleyballer.de/beachregel.php?Kapitel=19.2	200	0,09	134614	6937
8	http://www.volleyballer.de/beachregel.php?Kapitel=19.3	200	0,09	134614	6937
9	http://www.volleyballer.de/beachregel.php?Kapitel=19.4	200	0,09	134614	6937
10	http://www.volleyballer.de/beachregel.php?Kapitel=18.3	200	0,08	134614	6937
11	http://www.volleyballer.de/beachregel.php?Kapitel=18.2	200	0,08	134614	6937
12	http://www.volleyballer.de/beachregel.php?Kapitel=13.1.3	200	0,08	134614	6937
13	http://www.volleyballer.de/beachregel.php?Kapitel=13.1.1	200	0,09	134614	6937
14	http://www.volleyballer.de/beachregel.php?Kapitel=7.4.3	200	0,08	134614	6937
15	http://www.volleyballer.de/beachregel.php?Kapitel=15	200	0,09	134614	6937
16	http://www.volleyballer.de/beachregel.php?Kapitel=18.4.1	200	0,10	134614	6937
17	http://www.volleyballer.de/beachregel.php?Kapitel=18.4.2	200	0,09	134614	6937
18	http://www.volleyballer.de/beachregel.php?Kapitel=15.3.1	200	0,09	134614	6937
19	http://www.volleyballer.de/beachregel.php?Kapitel=29.1	200	0,09	134614	6937
20	http://www.volleyballer.de/beachregel.php?Kapitel=9.1	200	0,09	134614	6937
21	http://www.volleyballer.de/beachregel.php?Kapitel=16.5	200	0,10	134614	6937
22	http://www.volleyballer.de/beachregel.php?Kapitel=16.3	200	0,08	134614	6937
23	http://www.volleyballer.de/beachregel.php?Kapitel=15.1.2	200	0,09	134614	6937

Abb. 7.14: Die Auswertung der Seitengröße im Screaming Frog SEO Spider

Im Screaming Frog SEO Spider finden Sie die Größe der Seite im Reiter INTERNAL und dort in der Spalte SIZE. Auch hier können Sie durch Klicken auf die Seite SIZE die schwergewichtigen Seiten an den Anfang der Tabelle sortieren. Sollte die Spalte nicht in der Auswertung auftauchen, dann fügen Sie das Feld durch Klicken auf das Plus-Zeichen hinzu.

In Abbildung 7.14 wird noch einmal deutlich: Die Größe der Seite hat nichts mit der Response-Time gemeinsam. In der Tabelle sehen Sie an erster Stelle eine Seite mit einer Größe von 1.466.839 Bytes. Diese Seite benötigt laut Pingdom eine Ladezeit von 6,80 Sekunden, die Response-Time wird vom Screaming Frog SEO Spider mit 0,09 Sekunden angegeben, was innerhalb der gesamten Seite ein durchschnittlicher Wert ist.

So finden Sie die dicken Brocken

Je mehr Daten übertragen werden müssen, desto länger benötigen die Seiten zur vollständigen Ansicht im Browser Ihrer Kunden. Sinnvoll ist es daher, zu prüfen, welche Bestandteile Ihrer Website besonders groß sind und eventuell optimiert werden können. Wie bereits erwähnt, werden oftmals Komponenten in eine Seite geladen, die gar nicht für die Darstellung benötigt werden. Mit dem bereits vorgestellten Tool Pingdom erhalten Sie zusätzlich zu den Ladezeiten auch eine Darstellung der Größen und Ladezeiten aller Komponenten Ihrer Website.

In Abbildung 7.15 sehen Sie übersichtlich zusammengefasst, wie groß die einzelnen Bestandteile Ihrer Website sind und wie viele einzelne Dateien des jeweiligen Typs geladen werden müssen.

Content size by content type			Requests by content type		
CONTENT TYPE	PERCENT	SIZE	CONTENT TYPE	PERCENT	REQUESTS
Script	50.6 %	867.34 KB	Script	53.2 %	82
Image	39.8 %	682.34 KB	Image	27.3 %	42
Other	6.0 %	102.67 KB	HTML	11.0 %	17
HTML	1.9 %	32.61 KB	Other	3.9 %	6
CSS	1.7 %	28.90 KB	CSS	3.2 %	5
Plain text	0.0 %	0 bytes	Plain text	1.3 %	2
Total	100.00 %	1.67 MB	Total	100.00 %	154

Abb. 7.15: Zusammenfassung von Dateigrößen unterschiedlicher Dateitypen in Pingdom

In der linken Hälfte von Abbildung 7.15 sehen Sie die jeweiligen Dateigrößen und in der rechten Tabelle wird die Anzahl (Requests) der einzelnen Dateitypen angezeigt. In diesem Beispiel habe ich die URL www.volleyballer.de analysieren lassen. Diese Seite ist insgesamt 1,67 MB groß, 682,34 KB davon sind allein Bilder. Der größte Anteil wird durch Scriptdateien eingenommen (867,34 KB). Man kann nicht pauschal beurteilen, ob diese Werte zu hoch oder völlig in Ordnung sind, dazu muss man die Technik, mit der die Seite erstellt wurde, und die eingebundenen Komponenten kennen. Wichtig ist für Sie, zu wissen, mit welchen

Tools Sie Ihre Seiten testen können, wenn Sie das Gefühl haben, sie laden zu langsam. Hinterfragen Sie bei Ihrer Agentur die eingesetzten Scripts und bitten Sie darum, die Seiten möglichst schlank und schnell zu halten.

Sind die Bilder optimal komprimiert?

Die wirksamste Möglichkeit der Optimierung ist in vielen Fällen die Komprimierung der Grafiken und Bilder, diese nehmen in der Regel einen sehr großen Anteil am Gesamtvolumen einer Site ein, siehe auch Abbildung 7.15. Dabei muss eine stärkere Komprimierung der Bilder nicht mit einer Verschlechterung der Bildqualität einhergehen. Die Hinweise in der Google-Page-Speed-Auswertung enthalten Tipps zur Reduzierung der Dateigrößen von Grafiken, zusätzlich möchte ich Ihnen noch ein weiteres Tool vorstellen, das das Einsparpotenzial berechnet und auch gleich die optimierten Grafiken mitliefert.

Der Web Site Speed Test der Firma Cloudinary (`relaunch.pro/116`) prüft nach Eingabe einer Adresse alle Bilder auf dieser Seite und zeigt anschließend das Optimierungspotenzial an. Abbildung 7.16 zeigt die Zusammenfassung der Bild-Analyse für die Startseite der Domain `www.volleyballer.de`.

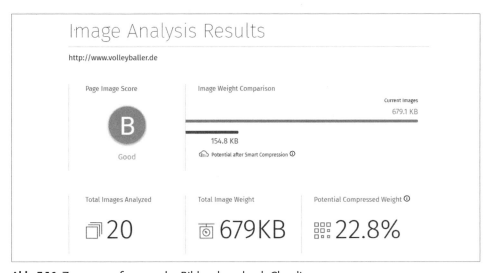

Abb. 7.16: Zusammenfassung der Bildanalyse durch Cloudinary

Auf der Ergebnisseite bekommen Sie zu jedem analysierten Bild eine ausführliche Auswertung und die optimierten Grafiken als Download angeboten.

In Abbildung 7.17 können Sie gleich mehrere Optimierungsmöglichkeiten (und Fehler) erkennen:

- Wenn die Bildgröße auf 258 x 215 Pixel reduziert wird (was die Größe ist, mit der das Bild angezeigt wird), sparen Sie 23,5%. Fehler in der Programmierung: Das Bild wurde mit der falschen Auflösung in die Seite eingesetzt.

- Durch die zusätzliche Komprimierung sparen Sie 29,4%. Fehler: Das Bild wurde unzureichend komprimiert.

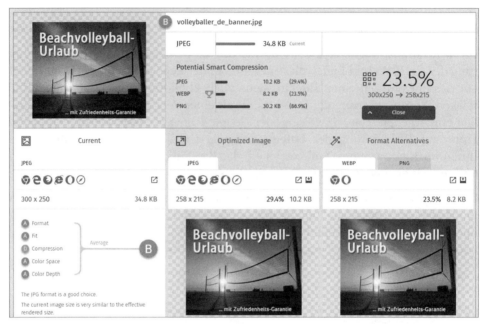

Abb. 7.17: Detaillierte Auswertung samt Download-Option für die optimierten Bilder

Selbstverständlich können Sie jetzt auf diese Art nicht jede Seite manuell prüfen, Sie können aber anhand einiger Stichproben erkennen, ob die Bilder in den richtigen Abmessungen eingesetzt und nach neuestem Stand der Technik komprimiert wurden.

Auf jeden Fall sollten Sie Bilder, die immer wieder in Ihren Seiten verwendet werden, wie zum Beispiel große Header- und Hintergrundbilder, entsprechend komprimieren.

Kennen Sie den Pandabären?

Ein weiterer kostenloser Dienst für die Optimierung von Bildern ist tinypng (`relaunch.pro/117`). Dieser Service komprimiert quasi verlustfrei JPG- und PNG-Dateien. Der Vorteil bei diesem Tool: Man kann mehrere Bilder gleichzeitig hochladen und anschließend alle Bilder als gepackte Datei wieder herunterladen.

Die tinypng-Funktionalität bekommen Sie auch als Photoshop-, Magento- und WordPress-Plugin. Mit diesen Erweiterungen werden Ihre Bilder dann gleich automatisch optimiert.

Abb. 7.18: Der Panda konnte in diesem Fall die Bilddatei um 81% reduzieren.

Große Bilder mit dem Screaming Frog SEO Spider finden

Der Screaming Frog SEO Spider hat eine einfache Funktion integriert, mit der Sie schnell die größten Bilder in Ihrer Seite identifizieren können. Klicken Sie in dem Reiter INTERNAL in dem FILTER-Drop-down-Menü auf den Eintrag IMAGES. Anschließend klicken Sie doppelt auf die Spalte SIZE, sodass die größten Bilder am Anfang der Tabelle angezeigt werden.

	Address	Status Code	Size	Response Time	Word Count
1	http://www.volleyballer.de/bilder/news/User-admin-986394.jpg	200	299274	0,05	0
2	http://www.volleyballer.de/bilder/banner/4volleyballtrainers250.gif	200	294308	0,04	0
3	http://www.volleyballer.de/bilder/news/User-admin-352086.jpg	200	278544	0,05	0
4	http://www.volleyballer.de/bilder/news/User-admin-677489.jpg	200	250499	0,07	0
5	http://www.volleyballer.de/bilder/news/User-admin-673094.jpg	200	244883	0,07	0
6	http://www.volleyballer.de/bilder/news/User-admin-835672.jpg	200	239261	0,07	0
7	http://www.volleyballer.de/bilder/news/User-admin-449599.jpg	200	235131	0,08	0
8	http://www.volleyballer.de/bilder/news/User-admin-873726.jpg	200	233944	0,04	0
9	http://www.volleyballer.de/bilder/news/User-admin-568738.jpg	200	229236	0,07	0
10	http://www.volleyballer.de/bilder/news/User-admin-772122.jpg	200	229155	0,06	0
11	http://www.volleyballer.de/bilder/news/User-admin-123117.jpg	200	228732	0,04	0
12	http://www.volleyballer.de/bilder/news/User-admin-956579.jpg	200	227991	0,04	0
13	http://www.volleyballer.de/bilder/news/User-admin-631555.jpg	200	226457	0,04	0
14	http://www.volleyballer.de/bilder/news/wirk-volleyballer.de.jpg	200	224743	0,04	0
15	http://www.volleyballer.de/bilder/news/User-admin-389041.jpg	200	224000	0,05	0
16	http://www.volleyballer.de/bilder/q-2.jpg	200	214089	0,04	0
17	http://www.volleyballer.de/bilder/news/User-admin-969618.jpg	200	212134	0,09	0
18	http://www.volleyballer.de/bilder/news/User-admin-229306.jpg	200	202554	0,16	0
19	http://www.volleyballer.de/bilder/news/User-admin-151696.jpg	200	199933	0,10	0
20	http://www.volleyballer.de/bilder/app-bilder.png	200	196287	0,05	0
21	http://www.volleyballer.de/bilder/news/User-admin-442043.jpg	200	193339	0,06	0
22	http://www.volleyballer.de/bilder/news/User-admin-997985.jpg	200	184580	0,15	0
23	http://www.volleyballer.de/bilder/news/User-admin-199903.jpg	200	182812	0,16	0

Filter Total: 2.255

Abb. 7.19: Bilderfilter absteigend sortiert nach Dateigröße

Checkliste Ladezeiten

■ Crawlen Sie die gesamte Seite mit einem Onpage-Crawler wie dem Screaming Frog SEO Spider.

- Werten Sie die Antwortzeiten aus, hierbei handelt es sich nicht um die Ladezeiten, sondern die Zeit, die der Server benötigt, um auf Anfragen zu reagieren.
- Testen Sie die realen Ladezeiten mit Diensten wie z.B. Pingdom.
- Ermitteln Sie den Google-Page-Speed-Wert.
- Überprüfen und überwachen Sie die Ladezeiten in Google Analytics.
- Suchen Sie nach großen Dateien und optimieren Sie sie.
- Testen Sie die Komprimierungspotenziale Ihrer Bilder.
- Nutzen Sie zur Komprimierung von Bildern Tools wie tinypng oder Cloudinary.

Falls Sie Ihren Relaunch selbst zu verantworten haben, dann krempeln Sie die Ärmel hoch und machen sich an die Arbeit. Wenn eine Agentur Ihre Seiten erstellt hat, dann geben Sie ihr die entsprechenden Hinweise und Tipps an die Hand. Laut Google brechen 40% der Nutzer das Laden einer Seite ab, wenn diese zu lange lädt. Die Ladezeit ist ein zu wichtiger Faktor, als das man diesen nicht optimieren sollte.

7.2.4 Duplicate Content aufspüren

Wenn Sie einen vollständigen Crawl der neuen Seiten durchgeführt haben, dann können Sie im Screaming Frog SEO Spider die Gesamtzahl der gefundenen Seiten ablesen. Und so finden Sie die Anzahl der Seiten: Klicken Sie im Reiter INTERNAL auf den FILTER und wählen Sie die Option HTML unten rechts, unter der Tabelle wird die Gesamtanzahl der Seiten angezeigt.

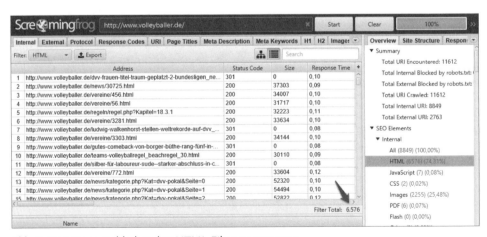

Abb. 7.20: Seitenanzahl über den HTML-Filter ausgewertet

Diese Gesamtanzahl sollte relativ nah an der Seitenzahl sein, die Sie vor dem Relaunch ermittelt haben. Weicht diese Zahl stark von der Ursprungsgröße Ihrer Website ab, dann könnte das mehrere Gründe haben:

- Sie haben Ihre Webseite ausgedünnt oder erweitert.
- Der Crawl-Vorgang wurde abgebrochen, z.B. aus Ressourcenmangel oder manuell.
- Es wurden nicht alle Seiten übernommen (vergessen).
- Interne Links zeigen teilweise auf dynamische und teilweise auf sprechende URLs.
- https, http, www und nicht www werden nicht korrekt umgeleitet.
- Ihre Ursprungsmessung war fehlerhaft.

Sie sehen, es gibt viele Gründe für abweichende Zahlen, prüfen Sie daher genau Ihre URLs. Schauen Sie die URL-Listen im Screaming Frog SEO Spider an und suchen Sie nach auffälligen Mustern.

Mit Hash Duplicate Content aufspüren

Viele der oben genannten Möglichkeiten für eine Veränderung der Gesamtseitenzahl weisen auf doppelte Inhalte hin, die durch falsche Integrationen oder Umleitungen hervorgerufen werden. Der Screaming Frog SEO Spider hat eine feine Spürnase für diesen sogenannten »Duplicate Content«: Er erzeugt für jede URL einen individuellen Hash-Wert, dieser Hash-Wert repräsentiert in einer langen Zeichenkette den Seiten-Inhalt einer URL. Sind die Inhalte von verschiedenen URLs identisch, dann ist auch der Hash-Wert identisch. Das Beispiel in Abbildung 7.21 verdeutlicht diese Technik.

Abb. 7.21: Hash-Werte im Screaming Frog SEO Spider

Die URLs in den Zeilen 1 bis 4 sind unterschiedlich, die Hash-Werte jedoch nicht. Zeile 2 und 3 weisen denselben Hash-Wert auf, die Inhalte dieser beiden URLs sind somit identisch und werden als Duplicate Content eingestuft. Für die Suchmaschinen sind diese URLs ebenfalls völlig unterschiedlich und werden auch so verarbeitet.

Dieses Beispiel zeigt, wie schnell sich die Gesamtzahl einer Webseite durch eine falsche Integration oder Verlinkung von internen Seiten verdoppeln kann.

7.2.5 Datei- und URL-Strukturen prüfen

In Ihrem Lastenheft haben Sie (hoffentlich) beschrieben, wie Sie sich die Struktur Ihrer Seite vorstellen. Dazu gehören die Verzeichnisstruktur und die Konventionen bei der Dateibenennung.

Verzeichnisstruktur prüfen

Die Verzeichnisstruktur können Sie durch einfaches Durchklicken Ihrer Webseite testen oder Sie rufen die Baumansicht im Screaming Frog SEO Spider auf. Die Baumansicht zeigt Ihre Seite in einer Art Datei-Explorer, wie Sie diese eventuell aus Windows kennen. Klicken Sie dazu in dem Reiter INTERNAL auf das Symbol auf der rechten Seite (siehe Pfeil).

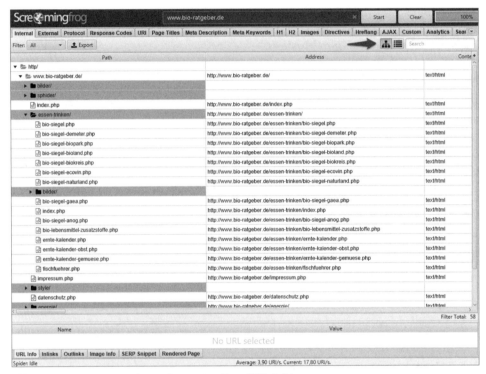

Abb. 7.22: Die Baumansicht im Screaming Frog SEO Spider

Im Ergebnisfenster sehen Sie die einzelnen Verzeichnisse und die dazugehörigen Dateien. Sie können die Ordner durch Klicken auf die entsprechenden Symbole öffnen und schließen und so die gesamte Struktur Ihrer Seite analysieren.

Schreibweise der Dateinamen checken

Prüfen Sie die Schreibweise der Daten. Wie im Lastenheft beschrieben, empfehle ich hierzu folgende Konventionen:

- Schreiben Sie alles in Kleinbuchstaben.
- Verzichten Sie auf jegliche Sonderzeichen, Umlaute und Leerzeichen.
- Benutzen Sie zum Trennen von Wörtern Bindestriche.
- Vermeiden Sie Unterstriche.
- Verzichten Sie auf Parameter in der URL.

Sie können für den Test Ihre Seiten manuell durchklicken oder Sie fragen den Screaming Frog SEO Spider, der hat nämlich genau für diesen Test schon die nötigen Filter an Bord. Klicken Sie auf den Reiter URI, Sie erhalten dann alle Seiten Ihrer Domain. Im Filter können Sie dann die entsprechenden Fehler auswählen.

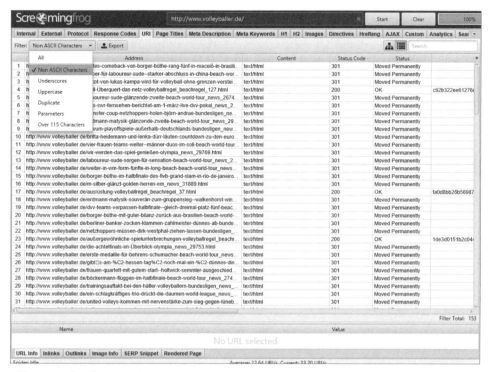

Abb. 7.23: Filter für unsaubere URLs

Im rechten Bereich von Abbildung 7.23 sehen Sie eine Zusammenfassung der verschiedenen Filter. Die grünen Balken zeigen die Häufigkeit der unterschiedlichen Dateikonventionsverstöße an.

Für Dokumentationszwecke können Sie wie gewohnt alle Fehler in eine CSV-Datei exportieren. Klicken Sie einfach auf den Button EXPORT, rechts neben den Filtereinstellungen.

7.2.6 Die Sicherheit checken

Wenn Sie bei Ihrem Relaunch auch gleich den Schritt zu SSL-Verschlüsselung gewagt haben, dann müssen Sie jetzt prüfen, ob auch alle Elemente, die in Ihre Seite geladen werden, verschlüsselt sind. Das gilt auch für externe Ressourcen, wie z.B. Fonts oder JavaScript, die von anderen Servern in Ihre Seiten geladen werden. In Kapitel 13 gehe ich noch tiefer auf die HTTPS-Umstellung ein, daher stelle ich Ihnen hier vorerst nur die wichtigsten Tests vor.

Im Abschnitt »SSL-Umleitungsketten« habe ich bereits auf die Probleme beim Umleiten von nicht sicheren auf sichere URLs hingewiesen. Bitte vermeiden Sie diese Umleitungsketten, Suchmaschinen mögen diese unnötigen Verzögerungen nicht.

Der Screaming Frog SEO Spider bietet für die Auswertung der SSL- und Nicht-SSL-Seiten einen eigenen Reiter. Unter dem Reiter PROTOCOL finden Sie in den Filtereinstellungen die Auswahlmöglichkeiten ALL, HTTP und HTTPS. Wenn Sie Ihre Seite auf SSL umgestellt haben und Sie sehen möchten, welche Daten nicht verschlüsselt sind, dann wählen Sie den Filter HTTP aus, als Ergebnis bekommen Sie dann alle internen und externen unverschlüsselten Inhalte angezeigt. Da die Seite `volleyballer.de` nicht verschlüsselt ist, zeige ich Ihnen in Abbildung 7.24 das Ergebnis des Filters HTTPS. Die einzigen Elemente, die in dieser Seite verschlüsselt sind, sind extern nachgeladene Daten.

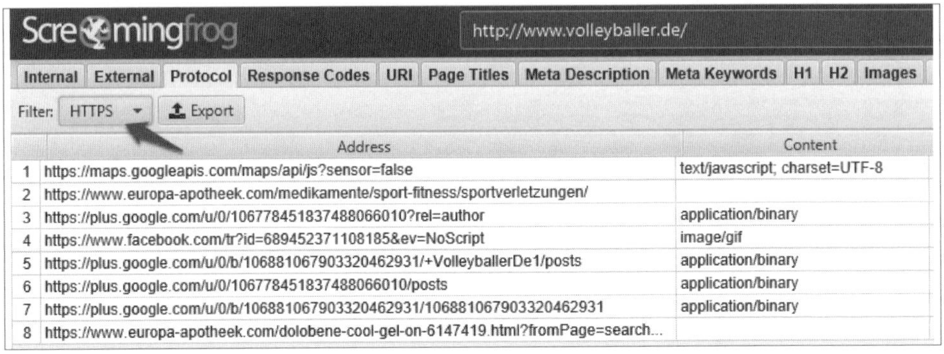

Abb. 7.24: Verschlüsselte Daten in einer ansonsten unverschlüsselten Domain

Wenn Sie Ihre Seiten verschlüsseln, dann muss das Ergebnis im Screaming Frog SEO Spider bei der Filtereinstellung HTTP leer sein, da alle Elemente mit HTTPS eingebunden werden müssen.

Externe Links verschonen

Wenn Sie auf andere Seiten verlinken, dann müssen Sie diese Seiten nicht mit dem HTTPS-Protokoll verlinken. Eine gängige Praxis ist es, bei der Umstellung einfach den gesamten Quelltext der Seiten nach der Zeichenkette `http://` zu durchsuchen und einfach jedes Vorkommen durch `https://` zu ersetzen. Kann man machen, ist dann aber halt ... falsch. Durch diesen sehr pragmatischen Ansatz werden in der Regel auch alle externen Verlinkungen verändert. Nicht jede Seite ist aber bereits SSL-verschlüsselt, im schlimmsten Fall handeln Sie sich damit eine Menge defekte Verlinkungen ein, was den Suchmaschinen und Ihren Besuchern sauer aufstoßen könnte.

Ändern Sie bitte nur die Verlinkungen, mit denen Sie Daten **in** Ihre Seiten laden, also Bilder, Scripts usw. Alle externen Verlinkungen lassen Sie unangetastet, es sei denn, die Zielseiten sind auch bereits SSL-verschlüsselt.

7.2.7 Canonical-Tags überprüfen

Erinnern Sie sich? Das Canonical-Tag steht im Header einer URL und definiert die einzig gültige URL, die für diese Seite von den Suchmaschinen indexiert werden soll. Ist eine Seite über verschiedene URLs aufrufbar, dann sorgt dieses Canonical-Tag für etwas Ordnung und Orientierung bei den Suchmaschinen. Das Canonical wurde von den Suchmaschinen-Betreibern ins Leben gerufen, weil Systeme oftmals unterschiedliche URLs für ein und dieselbe Seite generieren. Es handelt sich also um eine »Krücke« und sollte in einer sauberen (und neuen) Site eigentlich nicht genutzt werden müssen, da ja alle Seiten sauber aufgebaut und verlinkt werden.

In einer perfekten Welt (Heidiland) werden also Canonical-Tags nicht eingesetzt, in der realen Welt werden sie aber eingesetzt, weil es immer das ein oder andere Shop- oder Content-Management-System gibt, das URLs nicht sauber verlinkt oder umleitet.

Canonicals prüfen

Der Screaming Frog SEO Spider analysiert das Canonical-Tag, klicken Sie dazu auf den Reiter DIRECTIVES und im FILTER auf die Option CANONICAL.

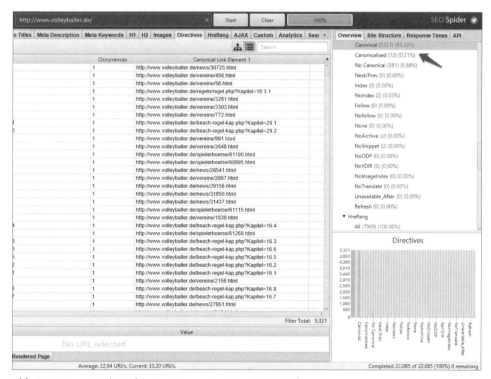

Abb. 7.25: Canonical-Analyse im Screaming Frog SEO Spider

Die Tabelle in Abbildung 7.25 zeigt die Auflistung der URLs mit einem Canonical-Tag. Im rechten Bereich sehen Sie eine Zusammenfassung der Canonicals. Interessant ist hierbei die Auswertung mit dem Namen CANONICALISED. Diese Analyse zeigt Ihnen die URLs an, die auf eine andere URL verweisen. In der Regel sollte das Canonical-Tag auf sich selbst verweisen. Abbildung 7.26 zeigt diese Auswertung.

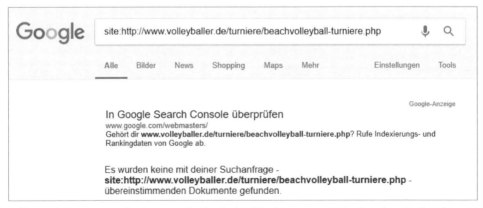

Abb. 7.26: So sollte es nicht aussehen ...

Die markierte Zeile 11 enthält einen klassischen Canonical-Fehler: Das Canonical-Tag der Seite mit der URL `http://www.volleyballer.de/turniere/beach-volleyball-turniere.php` verweist auf die Seite `http://www.volleyballer.de/regeln/`. So etwas sollte nicht passieren. Was nämlich passieren kann, ist, dass die Suchmaschinen die verweisende URL nicht in ihren Index aufnehmen und so diese URL in den Suchergebnissen nicht auftaucht. In diesem Beispiel taucht die Ursprungsseite tatsächlich nicht bei Google auf, wie die Site-Abfrage (Abbildung 7.27) beweist.

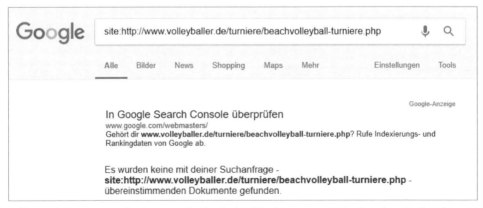

Abb. 7.27: Super-GAU, die Seite wurde durch das falsche Canonical-Tag bei Google deindexiert.

Durch dieses sehr anschauliche Beispiel wollte ich Ihnen vor Augen führen, wie schwerwiegend sich falsch gesetzte Canonical-Tags auf Ihre Auffindbarkeit in den

Suchmaschinen auswirken können. Jetzt, wo Sie den Fehler gesehen haben, kann ich ihn ja wieder beheben ...

Andere Onpage-Tools, wie zum Beispiel DeepCrawl sind ebenfalls in der Lage, die Canonical-Integration auszuwerten und bieten ähnliche Filter an.

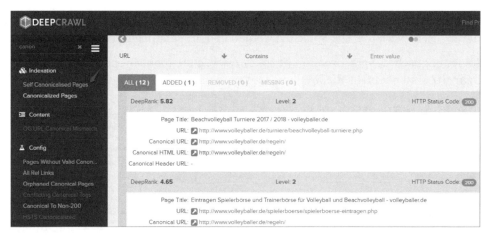

Abb. 7.28: Canonical-Analyse in DeepCrawl

Checkliste Canonical-Tags

■ Jede URL sollte ein Canonical-Tag enthalten.

■ Das Canonical-Tag verweist in der Regel auf sich selbst (bei neuen Seiten).

■ Fehler können sich negativ auf die Sichtbarkeit auswirken.

■ Das Canonical-Tag ist nur ein Hilfsmittel und müsste (eigentlich) gar nicht eingesetzt werden.

■ Seiten, die per Canonical auf andere Seiten verweisen, verbrauchen zusätzliches Crawl-Budget der Suchmaschinen-Bots.

7.2.8 hreflang-Tags checken

Das hreflang-Tag wird nur bei mehrsprachigen Seiten eingesetzt, es steht wie das Canonical-Tag im Kopf jeder URL und gibt den Suchmaschinen-Bots einen Hinweis auf die jeweils dazugehörigen anderssprachigen Seiten. Der Einsatz dieses Tags ist nicht zwingend notwendig, hilft aber den Suchmaschinen, Ihre Inhalte in den verschiedenen Sprachen zu finden und zu indexieren. Das Canonical-Tag kann auch domainübergreifend eingesetzt werden, wie die folgenden Beispiele zeigen.

In dem Quelltext der Seite `https://www.checkdomain.de/domains/suchen/` sind folgende hreflang-Tags integriert:

```
<link rel="alternate" href="https://www.checkdomain.de/domains/suchen/"
hreflang="de" />
<link rel="alternate" href="https://www.checkdomain.net/en/domains/
search/" hreflang="en" />
```

In der ersten Zeile verweist diese Seite auf sich selbst, die zweite Zeile verlinkt auf die englische Variante. Die Sprachen werden in dem Parameter `hreflang` definiert.

In der englischen Sprachversion `https://www.checkdomain.net/en/domains/ search/` sind ebenfalls die hreflang-Tags enthalten:

```
<link rel="alternate" href="https://www.checkdomain.de/domains/suchen/"
hreflang="de" />
<link rel="alternate" href="https://www.checkdomain.net/en/domains/
search/" hreflang="en" />
```

Die beiden Codeauszüge sind identisch, die Dokumente sind also immer direkt untereinander verlinkt. Für die Suchmaschinen gelten diese Querverlinkungen übrigens als Backlink, diese zahlen also schon auf Ihr Link-Konto ein.

Je nachdem, welche Sprachen Sie einsetzen, müssen die hreflang-Tags angepasst werden. Genug Theorie, welche Tests können Sie für Ihre Seiten diesbezüglich durchführen?

Quantität

Wenn es für jede deutsche Seite eine weitere Sprachversion gibt, dann sollten theoretisch in jeder Seite zwei hreflang-Tags enthalten sein. Im Screaming Frog SEO Spider finden Sie die hreflang-Auswertung hinter dem Reiter HREFLANG.

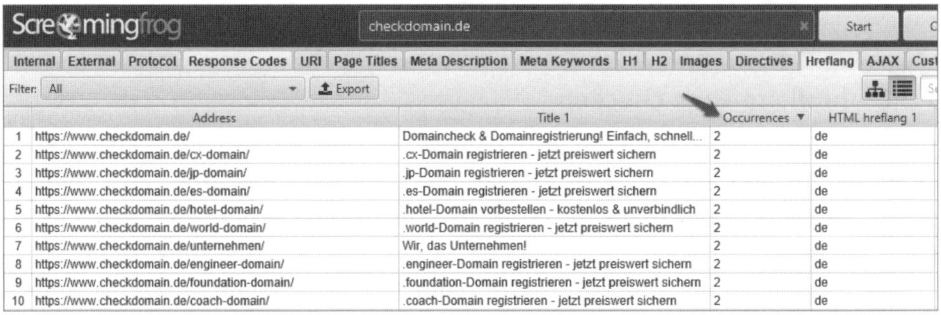

Abb. 7.29: hreflang-Auswertung im Screaming Frog SEO Spider

Klicken Sie zweimal auf die Spalte OCCURENCES, die Ansicht wird dann nach der Anzahl der hreflang-Tags absteigend sortiert. Wenn Sie zwei Sprachversionen anbieten, dann sollte in jeder Zeile in der Spalte OCCURENCES 2 angezeigt werden.

Scrollen Sie das Ergebnis so weit nach unten, bis sich die Zahl ändert. So finden Sie heraus, wie viele Seiten jeweils zwei hreflang-Tags enthalten.

Sie sehen in Abbildung 7.30, dass ab Zeile 962 nur noch ein hreflang-Tag eingesetzt wird. Das kann verschiedene Gründe haben, zum Beispiel wurden nicht alle Seiten übersetzt oder es gibt in den verschiedenen Sprachen unterschiedliche Inhalte. Ein Grund kann natürlich auch eine falsche oder unvollständige Integration der Tags sein. Wie auch immer, prüfen Sie die Tags stichprobenartig.

	Address	Title 1	Occurrences ▼
953	https://www.checkdomain.de/ssl/zertifikat/ssl-start/	SSL Zertifikat erstellen - erhöhen Sie das Vertrauen in...	2
954	https://www.checkdomain.de/download-domain/	.download-Domain registrieren - jetzt preiswert sichern	2
955	https://www.checkdomain.de/expert-domain/	.expert-Domain registrieren - jetzt preiswert sichern	2
956	https://www.checkdomain.de/ssl/zertifikat/ssl-free/	Free-SSL - das kostenlose SSL-Zertifikat für Sparfüchse	2
957	https://www.checkdomain.de/je-domain/	.je-Domain registrieren - jetzt preiswert sichern	2
958	https://www.checkdomain.de/beauty-domain/	.beauty-Domain vorbestellen - kostenlos & unverbindlich	2
959	https://www.checkdomain.de/kr-domain/	.kr-Domain registrieren - jetzt preiswert sichern	2
960	https://www.checkdomain.de/dj-domain/	.dj-Domain registrieren - jetzt preiswert sichern	2
961	https://www.checkdomain.de/domains-domain/	.domains-Domain registrieren - jetzt preiswert sichern	2
962	https://www.checkdomain.de/domainsuche/	Domainsuche - Suchen & registrieren Sie Ihre Wunsc...	1
963	https://www.checkdomain.de/jobs/	Jobs in Lübeck - Karriere bei checkdomain.de	1

Abb. 7.30: Ab welcher Zeile ändert sich die Anzahl der gefundenen hreflang-Tags?

Qualität

Die reine Anzahl der integrierten Tags sagt noch nichts über die Umsetzungsqualität aus, aber auch hierfür gibt es eine Auswertung im Screaming Frog SEO Spider.

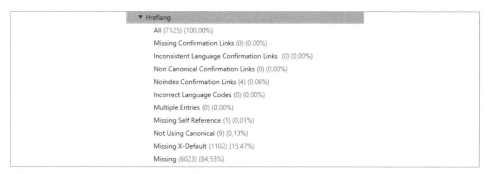

▼ Hreflang
All (7125) (100,00%)
Missing Confirmation Links (0) (0,00%)
Inconsistent Language Confirmation Links (0) (0,00%)
Non Canonical Confirmation Links (0) (0,00%)
Noindex Confirmation Links (4) (0,06%)
Incorrect Language Codes (0) (0,00%)
Multiple Entries (0) (0,00%)
Missing Self Reference (1) (0,01%)
Not Using Canonical (9) (0,13%)
Missing X-Default (1102) (15,47%)
Missing (6023) (84,53%)

Abb. 7.31: Zusammenfassung der hreflang-Auswertung

In Abbildung 7.31 sehen Sie die möglichen Fehler, die bei der Integration begangen werden können. Im Angebot wären hier zum Beispiel:

- **Fehlende Bestätigungslinks** »Missing Confirmation Links«, diese Seiten haben keinen Link aus der anderssprachigen Seite, die auf sie verlinkt.

- **Inkonsistente Bestätigungslinks** »Missing Confirmation Links«, hierbei handelt es sich um falsch verlinkte Sprachversionen.

- **Verlinkt auf Noindex** »Noindex Confirmation Links«, die verlinkten Sprachversionen sind auf »Noindex« und somit für Suchmaschinen nicht indexierbar.

- **Falsche Ländercodes** »Incorrect Language Codes«, bei diesen URLs wurden falsche Länder oder Regionalcodes, die nicht dem Standard entsprechen, eingesetzt.

- **Unterschiedliche Einträge** »Multiple Entries«, hier wurden Sprachversionen mit mehreren URLs verlinkt.

- **Selbstreferenzierung fehlt** »Missing Self Reference«, diese Seiten verweisen nicht auf sich selbst.

Die unangenehmsten Fehler können Sie exportieren, klicken Sie dazu in der Menüzeile auf REPORTS und dort dann auf HREFLANG.

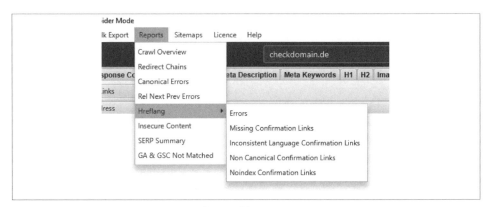

Abb. 7.32: Exportmöglichkeiten der hreflang-Fehler

Bitte beachten Sie, dass der Screaming Frog SEO Spider in der hreflang-Auswertung alle URLs, auch Bilder und CSS-Dateien, berücksichtigt, sodass die Gesamtzahlen mit Vorsicht bewertet werden müssen. Wenn, wie in diesem Beispiel 6.023 fehlende hreflang-Tags analysiert wurden, so befinden sich in dieser Zahl auch Bilder und CSS-Dateien. Da diese Dateien jedoch kein eigenes hreflang-Tag bekommen können, ist die Summe der Fehler nicht korrekt.

7.2.9 Rich-Snippet-Markup testen

Wenn Sie im Lastenheft diese Erweiterungen definiert haben, dann sollten Sie die Einbindung des Markups überprüfen. Am einfachsten ist diese Aufgabe mit dem Test-Tool für strukturierte Daten (relaunch.pro/69) von Google zu bewerkstelligen.

Zum Testen müssen Sie dort die URLs manuell eingeben, Sie können also keine gesamte Website prüfen, sondern immer nur einzelne Seiten.

Da Sie selten jede einzelne URL prüfen wollen, wählen Sie zum Test stellvertretende Seiten Ihrer Domain aus, um so alle Seitenvorlagen mindestens einmal zu testen. In einem Shop wären das zum Beispiel die Startseite, Kategorieseiten und Produktdetailseiten.

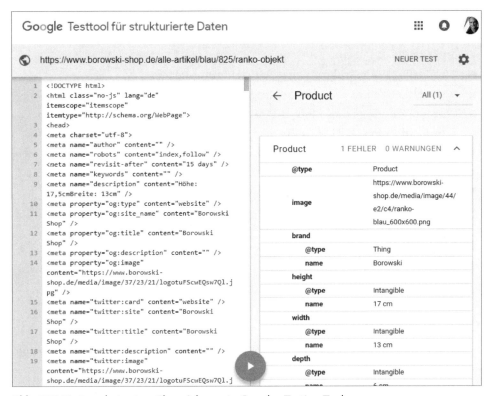

Abb. 7.33: Testergebnis einer Shop-Adresse in Googles Testing-Tool

Im Testergebnis können Sie auf die erkannten Elemente klicken, um sich Details und Fehler anzeigen zu lassen.

Abb. 7.34: Detailliertes Testergebnis

Checkliste: Technische Tests

- Sind alle Seiten vorhanden?
- Gibt es unnötige Seiten-Umleitungen?
- Sind die Seiten schnell geladen oder gibt es Auffälligkeiten in der Geschwindigkeit?
- Wurde die Seitenstruktur wie gewünscht umgesetzt?
- Wie sieht es mit den Canonical- und hreflang-Tags aus?
- Wurden Title-Tags und Meta-Description übernommen?
- Wurden die alten URLs auf die neuen Adressen korrekt umgeleitet?
- Wurden die XML-Sitemaps korrekt umgesetzt?
- Sind alle Tracking-Codes vorhanden?
- Wurde die SSL-Umstellung korrekt ausgeführt?
- Kommen die Suchmaschinen-Bots und wie verhalten sich diese?
- Gibt es Auffälligkeiten und Fehlermeldungen in den Serverlogdateien?
- Verändern sich die Positionen der Suchbegriffe?
- Gibt es Auffälligkeiten in Google Analytics?

7.3 Zusammenfassung

In diesem Kapitel haben Sie die ersten Arbeiten nach dem Relaunch kennengelernt, Sie können jetzt:

- **Ressourcen prüfen** – Sie wissen, dass für eine funktionierende Site alle Inhalte geladen werden müssen, und so prüfen Sie mit dem Screaming Frog SEO Spider alle eingebundenen Dateien, Scripts, Bilder auf ihre Erreichbarkeit.
- **Weiterleitungen erkennen** – Ihnen ist jetzt klar, dass in einer nagelneuen Site keine unnötigen Um- und Weiterleitungen vorhanden sein sollten, und Sie wissen, wie man diese findet.
- **Ladezeiten messen** – Schnelle Seiten machen Besucher und Suchmaschinen glücklich. Sie sind harmoniebedürftig und wissen, wie man die Geschwindigkeit von Internetseiten misst, und haben die ersten Schritte zur Optimierung der Ladezeiten kennengelernt.
- **Duplicate Content aufspüren** – Durch Ihre Experimentierfreudigkeit mit »Hash« finden Sie gemeinsam mit dem Screaming Frog SEO Spider identische Seiten in Ihrem Relaunch.
- **Datei- und URL-Strukturen überprüfen** – Mit den vielseitigen Filtern und Exportmöglichkeiten finden Sie in Nullkommanix falsch umgesetzte Dateinamen und Ordnerstrukturen.

- **Die Sicherheit checken** – Ihre Seiteninhalte werden komplett verschlüsselt, in Ihren Seiten gibt es keine Weiterleitungsketten oder falsch integrierte Ressourcen. Sie wissen das, weil Sie sich mit SSL und HTTPS bestens auskennen.

- **Canonicals korrekt einsetzen** – Sie wissen, dass man auch Seiten ohne Canonicals bauen kann, manchmal müssen sie aber eingesetzt werden. Sie sind jetzt in der Lage, die Integration von Canonical-Tags zu prüfen.

- **Die hreflang-Tags integrieren und prüfen** – Auch vor diesem sperrigen Thema haben Sie Ihren anfänglichen Respekt verloren. Sie gehen dahin, wo es wehtut, gut so! Mit dem Screaming Frog SEO Spider spüren Sie alle Arten von falsch integrierten hreflang-Tags auf!

- **Rich-Snippet-Markup testen** – Mit dem Test-Tool für strukturierte Daten sind Sie auf Du und Du, kryptische schema.org-Definitionen machen Ihnen keine Angst.

## Kapitel 8

Wurden alle Bestandteile übernommen?

Nach der einfachen Sichtprobe der Seiten, die Sie wahrscheinlich schon während der Entwicklungsphase durchgeführt haben, werden wir jetzt die inhaltlichen Bestandteile der gesamten Seiten mit den Screaming Frog SEO Spider überprüfen.

Folgende Fragen wollen wir hierbei beantworten:

- Wurden die Meta-Angaben, wie Title-Tags und Meta-Descriptions vollständig ausgefüllt?
- Sind alle im Lastenheft geforderten Zusatz-Auszeichnungen, wie Rich Snippets und Social-Media-Tags, implementiert?
- Falls Sie einen Shop betreiben: Welche Produktdetailseiten sind noch ohne Artikeltext?
- Wurden alle Tracking-Codes implementiert?
- Gibt es eine ordentliche 404-Fehlerseite und welchen Status sendet sie?
- Kurzum: Ist die Seite fehlerfrei?

Wie oben bereits erwähnt, können Sie den Großteil der Tests mit dem Screaming Frog SEO Spider durchführen. Das Onpage-Tool DeepCrawl ist ebenfalls in der Lage, diese Überprüfung vorzunehmen. Wenn Sie über eine sehr große Site verfügen und der Screaming Frog SEO Spider aus Ressourcengründen Ihre Seiten nicht komplett crawlen kann, dann empfehle ich Ihnen DeepCrawl (relaunch.pro/6).

Die hier vorgestellten Tests führe ich allesamt mit dem Screaming Frog SEO Spider durch, da er wahrscheinlich den größten Teil der Domains vollständig einlesen kann.

8.1 Tracking-Codes suchen

Sie haben schon die diversen Einstellungen und Suchfilter des Screaming Frog SEO Spiders kennengelernt. Bevor wir die Seite komplett einlesen, stellen wir die ersten Suchfilter ein, damit wir den Crawl nicht für jedes Detail wiederholen müssen.

Bitte klären Sie mit Ihrer Agentur ab, inwieweit die verschiedenen Codes schon integriert sind, es macht wenig Sinn, nach Codebestandteilen zu suchen, die noch nicht eingebaut sind. Manchmal ist es sinnvoll, den Statistik-Code erst zum

Schluss einzusetzen, damit man die Livestatistik nicht stört. Sprechen Sie einfach mit Ihrem Partner, wenn er Ihnen das »Go« zum Testen gibt, dann sollten Sie davon ausgehen können, dass alle Bestandteile vollständig implementiert wurden.

In diesem Beispiel möchte ich Ihnen anhand verschiedener Codes die Suche des Screaming Frog SEO Spider noch einmal näherbringen. Sie können anschließend die Suche für Ihre Zwecke selbstständig anpassen und die entsprechenden Codes in Ihrer Seite finden.

Abbildung 8.1 zeigt das Setup im Screaming Frog SEO Spider für die CUSTOM SEARCH.

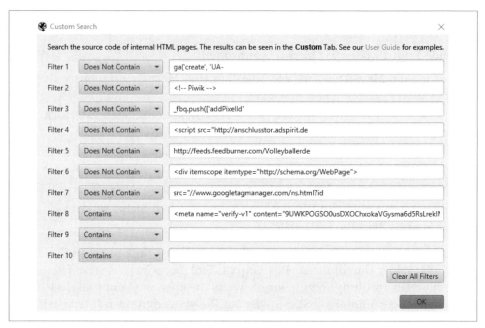

Abb. 8.1: Custom-Search-Einstellungen im Screaming Frog SEO Spider

Sie erreichen die Einstellungen für die Custom Search über den Menüpunkt CONFIGURATION|CUSTOM|SEARCH

In Abbildung 8.1 einige Beispiele für verschiedene Suchfilter:

Filter 1: Dieser Filter sucht nach dem Google-Analytics-Tracking-Code, je nachdem, wie der Code bei Ihnen eingesetzt wurde, kann das Suchmuster abweichen.

Filter 2: Hier wird einfach nach dem Kommentar für den Matomo-Tracking-Code gesucht, dieser Kommentar steht in der Regel immer vor dem eigentlichen Code.

Filter 3: Das ist ein Fragment aus einem Facebook-Remarketing-Pixel. Wie Sie sehen, ist es nicht wichtig, komplette Codes anzugeben, wichtig ist nur die Einzigartigkeit des Fragments.

Filter 4: Hierbei handelt es sich um die Einbindung eines Werbepartners, der Code sollte auf allen Seiten vorhanden sein.

Filter 5: Die Verlinkung zum RSS-Feed sollte sich in jeder Seite befinden.

Filter 6: Eine Auszeichnung nach schema.org, dabei könnte es sich auch um die Auszeichnung eines Produkts oder eine Adresse handeln, je nachdem, was Sie in Ihre Seiten integrieren lassen.

Filter 7: Dieser Filter sucht nach dem Google Tag Manager.

Filter 8: Das ist die Authentifizierung für die Google Search Console.

Passen Sie die Filter an Ihre Codes an und **speichern Sie die Konfiguration**, ansonsten müssen Sie nämlich bei jedem Crawl diese Filter wieder eingeben, was sehr lästig werden kann. Zum Speichern der Konfiguration klicken Sie auf FILE| CONFIGURATION|SAFE AS.

8.2 Texte extrahieren und analysieren

Möchten Sie herausfinden, auf welchen Seiten noch Texte fehlen oder bei welchen Artikeln in Ihrem Shop keine Artikeltexte hinterlegt sind? Kein Problem, mit dem Screaming Frog SEO Spider können Sie direkt nach diesen Seiten suchen. In diesem Beispiel zeige ich Ihnen, wie Sie Textstellen aus einem Shop extrahieren können, um so alle Artikeltexte gesammelt prüfen zu können.

Im Screaming Frog SEO Spider rufen Sie hierzu die Funktion CUSTOM EXTRACTION auf. Sie erreichen sie über den Menüpunkt CONFIGURATION|CUSTOM|EXTRACTION.

Damit der Frog weiß, was er extrahieren soll, benötigt er in den Einstellungen den genauen Ort innerhalb der Webseiten. In dem aufgeklappten Menü in Abbildung 8.2 sehen Sie die dafür zur Verfügung stehenden Suchoptionen.

Jetzt wird es etwas komplizierter, da müssen wir jetzt durch, es lohnt sich! Sie müssen in der Seite die Stelle im Quelltext finden, an der sich der Inhalt befindet, den Sie extrahieren möchten. Da die meisten Systeme auf Vorlagen basieren, sind die Inhalte in der Regel immer an derselben Stelle im Quellcode und können durch den »XPath« gefunden werden. Der XPath repräsentiert eine individuelle Stelle oder einen Bereich innerhalb einer Website, der Screaming Frog SEO Spider kann den Inhalt, der sich innerhalb dieses XPath befindet, auslesen.

In meinem Beispiel sehen Sie die Seite eines Shops, der mit der Shopsoftware Shopware realisiert wurde. Wir möchten den Artikeltext extrahieren. Damit Sie dieses Beispiel nachvollziehen können, empfehle ich Ihnen, den Webbrowser Google Chrome zu nutzen, da sich die Dialogfenster der eingesetzten Browser unterscheiden.

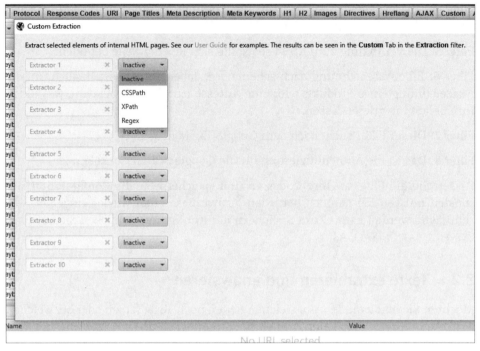

Abb. 8.2: CUSTOM EXTRACTION-Einstellungen im Screaming Frog SEO Spider

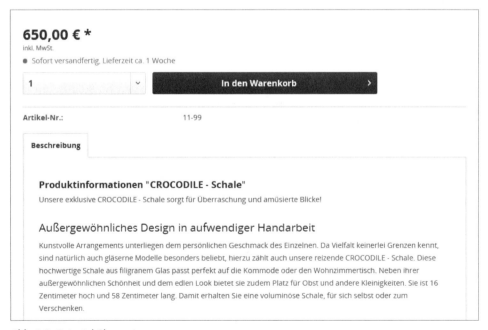

Abb. 8.3: Beispiel Shopseite

Wir möchten jetzt alle Shopseiten durchsuchen und mit Screaming Frog SEO Spider den Artikeltext extrahieren. Dazu klicken Sie mit der rechten Maustaste in den Artikeltext und wählen dann im Drop-down-Menü UNTERSUCHEN aus.

Es erscheint am rechten Bildschirmrand der entsprechende Quelltextausschnitt. Wenn Sie jetzt mit der Maus innerhalb des Quelltextes auf verschiedene Elemente zeigen, ändert sich im linken Bereich die Darstellung. In Abbildung 8.4 sehen Sie verschiedenfarbige Kästen, die sich über den Inhalt legen. Diese Kästen markieren den entsprechenden Bereich innerhalb der Seite, auf den Sie mit der Maus im Quelltext zeigen.

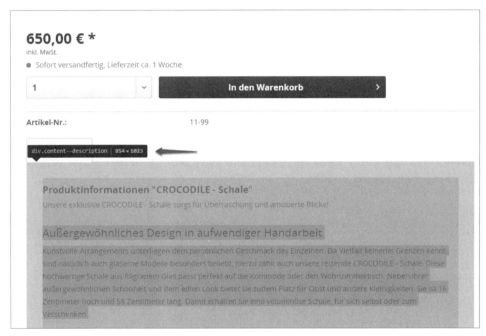

Abb. 8.4: In diesem Container befindet sich die Artikelbeschreibung.

Zusätzlich sehen Sie die Namen der Elemente oberhalb der Kästen eingeblendet. In diesem Beispiel wird das Element `div.content-description` angezeigt. In diesem Element befindet sich auf allen Artikelseiten der Artikeltext. Jetzt müssen Sie dem Screaming Frog SEO Spider nur noch das entsprechende Element bzw. den XPath zu diesem Element angeben und schon kann er jeden Text, der sich innerhalb dieses Elements befindet, extrahieren.

Um den XPath herauszufinden, klicken Sie im rechten Bereich – im Quelltextbereich – mit der rechten Maustaste auf das Element `div.content-description`.

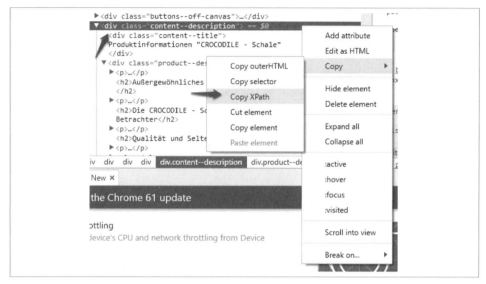

Abb. 8.5: Kopieren Sie den XPath.

In dem Drop-down-Menü wählen Sie dann COPY|COPY XPATH aus. Jetzt befindet sich der XPath in Ihrer Zwischenablage und kann einfach in den Screaming Frog SEO Spider eingesetzt werden.

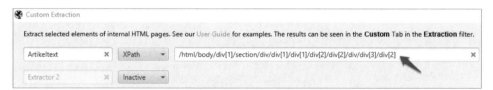

Abb. 8.6: XPath in den Screaming Frog SEO Spider kopiert

Rufen Sie wie oben beschrieben die Custom-Extraction-Funktion im Screaming Frog SEO Spider auf, wählen Sie in den Einstellungen XPATH aus und kopieren Sie den XPath aus der Zwischenablage in die entsprechende Zeile. Geben Sie dem Feld noch einen Namen (z.B. »Artikeltext«), dann können Sie die Auswertung später besser zuordnen. Rechts neben dem XPath-Feld stellen Sie im Drop-down-Menü EXTRACT TEXT ein, so erhalten Sie nur den Text und nicht die darin enthaltenen HTML-Elemente.

Zugegebenermaßen ein kompliziertes Unterfangen, die Extrahierungsfunktion ist aber sehr mächtig und daher war es mir wichtig, Ihnen dieses Werkzeug im Detail vorzustellen. Jetzt möchten Sie aber auch das Ergebnis sehen. Starten Sie den Crawl des Screaming Frog SEO Spider.

Sie können schon, während der Screaming Frog SEO Spider noch die Seiten crawlt, in den Reiter CUSTOM wechseln und dort den entsprechenden Filter EXTRACTION auswählen.

Abb. 8.7: Das Ergebnis der Artikeltext-Extraktion

8.3 Unvollständige Inhalte oder leere Seiten finden

Wenn Sie nicht genau Buch über die Arbeiten an dem Relaunch, z.B. über die Mapping-Tabelle, geführt haben, wird es für Sie und Ihre Agentur schwer, herauszufinden, welche Seiten noch nicht vollständig gefüllt oder bearbeitet wurden. Mit der oben vorgestellten Extraktionsmethode sind Sie in der Lage, gezielt bestimmte Textbereiche zu untersuchen. Wenn Sie das Crawl-Ergebnis in Excel exportieren, können Sie dort die Wörter zählen lassen.

8.3.1 Wörter zählen mit Excel

Das Ergebnis des Crawls können Sie wie gewohnt exportieren, im Export finden Sie dann auch die Texte in vollständiger Länge. In der Oberfläche des Screaming Frog SEO Spiders werden die Texte nur gekürzt angezeigt. Klicken Sie zum Exportieren auf den Button EXPORT.

Im Feld ARTIKELTEXT 1 sehen Sie die extrahierten Artikeltexte. Sie sehen jetzt schon, dass nicht alle Artikeltexte ausgefüllt sind. Das liegt daran, dass zum Beispiel auf einer Kategorieseite keine Artikeltexte vorhanden sind und dass auf einigen Artikelseiten der Text einfach noch fehlt.

In Abbildung 8.9 sehen Sie den Export in Excel geöffnet, hier können Sie recht schnell erkennen, welche Seiten noch keine bzw. nur sehr kurze Texte haben.

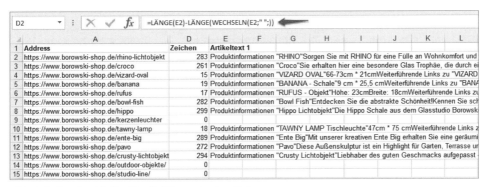

Abb. 8.8: Excel zählt für Sie die Wörter in den Zellen.

Mit folgender Formel können Sie die Wörter in einer Spalte von Excel zählen lassen: =LÄNGE(E2)-LÄNGE(WECHSELN(E2;" ";)). Wobei das Feld E2 in diesem Beispiel das Feld mit den zu ermittelnden Wörtern ist.

Mit der gezielten Suche in bestimmten Bereichen der Website können Sie verschiedenste Inhalte überprüfen:

- Kategorieseiten in Shops
- Produkt-Detailseiten
- Inhalte in Marginalspalten (rechte oder linker Rand)
- Texte in Blogs
- usw.

Darüber hinaus können Sie aber auch technische Inhalte, die von dem Screaming Frog SEO Spider nicht unterstützt werden, auslesen:

- Social-Media-Tags, wie z.B. OG-Tags
- spezielle Tracking-Codes
- Inhalte von Rich Snippets und strukturierten Daten
- usw.

Sie sehen, mit etwas Fantasie haben Sie mit der Custom-Extraction ein universelles Werkzeug für die Inhaltsanalyse zur Hand.

Abb. 8.9: Export der Artikeltexte in Excel

8.3.2   Wörter zählen mit dem Screaming Frog SEO Spider

Der Screaming Frog SEO Spider hat eine ähnliche Funktion zum Wörterzählen an Bord. Diese Funktion zählt dann **jedes** Wort auf den jeweiligen Seiten. Auch diese Funktion ist eine gute Methode, um schnell Seiten mit wenig Inhalt aufzuspüren. Bitte bedenken Sie dabei jedoch, dass der Frog jeweils alle Elemente einer URL berücksichtigt, also auch Navigationselemente und Fußzeilen. Eine Seite, die gar keinen Text hat, wird es somit nicht geben.

Das Feld ist standardmäßig ausgeblendet, klicken Sie auf das kleine Plus-Zeichen am rechten Rand, wählen Sie dann die Option WORD COUNT aus.

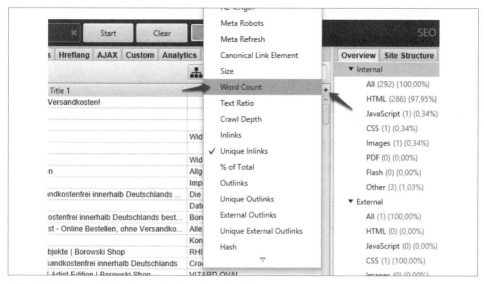

Abb. 8.10: Wörter zählen kann der Frosch schon lange …

So erhalten Sie eine weitere Spalte in Ihrer Auswertung. Sie können die Spalten-reihenfolge durch Klicken und Ziehen verändern.

	Address	Status Code	Word Count▼	
1	https://www.borowski-shop.de/borowski/	200	3162	Borowski	Borowski Shop
2	https://www.borowski-shop.de/borowski/?p=1	200	3162	Borowski	Borowski Shop
3	https://www.borowski-shop.de/studio-line/	200	2371	Borowski Studio Line - versa
4	https://www.borowski-shop.de/studio-line	200	2371	Borowski Studio Line - versa
5	https://www.borowski-shop.de/outdoor	200	1474	Borowski Outdoor Objekte - v
6	https://www.borowski-shop.de/outdoor-objekte/	200	1474	Borowski Outdoor Objekte - v
7	https://www.borowski-shop.de/datenschutz	200	1089	Borowski Shop
8	https://www.borowski-shop.de/studio-line/schalen/	200	1086	Schalen Studio Line Borowsk
9	https://www.borowski-shop.de/schalen	200	1086	Schalen Studio Line Borowsk
10	https://www.borowski-shop.de/agb	200	1024	Allgemeine Geschäftsbeding
11	https://www.borowski-shop.de/allgemeine-geschaeftsbedingungen	200	1024	Allgemeine Geschäftsbeding
12	https://www.borowski-shop.de/artist-edition	200	1002	Borowski Artist Edition - versa

Abb. 8.11: Die Spalte WORD COUNT enthält die Anzahl der Wörter pro URL.

8.4 Automatische Erstellung von Bildschirmfotos

Das Zählen von Wörtern und Suchen bestimmter Inhalte ist eine sehr technische Herangehensweise, vielleicht möchten Sie zunächst erst einmal eine grobe Über-sicht über die Seiten bekommen. Jetzt können Sie natürlich jede einzelne Seite anklicken, begutachten und dokumentieren. Sie können aber auch einfach den Screaming Frog SEO Spider diese lästige Aufgabe für sich übernehmen lassen.

Und so konfigurieren Sie den Render-Modus: Klicken Sie auf CONFIGURATION|
SPIDER in dem Fenster und klicken Sie dann auf den Reiter RENDERING.

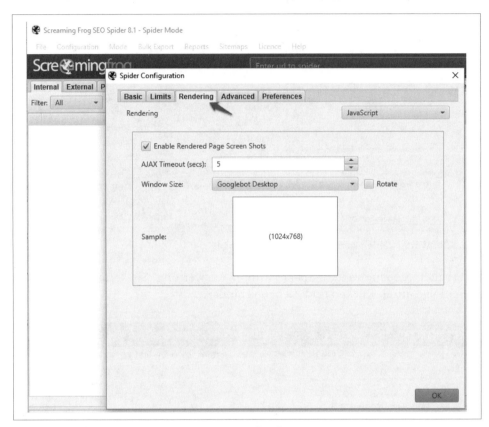

Abb. 8.12: Rendering im Screaming Frog SEO Spider aktivieren

Aktivieren Sie das Optionsfeld ENABLE RENDERED PAGE SCREEN SHOTS. In dem
Drop-down WINDOW SIZE können Sie diverse Endgeräte auswählen, am sinnvolls-
ten im ersten Schritt ist die Option GOOGLEBOT DESKTOP, damit erhalten Sie die
gleiche Ansicht, die auch der Google-Bot sehen würde. Bestätigen Sie die Einstellungen mit Klick auf OK.

Starten Sie den Crawl, Sie werden schnell sehen, dass er wesentlich langsamer als
ohne Rendering vonstattengeht. Das liegt daran, dass jetzt für jede Seite ein
Screenshot erstellt und abgespeichert werden muss und dafür mehr Ressourcen
benötigt werden.

Je nach Größe Ihrer Website kann dieser Vorgang sehr viel Zeit in Anspruch nehmen. Testen Sie einfach aus, wie weit der Screaming Frog SEO Spider Ihre Seiten
crawlen kann. Je mehr Speicher Sie ihm zur Verfügung stellen, desto mehr Seiten
wird er einlesen.

Nach und auch schon während des Crawl-Vorgangs können Sie die Screenshots begutachten. Klicken Sie den Reiter INTERNAL an, wählen Sie den Filter HTML aus und ziehen Sie das untere Ergebnisfenster größer, siehe Abbildung 8.13.

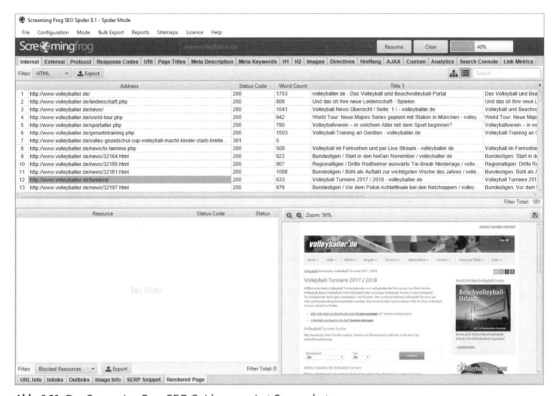

Abb. 8.13: Der Screaming Frog SEO Spider generiert Screenshots.

URL-Sampling

Bei sehr großen Seiten ist es sinnvoll, Stellvertreter-URLs auszuwählen und diese dann mit dem Screaming Frog SEO Spider zu crawlen. Diese kleine Auswahl an URLs sollte dann mehrere Seiten von jedem Seitentyp oder Template enthalten. Diese können Sie dann im List-Mode überprüfen. Schleichen sich in den Vorlagen Fehler ein, dann wirken sich diese Fehler auf alle Seiten ein, die auf diesen Vorlagen basieren. Mit der URL-Sampling-Methode sind Sie in der Lage, diese Systemfehler schnell aufzudecken.

Zusätzlich zur Ansicht in der Anwendung selbst können Sie alle Screenshots in einen Ordner exportieren. Klicken Sie dazu auf BULK EXPORT und wählen Sie im Drop-down-Menü SCREENSHOTS aus.

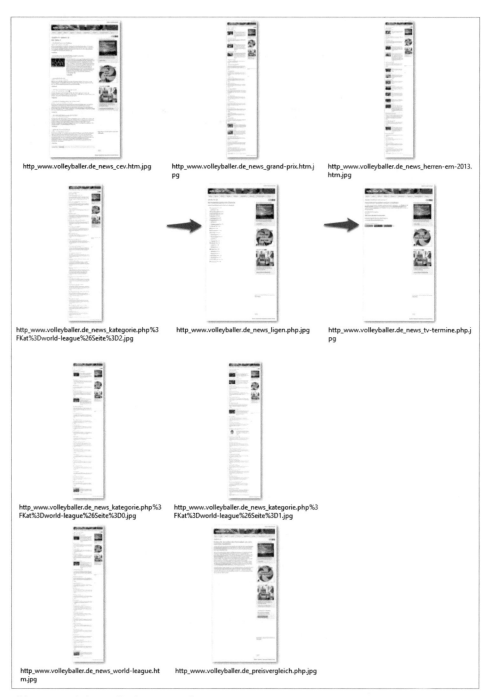

Abb. 8.14: Sichtkontrolle der Screenshots

Der Vorteil des Exports: Sie können relativ viele Screenshots gleichzeitig betrachten und so sehr schnell auffällige Seiten identifizieren. Abbildung 8.14 zeigt die Ordner-Ansicht auf einem Windows-Rechner. Hier habe ich die Ansicht EXTRA GROSSE SYMBOLE ausgewählt. Die schmalen Grafiken deuten auf sehr lange Seiten hin. Die beiden Pfeile markieren zwei Seiten, die durch sehr wenig Inhalt auffallen.

8.5 Überschriften testen

Die Überschriften sind ein sehr wichtiger Bestandteil Ihrer Seiten, durch eine gute und technisch einwandfrei umgesetzte Überschriftenstruktur nehmen Sie Ihre Besucher und die Suchmaschinen an die Hand. Nutzer und Suchmaschinen können Ihre Seite besser verstehen, wenn die Überschriften hierarchisch aufgebaut wurden. Eventuell haben Sie die Headlines in Ihren Seitenmappings mit aufgenommen, sodass diese bereits korrekt eingesetzt wurden. Mit dem Screaming Frog SEO Spider können Sie die Headline gezielt analysieren.

Pro Seite darf nur eine H1 eingesetzt werden, die weiteren Headlines ordnen sich entsprechend darunter ein. Die Überschrift der ersten Ordnung ist die allererste Überschrift in dem jeweiligen Dokument.

8.5.1 Manuelle Prüfung

Sie können mit der bereits im Abschnitt 3.2.2 vorgestellten Chrome-Erweiterung Web Developer die Überschriften stichprobenartig prüfen. Rufen Sie dazu die zu prüfende Seite auf und klicken Sie auf den Menüpunkt VIEW DOCUMENT OUTLINE.

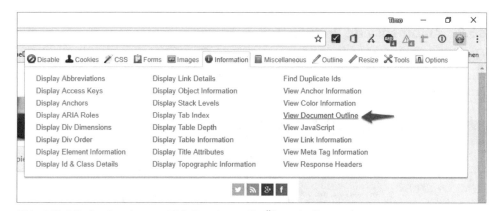

Abb. 8.15: Mit der Erweiterung Web Developer die Überschriftenstruktur testen

Die Erweiterung extrahiert die Überschriften aus der aktuellen Seite und zeigt diese dann an. So können Sie schnell und einfach die Struktur überprüfen. Wenn sich Fehler in der Reihenfolge der Überschriften befinden, dann werden sie orange hervorgehoben.

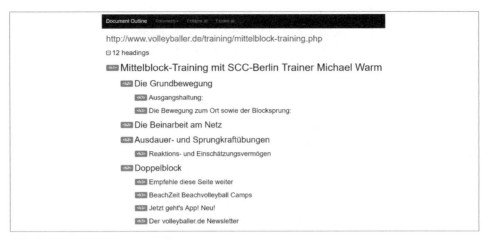

Abb. 8.16: Alles grün, alles gut, Überschriftenstruktur-Analyse

Wenn Sie viel Zeit und Lust haben, könnten Sie diesen Test jetzt mit jeder einzelnen Seite ausführen, macht aber wenig Sinn. Besser wäre es, wenn Sie zumindest die einzelnen Bereiche testen. In einem Shop könnten Sie so die Startseite, Kategorieseiten und Produktseiten prüfen. Da wie bereits erwähnt Shop- und Content-Management-Systeme auf Templates basieren, wird die Überschriftenstruktur auf allen Seiten, die auf diesen Vorlagen basieren, identisch sein. Je nach System ist der Seitenbetreiber in der Lage, selbst Überschriften in Fließtexte zu setzen. Hierbei kann es dann passieren, dass die Reihenfolge der Überschriften nicht korrekt eingehalten wird. In diesem Fall kann es sinnvoll sein, die Seiten auch in Zukunft immer mal wieder automatisiert zu prüfen.

8.5.2 Automatisierte Prüfung

Mit dem Screaming Frog SEO Spider können Sie diese Prüfung automatisieren und noch weitere Fehler finden. Unter den Reitern H1 und H2 befinden sich die Auswertungen für diese beiden Headline-Typen.

Occurrences ▼	H1-1	H1-1 length	H1-2
2	Die Smart Beach Tour 2014	25	Termine und Infos
1	DVV-Pokal: Das ewig junge Duell	31	
1	Volleyball Verein: SSC Karlsruhe in Karlsruhe	45	
1	Volleyball Verein: TUS 05 Quettingen in Leverkusen	50	
1	Regel: 18.3.1	13	
1	Volleyball Verein: Akkupritsch in Düsseldorf	44	
1	Volleyball Verein: MTV Hondelage von 1909 e.V. in ...	62	
1	Teams	5	
1	Volleyball Verein: DJK Südwest Köln in Köln	43	
1	DVV-Pokal - Seite: 1	20	
1	DVV-Pokal - Seite: 2	20	

Abb. 8.17: H1- und H2-Auswertung im Screaming Frog SEO Spider

Sie sehen in Abbildung 8.17, dass ich die Tabelle nach der Spalte OCCURENCES sortiert habe. Durch diese Sortierung sehen Sie schnell, auf welchen Seiten die H1-Überschrift mehrfach eingebunden ist.

Im rechten Bereich der Auswertung finden Sie weitere Angaben zur Überschriftenanalyse.

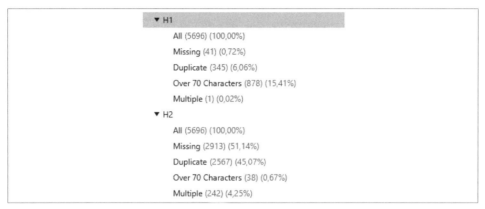

Abb. 8.18: Weitere Auswertungsergebnisse der Headline-Analyse

Wenn Sie auf die einzelnen Werte klicken, werden die Zeilen in der Tabelle entsprechend gefiltert. Klicken Sie beispielsweise auf MISSING, dann werden alle Seiten angezeigt, die keine Überschriften der entsprechenden Gattung enthalten.

Leider kann der Screaming Frog SEO Spider die Überschriftenreihenfolge nicht auswerten, dieses Feature vermisse ich, da es auch in anderen Onpage-Tools wie DeepCrawl und Sistrix (noch) nicht vorhanden ist.

Sie können die URLs ohne H1-Überschrift wie gewohnt über den EXPORT-Button speichern.

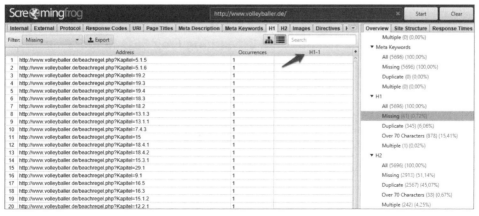

Abb. 8.19: H1 MISSING – Seiten ohne H1-Überschrift

8.6   Seitentitel und Meta-Descriptions prüfen

Title-Tag und Meta-Description werden von den Suchmaschinen verwendet. Die Inhalte dieser Tags tauchen in den Suchergebnisseiten auf, das Title-Tag ist der klickbare Titel und die Meta-Description die Beschreibung des jeweiligen Treffers. Kenner sagen hierzu auch Snippet. Das Snippet ist das erste, was der potenzielle Besucher von Ihrer Seite sieht, es kann die Klickwahrscheinlichkeit maßgeblich beeinflussen, positiv wie negativ, wie das Beispiel in Abbildung 8.20 zeigt.

Abb. 8.20: Snippets mit Optimierungs-Potenzial

Sie sehen an diesem Beispiel sehr gut, wie wichtig die Optimierung der Title- und Meta-Descriptions ist – oder würden Sie wissen, was sich hinter dem zweiten Suchergebnis in Abbildung 8.20 versteckt?

Es gibt einen Grundsatz in der Nutzerinterface-Gestaltung: »Der Nutzer hat immer die volle Kontrolle über die Navigation.« Diese Regel trifft auch direkt auf die Suchergebnisse zu, der Nutzer möchte, bevor er auf ein Suchergebnis klickt, wissen, was ihn erwarten wird. Machen wir es ihm also leicht und gestalten die Titles und Meta-Descriptions entsprechend sinn- und liebevoll.

8.6.1   Title-Tag-Analyse mit dem Screaming Frog SEO Spider

Der Screaming Frog SEO Spider stellt für die Analyse der Title-Tags eine eigene Auswertung zur Verfügung. Sie finden sie unter dem Reiter PAGE TITLES.

In Abbildung 8.21 habe ich eine URL markiert (grüne Zeile). Wenn Sie eine Zeile auswählen, sehen Sie unter der Ergebnis-Tabelle eine Vorschau des Snippets, wie es in Google für die ausgewählte Seite erscheinen würde.

Für die Vorschau klicken Sie auf den Reiter SERP SNIPPET. Neben der Vorschau sehen Sie noch weitere Angaben zu Ihrem Snippet.

Address	Occurrences	Title 1	Title 1 Length
ews/30725.html	1	DVV-Pokal / Das ewig junge Duell / volleyballer.de	50
reine/456.html	1	Volleyball Verein: SSC Karlsruhe in Karlsruhe / Baden-Württemberg	65
reine/56.html	1	Volleyball Verein: TUS 05 Quettingen in Leverkusen / Nordrhein-Westfa...	72
geln/regel.php?Kapitel=18.3.1	1	Offizielle Volleyball Regel: 18.3.1	35
reine/3281.html	1	Volleyball Verein: Akkupritsch in Düsseldorf / Nordrhein-Westfalen	66
reine/3303.html	1	Volleyball Verein: MTV Hondelage von 1909 e.V. in Braunschweig / Nie...	78
ams-volleyballregel_beachregel_30.html	1	Beachvolleyball-Regel: Teams - volleyballer.de	46
reine/772.html	1	Volleyball Verein: DJK Südwest Köln in Köln / Nordrhein-Westfalen	65
ws/kategorie.php?Kat=dvv-pokal&Seite=0	1	Volleyball News - DVV-Pokal / Seite: 1 - volleyballer.de	56
ws/kategorie.php?Kat=dvv-pokal&Seite=1	1	Volleyball News - DVV-Pokal / Seite: 2 - volleyballer.de	56
ws/kategorie.php?Kat=dvv-pokal&Seite=2	1	Volleyball News - DVV-Pokal / Seite: 3 - volleyballer.de	56
each-regel-kap.php?Kapitel=29.1	1	Offizielle Beachvolleyball Regel: Handzeichen der Schiedsrichter	64
ws/kategorie.php?Kat=dvv-pokal&Seite=3	1	Volleyball News - DVV-Pokal / Seite: 4 - volleyballer.de	56
each-regel-kap.php?Kapitel=29.2	1	Offizielle Beachvolleyball Regel: Fahnenzeichen der Linienrichter	65
reine/991.html	1	Volleyball Verein: SV Blau - Weiss Heinersdorf 1990 e.V. in Heinersdorf...	85
reine/2648.html	1	Volleyball Verein: SV Hilden Ost e.V in Hilden / Nordrhein-Westfalen	68
eachregel.php?Kapitel=5.1.5	1	Beachvolleyball-Regel: - volleyballer.de	40
ielerboerse/61190.html	1	Mannschaft sucht Trainer: Volleyball Damen Bezirksliga suchen Trainer...	132
ielerboerse/60995.html	1	Mannschaft sucht Spieler: Mixed Gruppe sucht Spieler in Essen - Volle...	100

Abb. 8.21: Page-Titles-Analyse

Abb. 8.22: Snippet-Vorschau

Element	Chars			Pixels		
	Length	Displayed	Truncated	Length	Available	Remaining
Title	68	68	0	540	571	31
Description	103	103	0	596	930	334

Abb. 8.23: Detaillierte Daten zu Ihrem Snippet

Der Anzeigebereich in den Suchmaschinenergebnisseiten ist begrenzt, es ist daher sinnvoll, alle Titles so zu texten, dass sie in den dafür vorgesehenen Platz passen, ansonsten würden die Suchmaschinen den Title oder die Description einfach kürzen. Der Screaming Frog SEO Spider wertet die Länge der Tags aus und zeigt sie unter anderem in der Vorschau mit an. Zurzeit dürfen das Title-Tag ca. 71 und die Meta-Description ca. 230 Zeichen beinhalten. Diese Zahlen können sich aber auch immer wieder mal ändern, gerade Google experimentiert gerne mit diesen Werten herum. Sie können den Screaming Frog SEO Spider gegebenenfalls auf die neuen Längen einstellen. Klicken Sie dazu auf CONFIGURATION und dann auf SPIDER. In dem erscheinenden Fenster wählen Sie den Reiter PREFERENCES aus.

Spider Configuration
Basic
Limits
Rendering
Advanced
Preferences
Page Title Width
Pixels
Min 200
Max 362
Characters
Min 30
Max 71
Meta Description Width
Pixels
Min 400
Max 1571
Characters
Min 70
Max 156
Other
Max URI Length Chars 115
Max H1 Length Chars 70
Max H2 Length Chars 70
Max Image Alt Text Chars 100
Max Image Size Kilobytes 100
OK

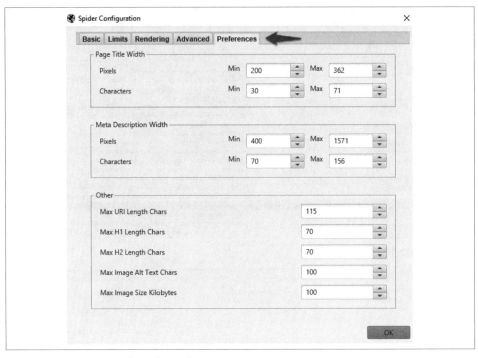

Abb. 8.24: Einstellungen für Title- und Meta-Descriptions

Natürlich können Sie gerade bei sehr großen Sites nicht jede einzelne URL mit einem tollen Title und einer schnittigen Meta-Description versehen. Oftmals werden diese Inhalte automatisiert von den Shop- oder Content-Management-Systemen gefüllt, was auch in den meisten Fällen gut funktioniert. Ein Kompromiss ist es in diesem Fall, die wichtigsten Zielseiten und die wichtigsten Suchergebnisse mit gutem Title und guter Meta-Description zu beglücken.

Rechts neben der Title-Auswertung finden Sie wieder die Zusammenfassung der Analyse-Ergebnisse. Durch Anklicken der einzelnen Ergebnisse können Sie den linken Bereich filtern.

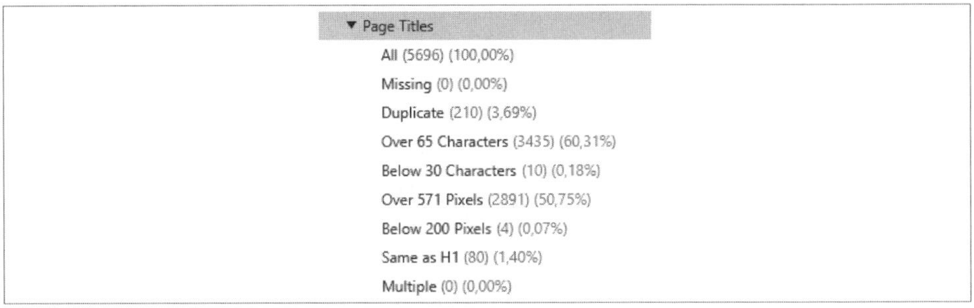

Page Titles
All (5696) (100,00%)
Missing (0) (0,00%)
Duplicate (210) (3,69%)
Over 65 Characters (3435) (60,31%)
Below 30 Characters (10) (0,18%)
Over 571 Pixels (2891) (50,75%)
Below 200 Pixels (4) (0,07%)
Same as H1 (80) (1,40%)
Multiple (0) (0,00%)

Abb. 8.25: Zusammenfassung der Title-Tag-Analyse

Zusätzlich zur Filterung können Sie die Titles und Meta-Descriptions über die Report-Funktion exportieren. Klicken Sie dazu in der Menüleiste auf REPORTS und wählen Sie dann SERP SUMMARY aus. Wählen Sie im Anschluss die gewünschten Daten aus.

Tipps zur Title-Tag-Gestaltung

- Jede Seite sollte mit einem individuellen Title-Tag ausgestattet werden.
- Füllen Sie dieses Element sinnvoll, der Nutzer soll ahnen können, was sich hinter der jeweiligen Seite verbirgt.
- Versuchen Sie, die aktuelle Längenbeschränkung einzuhalten.
- Setzen Sie eine Aktionsaufforderung auf, wie z.B. »kostenfrei bestellen« oder »jetzt informieren«, und animieren Sie die Nutzer so zum Klick.
- Prüfen Sie Ihr System, ob Sie die Title-Tags individuell verändern können.
- Optimieren Sie zunächst Ihre wichtigsten Einstiegsseiten und besten Treffer in den Suchmaschinen.
- Das Title-Tag ist auch ein Ranking-Faktor, setzen Sie daher sinnvoll und mit Bedacht wichtige Suchbegriffe ein.

8.6.2 Meta-Descriptions analysieren

Wie bereits erwähnt, ist die Meta-Description gemeinsam mit dem Title-Tag der erste Kontaktpunkt der Kunden zu Ihren Seiten, auch hier sollten sinnvolle Texte in der richtigen Länge hinterlegt sein. Im Screaming Frog SEO Spider finden Sie die entsprechende Auswertung unter dem Reiter META DESCRIPTION.

Abb. 8.26: Auswertung der Meta-Descriptions

Im Optimalfall sind Ihre Meta-Tags nach dem Relaunch schon perfekt gefüllt, ob sie den technischen Anforderungen genügen, können Sie im Screaming Frog SEO Spider in der Übersicht rechts neben der Auswertungstabelle sehen.

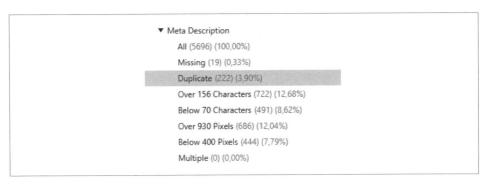

Abb. 8.27: Zusammenfassung der Meta-Descriptions-Auswertung

Wie gewohnt können Sie alle Filter im Screaming Frog SEO Spider exportieren und so dokumentieren bzw. mit Ihrem Tabellenkalkulationsprogramm verarbeiten.

Die Meta-Description ist kein Pflicht-Element, Sie müssen es nicht ausfüllen, Google & Co. kommen auch ohne dieses Tag ganz gut zurecht. Sie haben dann aber leider keine Kontrolle mehr über das, was die Suchmaschinen in den Ergebnisseiten anzeigen. Die volle Kontrolle haben Sie aber auch nicht, wenn Sie die Meta-Descriptions ausfüllen, da Google gern auch mal andere Texte anzeigt, als die, die Sie sich wünschen würden. Falls Sie – und dazu möchte ich Ihnen raten – die Meta-Descriptions ausfüllen möchten, dann beachten Sie bitte die folgenden Tipps.

Tipps für Meta-Description-Texter

- Versuchen Sie, an den Nutzer zu denken, welche sinnvollen Informationen können Sie den potenziellen Besuchern vorab geben?
- Achten Sie darauf, die maximale Länge nicht zu überschreiten, Ihr Text wird sonst abgeschnitten.
- Sie sollten für jede Seite einen individuellen Text erstellen, ansonsten könnte Google identische Meta-Descriptions als Duplicate Content einstufen.
- Versuchen Sie, den Platz auszunutzen, Ihr Suchergebnis wird so größer.
- Optimieren Sie zunächst Ihre wichtigsten Seiten.
- Wenn Sie die Meta-Descriptions nicht füllen möchten, dann löschen Sie das Tag aus allen Seiten, bitte kein leeres Meta-Tag in die Seiten einfügen.

8.6.3 Die SERP-Snippet-Analyse in der Sistrix-Toolbox

Mit dem Screaming Frog SEO Spider können Sie die Snippets in der Live- und Entwicklungsumgebung testen, leider ist die Darstellung der Ergebnisse etwas unübersichtlich, für eine Vorschau müssen Sie zusätzlich die einzelnen URLs auswählen. Einen Schritt weiter geht hier Sistrix (`relaunch.pro/7`), mit der SERP-

Snippet-Auswertung bekommen Sie eine Übersicht Ihrer Snippets, zusätzlich können Sie über verschiedene Filter zum Beispiel nach zu langen Titeln oder Meta-Descriptions filtern.

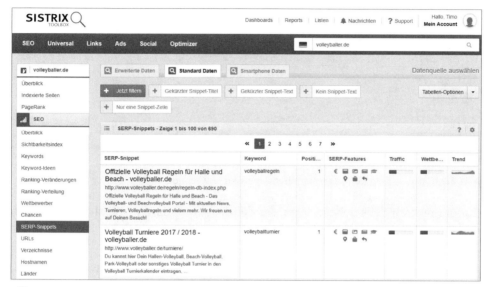

Abb. 8.28: SERP-Snippet-Analyse in Sistrix, mit vielen Filtermöglichkeiten

Zwei Nachteile: Sistrix zeigt Ihnen nur die Snippets an, die es selbst gefunden hat, zusätzlich muss die Seite bereits veröffentlicht und im Netz erreichbar sein. Trotzdem ist diese Funktion sehr hilfreich zur Optimierung und Überwachung der Snippets.

8.7 Bilder checken

In Kapitel 7 haben wir uns bereits beim Ladezeitencheck die »dicksten« Bilder vorgenommen und optimiert. In diesem Test geht es jetzt darum, ob die ALT-Tags der Bilder gefüllt sind. Der alternative Text wird von Screenreadern, wie sie von Sehbehinderten genutzt werden, vorgelesen und sollte somit den Inhalt des Bildes beschreiben. In der Regel wird das Tag aber dazu missbraucht, die Bilder für die Bildersuche bei Google zu optimieren, und in diesem Zuge mit Suchbegriffen vollgestopft.

Viele Shopsysteme füllen die ALT-Tags zum Beispiel mit Produkt- oder Kategorienamen, sodass Sie sich darum gar nicht weiter kümmern müssen. Bei Content-Management-Systemen wird dieses Tag beim Bild-Upload abgefragt und vom Nutzer dann entsprechend gefüllt. Wenn Sie kein gesteigertes Interesse an der Google-Bildersuche haben, dann stecken Sie nicht zu viel Energie in die Optimierung der ALT-Tags.

Sie finden die entsprechende Auswertung im Screaming Frog SEO Spider unter dem Reiter IMAGES.

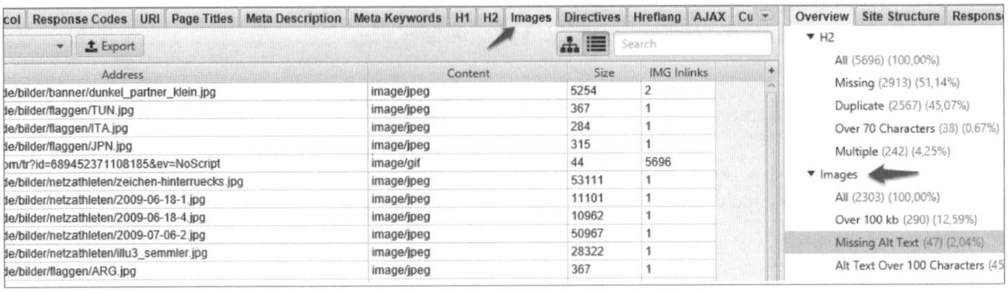

Abb. 8.29: Auswertung der Bilder im Screaming Frog SEO Spider

Auf der rechten Seite sehen Sie wieder die Zusammenfassung und darunter auch den Punkt MISSING ALT TEXT.

Keine Panik: Google wird Sie nicht bestrafen, wenn die ALT-Tags nicht korrekt ausgefüllt sind. Achten Sie aber trotzdem darauf, dass Ihre Bilder nicht zu groß werden und die Seitenladezeiten verschlechtern. Eine langsame Seite ist ärgerlicher als ein paar fehlende ALT-Tags.

8.8 Interne Links prüfen und anpassen

Die neuen Navigationselemente in Ihren Seiten, wie zum Beispiel die Hauptnavigation, Fußzeilen- und Systemnavigation, werden hoffentlich einwandfrei funktionieren. Was ist aber mit internen Verlinkungen, die direkt in Fließtexten oder auf Bildern gesetzt wurden? Beim Kopieren der Inhalte aus der Ursprungsseite werden diese (jetzt alten) Verlinkungen häufig mit kopiert und unverändert in die neue Seite eingefügt. Da sich diese Verlinkungen gut verstecken, bedarf es etwas Handarbeit im Screaming Frog SEO Spider, um diese Fehler aufzuspüren und auszumerzen.

Öffnen Sie Ihren Crawl im Screaming Frog SEO Spider und klicken Sie auf den Reiter RESPONSE CODES. Stellen Sie den FILTER auf CLIENT ERROR (4XX). In dieser Ansicht sehen Sie jetzt alle internen und externen Fehler. Geben Sie rechts im Suchfeld Ihren Domainnamen an, so sehen Sie nur Ihre eignen, internen Fehler. Die externen Fehler sollten aber bei Gelegenheit auch korrigiert werden.

Klicken Sie eine Ergebniszeile an, dann werden unter der Ergebnistabelle weitere Informationen angezeigt. Wählen Sie dort den Reiter INLINKS. Sie sehen dann, welche internen Seiten auf diese fehlerhafte Seite verlinken.

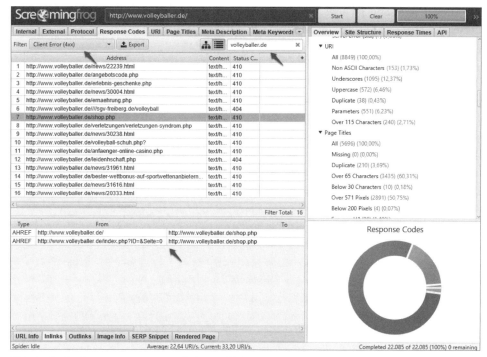

Abb. 8.30: Suchen von internen Verlinkungsfehlern

In der Spalte FROM befindet sich die URL, in der sich der defekte Link befindet, in der Zeile To steht die fehlerhafte Ziel-URL. Leider gibt es keine Funktion im Screaming Frog SEO Spider, um diese fehlerhaften Verlinkungen zu exportieren, Sie können aber die Tabelle markieren und per Zwischenablage in ein anderes Programm einfügen.

Abb. 8.31: Markieren Sie die Spalten durch Klicken und Ziehen

Klicken Sie, nachdem Sie alle Zellen markiert haben, mit der rechten Maustaste und wählen Sie dann COPY. Anschließend öffnen Sie beispielsweise Excel und fügen den Inhalt in die Tabelle ein.

Abb. 8.32: Inhalte in Excel eingefügt

Bei dieser Aufgabe ist viel lästige Handarbeit erforderlich, etwas eleganter löst diese Aufgabe das Optimizer-Modul von Sistrix.

Abb. 8.33: Übersicht der internen fehlerhaften Verlinkungen in Sistrix

Sie können das Fehlerprotokoll bei Sistrix als CSV-Datei exportieren und so in Ihrem Tabellenkalkulationsprogramm weiterverarbeiten.

Zusätzlich zur Dokumentation der defekten Links müssen Sie diese noch in Ihren Seiten wiederfinden. Auch hier ist wieder Handarbeit nötig, die Sie auf verschiedene Arten ausführen können. Die einfachste Methode ist, die Seiten mit den defekten Links im Browser aufzurufen und dann mit der Chrome-Erweiterung »Check My Links« (relaunch.pro/118) die defekten Links auf der jeweiligen Seite zu suchen.

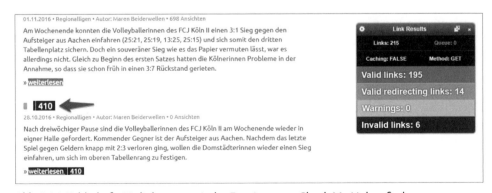

Abb. 8.34: Fehlerhafte Verlinkungen mit der Erweiterung »Check My Links« finden

Mit dieser Methode haben Sie einen visuellen Anhaltspunkt, wo sich die defekten Links jeweils in den Seiten verstecken, und können sie dann einfacher in Ihrem Shop- oder Content-Management-System korrigieren.

Einige Systeme bieten auch ein globales »Suchen und Ersetzen« an. Damit können Sie dann im gesamten Content-Management- oder Shopsystem nach den defekten Links suchen und sie durch die neuen URLs ersetzen. Bevor Sie solche Funktionen anwenden, sollten Sie ein Backup Ihrer Seiten erstellen und erste Tests dann in einem kleinen Unterbereich durchführen. Die Erfahrung hat mir gezeigt, dass man durch voreiliges »Suchen und Ersetzen« schnell eine gesamte Internetseite zerschießen kann, unangenehm.

Wenn Ihre Seite statisch programmiert wurde, so muss der Dienstleister ran und die Links im Quelltext ersetzen. Wie er das am Ende macht, kann Ihnen gleichgültig sein, vielleicht geben Sie ihm vorher den Hinweis mit dem Backup mit auf den Weg. Auch Profis sind vor Fehlern nicht gefeit, wäre doch schade, wenn die schöne neue Seite gleich wieder kaputt ist.

8.9 Googles AMP

Haben Sie die schnellen Seiten für Google integriert? Dann prüfen Sie die URL. Eine eigene Funktion für die Analyse der AMP-Integration hat der Screaming Frog SEO Spider nicht anzubieten, daher müssen Sie über die Custom-Extraction-Funktion etwas nachhelfen. Ziel ist es, alle AMP-URLs aus Ihren Seiten zu extrahieren.

Öffnen Sie durch Klicken auf Configuration|Custom|Extraction das Fenster für die Eingabe der Extraktionsregeln.

Abb. 8.35: Extraktion der AMP-URLs per XPath

Vergeben Sie für die Regel einen sinnvollen Namen, wie z.B. »AMP«, wählen Sie im Drop-down XPath aus und geben Sie folgenden XPath ein:

```
//head/link[@rel='amphtml']/@href
```

Mit diesem Code-Kauderwelsch extrahieren Sie die AMP-Adressen wie von Zauberhand aus Ihren Seiten. Starten Sie einen neuen Crawl mit dem Screaming Frog

SEO Spider, das Ergebnis finden Sie unter dem Reiter CUSTOM und dort im Filter EXTRACTION.

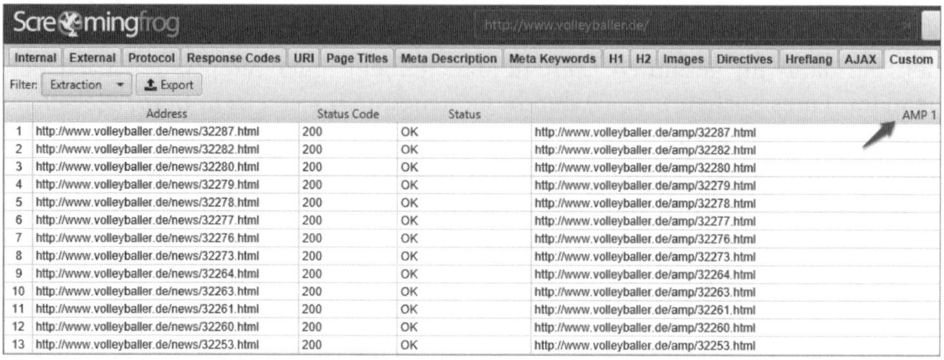

Abb. 8.36: Extrahierte AMP-URLs per Custom Extraction extrahiert

Zur Sicherheit sollten Sie bei extrahierten AMP-URLs zusätzlich den Status prüfen, werden die URLs alle gefunden? Kopieren Sie dazu die gesamte Spalte mit den AMP-URLs in die Zwischenablage. Schalten Sie dann den Screaming Frog SEO Spider auf den List-Modus um, indem Sie auf MODE und dann auf LIST klicken. Klicken Sie anschließend auf den UPLOAD-Button und wählen Sie dort PASTE aus. Ihre URLs werden dann in einem Fenster angezeigt, klicken Sie auf OK und der Screaming Frog SEO Spider beginnt sofort mit seiner Arbeit.

Alle AMP-URLs sollten den Status 200 zurückgeben und somit signalisieren, dass sie gefunden wurden und funktionieren.

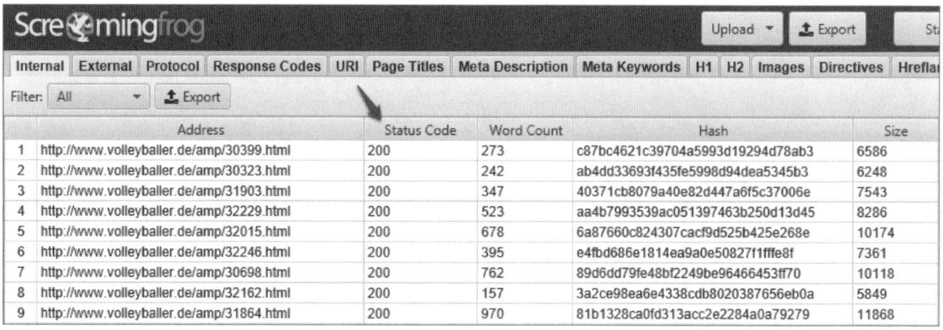

Abb. 8.37: AMP-Crawl über den List-Mode

Zusätzlich zum Status schauen Sie sich noch die Spalte WORD COUNT an. Die Wortanzahl sollte bei allen AMP-Seiten größer als 0 sein, bei AMP-Seiten ohne Wörter wird irgendetwas schiefgelaufen sein.

Einen letzten AMP-Test können Sie mit Googles AMP-Test (relaunch.pro/119) durchführen, dieser Test prüft die Syntax Ihrer AMP-Seiten und bietet sogar eine Vorschauseite für die Google-Suchergebnisseiten an.

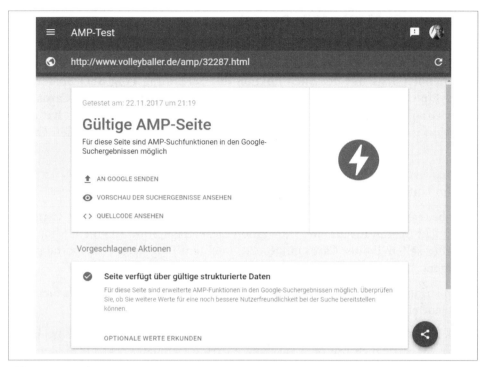

Abb. 8.38: Google-AMP-Test-Seite

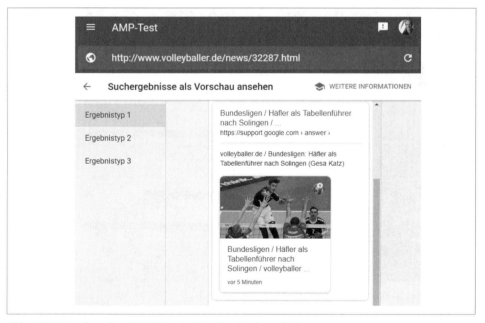

Abb. 8.39: Vorschau der AMP-Seite in Googles Suchergebnissen

8.10 Social-Media-Tags prüfen

Mit dem letzten inhaltlichen Test überprüfen wir die Einbindung der Social-Media-Tags. Eventuell haben Sie bereits im vorangegangenen Kapitel die entsprechenden Tags mit der Suchfunktion des Screaming Frog SEO Spiders geprüft. Eine spezielle Auswertung über die Einbindung von Twitter Cards und Open Graph Tags bietet er nicht an. Der Onpage-Crawler DeepCrawl hat diese Funktion integriert und wertet die Integration standardmäßig bei allen Crawls aus.

Die Auswertung befindet sich in DeepCrawl unter dem Menüpunkt CONTENT und dort im Untermenü SOCIAL TAGGING.

Bitte bedenken Sie, dass eventuell nicht jede Seite über eine Twitter Card verfügt, nicht überall macht eine Integration dieser Tags Sinn. In einem Shop werden eher selten Twitter Cards eingesetzt, in einem Blog- oder Newsportal schon häufiger.

Genauso verhält es sich mit den Open Graph Tags von Facebook, auch hier wird nicht jede einzelne Seite mit diesem Tag versehen sein (müssen).

Vergleichen Sie die Integration mit den Anforderungen aus Ihrem Lastenheft. Prüfen Sie zusätzlich mit dem Facebook Sharing Debugger (`relaunch.pro/71`), ob die Einbindungen auch funktionieren.

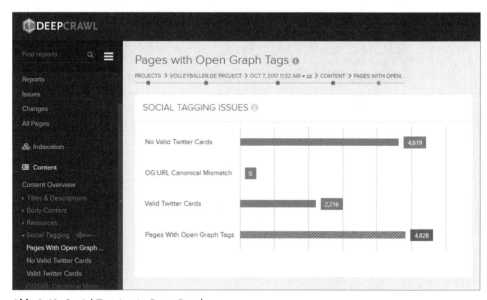

Abb. 8.40: Social-Tagging in DeepCrawl

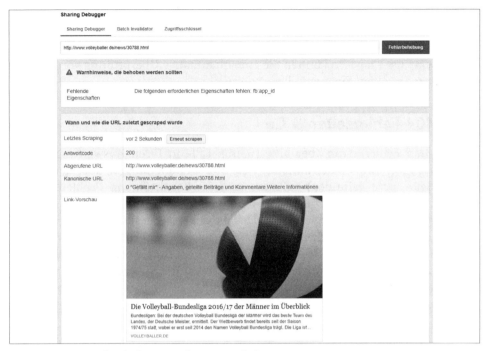

Abb. 8.41: Der Facebook Sharing Debugger prüft die OG-Tags.

Mit dem Card validator (`relaunch.pro/73`) können Sie die Funktion der Twitter Cards testen.

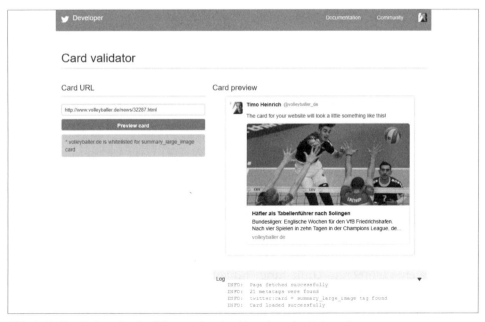

Abb. 8.42: Der Twitter Card validator zeigt eine Vorschau des Twitter-Streams an.

Führen Sie diese Tests wieder stichprobenartig mit den wichtigsten Seiten durch. Da die meisten Systeme auf Vorlagen/Templates basieren, wird die Integration auf allen auf diesen Vorlagen basierten Seiten gleich gut oder schlecht funktionieren. Mit den Onpage-Crawlern können Sie eine quantitative Überprüfung vornehmen, die Sichtprobe sollten Sie manuell vornehmen.

8.11 404-Fehlerseiten & Co.

Wenn schon Fehler, dann aber bitte richtig. Falls in Ihren Auswertungen vom Screaming Frog SEO Spider auffällig viele 302-Weiterleitungen, aber keine 404-Fehler (Seite nicht gefunden) auftauchen, dann haben Sie ein Problem: Wahrscheinlich senden die nicht gefundenen Seiten anstatt des Fehler-Status 404 den Status 302. Der 302-Status bedeutet, dass es sich hierbei nur um eine vorübergehende Umleitung handelt. Auffällig wäre auch, wenn die 302-Umleitungen immer auf die Startseite umleiten. Suchmaschinen-Bots werden immer wieder diese 302-Weiterleitungen aufrufen, da es sich ja um vorübergehende Umleitungen handelt, und so unnötig Zeit damit verbringen, Ihre falsch konfigurierten Fehlerseiten aufzurufen.

Sie finden alle Statuscodes, die Ihre und die extern verlinkten Seiten senden, unter dem Reiter RESPONSE CODES. Diese Tabelle können Sie durch Klicken auf den Filter entsprechend vorsortieren.

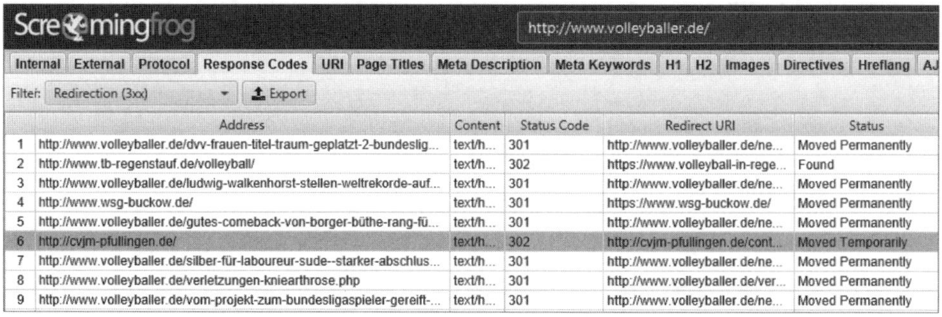

	Address	Content	Status Code	Redirect URI	Status
1	http://www.volleyballer.de/dvv-frauen-titel-traum-geplatzt-2-bundeslig...	text/h...	301	http://www.volleyballer.de/ne...	Moved Permanently
2	http://www.tb-regenstauf.de/volleyball/	text/h...	302	https://www.volleyball-in-rege...	Found
3	http://www.volleyballer.de/ludwig-walkenhorst-stellen-weltrekorde-auf...	text/h...	301	http://www.volleyballer.de/ne...	Moved Permanently
4	http://www.wsg-buckow.de/	text/h...	301	https://www.wsg-buckow.de/	Moved Permanently
5	http://www.volleyballer.de/gutes-comeback-von-borger-büthe-rang-fü...	text/h...	301	http://www.volleyballer.de/ne...	Moved Permanently
6	http://cvjm-pfullingen.de/	text/h...	302	http://cvjm-pfullingen.de/cont...	Moved Temporarily
7	http://www.volleyballer.de/silber-für-laboureur-sude--starker-abschlus...	text/h...	301	http://www.volleyballer.de/ne...	Moved Permanently
8	http://www.volleyballer.de/verletzungen-kniearthrose.php	text/h...	301	http://www.volleyballer.de/ver...	Moved Permanently
9	http://www.volleyballer.de/vom-projekt-zum-bundesligaspieler-gereift-...	text/h...	301	http://www.volleyballer.de/ne...	Moved Permanently

Abb. 8.43: Statuscodes im Screaming Frog SEO Spider

Die grün markierte Zeile hebt eine externe 302-Umleitung hervor, gegen externe Umleitungen können Sie nichts machen, das ist Aufgabe der jeweiligen Seitenbetreiber. Wenn Sie nur die internen Statuscodes analysieren möchten, dann geben Sie im Suchfeld Ihre Domain an.

Es kann auch durchaus triftige Gründe für vorübergehende Umleitungen geben, ein Produkt ist z.B. ausverkauft und Sie möchten ein Alternativprodukt anzeigen. Hier wäre eine temporäre Umleitung sinnvoll. In den meisten Fällen handelt es sich jedoch um falsch konfigurierte Fehlerseiten.

Sie können den Status der Fehlerseite auch mit anderen Tools, wie z.B. mit dem HTTP Status Code Checker, prüfen (`relaunch.pro/15`). Geben Sie dort einfach irgendeine Adresse Ihrer Domain ein.

URL	Status Codes	# Redirects ▾
https://www.shopwaredemo.de/gibtesnicht	404	0
	Response Body	

Abb. 8.44: Der HTTP Status Code Checker zum Testen der Statuscodes

Zusätzlich zum korrekten Statuscode ist auch das Erscheinungsbild der Seite wichtig. Der Nutzer muss erkennen, dass die von ihm aufgerufene Seite nicht existiert. Leider werden die Besucher häufig einfach auf die Startseite umgeleitet, was sie jedoch irritiert, weil sie eigentlich ein Produkt oder irgendeine andere Unterseite erwartet haben. Ärgerlich sind auch kryptische Fehlerseiten, die Otto-Normal-Surfer nicht versteht und die ihm auch keine Möglichkeit geben, in der Seite zu navigieren, da keine Links auf die Startseite führen.

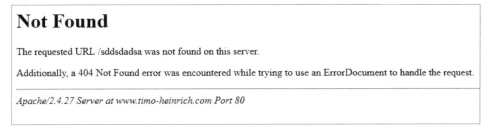

Abb. 8.45: Kryptische Standard-404-Fehlerseite, damit kann kein Nutzer etwas anfangen.

Gerade bei einem Relaunch sind korrekte und besucherfreundliche Fehlerseiten sehr wichtig, der ein oder andere Fehler wird sich in Ihre neuen Seiten eingeschlichen haben, helfen Sie den Nutzern mit einer ordentlichen Fehlerseite und den Suchmaschinen mit einem korrekten 404-Fehler-Status.

Sie finden in Kapitel 3 weitere Hinweise für benutzerfreundliche Fehlerseiten.

Checkliste für die inhaltliche Prüfung

- Sind alle Tracking- und Conversion-Codes korrekt und auf allen Seiten eingesetzt?
- Wurden alle Inhalte übernommen?
- Gibt es Seiten ohne oder mit sehr wenig Text?
- Gibt es in den Screenshots auffällige oder defekte Seiten?

- Sind Überschriften vorhanden und in der richtigen Reihenfolge eingefügt?
- Wurden Meta-Description und Title-Tags übernommen?
- Sind alle Bilder vorhanden und die ALT-Tags gefüllt?
- Funktionieren alle internen Verlinkungen?
- Wurden AMP-Seiten erstellt und verlinkt?
- Funktionieren die Social-Media-Verknüpfungen und -Integrationen, OG-Tags?
- Sendet die Fehlerseite den korrekten 404-Status?
- Ist die Fehlerseite für den Besucher hilfreich gestaltet?

8.12 Zusammenfassung

In diesem Kapitel haben Sie Folgendes gelernt.

- **Tracking-Codes suchen** – Mit dem Screaming Frog SEO Spider gehen Sie gekonnt auf Code-Suche und finden so jedes noch so kryptische Codefragment.
- **Leere Seiten finden** – Sie wissen jetzt, welche Seiten noch keine oder nur sehr wenige Inhalte haben, Sie extrahieren mit links Texte aus Websites und nutzen die Count-Funktion im Frog.
- **Schnelle Übersicht verschaffen** – Mit ein paar Einstellungen im Screaming Frog SEO Spider exportieren Sie schnell mal von jeder Unterseite einen Screenshot und können sich so einen optischen Eindruck über die gesamte Website verschaffen.
- **Überschriften und Meta-Tags checken** – Eine der leichtesten Übungen ist für Sie die Kontrolle aller Überschriften, deren Reihenfolge und der Test der Meta- und Title-Tags.
- **Bilder auswerten** – Sie vermeiden hässliche Löcher in Websites, die von fehlenden Bildern hervorgerufen werden, weil Sie sicherstellen, dass alle Bilder erreichbar sind.
- **Interne Links anpassen** – Ein Check mit dem Screaming Frog SEO Spider und Sie wissen, wo noch Hand an defekte interne Verlinkungen anzulegen ist.
- **AMP & OG-Tag** – Vor der Lektüre dieses Buches wäre Ihnen noch bei diesen kryptischen Abkürzungen der Schweiß ausgebrochen, jetzt können Sie souverän die Social-Media-Tags und AMP-Verlinkungen finden und mit den richtigen Tools testen.
- **Sinnvolle Fehlerseiten erstellen** – Benutzer- und suchmaschinenfreundlich! Das ist Ihre Devise, wenn es darum geht, Fehlerseiten einzurichten und zu gestalten.

## Kapitel 9

301 – Alles umgeleitet?

In den beiden vorangegangenen Kapiteln haben Sie die neuen Seiten und Inhalte getestet. In diesem Kapitel werden wir jetzt die Umleitungen der alten Seitenstrukturen testen. Wenn sich Ihre Seitenstruktur und die URLs nicht verändert haben, dann können Sie diese Tests überspringen.

Die Zahl »301« ist Ihnen in diesem Buch schon häufiger über den Weg gelaufen. Diese Zahl ist der HTTP-Header-Status, den Ihre Seiten senden sollten, wenn Sie alte URLs auf neue URLs umleiten. Den Suchmaschinen teilen Sie so mit, dass sich die betreffenden Seiten jetzt permanent unter einer neuen Adresse befinden.

Sie erinnern sich ...

Vor dem Relaunch haben Sie alle wichtigen URLs ermittelt und dokumentiert. Bei den wichtigen URLs handelt es sich um Seiten, die in den Suchmaschinen gut gefunden werden, viele Besucher haben oder gut verlinkt sind. Diese Seiten (und alle anderen natürlich auch) sollten auf Ihre entsprechenden neuen URLs umgeleitet werden. Zu diesem Zweck haben Sie eine Mapping-Tabelle erstellt, diese Tabelle enthält die ursprünglichen Adressen und die neuen Adressen.

Jetzt wollen wir analysieren, ob die alten URLs mit dem korrekten Status (301) umgeleitet werden, und so sicherstellen, dass Besucher und Suchmaschinen vor Fehlerseiten geschützt werden.

9.1 URLs in einer Testumgebung testen

Wenn Ihre Seiten noch nicht unter den endgültigen URLs erreichbar sind und Sie die Umleitungen auf einem Testsystem prüfen müssen, dann ist es notwendig, dass die ursprünglichen Adressen umgeschrieben werden.

Ein Beispiel:

Die Ursprungsadresse lautet www.timo-heinrich.com/eine/alte-url.html.

Auf der Sub-Domain relaunch.timo-heinrich.com liegt die Entwicklungsumgebung.

Um die Adresse /eine/alte-url.html aufrufen zu können, müssen Sie die Subdomainnamen austauschen, Sie tauschen also www.timo-heinrich.com gegen relaunch.timo-heinrich.com.

9.1.1 URL-Rewriting im Screaming Frog SEO Spider

Damit der Screaming Frog SEO Spider die URLs beim Crawlen automatisch anpasst, klicken Sie auf CONFIGURATION und wählen dort URL REWRITING aus. In dem erscheinenden Fenster klicken Sie auf den Reiter REGEX REPLACE.

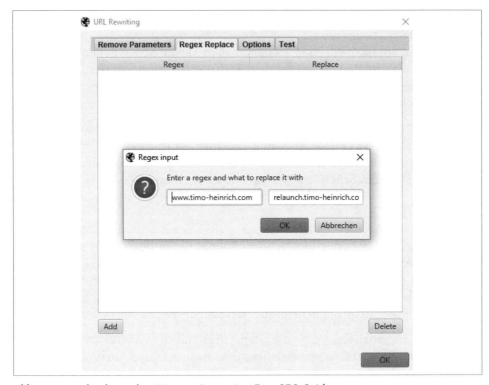

Abb. 9.1: Umschreibung der URLs im Screaming Frog SEO Spider

Geben Sie im Feld REGEX Ihre Ursprungsadresse ein, in diesem Beispiel ist das die Domain www.timo-heinrich.com. In das Feld REPLACE geben Sie die Adresse der Testumgebung ein, hier relaunch.timo-heinrich.com.

Um die Einstellungen zu testen, klicken Sie auf den Reiter TEST.

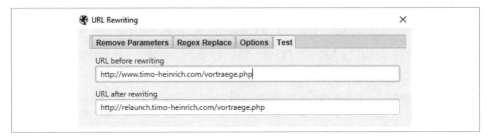

Abb. 9.2: Testen Sie die Einstellungen.

In dem Testfenster geben Sie im Feld URL BEFORE REWRITING eine Ursprungs-adresse ein, in dem Feld URL AFTER REWRITING sehen Sie das Ergebnis, also die umgeschriebene URL.

Wenn die Umschreibung korrekt funktioniert, dann können Sie jetzt Ihre beste-hende (alte) Seite mit dem Screaming Frog SEO Spider crawlen, der Frog wird dann die Adressen Ihrer aktuellen Seite an die Adressen der neuen Seiten anpas-sen. Mit dieser Methode können Sie prüfen, ob die aktuellen Adressen in der neuen Umgebung gefunden oder umgeleitet werden.

In meinem Beispiel liegt die Testumgebung auf einer Sub-Domain. Damit der Screaming Frog SEO Spider Subdomains crawlt, muss in der Konfiguration unter CONFIGURATION|SPIDER die Option CRAWL ALL SUBDOMAINS angehakt werden.

Abb. 9.3: Damit die Subdomain gecrawlt werden kann, muss hier der Haken gesetzt werden.

In dem Crawl-Ergebnis sehen Sie, dass der Screaming Frog SEO Spider alle URLs umgeschrieben und aufgerufen hat.

Im Idealfall sollten alle URLs erreichbar sein und den HTTP-Status-Header »200« senden. Wenn Sie übermäßig viele Fehler finden, dann ist die Umschreibung der URLs eventuell fehlerhaft, prüfen Sie in diesem Fall noch mal die Einstellungen.

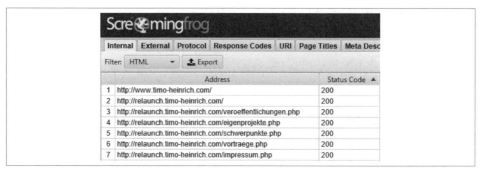

Abb. 9.4: Umgeschriebene URLs und deren Erreichbarkeit

Wenn sich Ihre URL-Struktur auf dem neuen System verändert hat, dann sollten die Seiten den Status 301 senden. In diesem Fall wird die jeweilige URL permanent auf eine neue URL umgeleitet.

Mit diesem Test haben Sie das derzeit aktuelle System mit dem Testsystem eins zu eins verglichen, im nächsten Test werden Sie Ihre ursprünglichen URLs auf dem Testsystem prüfen.

9.1.2 URL-Liste prüfen

Das Umschreiben der URLs führt der Screaming Frog SEO Spider nur aus, wenn er sich im Spider-Modus befindet. Wenn Sie eine URL-Liste im List-Modus testen möchten, müssen Sie vorher die URLs über die Tabellenverarbeitung ändern.

Wenn Ihre neue Seite bereits online ist, dann können Sie diesen Schritt überspringen.

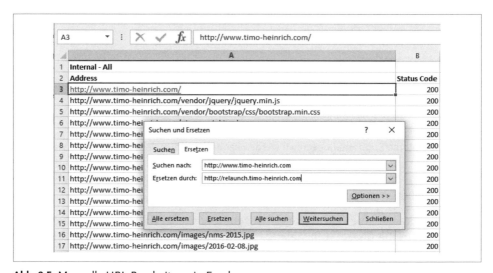

Abb. 9.5: Manuelle URL-Bearbeitung in Excel

1. Öffnen Sie den Export aller URLs in einem Textverarbeitungsprogramm, suchen und ersetzen Sie die entsprechenden Bestandteile der URLs.
2. Markieren Sie anschließend die Adress-Spalte und kopieren Sie sie in die Zwischenablage, Sie können die Liste auch in einer neuen Textdatei speichern.
3. Öffnen Sie den Screaming Frog SEO Spider, aktivieren Sie den List-Mode, indem Sie im Menü MODE und dann LIST anklicken.
4. Die Liste laden Sie über den Button UPLOAD in den Screaming Frog SEO Spider. Da ich meine URLs in die Zwischenablage gespeichert habe, wähle ich PASTE aus.

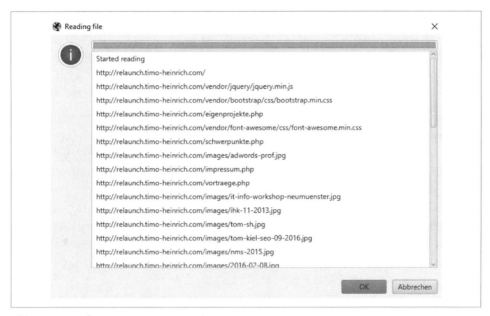

Abb. 9.6: Eingefügte URLs im List-Mode

Der Screaming Frog SEO Spider prüft die URLs. Wenn Sie auf den Button OK klicken, beginnt der Frog unmittelbar mit dem Crawling der URLs.

Auch in diesem Fall sollten entweder alle URLs die Status 200 oder 301 senden. In diesen Fällen wurden alle URLs gefunden bzw. korrekt umgeleitet.

> **Hinweis**
>
> Häufig bekommen die zusätzlichen Dateien, wie zum Beispiel Bilder, CSS- und JavaScript-Dateien, neue Speicherorte bzw. Dateinamen. Wenn Sie Ihre alten URLs prüfen, dann werden für diese Dateien eventuell 404-Fehler angezeigt. Falls Sie auf eine gute Sichtbarkeit in der Google-Bildersuche angewiesen sind, dann sollten Sie auch in Erwägung ziehen, die Bilder per 301-Redirect umzuleiten. Ansonsten können Sie diese Fehler ignorieren.

9.2 URLs in der Produktionsumgebung testen

Ist Ihre neue Seite bereits online? Dann lassen Sie uns schnell analysieren, ob alle alten URLs erreichbar sind, damit die Nutzer und Suchmaschinen nicht durch Fehlerseiten belästigt werden.

Der Vorgang ist denkbar einfach, Sie laden wie oben beschrieben Ihre URL-Liste über den List-Modus in den Screaming Frog SEO Spider. Der Vorgang ist im vorangegangenen Abschnitt beschrieben und unterscheidet sich nur darin, dass Sie die URLs vorher nicht durch die URL-Bestandteile einer Entwicklungsumgebung austauschen. Sie testen jetzt direkt die alten URLs auf dem neuen System.

Jede Seite sollte natürlich auch bei diesem Test gefunden (Status 200) oder per permanentem Redirect (301) auf eine neue Seite umgeleitet werden. Eventuell haben Sie, wie empfohlen, vorher den Keller aufgeräumt und ausgemistet. In diesem Fall sollten Sie den einen oder anderen 410er-Status finden, dieser steht für »Seite gelöscht«.

Checkliste für das Testen der Umleitungen

- Prüfen Sie, wenn möglich, die neuen Seiten schon, bevor diese online öffentlich erreichbar sind.
- Passen Sie mithilfe der »URL-Rewriting«-Funktion im Screaming Frog SEO Spider die Ursprungsadressen an die Testumgebung an und gleichen Sie so den Ist-Zustand mit der Testumgebung ab.
- Das Crawl-Ergebnis sollte keine 404-Fehler enthalten, sondern lediglich 301-Weiterleitungen und 410er für gelöschte Seiten.
- Fehlermeldungen bei internen Ressourcen, wie Bilder, CSS- und JavaScript-Dateien, sind normal und beeinflussen nicht Ihre Sichtbarkeit in den Suchmaschinen.
- Wenn Sie für die Bildersuche optimieren, sollten Sie auch die Bilder per 301-Redirect umleiten.

9.3 RSS-Feeds und andere Schnittstellen prüfen

Falls Ihre Seiten über Schnittstellen zu anderen Systemen verfügen, so müssen diese entsprechend angepasst werden. Zum einen sollten natürlich alle URLs in den Schnittstellen, die auf Ihre Seiten verweisen, angepasst werden und zum anderen empfehle ich Ihnen, auch die Erreichbarkeit der Schnittstellen von außen zu gewährleisten.

9.3.1 RSS-Feeds anpassen

Auf meiner Seite `volleyballer.de` verwende ich verschiedene RSS-Feeds mit unterschiedlichen Aufgaben. Die RSS-Feeds enthalten alle kurzen Zusammenfassungen, Titel und Bilder der aktuellen Volleyball-News. Der öffentliche Feed wird von dem Google-Tool FeedBurner (`relaunch.pro/80`) verwaltet.

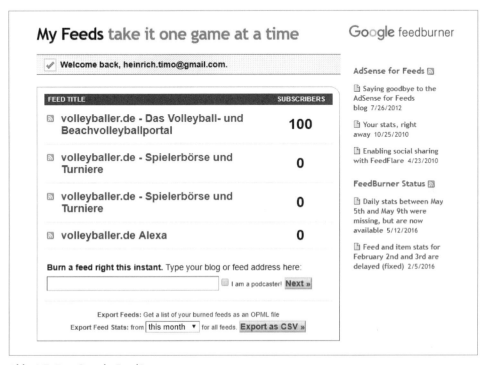

Abb. 9.7: Der Google FeedBurner

In Abbildung 9.7 sehen Sie, dass der erste Feed von 100 Abonnenten abonniert wurde. Der FeedBurner greift auf eine XML-Datei zu, die ich ihm zur Verfügung stelle, und generiert dann daraus eine neue XML-Datei. Das hat den Vorteil, dass der Feed immer fehlerfrei ist und ich Statistiken über die Nutzung des Feeds einsehen kann. In Abbildung 9.8 sehen Sie die Konfiguration des Feeds.

Der Pfeil markiert die Quelle des Feeds, hier also: `http://www.volleyballer.de/feed.xml`. Ändert sich aufgrund des Relaunches die Original-Feed-Adresse, dann kann der FeedBurner nicht mehr auf den Feed zugreifen und die Nutzer bekommen darüber keine Neuigkeiten mehr geliefert. Die Seite wird dadurch weniger Besucher bekommen, da weniger Nutzer von den Nachrichten auf der Seite erfahren. Bei Seiten mit vielen Tausend Lesern kann dieser kleine und versteckte Fehler große Wirkung haben.

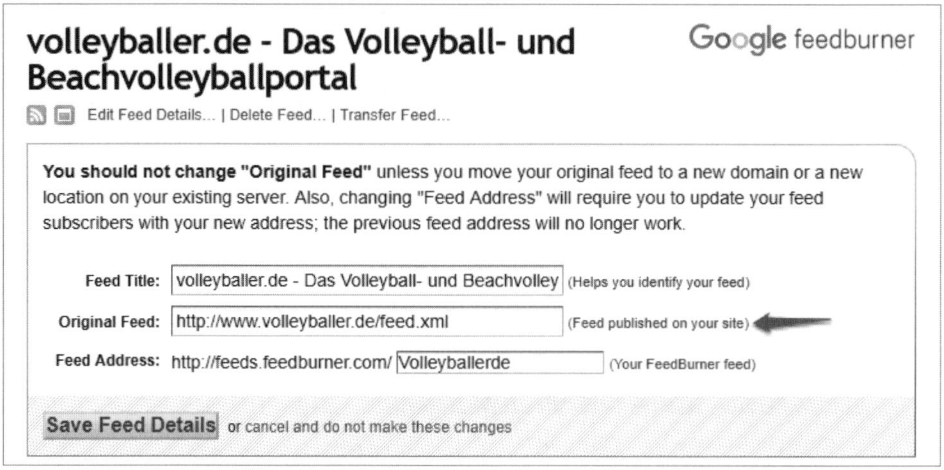

volleyballer.de - Das Volleyball- und Beachvolleyballportal

Google feedburner

Edit Feed Details... | Delete Feed... | Transfer Feed...

You should not change "Original Feed" unless you move your original feed to a new domain or a new location on your existing server. Also, changing "Feed Address" will require you to update your feed subscribers with your new address; the previous feed address will no longer work.

Feed Title:	volleyballer.de - Das Volleyball- und Beachvolley	(Helps you identify your feed)
Original Feed:	http://www.volleyballer.de/feed.xml	(Feed published on your site) ◄
Feed Address:	http://feeds.feedburner.com/ Volleyballerde	(Your FeedBurner feed)

Save Feed Details or cancel and do not make these changes

Abb. 9.8: Einstellungen des Feeds

Tipp für RSS-Feeds

Falls Sie den Google FeedBurner nutzen, ändern Sie nicht nur die Adresse in dessen Konfiguration, sondern leiten Sie die Ursprungsadresse auch per 301-Weiterleitung auf die neue Feed-URL um. Es ist durchaus möglich, dass Nutzer direkt den Quell-Feed und nicht den FeedBurner-Feed abonniert haben.

RSS-Feed-URLs testen

Die Verlinkungen innerhalb der Feeds können Sie zunächst am einfachsten prüfen, indem Sie die Feed-URL einfach in Ihrem Browser aufrufen und sich den Quelltext der XML-Datei anschauen.

In meinem Beispiel befinden sich die Verlinkungen innerhalb der `<link>` Elemente:

```
<link>
http://www.volleyballer.de/das-erste-tv-spiel-im-volleyballtempel-
bundesligen_news_32319.html
</link>
```

Prüfen Sie stichprobenartig, ob die URLs erreichbar sind und welchen HTTP-Header sie senden. Sie können dazu den Screaming Frog SEO Spider nutzen. Kopieren Sie einfach aus dem Feed mehrere URLs über den List-Mode in den Screaming Frog SEO Spider. Es macht immer Sinn, mehrere URLs zu testen. So können Sie sichergehen, dass Sie nicht gerade die eine defekte oder die einzige korrekte Feed-URL gegriffen haben.

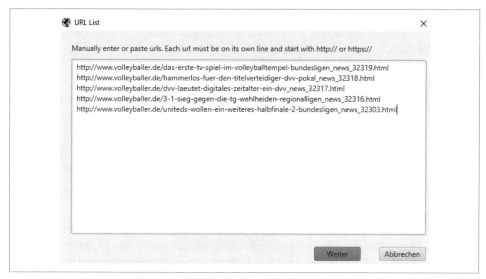

Abb. 9.9: URLs aus dem RSS-Feed in den Frog kopiert

Nachdem Sie die URLs an den Screaming Frog SEO Spider übergeben haben, klicken Sie auf WEITER, der Frog prüft die URLs. Wenn alles okay ist, dann klicken Sie auf START und der Screaming Frog SEO Spider beginnt sofort mit der Überprüfung der Feed-URLs.

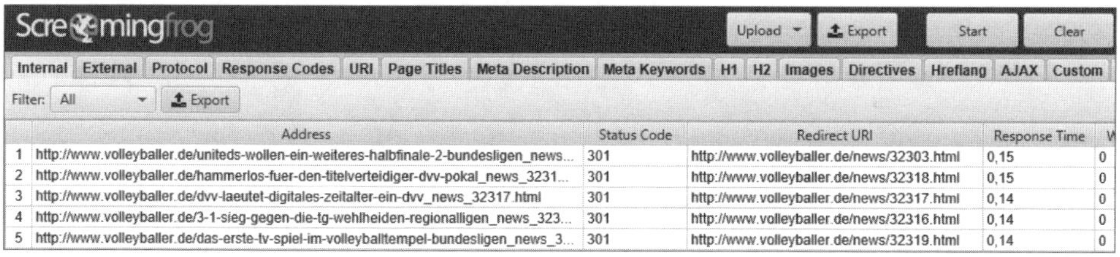

Abb. 9.10: Ergebnis des Tests der Feed-URLs

In meinem Beispiel senden die URLs alle den Status »301«, das ist nicht verkehrt, im Normalfall sollten alle URLs jedoch den Status »200« senden. In meinem Fall handelt es sich tatsächlich um alte URLs, die ich im Feed einfach noch nicht umgestellt habe; da diese aber korrekt umgeleitet werden, ist fast alles gut.

9.3.2 Alle Schnittstellen prüfen

Eventuell gibt es in Ihrem Projekt noch weitere Schnittstellen, idealerweise haben Sie diese schon vor dem Relaunch identifiziert und dokumentiert. Prüfen Sie diese Schnittstellen und stellen Sie sicher, dass die dazugehörigen externen Dienste, wie z.B. AdWords (Shoppinganzeigen nutzen Produktfeeds) oder Marktplatzanbindungen, auf die benötigten Daten zugreifen können. Gerade in Online-Shop-Plattformen werden häufig verschiedenste Anbieterschnittstellen eingerichtet – wenn diese Schnittstellen ausfallen, kann sich das direkt auf die Funktion der Shopsysteme auswirken.

9.4   Kampagnen-Landingpages prüfen

Eventuell schalten Sie Online-Werbeanzeigen, diese Anzeigen oder Banner werden in der Regel auf Ihre Internetseite verlinkt. Es wäre ärgerlich, wenn die Nutzer nach dem Klick auf Ihre Werbebanner auf einer Fehlerseite landen. Abgesehen vom verbrannten Werbebudget sind Besucher wenig begeistert von Ihrer Seite und werden sie im Zweifel sofort wieder verlassen.

Ein Beispiel: Google AdWords

Google AdWords ist eine weitverbreitete Werbeplattform, falls Sie hier Werbung schalten und Ihre Ziel-Seiten nicht erreichbar wären, hätten Sie (wahrscheinlich) diesbezüglich bereits eine E-Mail von Google bekommen. Google AdWords deaktiviert mittlerweile die Anzeigen automatisch, wenn die Ziel-Seiten nicht erreichbar sind. Trotz dieses Automatismus ist es sinnvoll, die Erreichbarkeit der Ziel-Seiten im Auge zu behalten. Für diese Aufgabe existiert ein spezielles AdWords-Script. Es prüft die Erreichbarkeit der Seiten und gibt Ihnen für jede Ziel-URL den entsprechenden HTTP-Status zurück.

							Powered by AdWords Scripts
Link Checker - Options							
Scope		**Valid Response Codes**		**Email and Spreadsheet Output**		**Frequency of Execution**	
Check ad URLs?	Yes		200	Email after each script execution?	Yes	Days between analyses	1
Check keyword URLs?	Yes			Email after finishing entire analysis?	Yes	Started analysis	
Check sitelink URLs?	Yes			Email even if no errors are found?	No	Finished analysis	
				Save OK URLs to spreadsheet?	No	Last email sent on	
Include paused ads?	No						
Include paused keywords?	No						
Include paused sitelinks?	No						

Abb. 9.11: AdWords-Test: Einstellungen und Auswertung erfolgen über Google-Tabellen.

Alle Einstellungen und Ergebnisse des Scripts werden über eine Google-Tabelle zur Verfügung gestellt. Das Script finden Sie unter relaunch.pro/64.

Hinweis

Es gibt eine Unzahl von Werbemöglichkeiten, die ich jetzt nicht alle hier im Detail abhandeln kann. Das AdWords-Beispiel sollte jedoch Ihre Sinne für diese Problematik schärfen. Prüfen Sie alle eingesetzten Werbeplattformen und passen Sie ggf. die Verlinkungen auf Ihre Kampagnen-Zielseiten an, so geht Ihnen kein teuer eingekaufter Besucher verloren.

9.5 Backlinks

Verlinkungen von anderen Websites sind nach wie vor wichtig für die Beurteilung der Relevanz von Internetseiten durch die Suchmaschinen. Je mehr themenrelevante Links eine Website einsammeln kann, desto besser für die Auffindbarkeit in den Suchmaschinen.

Nach dem Relaunch sollten diese externen Links optimalerweise direkt auf die jeweilige Internetseite zeigen. Wenn sich aber Adressen innerhalb der Internetseite verändern, dann kann es passieren, dass die externen Links ins Leere oder auf falsche Seiten laufen. In diesem Fall verlieren die externen Links ihre Stärke und Ihre eigene Seite wird schwächer, was zu einer schlechteren Sichtbarkeit in den Suchmaschinen führt.

9.5.1 Linkexport prüfen

In den vorbereitenden Arbeiten haben Sie bereits die externen Verlinkungen über verschiedene Tools ermittelt und dokumentiert. Nun gilt es, diese Linklisten mit Ihrer neuen Seitenstruktur abzugleichen, um so sicherzustellen, dass alle Links erreichbar sind.

In Abbildung 9.12 prüfe ich die Verlinkungen, die von dem Tool Sistrix für die Domain volleyballer.de ermittelt wurden. Den Linkexport öffne ich in Excel, um dann dort die Spalte mit den Linkzielen in die Zwischenablage zu kopieren.

	A	B
1	Linkziel	Links
2	http://www.volleyballer.de/	18.730
3	http://www.volleyballer.de/regeln-db-index.php	371
4	http://volleyballer.de/	57
5	http://www.volleyballer.de/volleyballregeln-erklaert.php	28
6	http://www.volleyballer.de/volleyball-regeln.php	55
7	http://www.volleyballer.de/offizielle-volleyballregeln-downloads.php	19
8	http://volleyballer.de/laura-ludwig_spieler_16.html	14
9	http://www.volleyballer.de/spielerboerse	68
10	http://www.volleyballer.de/spielerboerse-eintragen.php	27
11	http://www.volleyballer.de/Spitzenspiel-gegen-das-Hoffenheim-des-Volleyballs-2-Bundesligen_n	15
12	http://www.volleyballer.de/volleyball-regeln-download-deutsch/Volleyball-Regeln.pdf	60
13	http://www.volleyballer.de/volleyball/news-detail/22095.html	903
14	http://www.volleyballer.de/volleyball/news-detail/22091.html	214
15	http://www.volleyballer.de/volleyball/news-detail/22098.html	1.021
16	http://www.volleyballer.de/Schwarzenbek-TSV-Schwarzenbek_verein-details_2696.html	13
17	http://www.volleyballer.de/regeln/regeln-db-index.php	13
18	http://www.volleyballer.de/volleyball/news-detail/22094.html	953
19	http://www.volleyballer.de/volleyball/news-detail/22096.html	991
20	http://www.volleyballer.de/volleyball/news-detail/22097.html	991

Abb. 9.12: Linkziele exportiert als CVS und in Excel geöffnet

Anschließend versetze ich den Screaming Frog SEO Spider in den List-Modus und kopiere die Linkziele über den UPLOAD-Button in den Frog.

Das Ergebnis sollte frei von 404-Fehlern sein. Alle Links sollten entweder den Status 200 oder 301 senden.

	Address	Status Code	Redirect URI
1	http://www.volleyballer.de/julie-teso-verstaerkt-zuspiel-der-prowin-volleys-tv-holz-dritt...	301	http://www.volleyballer.de/news/32001.html
2	http://www.volleyballer.de/der-tv-rottenburg-testet-am-wochenende-zweimal-gegen-d...	301	http://www.volleyballer.de/news/31989.html
3	http://www.volleyballer.de/spielerboerse-eintragen.php	301	http://www.volleyballer.de/spielerboerse/spi...
4	http://www.volleyballer.de/volleyball-im-fernsehen.php	301	http://www.volleyballer.de/news/tv-termine.p...
5	http://www.volleyballer.de/vfb-will-mit-kids-and-teens-in-die-gruppenphase-einziehen-...	301	http://www.volleyballer.de/news/32224.html
6	http://www.volleyballer.de/Wuppertal-TITANS-ohne-Punkte-und-mit-Verletzungen-Bu...	301	http://www.volleyballer.de/news/12703.html
7	http://www.volleyballer.de/in-qinzhou-und-baku-wird-gebaggert-beach-world-tour_new...	301	http://www.volleyballer.de/news/32046.html
8	http://www.volleyballer.de/volleyball/news-detail/22098.html	301	http://www.volleyballer.de/news/news-detail/...
9	http://www.volleyballer.de/-ohne-euch-geht%92s-nicht-bundesligen_news_31999.html	301	http://www.volleyballer.de/news/31999.html
10	http://www.volleyballer.de/volleyball-regeln-download-deutsch/Offizielle_Beach-Regel...	301	http://www.volleyballer.de/volleyball-regeln-...
11	http://www.volleyballer.de/news/32220.html	200	
12	http://www.volleyballer.de/news/31837.html	200	
13	http://www.volleyballer.de/news/30068.html	200	
14	http://www.volleyballer.de/news/31984.html	200	
15	http://www.volleyballer.de/news/32134.html	200	
16	http://www.volleyballer.de/volleyball/news-detail/22096.html	301	http://www.volleyballer.de/news/news-detail/...
17	http://www.volleyballer.de/derby-revanche-und-1-8-finale-bundesligen_news_32227.h...	301	http://www.volleyballer.de/news/32227.html

Abb. 9.13: Linkliste per Screaming Frog SEO Spider überprüft

Wenn Sie das SEO-Tool Sistrix nutzen, können Sie sich den Umweg über den Screaming Frog SEO Spider sparen. Sistrix hat diese Funktion bereits eingebaut und prüft automatisch die Links auf Erreichbarkeit.

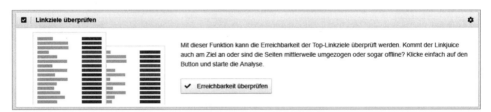

Abb. 9.14: Sistrix prüft auf Wunsch die Links direkt.

Wenn Sie auf den Button ERREICHBARKEIT ÜBERPRÜFEN klicken, ruft Sistrix die verlinkten Seiten im Hintergrund auf und zeigt in der Tabelle darunter direkt das Ergebnis an.

Bei wenigen Links ist das ein schneller Weg, die Links zu checken, bei einer größeren Menge von Links ist der Screaming Frog SEO Spider im Vorteil, da Sie hier auch gezielt nach den Statuscodes filtern können und so schneller Fehler finden.

Sistrix prüft auf diese Weise nur die Top-Linkziele, hierbei handelt es sich um Seiten, die besonders häufig oder von starken Seiten verlinkt werden. Wenn Sie also sichergehen möchten (was Sie sollten), dass alle Links erreichbar sind, dann müssen Sie Ihren vollständigen Linkexport mit dem Screaming Frog SEO Spider prüfen.

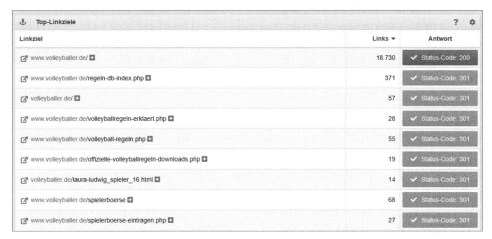

Abb. 9.15: Ergebnis der Link-Prüfung in Sistrix

Ein weiteres Tool für die Überprüfung der Linksziele bietet Ahrefs an, auch hier können Sie die von außen verlinkten Seiten automatisiert prüfen. Ahrefs verfügt über eine sehr große Linkdatenbasis und sollte daher unbedingt zur Prüfung herangezogen werden.

Sie finden die Linkprüfung unter dem Menüpunkt BACKLINKPROFIL und dort in dem Unterpunkt BACKLINKS|NICHT FUNKTIONIEREND.

Verweisende Seiten	DR	UR	Ext	Sozial	Anchor und Backlink
Angus Downloads & Infos: Setembro 2008 angusdownloads.blogspot.com/2008/09/ ▾ FT	5	0	835	fb 0 in 0	IMAGE www.volleyballer.de/contentsponsoring/pcspiel/packung.jpg ▾ 404 not found
Willkommen beim SV Bayer Wuppertal - Volleyball - powered by Schranni volleyball-wuppertal.de/Saison_03_bis_09/saison09/WT_0910/WT-09-news.html ▾	27	2	298	fb 0 in 0	in den Bundesligateams zur neuen Saison gibt es bei --> volleyballer.de www.volleyballer.de/1-Liga-Maenner--Spieltag-3-â¬?-5-Oktober--Umbaruefstand-Bundesligen_news_13997.html ▾ 404 not found
Willkommen beim SV Bayer Wuppertal - Volleyball - powered by Schranni www.volleyball-wuppertal.de/Saison_03_bis_09/saison09/WT_0910/WT-09-news.html ▾	27	2	298	fb 0 in 0	in den Bundesligateams zur neuen Saison gibt es bei --> volleyballer.de www.volleyballer.de/1-Liga-Maenner--Spieltag-3-â¬?-5-Oktober--Umbaruefstand-Bundesligen_news_13997.html ▾ 404 not found
Willkommen beim SV Bayer Wuppertal - Volleyball - powered by Schranni schranni.com/Saison_03_bis_09/saison09/WT_0910/WT-09-news.html ▾	37	6	297	fb 0 in 0	in den Bundesligateams zur neuen Saison gibt es bei --> volleyballer.de www.volleyballer.de/1-Liga-Maenner--Spieltag-3-â¬?-5-Oktober--Umbaruefstand-Bundesligen_news_13997.html ▾ 404 not found
Willkommen beim SV Bayer Wuppertal - Volleyball - powered by Schranni www.schranni.com/Saison_03_bis_09/saison09/WT_0910/WT-09-news.html ▾	37	6	297	fb 0 in 0	in den Bundesligateams zur neuen Saison gibt es bei --> volleyballer.de www.volleyballer.de/1-Liga-Maenner--Spieltag-3-â¬?-5-Oktober--Umbaruefstand-Bundesligen_news_13997.html ▾ 404 not found

Abb. 9.16: Auswertung der nicht funktionierenden Links in Ahrefs

Anders als bei Sistrix prüft Ahrefs alle gefundenen Backlinks und zeigt Ihnen die entsprechenden Fehler für alle Links an.

9.5.2 Wikipedia nicht vergessen

Tatsächlich soll es vorkommen, dass man Links aus Wikipedia bekommt. Zugegebenermaßen ist das eher selten der Fall und jeder, der schon einmal versucht hat, seine Seiten in Wikipedia zu verlinken, weiß, wie schnell der Link in der Regel von den Wikipedianern wieder entfernt wird. Die Enzyklopädie soll nicht für den Linkaufbau missbraucht werden und dafür sorgen Menschen aus Fleisch und Blut, die jeden Link, der auch nur im Geringsten nach Werbung riecht, unmittelbar entfernen.

Theoretisch sollen die Links aus Suchmaschinensicht keinen Einfluss auf die Linkstärke der verlinkten Seiten haben, aus eigener Erfahrung kann ich Ihnen aber versichern, dass die Links in Wikipedia zu Besuchern führen und dadurch zumindest Ihre Besucherzahlen optimiert werden.

Wenn es Ihnen gelingt, gute Inhalte auf Ihrer Website zur Verfügung zu stellen, dann kann es auch ohne Ihr Zutun Verlinkungen von Wikipedia zur Folge haben. Meine Website `volleyballer.de` hat auf Wikipedia insgesamt 143 Links eingesammelt und die wenigsten davon habe ich selbst gesetzt, sondern sie wurden von fremden Wikipedia-Nutzern gesetzt (vielen Dank dafür).

Wenn Sie also stolzer Besitzer von Backlinks in Wikipedia sind, dann sollten Sie diese stets im Auge behalten und dafür Sorgen tragen, dass sie auch funktionieren.

Und so prüfen Sie die Funktion Ihrer Wikipedia-Links: Gehen Sie auf die Seite `Weblinksuche` (`relaunch.pro/43`) und geben Sie dort Ihren Domainnamen ein.

Weblinksuche

Suchmuster:

http://*.volleyballer.de

Suchen

Abb. 9.17: Wikipedia-Weblinksuche

Achten Sie dabei auch auf das korrekte Protokoll https oder http. Falls Sie die SSL-Umstellung (also https) vorgenommen haben, prüfen Sie beide Protokollarten. Klicken Sie auf SUCHEN, als Ergebnis sollten Sie eine Liste mit Ihren Verlinkungen auf Wikipedia erhalten.

Um die Links zu prüfen, empfehle ich Ihnen den Einsatz der Chrome-Browsererweiterung »Check My Links« (`relaunch.pro/118`). Diese Erweiterung prüft alle Links der geöffneten Internetseite auf Erreichbarkeit und zeigt zu jedem Link direkt den Status an. Links, die nicht gefunden werden, markiert die Erweiterung mit einem roten »404« (nicht gefunden) oder »410« (gelöscht).

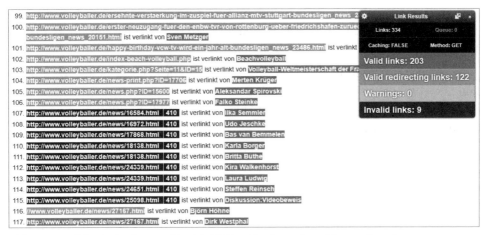

Abb. 9.18: Defekte Links (rot markiert) in Wikipedia, das sollte nicht passieren!

Zur Verdeutlichung der Funktion habe ich in Abbildung 9.18 einige verlinkte Seiten gelöscht. Die rot markierten Seiten sind auf der Domain `volleyballer.de` nicht mehr vorhanden und daher als Fehler markiert.

Falls Sie ebenfalls Fehler in Ihren Wikipedia-Links gefunden haben, dann können Sie die entsprechenden Seiten einfach aufrufen und die Links selbst ändern.

Die englische Version der Weblinksuche finden Sie übrigens unter `relaunch.pro/120`.

Externe Backlinks ändern lassen

Wikipedia-Links können Sie in der Regel selbst ändern. Bei Links auf fremden Seiten können Sie nur den Webmaster fragen, die Links zu ändern. Bitten Sie den Webmaster der linkgebenden Seiten höflich um Veränderung der Links und erklären Sie ihm (oder ihr), warum sich der Link geändert hat. Bedenken Sie, dass die Webmaster immer Hand an ihre Seiten anlegen müssen und es daher für sie mit Aufwand verbunden ist, Ihrem Wunsch nachzukommen. Falls Sie die Seitenbetreiber persönlich kennen, kann ein Telefonanruf das Ganze beschleunigen.

9.5.3 Plattformen und Portale überprüfen

Spezialverzeichnisse wie die Ärzteplattform Jameda oder das Onlineverzeichnis »Wer liefert was« können wichtige Besucher auf Ihre Seite bringen. Es muss nicht immer nur Google verantwortlich für Ihre Besucherströme sein, gerade bei Nischen-Dienstleistungen oder sehr speziellen Produkten können Besucher aus diesen Plattformen einen erheblichen Anteil Ihrer Nutzer ausmachen. Zusätzlich sind diese Plattformen für lokale Geschäfte von großem Vorteil, da die Nutzer gezielt nach Dienstleistungen und Produkten in ihrer Nähe suchen können und somit das Suchergebnis in diesen Spezialportalen oftmals befriedigender als die Suchergebnisse der normalen Suchmaschinen ist.

Falls Sie also in diesen Portalen verlinkt sind, dann prüfen Sie, ob die Verlinkungen noch funktionieren. Eventuell sind Ihnen Verlinkungen schon in der Quellenanalyse aufgefallen und Sie haben sie daher bereits berücksichtigt.

Im Fall der Domainnamen-Änderung empfehle ich Ihnen dringend, Ihre neue Domain in allen Portalen zu aktualisieren.

9.6   Zusammenfassung

In diesem Kapitel haben Sie gelernt:

- **URLs in Testumgebungen prüfen** – Mit dem Screaming Frog SEO Spider können Sie ganz easy URLs umschreiben und so die Funktion der Seiten in der Testumgebung prüfen.

- **Umleitungen testen** – Mit der Dokumentation unterm Arm haben Sie die alten URLs geprüft, um sicherzugehen, dass auch wirklich jede Seite »ge-301-st« wird.

- **Schnittstellen checken** – Egal, ob FeedBurner oder Google-Shopping-Feed, alles läuft ganz wunderbar, da Sie alle Schnittstellen im Griff haben.

- **Backlinks prüfen** – Sie wissen, dass die Backlinks das Salz in der SEO-Suppe sind und daher laufen auch alle Verlinkungen sauber in Ihrer nigelnagelneuen Seite auf.

- **Wikipediaverlinkungen testen** – Mit der Weblinksuche finden Sie in Wikipedia ratzfatz Ihre wertvollen Wikipedia-Links, um sie dann mit der Chrome-Erweiterung »Check My Links« zu testen.

- **Alle Portale im Blick haben** – Sie wissen, dass aus den Spezialportalen hochwertige Besucher zu Ihnen kommen, und haben daher alle Links geprüft und aktualisiert.

## Kapitel 10

XML-Sitemap & Search Console

Im ersten Kapitel habe ich ausführlich dargestellt, wie Sie Sitemaps erstellen, in der robots.txt verlinken und in der Google Search Console eintragen. In diesem Kapitel werden wir die neue(n) Sitemap(s) prüfen und in der Google Search Console eintragen. Zusätzlich lernen Sie, wie Sie mit der Google Search Console den Gesundheitsstatus Ihrer neuen Seiten überwachen und welche Änderungen dort gegebenenfalls vorgenommen werden müssen.

10.1   Sitemap prüfen und einreichen

Die hier beschriebenen Arbeiten basieren auf den Ausführungen zu XML-Sitemaps im ersten Kapitel. Bei Fragen schauen Sie noch mal dort nach.

Im ersten Schritt prüfen wir, ob die XML-Sitemap in Ihrer robots.txt eingetragen ist. Falls Sie die neuen Seiten von einer Agentur haben erstellen lassen, dann fragen Sie bitte nach, ob sich eventuell noch an anderen Stellen XML-Sitemaps befinden.

Geben Sie in einem Browser die Adresse der robots.txt ein:

https://www.ihreneueschickeseite.de/robots.txt

In Ihrem Browserfenster sollte sich eine schmucklose Textdatei öffnen, z.B. wie die in Abbildung 10.1.

Die unteren Zeilen in Abbildung 10.1 zeigen die Hinweise auf die XML-Sitemaps. In meiner Seite nutze ich verschiedene Sitemaps für verschiedene Bereiche, da diese so besser aktualisierbar sind. In vielen Fällen reicht jedoch auch eine einzelne XML-Sitemap.

Wenn Sie eine 404-Fehlermeldung bekommen, dann prüfen Sie noch mal den Pfad zur robots.txt. Eventuell haben Sie auch noch keine robots.txt angelegt, dann holen Sie diesen Schritt einfach nach, tragen dort die Verweise auf die XML-Sitemap ein und laden die robots.txt anschließend auf Ihren Webserver hoch. Eventuell können Sie auch über Ihr Content-Management- oder Shopsystem diese Option aktivieren, diese Einstellung ist von System zu System unterschiedlich.

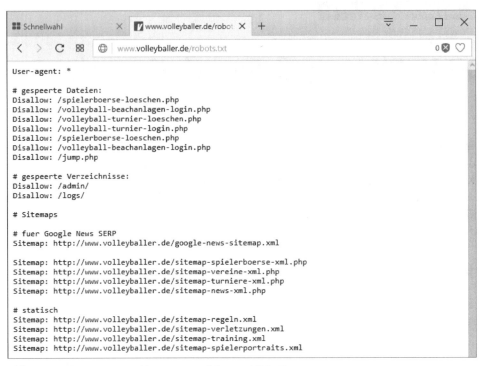

Abb. 10.1: robots.txt mit Verweisen auf diverse XML-Sitemaps

10.1.1 XML-Sitemap mit dem Screaming Frog SEO Spider crawlen

Wenn Sie Ihre Sitemaps ausfindig gemacht haben, dann sollten Sie im nächsten Schritt mit dem Screaming Frog SEO Spider die Erreichbarkeit aller Seiten, die in den XML-Sitemaps angegeben sind, überprüfen.

Versetzen Sie den Screaming Frog SEO Spider in den List-Modus, indem Sie in der Menüleiste auf MODE und dann auf LIST klicken.

Abb. 10.2: Im List-Modus können Sie die Sitemaps in den Frog laden.

Eventuell verfügt Ihre Seite auch über einen Sitemap-Index. Darin befinden sich Verweise auf alle Sitemaps, der Screaming Frog SEO Spider liest dann alle im Sitemap-Index angegebenen XML-Sitemap ein. Ansonsten klicken Sie auf DOWNLOAD SITEMAP.

Im erscheinenden Fenster geben Sie die URL der zu prüfenden XML-Sitemap ein.

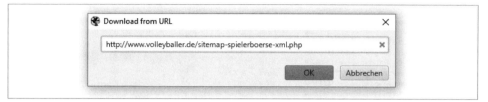

Abb. 10.3: Geben Sie die Adresse der XML-Sitemap ein.

Klicken Sie anschließend auf OK, der Screaming Frog SEO Spider liest die Sitemap ein und zeigt in einem weiteren Fenster die gefundenen URLs an.

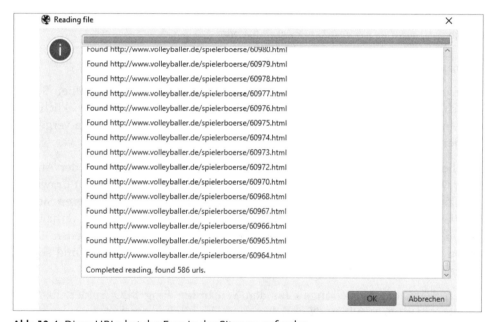

Abb. 10.4: Diese URLs hat der Frog in der Sitemap gefunden.

Klicken Sie erneut auf OK, der Frog beginnt im Anschluss mit der Analyse der Adressen. Da Sie eine neue Seite mit einer neuen und aktuellen Sitemap prüfen, sollten alle darin angegebenen Adressen gefunden werden, also den Status 200 senden. Für eine schnelle Übersicht der Response-Codes klicken Sie auf den gleichnamigen Reiter. Im rechten Bereich des Screaming Frog SEO Spiders finden Sie alle Response-Codes in einer übersichtlichen Auflistung.

In der Sitemap befinden sich insgesamt 586 URLs, alle liefern den Statuscode 200. Die Sitemap ist also einwandfrei, zumindest werden alle in der Sitemap verzeichneten URLs gefunden. Es sollten sich in der Sitemap **keine Umleitungen oder Fehler** (Status 404, 410, 500) befinden.

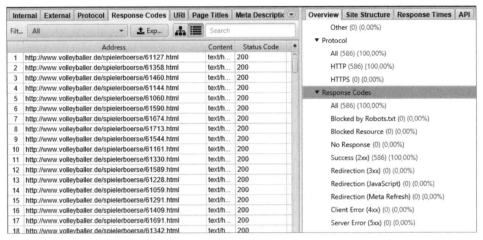

Abb. 10.5: Auswertung der Response-Codes, alles 200, alles gut

Sitemap-URLs = Seitenzahl?

Mit dieser Methode können Sie wie erwähnt prüfen, ob alle angegebenen Seiten erreichbar sind. Was Sie so aber nicht feststellen werden, ist, ob auch wirklich jede einzelne Seite in den XML-Sitemaps angegeben ist oder ob Adressen vergessen wurden.

Um herauszufinden, ob die Menge der URLs in den Sitemaps mit der Anzahl Ihrer Webseiten übereinstimmt, müssen Sie zunächst einen Gesamt-Crawl der Domain mit dem Screaming Frog SEO Spider vornehmen. Konfigurieren Sie ihn für diesen Crawl jedoch so, dass er sich wie ein Suchmaschinen-Bot verhält. Sie sollten bei diesem Crawl keine Seiten einlesen, die auf »noindex« stehen. Diese Seiten werden von den Suchmaschinen nicht im Index gespeichert und sollten daher auch nicht in der XML-Sitemap aufgeführt werden.

Sie erreichen die Einstellungen für den Screaming Frog SEO Spider über das Menü CONFIGURATION|SPIDER und dort unter dem Reiter ADVANCED.

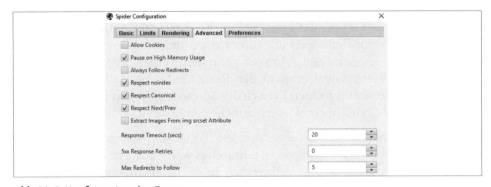

Abb. 10.6: Konfiguration des Frogs

Setzen Sie den Haken bei RESPECT NOINDEX und starten Sie den Crawl. Nach dem Crawl stellen Sie im Reiter INTERNAL den Filter auf HTML. Im rechten Fensterbereich finden Sie dann die Gesamtanzahl Ihrer Seiten.

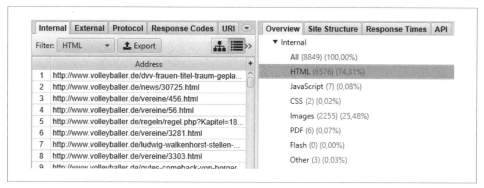

Abb. 10.7: Gesamtanzahl der Seiten mit dem Screaming Frog SEO Spider ermittelt

Im Beispiel in Abbildung 10.7 hat der Screaming Frog SEO Spider 6.576 Seiten gefunden.

Damit Sie diese Zahl mit den URLs in den Sitemaps vergleichen können, müssen Sie jetzt jede XML-Sitemap mit dem Screaming Frog SEO Spider einlesen und am Ende einfach nur eine Summe über alle gefundenen URLs aus den XML-Sitemaps bilden.

Wahrscheinlich werden die Zahlen leicht abweichen. Wenn Ihnen bei 10.000 Seiten 50 Seiten abhandengekommen sind, dann ist das in den meisten Fällen undramatisch. Prüfen Sie jedoch, welche Seiten fehlen, und versuchen Sie, dem Fehler auf die Spur zu kommen. Fehler können z.B. durch Abbrüche bei der automatisierten Erstellung der Sitemaps auftreten.

10.1.2 XML-Sitemap mit DeepCrawl prüfen

Wenn Sie sehr große Seiten und XML-Sitemaps validieren müssen, dann empfehle ich Ihnen, diese Prüfung mit dem Onpage-Crawler DeepCrawl durchzuführen (`relaunch.pro/6`). DeepCrawl kann mehrere Sitemaps gleichzeitig verarbeiten, zusätzlich bekommen Sie eine Auswertung der URLs, die in dem normalen Crawl, aber nicht in der Sitemap gefunden wurden. DeepCrawl vergleicht die verschiedenen Quellen (Sitemap, Search Console, Analytics ...) untereinander und zeigt Ihnen die Unterschiede in den Quellen an.

Während der Einrichtung des Crawls in DeepCrawl erkennt dieser anhand der Eintragungen in der `robots.txt` die XML-Sitemaps automatisch. Sie können zusätzlich manuell XML-Sitemaps angeben, falls diese nicht in der `robots.txt` aufgeführt sind.

Wenn Sie zunächst nur die Sitemaps überprüfen möchten, dann können Sie durch Deaktivierung der ersten Crawl-Einstellung WEBSITE das normale Crawling ausschalten. Ich empfehle Ihnen aber, diese Option zu aktivieren, da Sie so gleich auch die Unterschiede zwischen den URLs in den Sitemaps und den gefundenen URLs auswerten können.

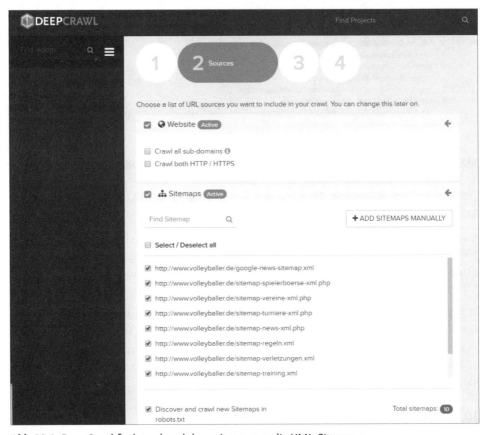

Abb. 10.8: DeepCrawl findet anhand der `robots.txt` die XML-Sitemaps.

Nachdem DeepCrawl den Crawl abgeschlossen und ausgewertet hat, klicken Sie auf den Menüpunkt SOURCE GAP. Sie erhalten eine Übersicht der Unterschiede zwischen den XML-Sitemaps und den im Netz gecrawlten Seiten.

In der Auswertung meiner Beispielseite (Abbildung 10.9) sehen Sie große Unterschiede zwischen den beiden Quellen (Sitemaps und Web-Crawl). Bei einer neuen Seite sollten die Crawls deckungsgleich sein, das heißt, die in den XML-Sitemaps verlinkten URLs sollten auch alle im normalen Web-Crawl gefunden werden. Bei großen, gewachsenen und alten Seiten können schon mal Unterschiede zwischen den verschiedenen Quellen auftauchen.

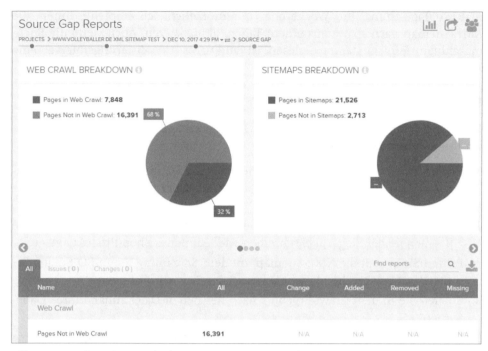

Abb. 10.9: Ergebnis des Crawls der Sitemaps in DeepCrawl

XML-Sitemaps regelmäßig prüfen

Es ist empfehlenswert, gerade bei größeren Projekten mit unterschiedlichen Website-Bereichen, wie z.B. Blog-, Shop- oder Magazinseiten, in regelmäßigen Abständen die XML-Sitemaps zu überprüfen. Manchmal können kleine Änderungen oder Updates der Software dazu führen, dass Sitemaps nicht mehr korrekt exportiert oder aktualisiert werden. Prüfen Sie daher regelmäßig Ihre XML-Sitemaps.

10.1.3 Aktualisierung der Sitemap sicherstellen

Jetzt wissen Sie, ob die XML-Sitemaps die korrekten URLs enthalten. Was Sie aber noch nicht wissen, ist, ob die Sitemaps auch bei Änderungen an den Seiten aktualisiert werden. Ihr Shop-, Blog- oder Content-Management-System muss in der Lage sein, die Sitemaps automatisch zu aktualisieren (erinnern Sie sich an die Anforderung im Lastenheft). Immer wenn neue Seiten Ihrem Projekt hinzugefügt oder alte Seiten entfernt werden, muss das dahinterliegende System eine Aktualisierung der XML-Sitemaps durchführen. Es gibt hier keinen technischen Standard, wie die unterschiedlichen Systeme diese Aufgabe abarbeiten. Einige Systeme aktualisieren die Sitemaps sofort, andere Systeme aktualisieren nur einmal pro Tag, einmal pro Woche oder nur monatlich. Ich empfehle Ihnen, die XML-Sitemap nach spätestens einem Tag zu aktualisieren. Auch wenn die Suchmaschinen sie nicht ständig einlesen, ist ein kurzes Aktualisierungsintervall eine sinnvolle Lösung.

10.1.4 Prüfen der Aktualisierung

Damit Sie sicherstellen können, dass die XML-Sitemap aktualisiert wird, empfehle ich Ihnen folgende Schritte:

1. Prüfen Sie – wenn nicht schon geschehen – die Sitemap, die Sie testen möchten, mit dem Screaming Frog SEO Spider und notieren Sie sich die Anzahl der gefundenen URLs.
2. Erzeugen Sie in Ihrem System eine neue oder mehrere neue Seiten, indem Sie z.B. einen neuen Blogartikel schreiben oder ein neues Shop-Produkt anlegen.
3. Prüfen Sie erneut die XML-Sitemap mit dem Screaming Frog SEO Spider, Sie sollten jetzt entsprechend mehr Seiten in der Sitemap vorfinden.
4. Suchen Sie in dem Crawl-Ergebnis nach der neuen Datei anhand ihres Dateinamens.
5. Wenn Sie mehrere XML-Sitemaps verwalten, dann wiederholen Sie diese Schritte entsprechend oft.

Klingt banal, ist aber einfach durchzuführen und sehr effektiv. Falls der Test nicht positiv ausgefallen ist, könnte das folgende Gründe haben:

- **Ihre Sitemaps werden in festen Intervallen aktualisiert.** Finden Sie in diesem Fall heraus, wann die Sitemaps turnusgemäß aktualisiert werden, und prüfen Sie sie entsprechend später noch einmal.
- **Ihr System hat keine Schreibrechte auf die XML-Sitemaps.** In einigen Systemen müssen die Schreibrechte durch einen Administrator entsprechend gesetzt werden, wenden Sie sich in diesem Fall an Ihren Webserveradministrator oder Ihre Agentur.
- **Die Aktualisierung funktioniert schlicht und ergreifend nicht automatisiert.** Wenn Sie die Website selbst programmiert und zu verantworten haben, dann machen Sie sich auf die Fehlersuche. Tipp: Schauen Sie mal nach den Schreibrechten. Falls Sie die Seite von einer Agentur haben programmieren lassen, dann riskieren Sie mal einen Blick in das Lastenheft und machen Sie die Agentur ggf. auf die Abweichungen zwischen Soll- und Ist-Zustand aufmerksam.

Es gibt wahrscheinlich noch einhundert weitere Gründe, weshalb die Aktualisierung nicht funktionieren könnte, ich kann Ihnen hier nur den Hinweis geben, die Sitemaps eingehend zu prüfen, um Verwirrungen und Fehler bei den Suchmaschinen-Bots zu vermeiden.

Hinweis

Die hier vorgestellten Techniken und Tests gelten für alle Arten von XML-Sitemaps. Bitte prüfen Sie – falls vorhanden – auch Ihre speziellen Sitemaps für Bilder, Videos oder mobilen Inhalte.

10.1.5 Sitemaps in der Search Console anmelden

Damit Google Wind von den neuen Sitemaps bekommt, sollten Sie – wie oben beschrieben – die XML-Sitemap in die `robots.txt` eintragen. Zusätzlich empfehle ich Ihnen, sie auch in der Google Search Console anzumelden.

Folgende Vorgehensweise ist hierbei empfehlenswert:

- **Wenn es Ihnen technisch möglich ist, dann lassen Sie die alten Sitemaps online** und in der Google Search Console angemeldet. Klingt merkwürdig? Hier ist der Grund: Sie haben viele neue URLs, die Sie alle sauber per 301-Weiterleitung auf die neuen URLs umleiten. In den alten XML-Sitemaps stehen die alten URLs, Google ruft die Sitemaps auf und ruft die darin enthaltenen alten URLs auf. Durch den Aufruf erfährt Google von den permanenten, neuen Adressen und löscht so die alten Adressen aus dem Index. Mit den alten Sitemaps können Sie also den Deindexierungsprozess der alten URLs beschleunigen.

- **Die neuen Sitemaps sollten neue (andere) Dateinamen erhalten.** Mit diesem Trick können Sie den Indexierungsprozess Ihrer neuen Seiten überwachen, da die Google Search Console Ihnen für jede XML-Sitemap anzeigt, wie viele URLs diese jeweils enthalten und wie viele davon bereits indexiert sind.

- **Legen Sie mehrere Sitemaps für verschiedene Bereiche an.** Dieser Vorgang muss natürlich schon vor der Anmeldung bei der Google Search Console geplant und ausgeführt sein. Wenn Sie Ihre Sitemaps thematisch untergliedern können und Ihr System dieses unterstützt, dann können Sie so später in der Google Search Console den Indexierungsstatus für jede Sitemap einzeln auswerten und überwachen.

- **Legen Sie auch für zu löschende Seiten Sitemaps an.** Sie erinnern sich an den Sperrmüll, den man bei einem Umzug von dem einen in den anderen Keller wuchtet? Falls Sie es geschafft haben, vor dem Relaunch schon mal den digitalen Sperrmüll aus Ihren Seiten zu löschen, dann sollten Sie in der Google Search Console eine URL-Liste oder eine Sitemap mit den zu löschenden Seiten hinterlegen. Sie können so sehen, wie viele Sperrmüllseiten Google bereits aus dem Index gelöscht hat, und dadurch den Löschvorgang hervorragend überwachen. In Abbildung 10.1 sehen Sie so eine Deindexierungsliste, in dieser URL-Liste sind 11.217 gelöschte URLs, vier davon sind noch im Index.

Abb. 10.10: Deindexierungs-Sitemap, nur noch vier Seiten im Index

Den Anmeldeprozess können Sie bei Bedarf noch mal in Kapitel 1 nachlesen.

Tipps zur Prüfung der XML-Sitemap

- Tragen Sie alle XML-Sitemaps in die `robots.txt` ein.
- Nutzen Sie bei vielen XML-Sitemaps einen Sitemap-Index.
- Prüfen Sie alle Sitemaps mit dem Screaming Frog SEO Spider.
- Vergleichen Sie die Anzahl der Seiten mit der Gesamtanzahl der in den Sitemaps vorhandenen URLs.
- Prüfen Sie die automatische Aktualisierung der Sitemaps.
- Melden Sie die neuen Sitemaps in der Google Search Console an.
- Legen Sie unterschiedliche Sitemaps für unterschiedliche Inhaltsgruppen an.
- Wenn Sie Seiten löschen, können Sie diese über eine URL-Liste ebenfalls in der Google Search Console anmelden.

10.2 Die Google Search Console – das optimale Monitoring-Tool

Mit der Google Search Console haben Sie das optimale Tool für die Überwachung der Vitaldaten Ihrer Website zur Verfügung. Im ersten Kapitel habe ich Ihnen gezeigt, wie Sie Ihre eigene Google Search Console einrichten und ein paar Tipps für ihre optimale Nutzung gegeben. In diesem Abschnitt möchte ich Ihnen die relaunchspezifischen Arbeiten in der Google Search Console erläutern.

Einige Hinweise werde ich hier nur kurz anreißen, da diese bereits im ersten Kapitel ausführlicher behandelt wurden. Bitte schlagen Sie gegebenenfalls bei Fragen zur grundsätzlichen Einrichtung der Google Search Console diese dort nach.

10.2.1 Neueinrichtung der Properties

In einigen Fällen müssen Sie Ihre bestehenden Properties in der Google Search Console neu anlegen, authentifizieren und einrichten. Dabei gilt zu beachten, dass alle individuellen Einstellungen, die Sie in Ihren Properties vorgenommen haben, erneut hinterlegt werden müssen.

In folgenden Fällen müssen Sie die Properties neu einrichten:

- Sie nutzen jetzt das HTTPS-Protokoll und nutzten vorher noch das HTTP-Protokoll.
- Sie haben Ihre Seiten im Zuge des Relaunches auf verschiedenen Länderdomains verteilt, z.B. .de, .uk, .dk, um die Sprachversionen besser zu trennen.
- Sie haben eine komplett neue Domain für Ihr Projekt eingeführt.
- Sie haben das erste Kapitel aufmerksam gelesen und möchten jetzt Ihr Projekt in thematisch gegliederte Properties aufteilen.

Also immer, wenn Sie die Domain, das Protokoll oder Ihre Property-Strategie ändern, müssen Sie Hand an die Property-Einrichtung anlegen.

Wenn keine Anpassungen vorgenommen werden und dadurch die Properties nicht mehr funktionieren und Sie auch nicht in die Google Search Console schauen, dann werden Sie nichts von der Nicht-Funktion Ihrer Search Console mitbekommen. Google schickt Ihnen keine Mail, wenn die Properties nicht mehr authentifiziert werden können.

> **Hinweis**
>
> Prüfen Sie sofort, nachdem Ihre neuen Seiten live gehen, ob die Google Search Console wie gewohnt funktioniert. Alle Properties müssen authentifizierbar sein.

Falls eine oder mehrere Properties nicht mehr authentifizierbar sind, dann prüfen Sie je nach Authentifizierungsart folgende Fehlerquellen:

- Wurde die HTML-Datei hochgeladen?
- Sind Google Analytics oder der Google Tag Manager korrekt eingebunden?
- Wurde das Meta-Tag im Header hinterlegt?
- Wurden die DNS-Einstellungen korrekt übernommen?

Sie können auch bei den bestehenden (defekten) Properties die Inhaberschaft erneut beantragen. Wenn diese dann bestätigt ist, können Sie wie gewohnt mit den Properties weiterarbeiten.

Einstellungen in die neuen Properties übertragen

Wie oben erwähnt, reicht schon die Änderung des Protokolls aus, um eine neue Property einrichten zu müssen. Bei der Einrichtung müssen Sie wieder alle individuellen Einstellungen vornehmen.

Folgende Einstellungen sollten dabei berücksichtigt werden:

Inhaberschaft – Für jede neue Property müssen Sie die Inhaberschaft bestätigen. Wählen Sie Ihre gewünschte Authentifizierungsmethode aus und schließen Sie den Prozess vollständig ab.

XML-Sitemaps – Wenn Sie eine neue Property angelegt haben, dann werden Sie sehen, dass keine Sitemaps hinterlegt sind. Reichen Sie Ihre Sitemaps in der neuen Property ein.

URL-Parameter – Einige Shop- und Content-Management-Systeme hängen an die URLs Parameter, über diese Parameter werden bestimmte Funktionen gesteuert oder zum Beispiel Suchanfragen innerhalb des Systems übergeben. Bei Google werden URLs mit wechselnden Werten in den Parametern als eigene URL gespeichert. Dies führt dazu, dass unnötig viele URLs mehrfach im Google-Index gespeichert und von den Bots gecrawlt werden müssen. Wenn Sie das System nicht geändert haben, dann können Sie die Parameter aus der alten Property übernehmen. Klicken Sie dazu in der Search Console auf den Punkt CRAWLING und dann auf den Unterpunkt URL-PARAMETER. Sie können die Parameter als Tabelle herunterladen, um so eine Parameter-Vorlage für die neue Property zu haben.

Hinweis

Wenn Sie nicht genau wissen, welche Parameter Ihr neues System verwendet, dann stellen Sie hier nichts ein. Nach ein paar Wochen wird Google die Parameter erkannt haben und selbstständig beurteilen können, wie damit umzugehen ist. Eine falsche Konfiguration der Parameter kann zu erheblichen Problemen bei der Indexierung durch Google führen.

URL-Parameter

Helfen Sie Google dabei, Ihre Website effizienter zu crawlen, indem Sie angeben, wie Parameter in Ihren URLs gehandhabt werden sollen. Weitere Informationen

ⓘ Verwenden Sie diese Funktion nur, wenn Sie mit der Funktionsweise von Parametern vertraut sind. Wenn URLs fälschlicherweise ausschließen, kann dies dazu führen, dass viele Seiten aus der Suche verschwinden.

Diese Tabelle herunterladen	Parameter hinzufügen		Anzeigen 25 Zeilen ▾	1 - 11 von 11 ‹ ›	
Parameter	Überwachte URLs ▲	Konfiguriert	Effekt	Crawling	
ID	3.874	23.09.2016	-	Jede URL	Bearbeiten / Zurücksetzen
Seite	1.456	23.09.2016	Seitenauswahl	Jede URL	Bearbeiten / Zurücksetzen
Kapitel	1.142	23.09.2016	Sonstiges	Jede URL	Bearbeiten / Zurücksetzen
PHPSESSID	700	23.09.2016	Keine	Stellvertretende URL	Bearbeiten / Zurücksetzen

Abb. 10.11: URL-Parameter-Einstellungen in der Google Search Console

Internationale Ausrichtung – In der Regel ordnet Google die internationale Ausrichtung anhand der Domainendung zu. Nutzen Sie eine `.de`-Domainendung, dann wird Ihre Seite Deutschland zugeordnet. Wenn Sie aber z.B. unterschiedliche Unterverzeichnisse auf unterschiedliche Sprachen und Länder ausrichten möchten, dann müssen Sie zunächst für jedes dieser Verzeichnisse eine eigene Property anmelden und anschließend die internationale Ausrichtung konfigurieren. Gehen Sie dazu in der Search Console auf den Menüpunkt SUCHANFRAGEN und klicken Sie dann auf den Unterpunkt INTERNATIONALE AUSRICHTUNG.

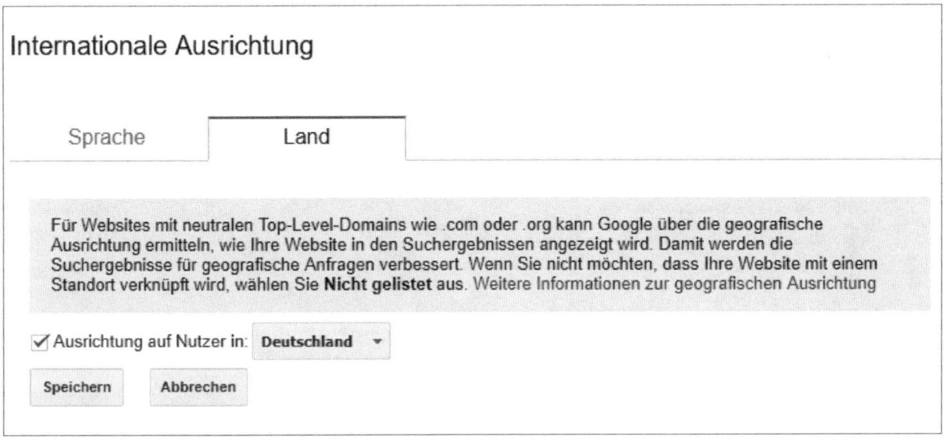

Abb. 10.12: Einstellungen für die internationale Ausrichtung

Disavow-Liste – Google bietet die Möglichkeit, mit der Disavow-Liste Links, die auf Ihre Website führen, zu entwerten. In dieser Liste befinden sich externe URLs, die auf Ihre Seite verlinken und von denen Sie nicht möchten, dass Google sie für die Bewertung Ihrer Seite berücksichtigt. Bei diesen Links handelt es sich um Links mit geringer Qualität. Wenn Sie bereits so eine Liste führen, dann sollten Sie diese wieder in die Search Console über das Disavow-Links-Tool (`relaunch.pro/121`) hochladen. Noch mal der Hinweis: Auch wenn Sie nur das Protokoll (von HTTP auf HTTPS) geändert haben, müssen Sie diese Einrichtung erneut vornehmen.

10.2.2 Domainwechsel

Nutzen Sie nach dem Relaunch eine neue Domain, dann sollten Sie in der Google Search Console diese Adressänderung anmelden. In der Regel reicht es, wenn Sie die alten URLs per 301-Weiterleitung auf die neuen Seiten weiterleiten, Google wird es Ihnen aber danken, wenn Sie diese Adressänderung zusätzlich einreichen. Klicken Sie dazu oben rechts auf das Zahnrad und dort auf den Menüpunkt ADRESSÄNDERUNG.

Abb. 10.13: Melden Sie die Adressänderung in der Search Console an.

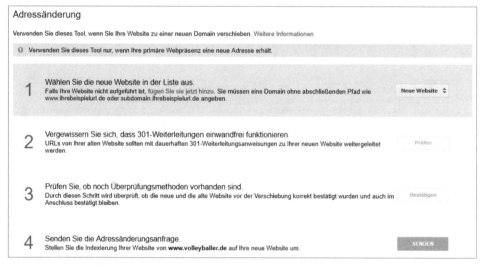

Abb. 10.14: Schritt für Schritt durch die Adressänderung

Apropos Domainwechsel

Alles schick im Internet, doch es gibt auch immer noch Print. Falls Sie Ihre Domain wechseln, dann denken Sie bitte daran, sämtliche Printprodukte, die Sie unters Volk bringen, anzupassen. Darunter fallen zum Beispiel: Visitenkarten, Briefpapier, Plakate, Autobeklebungen, Kugelschreiberbeschriftungen und vieles mehr. Große Werbekampagnen mit defekten QR-Codes (das sind diese pixeligen, schwarz-weißen Flächen) mit veralteten Internetadressen machen weder den Werbetreibenden noch den Nutzern Spaß.

Checkliste zur Einrichtung der Search Console

- Stellen Sie die Authentifizierung sicher.
- Reichen Sie die neuen XML-Sitemaps ein und testen Sie diese.

- Nutzen Sie mehrere Sitemaps.
- Nutzen Sie mehrere Properties.
- Übertragen Sie alle Einstellungen in die neuen Properties.
- Denken Sie auch an die Disavow-Liste.
- Prüfen Sie und korrigieren Sie ggf. die internationale Ausrichtung.
- Melden Sie einen Domainwechsel an.

10.3 Indexierung beschleunigen und überwachen

Alles sauber umgeleitet? Alle Sitemaps schick gemacht? Dann können Sie jetzt ja die Google-Bots offiziell einladen, Ihre neuen Seiten möglichst schnell einzulesen. Lernen Sie in diesem Abschnitt, wie Sie Ihre neue Seite möglichst schnell in den Google-Index bekommen.

10.3.1 Abruf wie durch Google

In der Search Console finden Sie die Funktion ABRUF WIE DURCH GOOGLE, damit können Sie prüfen, wie Google Ihre Seite sieht und wie Besucher Ihre Seite sehen. Diese Funktion kann aber auch dazu missbraucht werden, Google auf neue Seiten hinzuweisen. Sobald Sie dort eine URL zur Prüfung vorgelegt haben, können Sie im Anschluss die Indexierung derselben beantragen und zusätzlich angeben, ob noch weitere Seiten indexiert werden sollen. Sie finden die Funktion unter dem Menüpunkt CRAWLING. Klicken Sie auf den Unterpunkt ABRUF WIE DURCH GOOGLE.

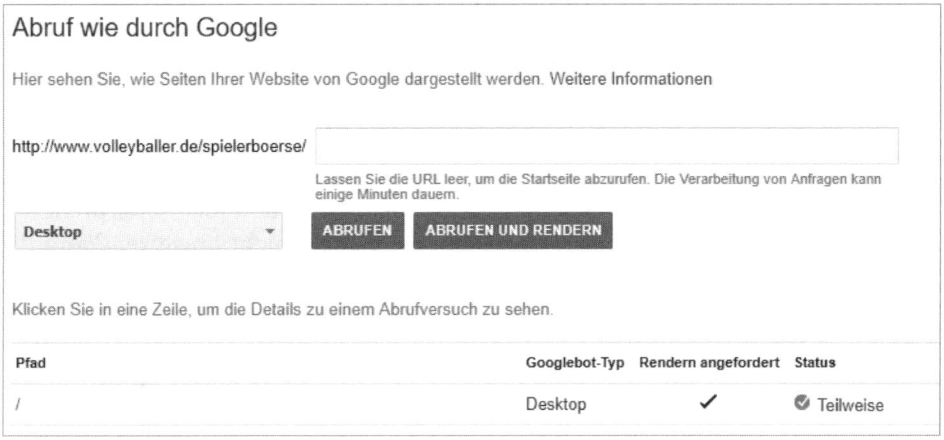

Abb. 10.15: Tool zum Prüfen und Indexieren in der Search Console

Geben Sie Ihre URL ein, wenn Sie die Startseite prüfen möchten, sonst lassen Sie das Feld frei. Klicken Sie anschließend auf ABRUFEN UND RENDERN.

Nach dem Rendern erscheint eine neue Zeile in der Ergebnisliste.

Klicken Sie in eine Zeile, um die Details zu einem Abrufversuch zu sehen.				Anzeigen	25 Zeilen ▼	1 - 2 von 2 ‹ ›
Pfad	Googlebot-Typ	Rendern angefordert	Status			Datum
/	Desktop	✓	✅ Teilweise	Indexierung beantragen		10.12.17, 03:38 ››
/	Desktop	✓	✅ Teilweise			13.03.17, 08:21 ››
						1 - 2 von 2 ‹ ›

Abb. 10.16: Ergebnisliste der Abrufe

Klicken Sie auf die Zeilen in der Ergebnisliste, um die Details des Abrufs anzu-schauen.

Abb. 10.17: Vergleich der Ansichten für Google und die Besucher

Die Seiten sollten für Google und die Besucher nahezu identisch aussehen, wenn das nicht der Fall ist, könnte es sein, dass Google Ihre Seiten nicht interpretieren kann, da Sie eventuell Techniken einsetzen, die Google nicht umsetzen kann. In meinem Beispiel in Abbildung 10.17 sehen Sie, dass das Werbebanner in der Goo-gle-Ansicht nicht angezeigt wird. Das ist nicht weiter dramatisch, schwerwiegen-dere Abweichungen wären zum Beispiel das Fehlen von Navigationselementen oder ganzen Seiteninhalten. In diesem Fall sollten Sie dringend Ihre Website über-prüfen und anschließend wieder mit der Search Console validieren.

Wenn Sie mit dem Render-Ergebnis zufrieden sind, dann können Sie jetzt die Indexierung beantragen. Diesen Vorgang können Sie entweder in der Vergleichs-ansicht mit dem Button oben rechts INDEXIERUNG BEANTRAGEN oder in der Über-sicht SEITEN mit dem gleichnamigen Button starten.

Abb. 10.18: Indexierung starten in der Google Search Console

Für den Indexierungsprozess können Sie zwischen zwei Optionen wählen: Entweder lassen Sie nur eine URL crawlen oder Sie lassen alle URLs einlesen, die von dieser URL verlinkt sind. Im ersten Fall können Sie 500 Mal pro Monat eine URL einlesen lassen, die zweite Option können Sie zehn Mal pro Monat auswählen.

Wenn Ihr Projekt nur wenige Seiten hat, dann reicht Ihnen eventuell das angebotene Crawl-Budget, bei größeren Seiten kann die Beschränkung jedoch das Crawling durch die Google-Bots verzögern.

Mehr Crawl-Budget durch weitere Properties

Ich werde nicht müde, den Vorteil mehrerer Properties herauszustellen, und spätestens jetzt werden die Vorteile mehrerer Properties in der Google Search Console deutlich. Die oben genannten Beschränkungen für den Indexierungsprozess gelten nämlich pro Property. Wenn Sie Ihre Seiten beispielsweise in fünf Properties unterteilt haben, dann können Sie insgesamt 2.500 einzelne URLs (500 in jeder Property) oder 50 Mal den umfangreichen Indexierungsprozess starten.

Die Properties können Sie jederzeit erweitern, Voraussetzung ist allerdings, dass Sie Ihre Seiten in Verzeichnisstrukturen organisieren, sodass der jeweilige Indexierungsprozess für jedes Verzeichnis gestartet werden kann.

10.3.2 Crawling-Frequenz prüfen

Je schneller die Google-Bots Ihre Seiten aufrufen und indexieren, desto schneller landen diese in den Suchergebnisseiten. Normalerweise steuert Google die Geschwindigkeit, mit der die Bots Ihre Seite aufrufen, selbst und passt sie ggf. auch an. In der Search Console kann jedoch die Crawl-Frequenz beschränkt werden, was zu einer verzögerten Indexierung führen kann. Sie finden die Parameter hierfür in den Einstellungen der Search Console. Öffnen Sie eine Property und klicken Sie auf das Zahnrad oben rechts. In dem Menü klicken Sie den Punkt WEBSITE-EINSTELLUNGEN an.

Abb. 10.19: Über diesen Menüpunkt gelangen Sie zur Crawl-Frequenz.

Auf der Folgeseite prüfen Sie, ob die Option OPTIMALE CRAWLING-FREQUENZ VON GOOGLE BESTIMMEN LASSEN aktiviert ist.

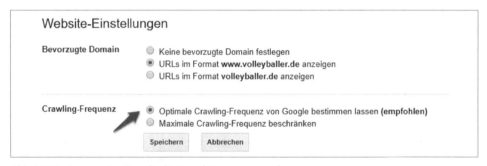

Abb. 10.20: Lassen Sie Google die Crawl-Frequenz regeln.

Nur wenn Ihre Website durch die Aufrufe der Google-Bots langsamer lädt oder ausfällt (was ich noch nicht erlebt habe), sollten Sie die Crawl-Frequenz beschränken, ansonsten überlassen Sie Google die Entscheidung, wie schnell die Seiten indexiert werden.

10.3.3 Indexierungsstatus überwachen

Die Google-Bots sind unterwegs und lesen – hoffentlich – Ihre neue Seite ein. Leider sind die Bots relativ unsichtbar, aber zum Glück gibt es eine Funktion, mit der

Sie den Indexierungsstatus überwachen können. Sie sehen zwar keine Google-Bots, aber immerhin können Sie sehen, wie viele Seiten pro Property bereits eingelesen wurden.

Klicken Sie in der Google Search Console auf den Menüpunkt GOOGLE-INDEX und dann auf den Unterpunkt INDEXIERUNGSSTATUS.

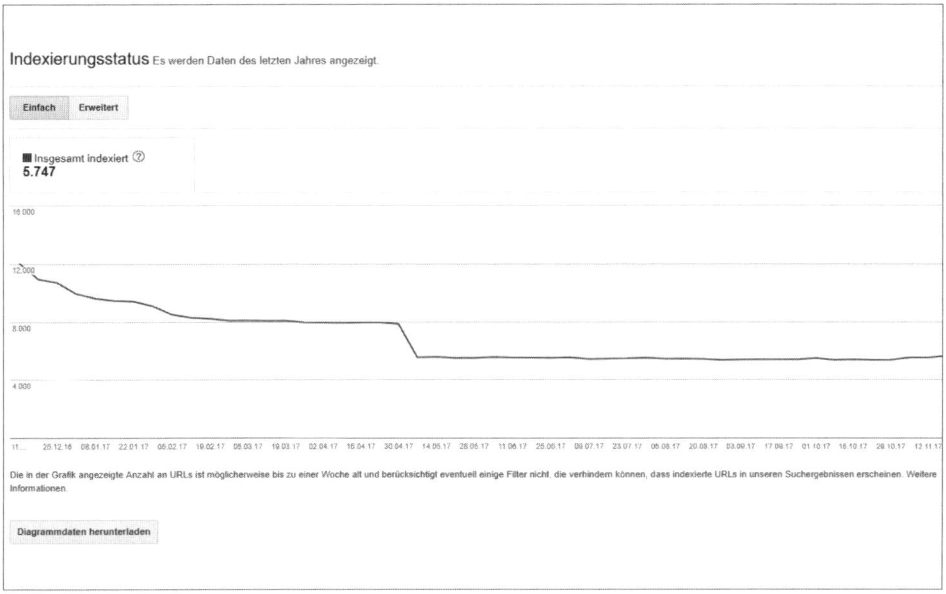

Abb. 10.21: Historischer Verlauf des Indexierungsstatus

Wenn Sie Ihre neue Seite in mehreren Properties in der Search Console organisiert haben, dann können Sie den Indexierungsstatus für jede einzelne Property abrufen.

Crawling-Statistiken abrufen

In der Search Console können Sie Statistiken über die Aktivitäten der Google-Bots abrufen. Schauen Sie hin und wieder in diese Statistiken, Sie können auf einer Zeitachse dort ablesen, wie viele Daten und Seiten Google in welcher Geschwindigkeit von Ihrer Seite abruft.

Klicken Sie in der Menüleiste auf CRAWLING und dann auf den Unterpunkt CRAWLING-STATISTIKEN, um die Statistiken aufzurufen.

Auffällig in Abbildung 10.22 ist die rote Kurve. Dort sehen Sie einen starken Anstieg der heruntergeladenen Datenmengen im September 2017. In diesem Monat fanden die Herren- und die Damen-Volleyball-EM statt. In dieser Zeit habe ich auf der Seite häufiger Spielberichte veröffentlicht als sonst, was auch zu mehr

Besuchern führte. Anscheinend reagieren die Google-Bots auf derartige Ereignisse und kommen aufgrund des gestiegenen Interesses der Nutzer und der höheren Veröffentlichungsfrequenz häufiger vorbei, um nach neuen Inhalten zu suchen.

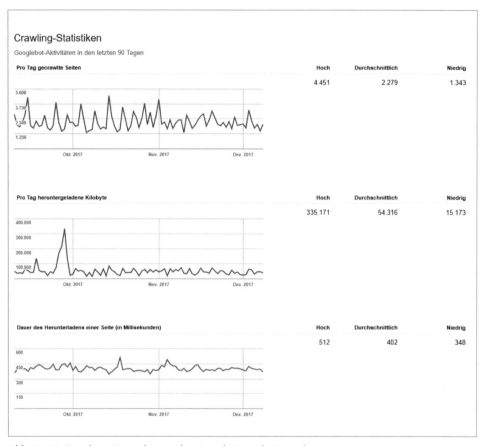

Abb. 10.22: Crawling-Statistiken in der Google Search Console

10.3.4 Logfile-Auswertung

Jeder Webserver speichert die Zugriffe in Logfiles. Diese Dateien sind einfache Textdateien, die Sie z.B. auch mit Excel bearbeiten könnten. In den Logfiles können, je nach Konfiguration des Servers, diverse Daten abgelegt werden. Standardmäßig wird gespeichert, was welcher Client zu welchem Zeitpunkt abgerufen hat und welche Status (200, 404 ...) dabei aufgetreten sind. In Logfiles werden also sehr detaillierte Daten gesammelt. Was Sie in den normalen Statistiken nicht finden, ist in den Serverlogfiles enthalten, nämlich die Zugriffe der Suchmaschinen-Bots. Gerade nach einem Relaunch ist der Blick in die Logfiles also besonders interessant, Sie können so herausfinden, welche Seiten bereits von Suchmaschinen-Bots besucht wurden und welche nicht.

Der Screaming Frog Log Analyzer

Wie bereits erwähnt, können Sie sich mit jedem Tabellen- oder Textverarbeitungsprogramm die Logfiles anschauen. Das macht aber keinen Spaß, da die Logfiles sehr schnell sehr viele Zeilen enthalten und somit extrem unübersichtlich werden. Abhilfe schafft hier das Tool Screaming Frog Log Analyzer (`https://relaunch.pro/124`). Dieses Programm wurde für genau diesen Einsatzzweck entwickelt, es analysiert die Zugriffe der Suchmaschinen-Bots in den Logfiles.

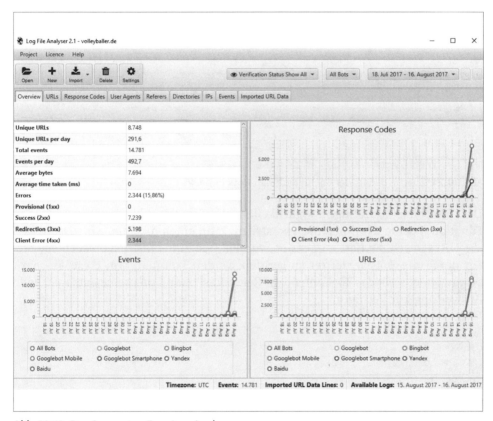

Abb. 10.23: Der Screaming Frog Log Analyzer

Damit der Log Analyzer die Analysen durchführen kann, benötigt er die Logfiles Ihres Servers. Bitte fragen Sie bei Ihrem Provider nach, wo sich Ihre Logfiles befinden und wie Sie diese herunterladen können. Anschließend können Sie die Logfiles in den Log Analyzer laden und die Auswertung starten.

In Abbildung 10.23 sehen Sie die Übersicht einer Auswertung. Bei diesen Daten handelt es sich lediglich um Daten von zwei Tagen. Wenn Sie über Logfiles verfügen, die über mehrere Tage gespeichert wurden, können Sie auch den zeitlichen Verlauf der Bot-Zugriffe in den entsprechenden Kurven verfolgen.

Wenn Sie auf den Reiter URL klicken, können Sie auswerten, welche Seiten bereits durch die Bots aufgerufen wurden. Zusätzlich sehen Sie, welche Bots wie häufig auf die URLs zugegriffen haben.

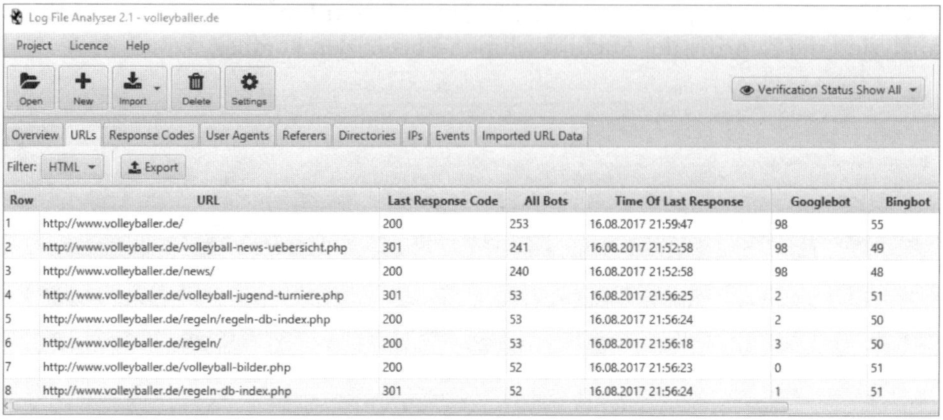

Row	URL	Last Response Code	All Bots	Time Of Last Response	Googlebot	Bingbot
1	http://www.volleyballer.de/	200	253	16.08.2017 21:59:47	98	55
2	http://www.volleyballer.de/volleyball-news-uebersicht.php	301	241	16.08.2017 21:52:58	98	49
3	http://www.volleyballer.de/news/	200	240	16.08.2017 21:52:58	98	48
4	http://www.volleyballer.de/volleyball-jugend-turniere.php	301	53	16.08.2017 21:56:25	2	51
5	http://www.volleyballer.de/regeln/regeln-db-index.php	200	53	16.08.2017 21:56:24	2	50
6	http://www.volleyballer.de/regeln/	200	53	16.08.2017 21:56:18	3	50
7	http://www.volleyballer.de/volleyball-bilder.php	200	52	16.08.2017 21:56:23	0	51
8	http://www.volleyballer.de/regeln-db-index.php	301	52	16.08.2017 21:56:24	1	51

Abb. 10.24: Zugriffsdetails der Suchmaschinen-Bots und URLs

Das Tool bietet unzählige Möglichkeiten, die Serverlogfiles auszuwerten, eine Funktion möchte ich Ihnen noch vorstellen: Zum einen möchten wir wissen, welche URLs durch die Bots aufgerufen wurden, und zum anderen, ob auch alle Seiten durch die Bots fehlerfrei aufgerufen werden konnten. Um diese Frage zu beantworten, stellt das Tool unter dem Reiter RESPONSE CODES eine entsprechende Auswertung zur Verfügung.

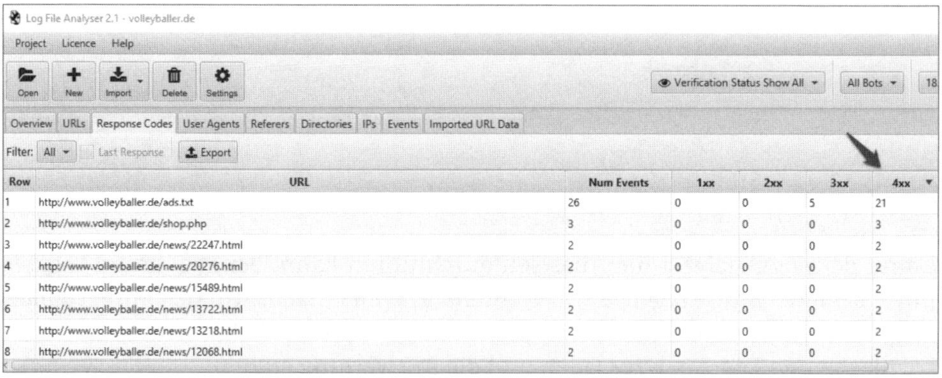

Row	URL	Num Events	1xx	2xx	3xx	4xx
1	http://www.volleyballer.de/ads.txt	26	0	0	5	21
2	http://www.volleyballer.de/shop.php	3	0	0	0	3
3	http://www.volleyballer.de/news/22247.html	2	0	0	0	2
4	http://www.volleyballer.de/news/20276.html	2	0	0	0	2
5	http://www.volleyballer.de/news/15489.html	2	0	0	0	2
6	http://www.volleyballer.de/news/13722.html	2	0	0	0	2
7	http://www.volleyballer.de/news/13218.html	2	0	0	0	2
8	http://www.volleyballer.de/news/12068.html	2	0	0	0	2

Abb. 10.25: Response-Codes im Log File Analyzer

Der Pfeil in Abbildung 10.25 zeigt auf die Spalte 4xx. In dieser Ansicht können Sie URLs nach Fehlercodes sortieren und so schnell auswerten, welche Seiten oder Inhalte von den Suchmaschinen-Bots nicht indexiert werden können, weil sie fehlerhaft sind.

Der Screaming Frog Log Analyzer ist ein sehr nützliches Werkzeug, um die Zugriffe der Suchmaschinen-Bots zu überwachen und auszuwerten. Sie können es kostenfrei mit bis zu 1.000 Logfile-Zeilen testen. Wenn Sie mehr Zeilen auswerten möchten, müssen Sie die kostenpflichtige Version für 99 brit. Pfund pro Jahr erwerben. Gerade nach einem Relaunch ist die Überwachung der Suchmaschinen-Zugriffe sehr zu empfehlen. Sie identifizieren so schnell Fehler und Blockaden in Ihrer Website, die das Indexieren durch Suchmaschinen verhindern bzw. verzögern könnten.

Tipps für die schnelle Indexierung

- Legen Sie wenn möglich mehrere Properties an.
- Legen Sie wenn möglich mehrere XML-Sitemaps an.
- Starten Sie die Indexierung in allen Properties mit dem Abruf wie durch Google-Funktion.
- Prüfen Sie die Crawling-Frequenz, lassen Sie Google die Frequenz regulieren.
- Überwachen Sie den Indexierungsstatus.
- Überwachen Sie die Crawling-Statistiken.
- Analysieren Sie die Serverlogs.

10.4 Überwachung der Vitaldaten Ihrer Website

Ist die Google Search Console vollständig und sinnvoll eingerichtet, können mit ihr die grundsätzlichen Rahmendaten einer Website überwacht werden. Gerade nach dem Relaunch lohnt es sich, regelmäßig die Search Console aufzurufen und nach dem Rechten zu sehen.

10.4.1 Crawling-Fehler

Gleich auf dem Dashboard der Properties sehen Sie die Crawling-Fehler, die die Google-Bots beim Indexieren Ihrer Seite gefunden haben. Nach einem Relaunch sollte sich die Anzahl der Fehler in Grenzen halten.

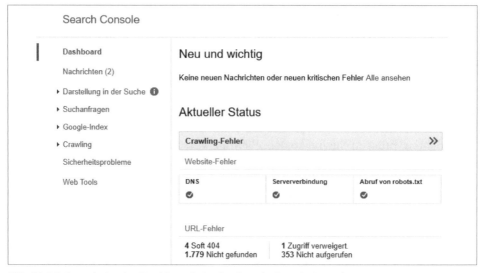

Abb. 10.26: Ausschnitt des Dashboards in der Google Search Console

Klicken Sie auf den grauen Button CRAWLING-FEHLER, es öffnet sich eine detaillierte Ansicht der gefundenen Server.

Abb. 10.27: Detailansicht der Crawling-Fehler

Hinter den Reitern SOFT 404, ZUGRIFF VERWEIGERT, NICHT GEFUNDEN und NICHT AUFGERUFEN finden Sie weitere Details. In der Standard-Auswahl sehen Sie die Desktop-Ansicht der Daten, zusätzlich können Sie die Daten auch in SMARTPHONE und NEWS filtern. Ich möchte Ihnen kurz die unterschiedlichen Fehler erklären:

Soft 404 – Hierbei handelt es sich um Seiten, die nicht gefunden wurden, aber auf die Startseite verweisen. Die Seiten würden also eigentlich einen 404-Fehler senden (Seite nicht gefunden), wurden aber umgeleitet. Google stuft diesen Fehler als 404-Fehler ein, da es zu keiner Fehlermeldung kommt. Dieser Fehler sollte vermieden werden, da Google immer wieder versuchen wird, die Ursprungsseiten aufzurufen, was Crawling-Budget kostet.

Zugriff verweigert – Wenn der Google-Bot auf Bereiche stößt, die per Passwort geschützt sind, oder in leeren Verzeichnissen landet, dann kommt es zu einem »Zugriff verweigert«. Wenn nach Ihrem Relaunch hier viele Einträge auftauchen, dann sollten Sie schleunigst nach dem Fehler suchen, eventuell haben Sie vergessen, einen Passwortschutz zu entfernen.

Nicht gefunden – Hier finden Sie die klassischen 404- und 410-Fehler. Nach dem Relaunch sollte auch diese Abteilung sauber bleiben, da Sie ja alle alten Seiten sauber per 301-Redirect umgeleitet haben. Tauchen hier jedoch trotzdem Fehler auf, dann prüfen Sie bitte, ob es sich um alte URLs oder neue URLs handelt. Wenn es sich um alte URLs handelt, dann prüfen Sie die Umleitungen und justieren Sie hier nach, indem Sie die von Google gefundenen alten Seiten umleiten. Wenn es sich um neue Seiten handelt, dann sollten Sie diese auch schon bei Ihrem Testcrawl mit dem Screaming Frog SEO Spider entdeckt haben, wenn nicht, dann schauen Sie sich die Details des Fehlers an, indem Sie auf den Eintrag klicken.

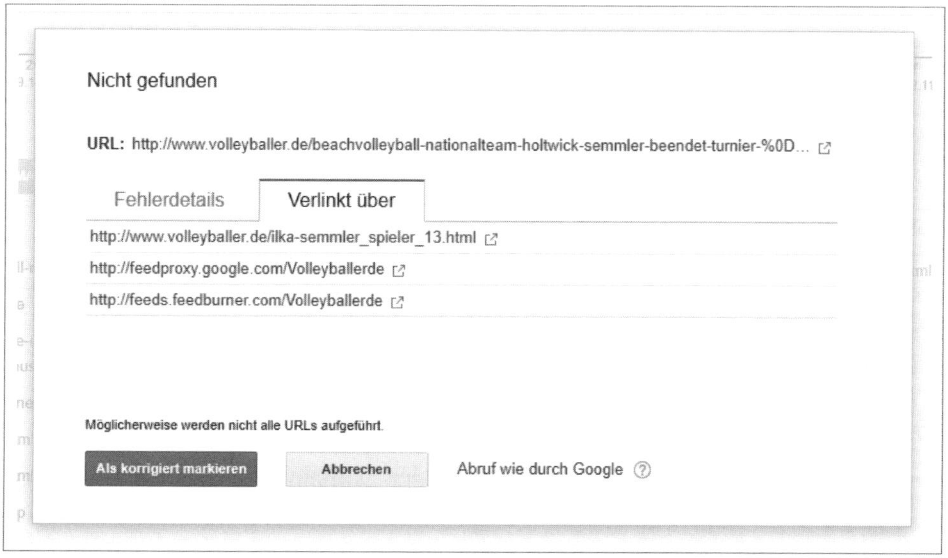

Abb. 10.28: Details eines 404-Fehlers

In der Detailansicht sehen Sie, von welchen Seiten diese Fehlerseite verlinkt wurde. Prüfen Sie die verlinkenden Dateien und korrigieren Sie den Fehler.

10.4.2 Serververbindung

Eine weitere interessante Auswertung verbirgt sich hinter dem Button SERVERVER-BINDUNG, hier können Sie sehen, wie schnell Ihr Webserver antwortet. Wenn die Kurve auffällige Ausschläge nach oben aufweist, dann hat der Server ein technisches Problem. Langsame Antwortzeiten und Verbindungsfehler des Servers führen dazu, dass die Google-Bots die Seiten nicht vollständig indexieren können.

Die Kurven sollten flach verlaufen, in dem in Abbildung 10.29 abgebildeten Beispiel sehen Sie Unregelmäßigkeiten der Verbindungsfehler im September 2017. Wie weiter oben schon erwähnt, fanden in diesem Monat die Damen- und die Herren-Volleyball-EM statt, wobei es zu starken Schwankungen in den Zugriffen auf die Website kam. Dieses erhöhte Besucheraufkommen führte offensichtlich zu einer Verlangsamung des Servers.

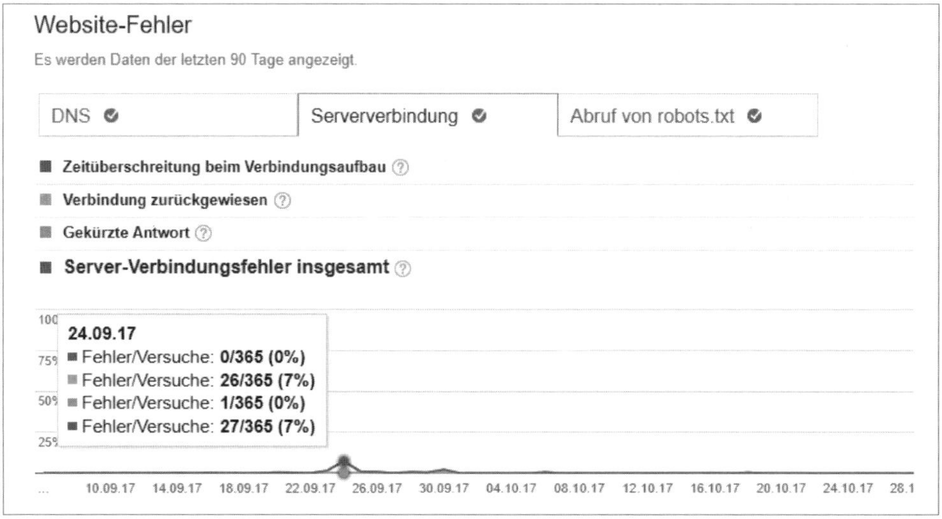

Abb. 10.29: Verbindungsfehler in der Search Console

Wenn Ihre Serververbindungen Unregelmäßigkeiten aufweisen, dann sollten Sie mit Ihrem Provider oder technischem Partner nach den Ursachen forschen. In vielen Fällen ist der Umzug auf einen leistungsfähigeren Server angezeigt.

10.4.3 DNS

Der **D**omain **N**ame **S**ervice sorgt dafür, dass der Domainname in eine IP-Adresse umgewandelt wird. Die Domain Name Server sind quasi das Telefonbuch des Internets. Gibt jemand Ihren Domainnamen in die Browserzeile ein, dann schaut der Browser in einen DNS und bekommt als Antwort die IP-Adresse zurückgeliefert.

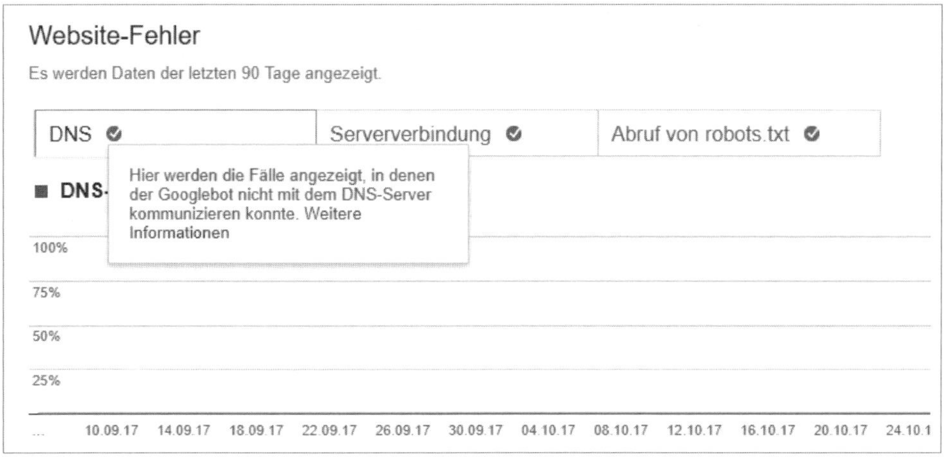

Abb. 10.30: DNS-Fehler-Auswertung

Wenn die Domain Name Server ausfallen, dann können die Domainnamen nicht in IP-Adressen umgewandelt werden, die Domains können dann nicht erreicht werden. Google zeigt Ihnen in dieser Auswertung, wie häufig der Domain Name Server, der für Ihre Domain zuständig ist, nicht aufgerufen werden konnte.

Es ist eher selten, dass es hier zu Problemen kommt, da die Domain Name Server eine zentrale Funktion im World Wide Web erfüllen und somit entsprechend leistungsstark sind und vor Hackerangriffen geschützt werden. Falls es doch zu Auffälligkeiten kommen sollte, dann ist auch hier Ihr Provider der richtige Ansprechpartner, um das Problem zu lösen.

10.4.4 Abruf von robots.txt

In dieser Auswertung zeigt Ihnen Google, wie oft die `robots.txt`-Datei nicht gefunden wurde und daher das Crawling verschoben wurde. Das klingt etwas beängstigend, steht aber tatsächlich so in dem Tool-Tipp, der sich hinter dem Fragezeichen verbirgt. Die Warnung klingt beängstigend, man könnte meinen, dass Google Seiten ohne `robots.txt` gar nicht crawlt. Gemeint ist hier aber etwas anderes: Wenn Sie eine `robots.txt` nutzen, dann muss diese erreichbar und fehlerfrei sein. Falls bei dem Aufruf der `robots.txt` ein Serverfehler vorliegt (Status 500), dann bricht Google das Crawling ab und versucht es später noch einmal.

Robots.txt testen

Ist Ihre `robots.txt` fehlerfrei? Wenn Ihre neuen Seiten online und von Google indexiert wurden, dann können Sie fast davon ausgehen, dass Ihre `robots.txt` einwandfrei funktioniert. Trotzdem sollten Sie sie sicherheitshalber überprüfen, eventuell haben Sie noch Bereiche Ihrer Website ausgesperrt oder andere Fehler in Ihre `robots.txt` eingebaut.

Um den `robots.txt`-Tester in der Search Console aufzurufen, klicken Sie in der Navigation auf CRAWLING und dort auf den Unterpunkt ROBOTS.TXT-TESTER.

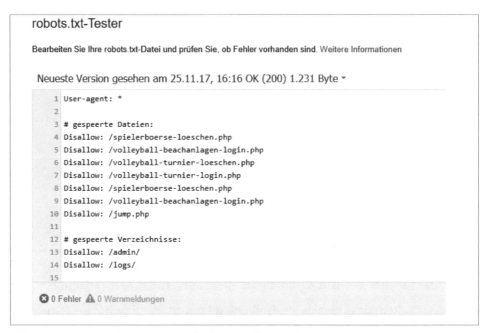

Abb. 10.31: Mit dem robots.txt-Tester finden Sie Fehler in Ihrer `robots.txt`.

Mit dem robots.txt-Tester können Sie explizit URLs prüfen und so testen, ob die Einstellungen in Ihrer `robots.txt` das Indexieren dieser URLs zulassen. Geben Sie dazu die zu testende URL in den Schlitz unten (siehe Abbildung 10.31) ein und klicken Sie anschließend auf TESTEN.

Abb. 10.32: Testen Sie mit dem robots.txt-Texter einzelne URLs.

Sie sehen unmittelbar das Ergebnis, zusätzlich wird in der robots.txt die Zeile markiert, die im Falle einer Blockierung die Blockade auslöst.

Im Internet gibt es viele weitere robots.txt-Tester, die sich aber in der Funktion alle nicht wesentlich unterscheiden, erwähnenswert ist noch der robots.txt-Tester der Firma Ryte.com: relanch.pro/122. Bei diesem Tool können Sie auch die robots.txt von anderen Domains prüfen und diverse User-Agents auswählen, sodass Sie verschiedene Test-Szenarien durchspielen können.

10.4.5 Strukturierte Daten

Wenn Sie strukturierte Daten einsetzen und Google diese in Ihren Seiten findet und erkennt, dann können Sie ihren Status in der Search Console überwachen. Klicken Sie dazu auf den Menüpunkt DARSTELLUNG IN DER SUCHE und dort auf den Unterpunkt STRUKTURIERTE DATEN.

Strukturierte Daten

Status: 11.12.17

■ **9.482** Elemente ⑦   **0** Elemente mit Fehlern ⑦
auf 2.217 Seiten   auf 0 Seiten

Datentyp	Quelle	Seiten	Elemente
Breadcrumb	Markup: data-vocabulary.org	1.829	5.776
WebPage	Markup: schema.org	1.727	1.727
Article	Markup: schema.org	1.479	1.479
Event	Markup: schema.org	384	384
Person	Markup: data-vocabulary.org	99	99
VideoObject	Markup: schema.org	13	13
NewsArticle	Markup: schema.org	3	3
WebSite	Markup: schema.org	1	1

Abb. 10.33: Auswertung der strukturierten Daten in der Search Console

In der Auswertung sehen Sie, welche Arten von strukturierten Daten Sie eingebunden haben, z.B. Breadcrumps, Persons, Articles oder VideoObjects. Alle Elemente sollten fehlerfrei sein, da Google nur fehlerfreie Elemente in den Suchergebnisseiten anzeigen kann. Wenn sich Fehler in den strukturierten Daten befinden, zeigt Ihnen Google zusätzliche Informationen hierzu an.

An dieser Stelle möchte ich noch mal auf das Test-Tool für strukturierte Daten hinweisen, das Sie unter der URL `relaunch.pro/69` zum Prüfen Ihrer Seiten nutzen können.

10.4.6 HTML-Verbesserungen

Hinter dem Navigationspunkt HTML-VERBESSERUNGEN befindet sich eine rudimentäre Auswertung einiger weniger HTML-Probleme. Die Fehlerauswertungen beschränken sich auf die Meta-Descriptions und Title-Tags.

HTML-Verbesserungen

Zuletzt aktualisiert: 11.12.2017

Die Behebung der folgenden Probleme kann die Nutzererfahrung und die Leistung Ihrer Website verbessern.

Meta-Beschreibung	Seiten
Doppelte Metabeschreibungen	311
Lange Metabeschreibungen	0
Kurze Metabeschreibungen	24

Titel-Tag	Seiten
Fehlende "title"-Tags	0
Doppelte "title"-Tags	294
Langer Text zwischen den "title"-Tags	0
Kurzer Text zwischen den "title"-Tags	0
Irrelevante "title"-Tags	0

Nicht indexierbarer Content	Seiten
Wir sind auf keine Probleme mit nicht indexierbarem Content auf Ihrer Website gestoßen.	

Abb. 10.34: Auswertung der doppelten und fehlenden Meta-Angaben

Wenn Sie auf eine Fehlerzeile klicken, erhalten Sie noch weitere Informationen. In Abbildung 10.35 sehen Sie einen Ausschnitt der Detail-Auswertung der DOPPELTEN "TITLE"-TAGS.

Auch wenn die HTML-VERBESSERUNGEN nur sehr wenige HTML-Fehler analysieren, können die Auswertungen sehr nützlich sein. Oftmals finden Sie hier z.B. Seiten, die unter verschiedenen URLs aufrufbar sind, jedoch identische Inhalte haben. Diese Duplikate werden häufig von falsch gesetzten internen Links oder fehlerhaften Umleitungen produziert.

Abb. 10.35: Detailauswertung der doppelten Title-Tags

10.4.7 Accelerated Mobile Pages

Falls Sie diese Seitentypen einsetzen, sollten Sie unter dem Navigationspunkt DAR-STELLUNG IN DER SUCHE|ACCELERATED MOBILE PAGES eine entsprechende Auswertung in der Search Console finden.

Abb. 10.36: AMP-Auswertung der Google Search Console

Natürlich sollten in dieser Auswertung möglichst wenig Fehler angezeigt werden. Falls es doch mal zu Fehlern kommt, dann können Sie durch Klicken auf die Fehlerzeilen eine detaillierte Auswertung abrufen.

10.4.8 Sicherheitsprobleme

Ein letzte, aber sehr wichtige Funktion der Search Console ist die Überwachung der Sicherheit Ihrer Website. Sie finden diese Funktion in der Navigation unter dem Menüpunkt SICHERHEITSPROBLEME.

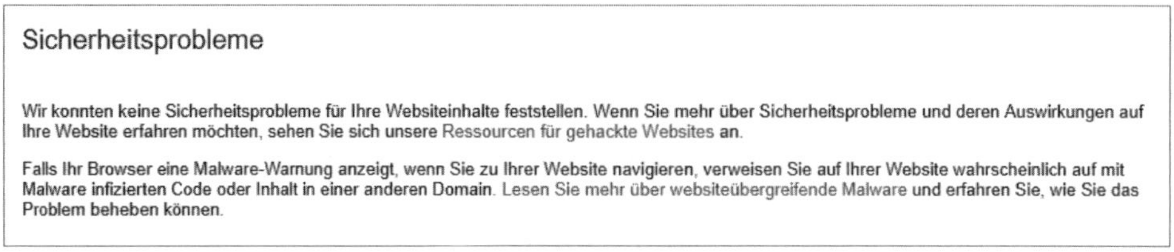

Sicherheitsprobleme

Wir konnten keine Sicherheitsprobleme für Ihre Websiteinhalte feststellen. Wenn Sie mehr über Sicherheitsprobleme und deren Auswirkungen auf Ihre Website erfahren möchten, sehen Sie sich unsere Ressourcen für gehackte Websites an.

Falls Ihr Browser eine Malware-Warnung anzeigt, wenn Sie zu Ihrer Website navigieren, verweisen Sie auf Ihrer Website wahrscheinlich auf mit Malware infizierten Code oder Inhalt in einer anderen Domain. Lesen Sie mehr über websiteübergreifende Malware und erfahren Sie, wie Sie das Problem beheben können.

Abb. 10.37: Sicherheitsprobleme Ihrer Website in der Search Console

Wurde Ihre Seite gehackt, bekommen Sie an dieser Stelle den entsprechenden Hinweis. Zusätzlich macht Sie die Search Console auf veraltete Software, wie zum Beispiel eine in die Jahre gekommen WordPress-Version, aufmerksam. Diese Benachrichtigung finden Sie dann allerdings unter dem Menüpunkt NACHRICHTEN.

Wurde Ihre Seite mit Schadsoftware (Malware) infiziert, kann dies schwerwiegende Konsequenzen für Ihr Online-Business mit sich bringen. Google sperrt in diesem Fall den Zugriff auf Ihre Seiten, Browser zeigen entsprechende Warnhinweise an und Ihre Seite lässt sich nicht mehr aufrufen. Diese Maßnahmen schützen Ihre Besucher vor weiteren Schäden, die durch Ihre gehackte Website entstehen können.

Abb. 10.38: Malware-Warnung in Google Chrome

Falls Ihre Seite gehackt wurde, dann konsultieren Sie die Google-Hilfe unter relaunch.pro/123 und ggf. einen Experten, der Ihnen bei der Behebung der Probleme helfen kann.

Achten Sie auf die Gesundheit Ihrer Website

- Prüfen Sie in regelmäßigen Abständen die Crawling-Fehler.
- Überwachen Sie die Antwortzeiten und die Ladezeiten Ihrer Website.
- Checken Sie die robots.txt.
- Wenn Sie strukturierte Daten einsetzen, überprüfen Sie regelmäßig die Auswertungen dieser Daten in der Search Console.
- Vermeiden Sie doppelte Inhalte (Duplicate Content), konsultieren Sie den Bericht HTML-Verbesserungen.
- Wenn Sie AMP nutzen, sorgen Sie dafür, dass auch Google diese Seiten findet, und sie fehlerfrei erzeugt werden.

10.5 Zusammenfassung

In diesem Kapitel haben Sie gelernt:

- **Die XML-Sitemaps prüfen** – Ihre Sitemaps sind immer auf dem neuesten Stand, die Seiten in den Sitemaps sind alle ohne Umwege (Weiterleitungen) erreichbar. Bei neuen Inhalten in Ihrer Website werden die Sitemaps ebenfalls aktualisiert.

- **XML-Sitemaps in der Search Console anmelden** – Die neuen Sitemaps haben Sie natürlich gleich in der Search Console angemeldet, damit Google möglichst schnell mit der Indexierung Ihrer neuen Seite anfängt. Die alten Sitemaps haben Sie, weil Sie ein Profi sind, in der Search Console weiterhin hinterlegt und überwachen so den Umleitungsprozess Ihrer alten Seiten.

- **Mehrere Properties schätzen** – Klar, mit verschiedenen Properties können Sie viel besser die einzelnen Bereiche Ihrer Website auswerten und besser die Unterbereiche zur Indexierung anmelden, da Sie weniger Beschränkungen unterliegen.

- **Serverlogfiles lieben** – Ein Blick in die Serverlogfiles und Sie wissen, wie es um die Indexierung Ihrer Website bestellt ist. Mit dem Screaming Frog Log File Analyzer finden Sie in Windeseile jede Blockade und jeden Crawling-Fehler.

- **Alle Vitaldaten im Blick behalten** – Sie kennen jede wichtige Analyse innerhalb der Google Search Console und Sie wissen, was zu tun ist, falls Ihre Seite gehackt wurde. AMP, 301er und strukturierte Daten sind Ihre Freunde.

- **Aufkleber & Co. nicht vergessen** – Domain gewechselt? Kein Problem, die neuen Kugelschreiber und Autoklebefolien liegen schon bereit, soll ja keiner mit alten Internetadressen umherfahren.

## Kapitel 11

Sichtbarkeit, Suchbegriffe & Besucher im Blick behalten

Die neue Seite ist online, die Google Search Console eingerichtet und die Suchmaschinen-Bots indexieren munter und fehlerfrei Ihre Website. Wenn Sie es bis hierhin geschafft und meine Tipps beherzigt haben, dann sind alle Weichen für einen erfolgreichen Neustart Ihrer Website gestellt. Aber bevor Sie Omas gute Sektgläser aus dem Schrank holen, möchte ich Ihnen noch ein paar Tipps für die Überwachung der Suchbegriffe und Ihrer Sichtbarkeit mit auf den Weg geben.

11.1 Suchanalyse in der Google Search Console

Mit der Suchanalyse in der Google Search Console können Sie das »Abschneiden«, wie es Google nennt, Ihrer Website in den Suchergebnisseiten von Google auswerten. Wenn Sie Ihre Search Console neu einrichten mussten, dann haben Sie hier eventuell noch nicht genügend Daten gesammelt und können keine Aussage über den Verlauf der Suchanfragen machen. Haben Sie sie jedoch bereits in der Vorbereitung zu Ihrem Relaunch eingerichtet, dann können Sie sich jetzt über die Daten freuen.

In dem Verlauf der Suchanfragen können Sie erkennen, ob Ihre Seiten auch nach dem Relaunch in den Suchergebnisseiten auftauchen. Bitte bedenken Sie saisonale Einflüsse, während der Weihnachtszeit beispielsweise nehmen die Suchanfragen generell stark ab, sodass alle Suchanfragekurven in diesem Zeitraum eine Tendenz nach unten haben.

Ein zusätzliches Manko der Search Console: Die Daten sind **maximal 90 Tage** alt, Sie können also nur einen relativ kurzen Zeitraum auswerten. Wichtig bei der Betrachtung der Search-Console-Daten: Sie können nur Tendenzen erkennen, für detailliertere Daten müssen Sie weitere Tools einsetzen.

Sie finden die Suchanalyse unter dem Menüpunkt SUCHANFRAGEN und dort unter dem Menüpunkt SUCHANALYSE.

Die Suchanalyse können Sie natürlich für jede einzelne Property vornehmen und so die Sichtbarkeit der jeweiligen Website-Bereiche überwachen.

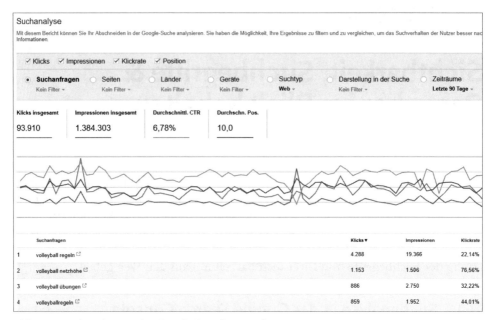

Abb. 11.1: Suchanalyse in der Google Search Console

Mit Tools wie zum Beispiel PageRangers, Sistrix oder Ryte.org können Sie die Search-Console-Daten fortlaufend aufzeichnen und somit längere Zeiträume betrachten.

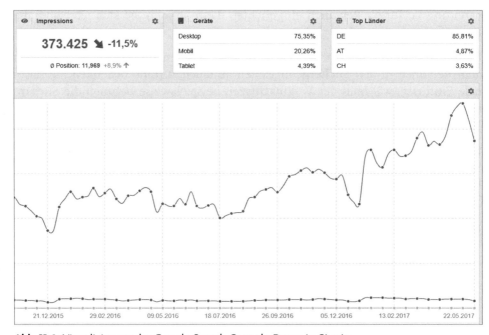

Abb. 11.2: Visualisierung der Google-Search-Console-Daten in Sistrix

Falls Sie bereits eines der hier vorgestellten SEO-Tools nutzen, dann prüfen Sie, ob Sie das Tool mit Ihrer Search Console verbunden haben, wenn nicht, dann holen Sie es am besten gleich nach. Wie Sie in Abbildung 11.2 sehen, ermöglicht die Betrachtung eines längeren Zeitraums eine viel bessere Übersicht über die Leistung Ihrer Website in den Suchergebnisseiten.

HTTPS-Umstellung?

Wenn Sie bereits mit Ihrem SEO-Tool Google-Search-Console-Daten abrufen, dann achten Sie darauf, dass Sie ggf. bei einer Umstellung Ihrer Seiten auf HTTPS auch die Verknüpfung Ihres SEO-Tools zur Search Console neu einrichten müssen. Sobald Sie neue Properties in der Search Console anlegen, müssen alle Tools, die auf die Properties zugreifen sollen, entsprechend konfiguriert werden.

11.2   Der Sichtbarkeitsindex

Zur Erinnerung: Der Sichtbarkeitsindex spiegelt die Sichtbarkeit Ihrer Webseite in den Suchergebnisseiten wider. Je höher der Sichtbarkeitsindex ist, desto stärker ist die Präsenz der Domain in den Google-Suchergebnissen. Sistrix hat diesen Index bereits 2008 ins Leben gerufen, mittlerweile gibt es viele Anbieter, die auf dieser Basis ähnliche Berechnungen anstellen und diese in ihren Toolboxen integrieren.

Der Sichtbarkeitsindex ist unter den SEO-Profis nicht ganz unumstritten, berücksichtigt er im Fall von Sistrix »nur« 250.000 Suchbegriffe und keine Nischenbegriffe. Der Sichtbarkeitsindex kann auch nur als Anhaltspunkt dienen und sollte nicht der einzige Performance-Wert sein, den man bei der Betrachtung seiner Seiten berücksichtigt. Trotzdem gibt der Sichtbarkeitsindex einen schnellen und objektiven Einblick in die Auffindbarkeit einer Seite. Ein weiterer Vorteil: Sistrix beispielsweise zeichnet diesen Wert für alle Domains, die ihm bekannt sind, seit 2008 auf. So können Sie teilweise auf zehn Jahre Sichtbarkeitsdaten zurückgreifen und die historische Entwicklung einer Domain analysieren.

Was gerne verwechselt wird: Der Sichtbarkeitsindex hat mit den Besucherzahlen der entsprechenden Seite nichts gemeinsam. Es handelt sich nicht um die Anzahl der Besucher, sondern nur um eine berechnete Sichtbarkeit. In den meisten Fällen geht eine hohe Besucherzahl mit einem hohen Sichtbarkeitsindex einher, das muss aber nicht zwangsläufig immer so sein.

Der Sichtbarkeitsindex ist hervorragend geeignet, um Tendenzen und Auffälligkeiten im Sichtbarkeitsverlauf zu erkennen. In Abbildung 11.3 sehen Sie eine derartige Auffälligkeit. Die mit dem Pfeil markierte Auffälligkeit würde ich als »Relaunch-Delle« titulieren, ein besserer Fachbegriff ist mir für dieses Phänomen nicht eingefallen. Tatsächlich wurde zu dem Zeitpunkt, ab dem sich die Sichtbarkeit dramatisch verschlechterte, der Relaunch der betroffenen Seite online gestellt.

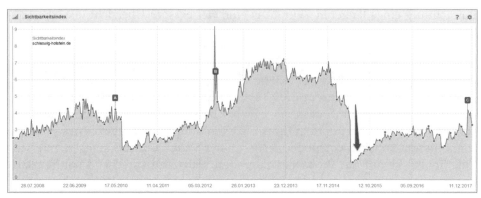

Abb. 11.3: Sichtbarkeitsindex in Sistrix

11.2.1 Die Relaunch-Delle

Bitte behalten Sie die Sichtbarkeit Ihrer Website im Blick, nach einem Relaunch gibt es immer eine kleine Relaunch-Delle, unabhängig davon, wie sorgfältig Sie den Relaunch durchgeführt haben. Am Ende sollte sich aber der Sichtbarkeitswert erholen und natürlich stetig verbessern.

Abbildung 11.4 zeigt einen typischen Sichtbarkeitsverlauf von einem sorgfältig durchgeführten Relaunch: Nach dem Relaunch bricht die Sichtbarkeit ein (Relaunch-Delle), erholt sich aber und steigt anschließend stetig an.

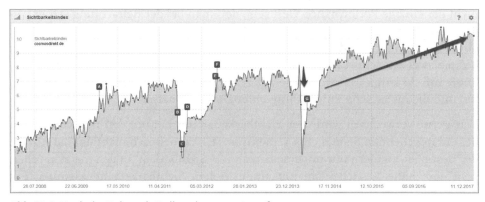

Abb. 11.4: Nach der Relaunch-Delle geht es stetig aufwärts.

Bitte bedenken Sie, dass weitere Faktoren die Sichtbarkeit Ihrer Seiten beeinträchtigen können, zu nennen sind hier Updates im Google-Algorithmus oder Änderungen in internen und externen Linkstrukturen.

11.2.2 Sichtbarkeits-Alert in Sistrix einrichten

Okay, Sie wissen jetzt schon, dass Sie nicht dazu kommen werden, täglich Ihre Sichtbarkeitsindexe zu prüfen? Gut, dass es dafür Abhilfe gibt, viele SEO-Tools geben Warnhinweise per Mail, wenn bestimmte Schwellenwerte unter- oder überschritten werden.

Bei Sistrix finden Sie die Alerts, indem Sie mit der Maus auf EINSTELLUNGEN zeigen und dann das Untermenü ALERTS anklicken.

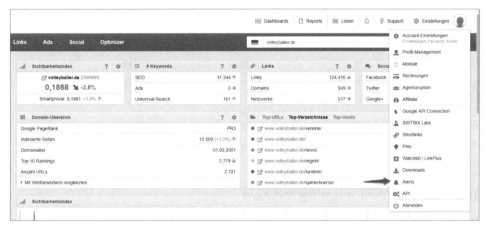

Abb. 11.5: Etwas versteckt: Alerts in der Sistrix-Toolbox

Auf der Folgeseite können Sie zwischen verschiedenen Alerts wählen, klicken Sie auf SICHTBARKEITSINDEX, wenn Sie den Sichtbarkeitsindex überwachen möchten. Es öffnet sich ein weiteres Fenster, in das Sie die verschiedenen Parameter eintragen können.

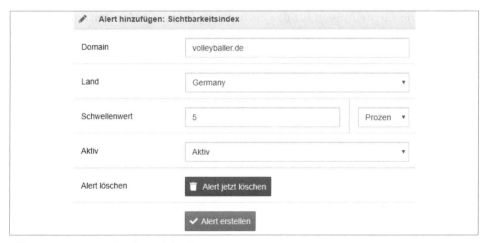

Abb. 11.6: Parameter für die Sichtbarkeitswarnung

In diesem Beispiel schickt Sistrix automatisch eine E-Mail, sobald sich der Sichtbarkeitsindex der Domain `volleyballer.de` um 5% verändert hat.

11.3 Keyword-Monitoring

Suchanalysekurven und Sichtbarkeitsverläufe werden zwar für jede Domain individuell berechnet, sie bilden jedoch nur einen allgemeinen Zustand Ihrer Domain ab. Zusätzlich zu diesen Daten sollten Sie daher Ihre spezifischen Suchbegriffe überwachen, nur so können Sie herausfinden, welche Keywords für die Schwankungen in den Sichtbarkeitsverläufen verantwortlich sein können.

In der Relaunch-Vorbereitung haben Sie Ihre wichtigsten Keywords identifiziert und eventuell, wie empfohlen, schon in einem Keyword-Monitoring-Tool eingetragen. Nach dem Relaunch wird sich in den Positionen der einzelnen Keywords das ein oder andere tun.

Für das Keyword-Monitoring gibt es eine Vielzahl von spezialisierten Tools, aber auch die umfangreichen SEO-Tools, wie z.B. Xovi, PageRangers und Sistrix, bringen diese Funktion mit.

11.3.1 Keyword-Monitoring mit Xovi

In dem SEO-Tool Xovi (`relaunch.pro/8`) können Sie das Keyword-Monitoring sehr granular einstellen, zudem bietet es eine tägliche Überwachung der Keywords, die ich Ihnen nach dem Relaunch ans Herz legen möchte. Wenn sich in den ersten sechs Monaten die Suchbegriffspositionen wieder stabilisiert haben, dann können Sie die Überprüfungsintervalle auf einmal pro Woche stellen, vorher möchte ich Ihnen jedoch empfehlen, die Suchbegriffe in kurzen Abständen überprüfen zu lassen.

Sie finden die Einstellungen für das individuelle Keyword-Monitoring unter dem Menüpunkt MONITORING und dort im Menüpunkt MONITORING KEYWORDS. Wie Sie in Abbildung 11.7 sehen, können Sie dort bestimmen, in welchen Suchmaschinen und in welchen Intervallen die Keywords abgefragt werden sollen. Bei Xovi können Sie zu den üblichen Verdächtigen auch exotische Suchmaschinen, wie z.B. Baidu oder Yandex, abfragen (die eigentlich keine Exoten sind, sondern Marktführer in China bzw. Russland).

Zusätzlich können Sie Google sehr lokal abfragen. Wenn Sie zum Beispiel nach Ihren Suchbegriffen in Detmold suchen lassen möchten, dann können Sie diese Einstellung in Xovi entsprechend vornehmen.

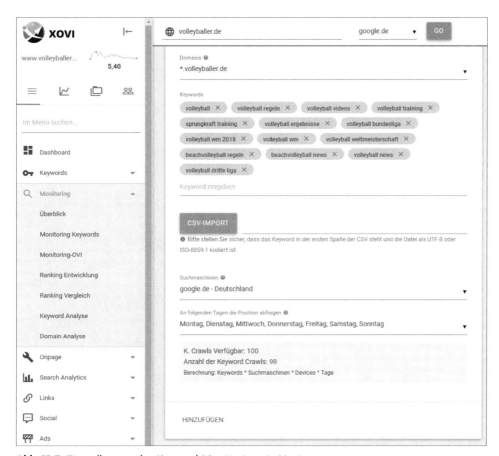

Abb. 11.7: Einstellungen des Keyword-Monitorings in Xovi

Abb. 11.8: Hyperlokale Suchergebnisse mit Xovi abfragen

Wenn Sie Ihre Keywords eingegeben und sich für eine oder mehrere Suchmaschinen entschieden haben, klicken Sie auf HINZUFÜGEN und Xovi beginnt sofort mit der ersten Ranking-Abfrage.

Monitoring Keywords

	Keyword	Suchmaschine	↓ Pos.
☐	volleyball regeln *www.volleyballer.de/regeln/regeln-db-index.php* ☑	google.de DE	3
☐	volleyball wm 2018 *www.volleyballer.de/news/31960.html* ☑	google.de DE	3
☐	beachvolleyball regeln *www.volleyballer.de/beachregeln-db-index.php* ☑	google.de DE	4
☐	volleyball videos *www.volleyballer.de/videos/* ☑	google.de DE	6
☐	sprungkraft training *www.volleyballer.de/training/sprungkrafttraining.php* ☑	google.de DE	7
☐	volleyball weltmeisterschaft *www.volleyballer.de/news/31960.html* ☑	google.de DE	11
☐	volleyball news *www.volleyballer.de/* ☑	google.de DE	47
☐	volleyball dritte liga *www.volleyballer.de/news/dritte-liga.htm* ☑	google.de DE	52

Abb. 11.9: Erstes Ergebnis der Ranking-Abfrage

Zusätzlich zu den Positionen bekommen Sie noch weitere Daten, wie z.B. Suchvolumen, Mitbewerberstärke und Klickpreise, angezeigt.

Wenn Sie Ihre Einstellungen im Keyword-Monitor abgeschlossen haben, dann können Sie zusätzlich sogenannte Alerts in Xovi einrichten. Mit dieser Funktion haben Sie die Möglichkeit, bei Über- oder Unterschreitung verschiedener Parameter per E-Mail benachrichtigt zu werden.

Sie finden die Einstellungen unter dem Menüpunkt PROJEKTE und dort unter dem Menüpunkt ALERTS.

In Abbildung 11.10 sehen Sie, dass die relativen Veränderungen in Prozent angegeben werden. Das wirkt auf den ersten Blick bei Positionsveränderungen etwas unglücklich, da sich die relativen Veränderungen aber auf alle Monitoring-Keywords beziehen, macht diese Art der Schwellenwerteinstellung Sinn.

Wenn Sie wie oben beschrieben das Keyword-Monitoring auf täglich eingestellt haben, dann werden auch die Alerts täglich ausgewertet und schicken Ihnen automatisch entsprechende Hinweise per E-Mail.

Abb. 11.10: Keyword-Monitoring-Alerts in Xovi

> ## Nicht verrückt machen (lassen)!
>
> Ich empfehle Ihnen, die Überwachung der wichtigsten Suchbegriffspositionen nach dem Relaunch täglich durchführen zu lassen. Gerade wenn sich am Anfang viel in den Positionen verändert, ist man (ich zumindest) schnell geneigt, auch täglich jede kleine Veränderung zu hinterfragen und alle um einen herum mit diesen Änderungen zu konfrontieren. Oftmals pendeln sich die Positionen wieder auf Normalniveau ein (wenn Sie alles richtig gemacht haben) und jede Panik stellt sich als unbegründet heraus. Am Ende zählt das, was hinten rauskommt, in Form von Aufträgen, Anfragen oder Verkäufen. Die Keywords sind nur eine von vielen Indikatoren, die die Gesundheit Ihrer Website widerspiegelt. Also: Nehmen Sie sich einen Tee und warten Sie ab.

11.3.2 Keyword-Monitoring mit Sistrix

Mit dem Optimizer-Modul, das Sie bei Sistrix optional dazubuchen können, sind Sie ebenfalls in der Lage, sehr granulare Tracking-Optionen anzugeben. Leider fehlt Sistrix die Alert-Funktion, die bei Positionsänderungen Alarm schlägt, trotzdem soll Sistrix hier nicht unerwähnt bleiben.

Wie Sie in Abbildung 11.11 sehen können, kann auch Sistrix lokale Rankings über verschiedene Endgeräte abfragen. Die Suchmaschinen Baidu, Yandex und Yahoo sind auch hier mit an Bord, sodass eigentlich alle wichtigen Abfrageszenarien abgedeckt werden. Wenn Sie Ihre Sistrix-Toolbox mit Ihrer Google Search Console verknüpft haben, können Sie sich die manuelle Eingabe der Keywords erleichtern, da Sistrix die Suchbegriffe aus der Search Console importieren kann.

Abb. 11.11: Einstellungen für das Keyword-Monitoring im Sistrix-Optimizer-Modul

Im Anhang finden Sie noch weitere Tools zum Keyword-Monitoring, am Ende kommt es auf Ihr Budget und die gewünschten Funktionen an, die Sie benötigen.

11.3.3 Position Zero – Featured Snippet

Super, gleich zwei Mal Fachchinesisch in einer Überschrift. Bei »Position Zero« geht es tatsächlich um die Position 0. Dabei handelt es sich um einen besonderen Teil in Googles Suchergebnisseiten. Abbildung 11.12 zeigt Ihnen, was gemeint ist.

In dem mit dem Pfeil markierten Kasten sehen Sie ein sogenanntes »Featured Snippet«. Diese Kiste enthält in diesem Fall eine nummerierte Liste der notwendigen Schritte, die zur Installation von TYPO3 (einem Content-Management-System) notwendig sind. Da das Featured Snippet vor den eigentlichen organischen Ergebnissen steht, wird die Position auch als »Position Zero« bezeichnet.

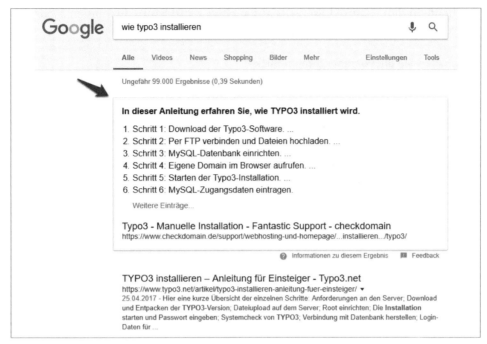

Abb. 11.12: Ein Featured Snippet auf Position 0

Wie entstehen diese Featured Snippets?

Es gibt hierzu natürlich keine klare Aussage von Google und auch keine Anleitung, die uns hilft, unsere Seiten auf die Position 0 zu bekommen. Einige Beobachtungen möchte ich Ihnen aber an die Hand geben, die Ihnen helfen können:

- Verwenden Sie eine Suchanfrage in der Überschrift.
- Nutzen Sie nummerierte Aufzählungen bei Schritt-für-Schritt-Anleitungen.
- Sorgen Sie dafür, dass Ihre Site in den Top 5 der normalen Suchergebnisse auftaucht.
- Nutzen Sie die wichtigsten Keywords in den Antworten.
- Versuchen Sie, die Antwort bereits im ersten Absatz zu geben.
- Benutzen Sie eine saubere Dokumentenstruktur, mit Absätzen und Überschriften.

Die Featured Snippets geben in vielen Fällen oftmals schon die Antwort direkt auf der Ergebnisseite, man sollte also glauben, dass die Seiten dahinter weniger Klicks bekommen. Das Gegenteil ist aber der Fall, in unseren Tests konnten wir einen starken Anstieg verzeichnen, sobald Seiten als Featured Snippet bei Google aufgetaucht sind.

Leider – oder zum Glück – sind die Featured Snippets nicht in Stein gemeißelt, die angezeigten Seiten werden von Google relativ häufig ausgetauscht. Wenn Sie also heute in den Featured Snippets auftauchen, dann kann Sie morgen schon Ihr Marktbegleiter von Position 0 verdrängt haben.

So behalten Sie die Position Zero im Blick

In der Google Search Console sehen Sie zu den Featured Snippets leider keine Auswertungen, das wäre ja auch zu einfach. Sie müssen also auch hier zu externen Tools greifen. Sistrix hat sehr schnell auf das Auftauchen der Featured Snippets reagiert und eine entsprechende Auswertung integriert.

Gehen Sie dazu in den Menüpunkt UNIVERSAL-SEARCH und dort auf den Unterpunkt FEATURED SNIPPETS.

⊞ Featured Snippets (Total)	⚙	⊞ Featured Snippets (Text)	⚙	⊞ Featured Snippets (Liste)	⚙
94		**36**		**58**	

Keyword	Typ	URL	Wettbewerb	T
domain anmelden	Liste	⬀ 🔒 www.checkdomain.de/domain-anmelden/	▬▬▬▬	▮
domain endung	Liste	⬀ 🔒 www.checkdomain.de/neue-domainendungen/	▬▬▬▬	▮
joomla installieren	Liste	⬀ 🔒 www.checkdomain.de/support/webhosting-und-homepage/software-installiere…	▬▬▬	▮
installation von typo3	Liste	⬀ 🔒 www.checkdomain.de/support/webhosting-und-homepage/software-installiere…	▬▬	▮
typo3 installieren	Liste	⬀ 🔒 www.checkdomain.de/support/webhosting-und-homepage/software-installiere…	▬▬	▮
anleitung typo3 installation	Liste	⬀ 🔒 www.checkdomain.de/support/webhosting-und-homepage/software-installiere…	▮	▮
cname records	Text	⬀ 🔒 www.checkdomain.de/hosting/lexikon/cname/	▮	▮

Abb. 11.13: Auswertung der Featured Snippets in Sistrix

Sistrix unterscheidet zusätzlich zwischen Liste-, Text- und Video-Snippets, zeigt den zu erwartenden Traffic, den Wettbewerb und die durchschnittlichen Klickpreise an. Leider gibt es keine Funktion, mit der man speziell die Featured Snippets überwachen kann, Sie können die Suchbegriffe natürlich in das Keyword-Monitoring aufnehmen, dort sehen Sie dann aber nicht, ob das entsprechende Featured Snippet noch angezeigt wird, sondern nur, auf welcher Position der Suchbegriff in den normalen Ergebnissen gefunden wurde.

Ich nutze zur Überwachung der Featured Snippets das Tool Ahrefs (`relaunch.pro/54`), dort werden Ihnen direkt in den Keyword-Listen die einzelnen »Spezialitäten« der Treffer angezeigt. Zusätzlich können Sie die Ergebnisse filtern und so schnell ein eigenes Monitoring der Suchbegriffe mit Featured Snippets aufsetzen. Exportieren Sie dazu einfach die entsprechenden Suchbegriffe in eine Excel-Liste, anschließend importieren Sie diese Liste in den Ranktracker für das individuelle Keyword-Monitoring. Vergeben Sie vor dem Import ein Tag, das Ihre Keywords als Featured Snippets markiert, damit Sie diese später in Ihren Listen wiederfinden.

In Ahrefs werden Ihre eigenen Featured Snippets mit einem blauen Symbol gekennzeichnet, so können Sie sehr schnell fehlende Snippets finden. Fehlende Snippets werden mit demselben Symbol in Grau angezeigt.

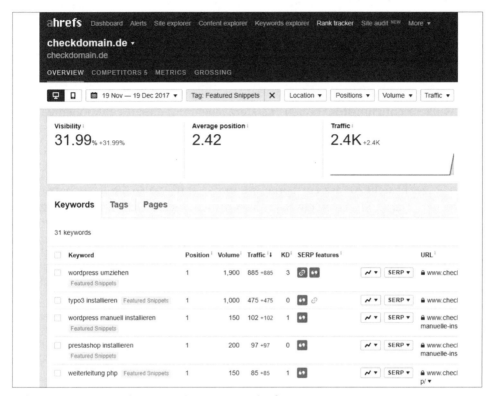

Abb. 11.14: Monitoring der Featured Snippets in Ahrefs

Aber auch dieses Monitoring ist nicht perfekt. Wenn neue Featured Snippets auftauchen, müssen Sie diese manuell hinzufügen und Sie werden auch nicht automatisch benachrichtigt, wenn Featured Snippets aus den Suchergebnisseiten fallen.

Für viele Seiten sind Featured Snippets eine sehr wichtige Besucherquelle und wichtig für die Markenbildung. Wussten Sie, dass die sprachgesteuerten Tools von Google, wie z.B. der Google Assistent auf dem Smartphone oder der Google Home, die Featured Snippets vorliest und auch jeweils die Quell-Domain nennt? Schon ziemlich cool. Umso erstaunlicher, dass die SEO-Tool-Hersteller ihren Kunden so viel Handarbeit zur Überwachung der Featured Snippets aufbürden.

11.4 Website-Statistik beobachten

Zum Glück haben Sie bereits im ersten Kapitel erkannt, wie wichtig die eigene Website-Statistik ist und – falls vor dem Lesen des ersten Kapitels noch nicht geschehen – diese auch gleich für Ihre Website eingerichtet. Sie verfügen also über Besucherzahlen vor und nach dem Relaunch und können jetzt – unter Berücksichtigung saisonaler Effekte – diese Zahlen objektiv miteinander vergleichen. Eventuell haben Sie auch schon bereits die Benachrichtigungsfunktionen in Google Analytics entdeckt und sich gleich ein paar Alarmierungen eingerichtet. Nicht? Macht nichts, dann machen wir das jetzt gemeinsam.

Wenn Sie nicht jeden Tag in Ihre Statistiken schauen möchten, dann macht es durchaus Sinn, sich zumindest von Google Analytics in bestimmten Fällen benachrichtigen zu lassen, um so nichts Wichtiges zu verpassen. Ich möchte Ihnen ein paar Benachrichtigungsfunktionen ans Herz legen, mit diesen Funktionen bekommen Sie zumindest wichtige Ereignisse frei Haus per Mail serviert.

11.4.1 Benachrichtigungen in Google Analytics einrichten

In der Regel besteht Anlass zur Sorge, wenn der Traffic, also die Besucherzahlen, einbrechen. Damit Sie davon etwas mitbekommen, möchte ich Ihnen die folgende Regel empfehlen.

Alle Regeln, die wir in diesem Abschnitt einrichten, finden Sie in Google Analytics, indem Sie unten links auf das Zahnrad klicken, die entsprechende Datenansicht auswählen und dann ganz rechts auf BENUTZERDEFINIERTE BENACHRICHTIGUNGEN klicken.

Abb. 11.15: So finden Sie die benutzerdefinierten Benachrichtigungen.

Wenn Sie schon Benachrichtigungen eingestellt haben, dann tauchen die auf der nächsten Seite auf. Um neue Benachrichtigungen einzustellen, klicken Sie auf den roten Button +NEUE BENACHRICHTIGUNG.

Unsere erste Benachrichtigung soll uns informieren, sobald an einem Tag 10% weniger Sitzungen im Vergleich zum Vortag gemessen wurden. Die Einstellungen hierfür sehen aus wie in Abbildung 11.16 gezeigt.

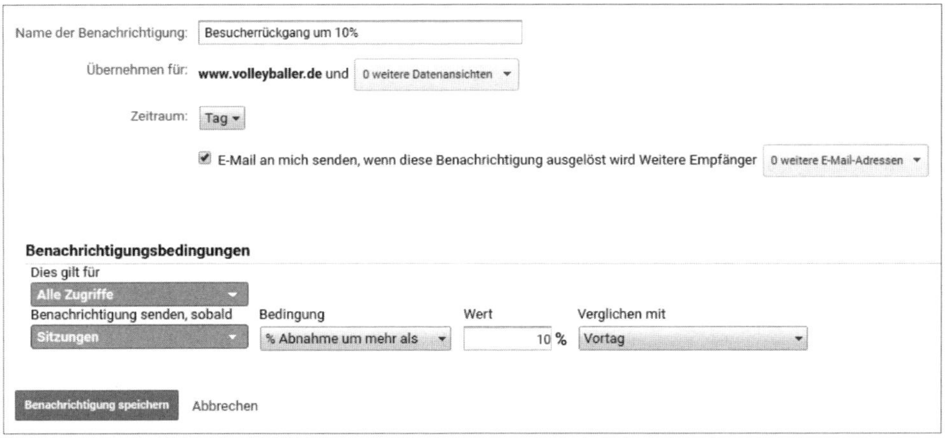

Abb. 11.16: Benachrichtigung bei 10% weniger Sitzungen zum Vortag

Vergeben Sie einen sinnvollen Namen für die Benachrichtigung. Dieser steht in der Betreffzeile der Mail, so können Sie schnell erkennen, um welche Benachrichtigung es sich handelt, und entsprechend reagieren.

Zusätzlich können Sie die Benachrichtigungen auch an weitere E-Mail-Adressen senden und so z.B. Ihre Internet-Agentur am Erfolg Ihrer neuen Website teilhaben lassen.

Zu viele 404-Fehler

In der Google Search Console sehen Sie die 404-Fehler, die durch die Besuche der Suchmaschinen-Bots erzeugt werden. In der Google-Analytics-Auswertung sehen Sie die Fehler, die auch Ihre Besucher sehen. Mit der Benachrichtigung, die Sie in Abbildung 11.17 sehen, bekommen Sie auch hiervon Wind.

In dieser Regel wird geprüft, ob der Seitentitel »Seite leider nicht gefunden« enthält. Dieser Text steht im Title-Tag meiner 404-Fehlerseiten. Bitte passen Sie diesen Text für Ihre Benachrichtigung entsprechend an.

Abb. 11.17: Regel zur Benachrichtigung bei zu vielen 404-Fehlern

Kein Tracking oder Seite tot

Richtig ärgerlich wird es, wenn der Tracking-Code herausprogrammiert wurde oder die Seite kein Lebenszeichen von sich gibt, in diesem Fall sinken die Seitenaufrufe auf 0. Die Regel dazu sieht so aus wie in Abbildung 11.18 gezeigt.

Abb. 11.18: Keine Sitzungen, entweder Seite tot oder Tracking-Code defekt

Für die Überwachung der generellen Funktion Ihrer Seiten sollten Sie nicht Google Analytics einsetzen, da hier die Benachrichtigung sehr verzögert versendet wird. Wenn Sie Ihre Seite ernsthaft überwachen möchten, dann empfehle ich

Ihnen hierfür Tools wie z.B. Pingdom (`relaunch.pro/114`). Dieses Tool überwacht Ihre Seite in sehr kurzen Intervallen und kann sogar automatisiert in Ihrem Shop Bestellungen durchführen.

Einbruch beim organischen Traffic

Alles läuft wie gewohnt gut? Trotzdem sollten Sie den organischen Traffic beobachten; brechen hier die Besucherzahlen ein, haben Sie ein größeres Problem. Ihre Seite wird dann nicht mehr in den Suchergebnisseiten angezeigt, weil Sie entweder von Google abgestraft wurden oder Ihr Relaunch doch irgendwie schiefgelaufen ist – was aber nach der Lektüre dieses Buches nicht passieren dürfte.

In diesem Fall filtern wir den Traffic über das Medium mit dem Wert »organic«, um nur den organischen Traffic auszuwerten. Bricht dieser um 50% zum gleichen Tag der Vorwoche ein, gibt es eine Mail. Der Vorwochenvergleich ist dann sinnvoll, wenn Ihre Seite an Wochenenden wenig Traffic bekommt, da Sie sonst am Montagmorgen immer diese Benachrichtigung in Ihrem Posteingang vorfinden werden.

Die gleiche Regel können Sie natürlich auch umkehren und sich bei Zuwachs im organischen Traffic informieren lassen.

Abb. 11.19: Organischer Traffic bricht ein.

Umsatz eingebrochen

Natürlich der wichtigste Wert, zumindest wenn Sie einen Online-Shop betreiben. Auch hier vergleichen wir mit dem gleichen Tag der Vorwoche.

Abb. 11.20: Umsatzeinbrüche werden mit dieser Regel gemeldet.

11.4.2 Benachrichtigungen in Matomo einrichten

Wenn Sie Matomo einsetzen, dann können Sie auch dort benutzerdefinierte Benachrichtigungen einrichten. Dazu benötigen Sie das kostenlose Zusatzmodul Custom Alerts (`relaunch.pro/125`), das Sie auch direkt in der Modulverwaltung von Matomo installieren können. Gehen Sie dazu auf den Menüpunkt PLATTFORM und dort auf den Unterpunkt MARKETPLACE.

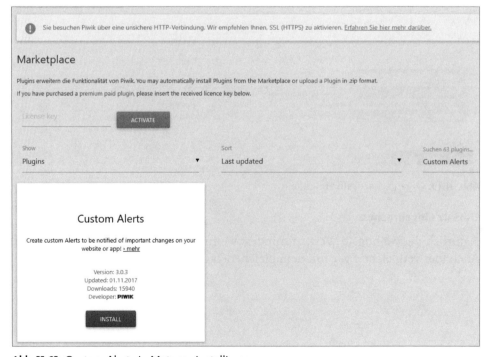

Abb. 11.21: Custom Alerts in Matomo installieren

Geben Sie in das Suchfeld rechts `Custom Alerts` ein. Im Suchergebnis sollte dann wie in Abbildung 11.21 die entsprechende Erweiterung gefunden werden.

Klicken Sie in der Kachel auf INSTALL, das Plugin wird dann unmittelbar in Ihrem Matomo installiert. Anschließend aktivieren Sie die Erweiterung, indem Sie auf den Button ACTIVATE PLUGIN klicken.

Die Benachrichtigungseinstellungen finden Sie nach erfolgreicher Installation des Plugins in der Navigationsleiste unter dem Punkt PERSÖNLICH und dort in dem Menüpunkt BENACHRICHTIGUNGEN.

Die Möglichkeiten sind denen von Google Analytics sehr ähnlich, beispielhaft sehen Sie in Abbildung 11.22 die Einstellungen für die 10%-Besucherrückgang-Benachrichtigung.

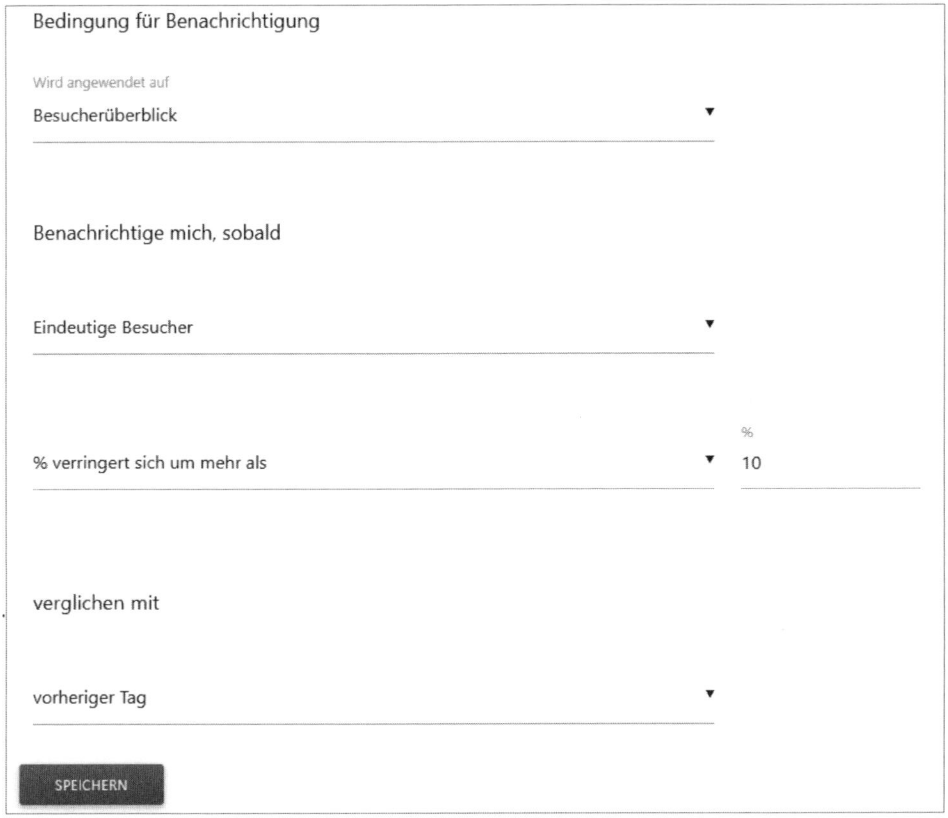

Abb. 11.22: Die Einstellungen ähneln stark denen von Google Analytics.

Es gibt noch unzählige weitere Website-Analysetools, viele bieten diese Benachrichtigungen an. Prüfen Sie Ihre aktuell verwendete Statistik und richten Sie sich Ihre persönlichen Alerts ein, damit Sie keine wichtigen Veränderungen in Ihren Statistiken verpassen.

Tipp: Behalten Sie die wichtigsten Daten im Blick

- Prüfen Sie regelmäßig den Sichtbarkeitsindex, viele SEO-Tools bieten diesen Indexwert an.
- Geraten Sie nicht in Panik, wenn sich die Sichtbarkeit nach dem Relaunch etwas verschlechtert (Relaunch-Delle).
- Richten Sie sich eine Benachrichtigung für den Sichtbarkeitsindex ein.
- Überwachen Sie Ihre wichtigsten Keywords täglich.
- Vergessen Sie nicht, die Position 0 mitzuüberwachen, Featured Snippets sind wichtige Besucherquellen.
- Richten Sie in Ihrer Website-Statistik Alarmmeldungen ein.

11.5   Zusammenfassung

In diesem Kapitel haben Sie Folgendes gelernt:

- **Nutzung der Suchanalyse** – Die Google Search Console gefällt Ihnen immer besser, jetzt wissen Sie auch, wie man mit der Suchanalyse arbeitet, und möchten diese nicht mehr missen.
- **Die Relaunch-Delle** – macht Ihnen keine Angst, Sie wissen, dass es nach einem Relaunch immer zu Sichtbarkeitsverlusten kommen kann, diese sich aber in der Regel wieder erholen.
- **Keyword-Monitoring** – Gerade nach dem Relaunch werden sich die Keyword-Positionen schneller verändern, mit Ihrem täglichen Monitoring haben Sie alle Veränderungen im Blick.
- **Position Zero** – Sie wissen, wie Sie Ihre Featured Snippets bei Google überwachen, und haben auch gelernt, dass diese nicht in Stein gemeißelt sind und Google die Position 0 gerne neu vergibt.
- **Ruhig schlafen** – Sie haben sich für die wichtigsten Auffälligkeiten in Ihrer Website-Statistik entsprechende Benachrichtigungen eingerichtet und können endlich wieder besser schlafen.

## Kapitel 12

Was tun, wenn's brennt?

Jetzt haben Sie eine gut funktionierende Website-Statistik mit sinnvollen Benachrichtigungen, die Sie bei ungewöhnlichen Ereignissen in Ihrer Website-Statistik in den Alarmzustand versetzt. Mit den SEO-Tools beobachten Sie Ihre hoffentlich zahlreichen gut rankenden Keywords und Ihre Featured Snippets, super!

Im »Heidiland« passiert jetzt Folgendes: Ihre Seiten werden super besucht, die Nutzerzahlen steigen stetig an, Sie machen mit Ihrem Online-Shop tolle Umsätze, alle sind sehr happy ... Sie können das Buch zuschlagen und endlich den Sekt aus dem Kühlschrank holen.

Es kann aber auch ganz anders kommen: Die Besucherzahlen brechen ein, Ihr Shop macht kaum Umsatz, keiner ist so richtig happy. Lesen Sie in diesem Fall bitte weiter.

Einen Vorteil haben Sie jedoch schon mal: Wenn Sie vorher nichts gemessen und Ihre Websites mehr oder weniger im Blindflug betrieben haben, so wissen Sie jetzt zumindest, an welchen Stellen Sie nachschauen müssen, um der Ursache auf den Grund zu gehen. Diese neuralgischen Punkte möchte ich für Sie in diesem Abschnitt noch einmal zusammenfassen. Was tun wir also, wenn Keywords abstürzen, Seiten nicht aufgerufen werden und Besucher ausbleiben?

Sind Sie verzweifelt und neu hier?

Haben Sie sich dieses Buch gekauft, weil Ihre Internetseite nach einem Relaunch gerade den Bach runtergeht, und gezielt dieses Kapitel aufgeschlagen? Dann möchte ich mich zunächst bei Ihnen für den Kauf bedanken und hoffe, dass wir gemeinsam Ihre Website wieder auf Vordermann bekommen. Lesen Sie zunächst dieses Kapitel, so bekommen Sie einen ganz groben Überblick über Ihr derzeitiges Problem. Im Anschluss werden Sie nicht umherkommen, mit dem ersten Kapitel zu starten. Dort lernen Sie, wie Sie die wichtigsten Kennzahlen Ihrer Website herausbekommen und wie Sie diese überwachen können.

12.1 Sichtbarkeitsindex analysieren

Wenn der Sichtbarkeitsindex (mit welchem Tool auch immer gemessen) um ein paar Prozentpunkte einbricht, dann ist das noch kein Grund zur Panik. Wie bereits erwähnt ist ein leichter Sichtbarkeitseinbruch nach einem Relaunch völlig normal. Der Sichtbarkeitsindex ist generell ein guter Indikator, um schwerwiegende Veränderungen in der Sichtbarkeit zu erkennen, und kann so der erste Anlaufpunkt für weitere Analysen darstellen. Hin und wieder kommt es bei der Messung der Sichtbarkeitswerte zu Messfehlern, die sich dann in extremen Ausschlägen zeigen. Gerade bei Seiten mit sehr geringem Sichtbarkeitswert sind dann prozentuale Veränderungen von 300% keine Seltenheit.

Ich möchte Ihnen anhand der Website `www.uelzen.de` zeigen, was nach einem Relaunch mit der Sichtbarkeit einer Seite passieren kann und wie man herausfindet, wie es zu Sichtbarkeitsverlusten kommt.

Ein Satz zur Stadt Uelzen: Ich liebe den Hundertwasser-Bahnhof, man kann toll in der Lüneburger Heide wandern und es gibt ein (oder mehrere) ganz süße Cafés in Uelzen. Die Website ist leider ein schönes Beispiel für einen verkorksten Relaunch und taucht deshalb in diesem Buch auf.

Die Website `www.uelzen.de` wurde Ende 2016 erneuert, das zeigt Abbildung 12.1 sehr deutlich.

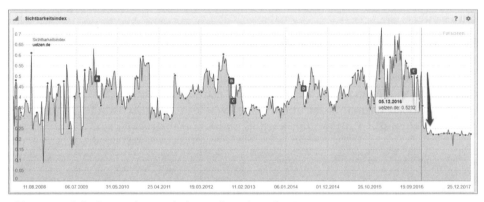

Abb. 12.1: Sichtbarkeitsverlust nach dem Relaunch Ende 2016

Der Pfeil markiert den Sichtbarkeitsverlust nach dem Relaunch, leider handelt es sich nicht um eine Relaunch-Delle, sondern um einen gleichbleibenden Sichtbarkeitsverlauf. Dieser hat sich nach dem Relaunch auf einen Wert von 0,22 eingependelt. Der höchste Sichtbarkeitswert liegt ungefähr bei 0,62.

12.1.1 Holen Sie sich eine zweite Meinung

Prinzipiell traue ich den SEO-Tools, aber wie auch im richtigen Leben ist es manchmal sinnvoll, eine zweite Meinung einzuholen. In diesem Fall holen wir uns die zweite Meinung von dem SEO-Tool Xovi.

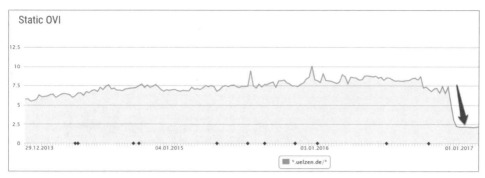

Abb. 12.2: Der Static OVI der Sichtbarkeit von uelzen.de mit Xovi gemessen

Zum gleichen Zeitpunkt zeigen beide Tools einen deutlichen Sichtbarkeitsverlust an, wir können also sichergehen, dass es sich nicht um einen Messfehler handelt, sondern dass tatsächlich irgendwas passiert ist, das diesen Einbruch zu verantworten hat. Es muss sich dabei nicht immer um einen Komplett-Relaunch handeln, eine unsauber ausgeführte URL-Strukturänderung kann schon fatale Folgen haben, aber gehen wir den Ursachen bei uelzen.de mal auf den Grund.

Wenn Sie bereits über einen Account bei Sistrix verfügen, dann machen Sie doch die folgenden Tests gleich mit, Übung macht den Meister.

12.1.2 Was ist passiert?

Im nächsten Schritt schauen wir uns den Zeitraum an, in dem der Sichtbarkeitsindex eingebrochen ist. So finden wir heraus, welche Suchbegriffe plötzlich nicht mehr für diese Domain gefunden werden und so den Sichtbarkeitsindex dämpfen.

Klicken Sie im SEO-Modul auf den Unterpunkt Ranking-Veränderungen, wählen Sie im rechten Bereich den entsprechenden Vergleichszeitraum aus, in diesem Fall wähle ich 12.12.2016 und 01.01.2017. Wählen Sie zusätzlich im Feld Typ den Eintrag Verschlechterte Rankings aus.

Insgesamt haben sich 46 Suchbegriffe (die Sistrix von dieser Seite kennt) verschlechtert, in der Regel sind es noch wesentlich mehr Suchbegriffe, die in Mitleidenschaft gezogen werden. Bitte bedenken Sie bei allen Auswertungen, die Tools können immer nur die Daten analysieren und anzeigen, die sie von den einzelnen Seiten kennen. Es kann sich also immer nur um einen kleinen Ausschnitt von Daten handeln.

Die erste Suchbegriffskombination in Abbildung 12.3 ist »stadtplan uelzen«, diese ist von Platz 4 auf Platz 68 abgestürzt. Die ursprüngliche URL der dazugehörigen Seite lautet:

```
http://www.uelzen.de/Portaldata/23/Resources/stue_dateien/stue_
dokumente/allgemeines/Verwaltungsdokumentation.pdf
```

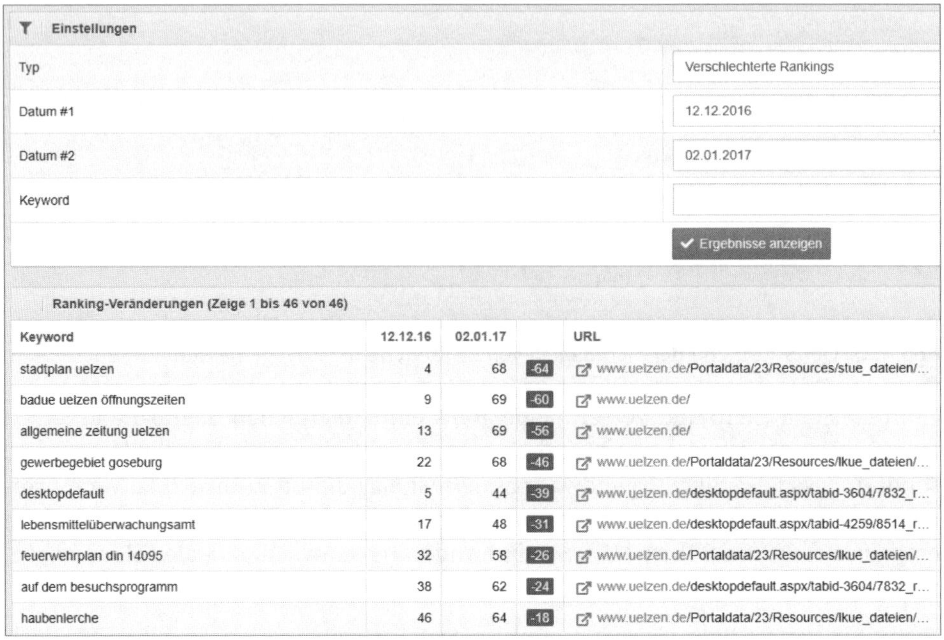

▼ Einstellungen		
Typ		Verschlechterte Rankings
Datum #1		12.12.2016
Datum #2		02.01.2017
Keyword		
		✔ Ergebnisse anzeigen

Ranking-Veränderungen (Zeige 1 bis 46 von 46)				
Keyword	12.12.16	02.01.17		URL
stadtplan uelzen	4	68	-64	☑ www.uelzen.de/Portaldata/23/Resources/stue_dateien/...
badue uelzen öffnungszeiten	9	69	-60	☑ www.uelzen.de/
allgemeine zeitung uelzen	13	69	-56	☑ www.uelzen.de/
gewerbegebiet goseburg	22	68	-46	☑ www.uelzen.de/Portaldata/23/Resources/lkue_dateien/...
desktopdefault	5	44	-39	☑ www.uelzen.de/desktopdefault.aspx/tabid-3604/7832_r...
lebensmittelüberwachungsamt	17	48	-31	☑ www.uelzen.de/desktopdefault.aspx/tabid-4259/8514_r...
feuerwehrplan din 14095	32	58	-26	☑ www.uelzen.de/Portaldata/23/Resources/lkue_dateien/...
auf dem besuchsprogramm	38	62	-24	☑ www.uelzen.de/desktopdefault.aspx/tabid-3604/7832_r...
haubenlerche	46	64	-18	☑ www.uelzen.de/Portaldata/23/Resources/lkue_dateien/...

Abb. 12.3: Ranking-Veränderungen im Vergleichszeitraum

Es handelte sich um ein PDF, ruft man die Seite auf, landet man auf der Startseite von www.uelzen.de. Es erfolgt also eine Umleitung. Als aufmerksamer Leser denken Sie jetzt sicherlich: »Die Startseite? Das ist doch kein adäquates Umleitungsziel, der Stadtplan der neuen Seite wäre doch ein viel besseres Ziel«. Richtig! Die Umleitung auf die Startseite ist in diesem Fall nicht besonders besucherfreundlich.

Wie sieht es denn mit der technischen Umsetzung der Umleitung aus? Mit welchem Statuscode wird die Seite umgeleitet? Um das herauszufinden, nutzen wir das Tool »Live HTTP Headers« (relaunch.pro/126).

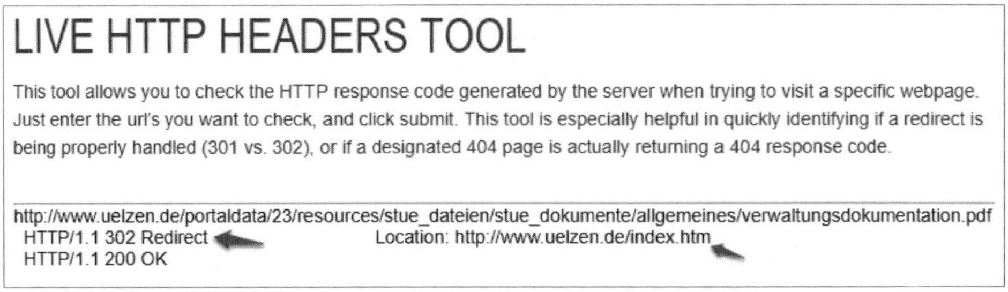

LIVE HTTP HEADERS TOOL

This tool allows you to check the HTTP response code generated by the server when trying to visit a specific webpage. Just enter the url's you want to check, and click submit. This tool is especially helpful in quickly identifying if a redirect is being properly handled (301 vs. 302), or if a designated 404 page is actually returning a 404 response code.

http://www.uelzen.de/portaldata/23/resources/stue_dateien/stue_dokumente/allgemeines/verwaltungsdokumentation.pdf
HTTP/1.1 302 Redirect ◀———   Location: http://www.uelzen.de/index.htm
HTTP/1.1 200 OK

Abb. 12.4: Umleitung per 302-Statuscode auf die Startseite

Das Ergebnis: Die Seite wird per 302-Statuscode auf die Startseite umgeleitet. Den Suchmaschinen wird so mitgeteilt, dass die Original-URL nur temporär auf die

Startseite verweist, somit speichern die Suchmaschinen nach wie vor die alte Adresse. Leider befindet sich doch auf der Startseite nichts, was mit der Suchbegriffskombination »stadtplan uelzen« zu tun hätte, Besucher werden enttäuscht und brechen eventuell an dieser Stelle ihre Suche nach dem Stadtplan ab. Die Suchmaschinen entfernen den Suchtreffer, da er nicht mehr relevant für die Suche ist.

Für die Gegenprobe, vielleicht war dieser Fund ja nur Zufall, überprüfen wir die Suchanfrage »marktplatz uelzen«, hier nahm die Domain `uelzen.de` den ersten Platz bei Google ein.

Abb. 12.5: Platz 1 für uelzen.de, vor dem Relaunch

Die URL `http://www.uelzen.de/desktopdefault.aspx/tabid-3694/6974_read-30573/` wird ebenfalls auf die Startseite umgeleitet, wobei sich auch noch die URL der Startseite ändert. Ein Blick in das »Live HTTP Header« Tool zeigt wieder eine temporäre 302-Umleitung.

Abb. 12.6: 302-Weiterleitung auf die Startseite

Wir stellen also fest: Die alten Seiten, die vor dem Relaunch gute Suchergebnisse erzielten (und alle anderen wahrscheinlich auch), haben neue URLs erhalten, die alten URLs wurden nicht auf die neuen URLs umgeleitet, sondern per temporärer 302-Umleitung auf die Startseite umgelenkt.

Tipps für den Umgang mit Sichtbarkeitsveränderungen

- Behalten Sie den Sichtbarkeitsindex immer im Blick (auch den Ihrer Marktbegleiter).
- Bei lang anhaltendem Abwärtstrend müssen Sie handeln.
- Vergleichen Sie die Suchbegriffspositionen vor und nach dem Relaunch bzw. der Sichtbarkeitsveränderung.
- Prüfen Sie, welche Keywords Sie verloren haben.

- Prüfen Sie die alten URLs, werden diese korrekt per 301 weitergeleitet?
- Passen die Folgeseiten zum Suchbegriff?
- Leiten Sie nicht standardmäßig die alten URLs auf die Startseite um!

12.2 Externe Links prüfen

Bleiben wir beim Beispiel uelzen.de. Wie wir im Sichtbarkeitsindextest schon festgestellt haben, werden die Seiten nicht korrekt umgeleitet, was zu bleibenden Schäden beim Sichtbarkeitsindex führt. Im nächsten Schritt wollen wir die Ziele der externen Verlinkungen überprüfen. Externe Links stärken eine Seite, aber nur dann, wenn sie auf funktionierende Ziele (Seiten) verlinkt sind oder die Ziele entsprechend korrekt umgeleitet werden.

In der Sistrix-Toolbox gibt es dazu im Linkmodul die Funktion VERLINKTE SEITEN, diese zeigt die am stärksten verlinkten Seiten an und kann zusätzlich die Erreichbarkeit prüfen.

Linkziel	Links ▾	Hostnamen	Domains	IPs	Netzwerke	Antwort
www.uelzen.de/	6.463	1.361	1.017	629	474	✔ Status-Code: 200
www.uelzen.de/?aspxerrorpath=/desktopdefault.aspx/tabid-3944/7990_read-32438	223	46	43	2	2	✔ Status-Code: 200
www.uelzen.de/desktopdefault.aspx	75	38	32	25	22	✔ Status-Code: 302
uelzen.de/	155	25	19	22	19	✔ Status-Code: 301
stadtbuecherei.uelzen.de/	33	26	14	5	4	✔ Status-Code: 301
www.uelzen.de/tourismus	24	22	12	9	8	✔ Status-Code: 302
www.uelzen.de/index.htm?baum_id=4602	27	14	11	12	11	✔ Status-Code: 200
www.uelzen.de/desktopdefault.aspx/tabid-6842	34	13	9	9	7	✔ Status-Code: 302
www.uelzen.de/index.htm?baum_id=3462	14	12	9	5	4	✔ Status-Code: 200
www.awb.uelzen.de/	30	9	8	7	7	N/A
www.uelzen.de/index.htm	39	13	8	8	1	✔ Status-Code: 200
www.uelzen.de/Portaldata/23/Resources/stue_dateien/stue_dokumente/verkehr/Verkehrs...	32	8	7	6	6	✔ Status-Code: 302

Abb. 12.7: Prüfung der Erreichbarkeit der verlinkten Seiten

Wie erwartet, befinden sich auch hier 302-Weiterleitungen. Das Problem der 302-Weiterleitungen in Bezug auf die Verlinkungen ist, dass die verlinkenden Seiten keine Linkkraft an uelzen.de vererben, da die Vererbung nur bei den Statuscodes 200 und 301 stattfindet. Diese Links können die Seite also nicht mehr stärken und so verliert uelzen.de auch durch diese Fehler weitere Sichtbarkeit.

Ein weiterer Blick in das auf Links spezialisierte Tool Ahrefs (relaunch.pro/54) zeigt noch weitere Probleme.

Der Pfeil in Abbildung 12.8 markiert eine von mehreren Fehlermeldungen »Cannot resolve host«, was so viel heißt wie, »ich finde den Domainnamen nicht«. Bei der gesuchten Domain handelt es sich um die Subdomain `portal.uelzen.de`. Gibt man diese Adresse in einem Browser ein, erhält man das Ergebnis, das Sie in Abbildung 12.9 sehen.

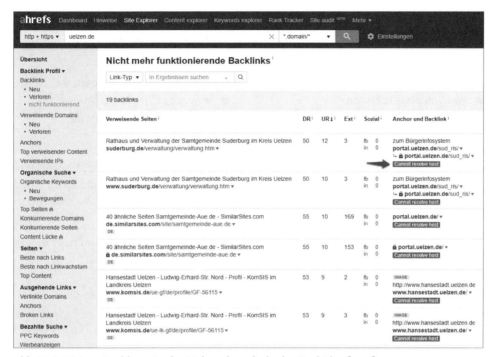

Abb. 12.8: Weitere Probleme in der Linkstruktur deckt das Tool Ahrefs auf.

Abb. 12.9: Seite nicht erreichbar

Hier wurde offenbar versäumt, die Subdomain `portal.uelzen.de` wieder einzurichten und die Anfragen auf die Folgeseiten umzuleiten. Es handelt sich nicht um eine 404-Seite, sondern um ein schwerwiegendes technisches Problem. In der Vergangenheit hat Uelzen offensichtlich Inhalte auf Subdomains (`portal.uelzen.de`) gespeichert, diese Subdomains wurden nach dem Relaunch nicht wieder eingerichtet und sind somit nicht mehr erreichbar. Die Links gehen somit ins Leere und deren Linkkraft verpufft im Internetnirwana.

Es gibt noch weitere verlinkte und vergessene Subdomains unter der Hauptdomain `uelzen.de`:

- `www.stadt.uelzen.de`
- `www.awb.uelzen.de`
- `www.hansestadt.uelzen.de`

- `map.freifunk.uelzen.de`
- `www.seat.uelzen.de`
- `www.kewitz.uelzen.de`

Keine dieser Subdomains ist zum Testzeitpunkt erreichbar.

Städte bekommen häufig Links aus Wikipedia-Seiten, diese Links sind besonders schwer zu bekommen, da aufmerksame Wikipedia-Autoren ein wachsames Auge auf die Artikel haben und jeden Link, der auch nur annähernd kommerziell einzuordnen ist, umgehend löschen.

Für die Linkprüfung nutzen wir die Spezialseite Weblinksuche (`relaunch.pro/43`).

Weblinksuche

Suchmuster:

`http://*.uelzen.de`

Suchen

Unten werden bis zu **22** Ergebnisse im Bereich **1** bis **22** angezeigt.

Zeige (vorherige 50 | nächste 50) (20 | 50 | 100 | 250 | 500)

1. http://www.uelzen.de/ ist verlinkt von Uelzen
2. http://www.uelzen.de/Portaldata/23/Resources/lkue_dateien/lkue_dokumente/buerger/landkreis_uelzen/amtsblatt/2012/Amt
3. http://www.uelzen.de/Portaldata/23/Resources/lkue_dateien/lkue_dokumente/kreisrecht/Karte_1_zur_Verordnung_ueber_d
   ist verlinkt von Liste der Landschaftsschutzgebiete im Landkreis Uelzen
4. http://www.uelzen.de/Portaldata/23/Resources/lkue_dateien/lkue_dokumente/gesundheit_umwelt/lrp_2012/LRP_2012_Text
5. http://www.uelzen.de/Portaldata/23/Resources/lkue_dateien/lkue_dokumente/buerger/landkreis_uelzen/amtsblatt/2012/Amt
6. http://www.uelzen.de/Portaldata/23/Resources/lkue_dateien/lkue_dokumente/buerger/landkreis_uelzen/amtsblatt/2014/Amt
7. http://www.uelzen.de/Portaldata/23/Resources/stue_dateien/stue_bilder/allgemeines/hohe_Aufloesung/Stadtwappen_ha.jpg
8. http://www.uelzen.de/desktopdefault.aspx/tabid-3605/7833_read-30891/ ist verlinkt von Wil Frenken
9. http://www.uelzen.de/desktopdefault.aspx/tabid-3605/7833_read-46984/ ist verlinkt von Liste der Orte mit Stolpersteinen
10. http://www.uelzen.de/desktopdefault.aspx/tabid-3610/7840_read-35571/ ist verlinkt von Benutzer:Felix König/Kommunal

Abb. 12.10: Die Weblinksuche zeigt 22 Links für `uelzen.de` in der deutschen Wikipedia-Ausgabe.

Er werden ganze 22 Links gefunden, mit der Google-Chrome-Erweiterung »Check My Links« (`relaunch.pro/118`) prüfen wir die Links auf Erreichbarkeit.

Die Auswertung in Abbildung 12.11 zeigt alle Links als erreichbar an, leider unterscheidet »Check My Links« nicht nach Art der Umleitung, so werden also auch 302er-Umleitungen als erreichbar (grün) angezeigt.

Abb. 12.11: Laut »Check My Links« sind alle Seiten erreichbar.

Klickt man die Links jedoch an, sieht man schnell, dass diese auf die Startseite umleiten. Um sicherzugehen, dass dieser Fehler alle Wikipedia-Links betrifft, kopiere ich die Links aus der Wikipedia-Seite und überprüfe diese dann anschließend mit dem »Live HTTP Header« Tool. Als Screaming-Frog-SEO-Spider-Freund wissen Sie natürlich, dass Sie diesen Test auch mit dem Frog im List-Modus durchführen können.

Abb. 12.12: Alles per 302 auf die Startseite umgeleitet

Wie vermutet, werden die Links aus Wikipedia ebenfalls auf die Startseite per temporärer 302-Umleitung umgelenkt.

12.3 Disavow-Datei prüfen

Ich hatte Ihnen die Disavow-Datei schon im Kapitel zur Google-Search-Console-Einrichtung vorgestellt. Mit dieser Datei können Sie externe Links als ungültig erklären und in der Google Search Console hinterlegen. Warum macht man das? Weil es besonders gewiefte Suchmaschinenoptimierer gibt, die einfach »schmutzige« Links in großen Mengen auf Mitbewerber verlinken, um diesen so zu schaden. Google straft Seiten ab, die von unseriösen Seiten viele Links erhalten, und da Google um die Praktiken einiger Optimierer weiß, wurde die Disavow-Datei eingeführt.

Wenn Sie eine neue Search Console eingerichtet haben, weil Sie zum Beispiel von HTTP auf HTTPS gewechselt haben, dann müssen Sie die Disavow-Datei erneut in dieser Property hochladen! Schauen Sie also gleich mal nach, ob Ihre Disavow-Datei noch vorhanden ist: relaunch.pro/121.

12.3.1 Linkanalyse mit Xovi

Falls Sie noch keine Disavow-Datei einsetzen, dann empfehle ich Ihnen, in regelmäßigen Abständen eine Linkanalyse durchzuführen. Mit dem SEO-Tool Xovi können Sie beispielsweise eine Gefahrenanalyse Ihrer externen Verlinkungen durchführen.

Klicken Sie dazu in der Navigation auf LINKS und dort dann auf den Unterpunkt ANALYSE-VERWALTUNG.

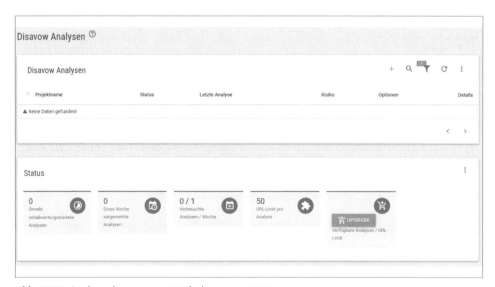

Abb. 12.13: Analyse der externen Verlinkungen mit Xovi

Fügen Sie Ihre Domain durch Klicken auf das Plus-Symbol zur Analyse hinzu. Im nächsten Schritt können Sie noch weitere Linklisten aus anderen Tools hochladen, um so einen möglichst vollständigen Linkdatensatz prüfen zu können. Xovi analysiert in der Testversion bis zu 50 Links, Sie erhalten in der Testversion aber schon mal einen Einblick in die Funktion.

Xovi kann so konfiguriert werden, dass die Linkanalysen regelmäßig durchgeführt werden, was natürlich sehr zu empfehlen ist, da sich Ihre Linkstrukturen fortwährend ändern.

Wenn Xovi die Analyse beendet hat, dann taucht das Ergebnis in der ANALYSE-VER-WALTUNG auf.

Disavow Analysen

	Projektname	Status	Letzte Analyse	Risiko
☐	volleyballer.de (volleyballer.de)	Fertig	24.12.2017, 08:22	☂ Neutral

AKTION AUSWÄHLEN   25 ▾

Abb. 12.14: Ergebnis: neutral, die Zusammenfassung der Link-Analyse in Xovi

Wenn Sie auf den Domainnamen klicken, erhalten Sie weitere Details zur Analyse.

URL	Ankertext	Kommentar	Regeln	↑ Risiko
http://www.ville-city.com/en/modules.php?name=World_News&pl=reg&country=FI&country_name=Fin... Crawl und Auswertung abgeschlossen	N/A	-	EVAL-02,EVAL-05 (...)	☂ 5.8
http://www.ville-city.com/en/modules.php?name=World_News&pl=reg&country=FI&country_name=Fin... Crawl und Auswertung abgeschlossen	N/A	-	EVAL-02,EVAL-05 (...)	☂ 5.8
http://sport.jdmag.net/dir/Ballsport/Volleyball/Verzeichnisse_und_Portale/volleyballer.de/index-4-403-... Crawl und Auswertung abgeschlossen	http://volleyballer.de		EVAL-02,EVAL-05 (...)	☂ 4.6
http://volleyballnews.ru/blog/1710.html ☑ Crawl und Auswertung abgeschlossen	www.volleyballer.de/sprungkrafttraining.php	-	EVAL-02,EVAL-28 (...)	☂ 4.1

Abb. 12.15: Detaillierte Ergebnisse der Linkanalyse in Xovi

Zu jedem Link erhalten Sie eine Risiko-Einschätzung von Xovi. Rote Schirme weisen auf gefährliche, grüne auf ungefährliche Links hin. Bitte bedenken Sie, dass es sich hierbei nur um die Einschätzung eines Tools handelt, dessen Bewertungsalgorithmen wir nicht kennen. Sehen Sie die Ergebnisse daher nur als Vorschläge an, schauen Sie sich in jedem Fall die Verlinkungen genauer an und kopieren Sie diese nicht blind in Ihre Disavow-Datei.

12.3.2 Linkanalyse mit Sistrix

Die Linkanalyse im Linkmodul von Sistrix heißt LinkRating und wurde von Sistrix sehr gut versteckt. Nachdem Sie sich eingeloggt haben, klicken Sie auf den Navigationspunkt LINKS. Auf der Folgeseite finden Sie eine Kachel, die auf das LinkRating hinweist, etwas weiter unten finden Sie einen kleinen grauen Button. Klicken Sie auf LINKRATING, es öffnet sich die Seite, die Sie in Abbildung 12.16 sehen.

Abb. 12.16: Etwas versteckt: Das LinkRating-Tool in der Sistrix-Toolbox

Klicken Sie auf den grünen Button CREATE NEW EVALUATION. In der Folgeseite können Sie weitere Angaben zu Ihrem Projekt vornehmen. Geben Sie den Projekttitel und die zu analysierende Domain an.

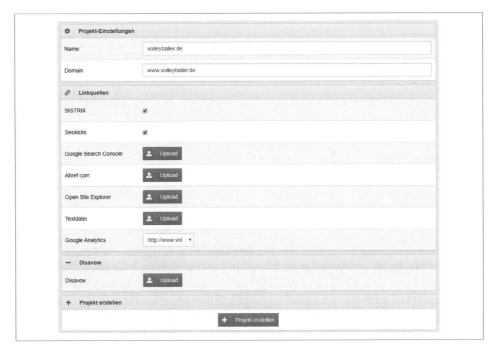

Abb. 12.17: Einstellungen zur Linkanalyse in Sistrix

Sie können zusätzlich zu den Linkdaten, die Sistrix gesammelt hat, weitere Quellen hinzufügen. Je mehr Links Sie bei der Analyse berücksichtigen, desto besser. Versuchen Sie also, möglichst viele Linkquellen anzuzapfen, um diese in der Analyse zu berücksichtigen. Zusätzlich können Sie Sistrix Zugriff auf Ihre Google-Analytics-Statistik geben, hier schaut Sistrix dann in die Verweisquellen, die in Analytics aufgezeichnet wurden.

Abb. 12.18: Importieren Sie möglichst viele Links in die Analyse.

Um die Analyse zu starten, klicken Sie auf den grünen Button PROJEKT ERSTELLEN.

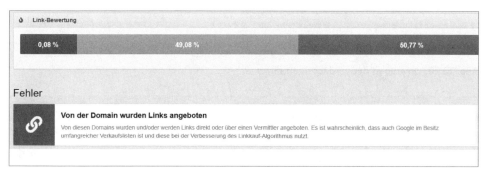

Abb. 12.19: LinkRating-Ergebnis in Sistrix

Als Ergebnis erhalten Sie eine Einschätzung von Sistrix, wie es um die Qualität Ihrer externen Links bestellt ist. Anhand der folgenden Parameter versucht Sistrix, automatisiert die Qualität der analysierten Links zu berechnen:

- Verkauft die linkgebende Seite Links?
- Ist ein Title-Tag in der linkgebenden Seite vorhanden?
- Ist auf der verlinkenden Seite viel, wenig oder gar keinen Text?
- Wurde auf der verlinkenden Seite Malware, also Schadcode gefunden?

- Hat der Linktext einen hohen CPC (Cost per Click, bei AdWords)?
- usw.

Trotz aller Algorithmen und Automatismen sollten Sie den Auswertungen, ganz gleich von welchem Tool, nicht blind vertrauen. Schauen Sie sich die verlinkenden Seiten an und entscheiden Sie selbst, ob Sie von der jeweiligen Seite verlinkt werden möchten oder nicht. Die Linkrating-Tools sind dafür gute Startpunkte und erleichtern Ihnen das Auffinden von auffälligen Links, sie nehmen Ihnen aber nicht die Entscheidung ab, welche Links Sie entwerten möchten und welche nicht.

In Sistrix können Sie die Links exportieren, um diese dann weiterzuverarbeiten und zum Beispiel in die Disavow-Liste einzutragen. Klicken Sie dazu in der Linkdetailansicht auf das Zahnrad und anschließend auf DOWNLOAD.

Abb. 12.20: Download der verdächtigen Links

Tipps für die Prüfung der externen Links

- (Fast) jeder Link ist wichtig und sollte auf ein adäquates Linkziel verweisen.
- Leiten Sie die externen Links nicht per 302 um, die Links verlieren so ihre Linkkraft und helfen Ihrer Seite nicht mehr.
- Achten Sie auf Ihre Wikipedia-Links, passen Sie diese an, damit die Besucher auf das gewünschte Ziel gelangen.
- Prüfen Sie Ihre Links regelmäßig mit den Disavow-Tools der Tool-Anbieter, wie z.B. Sistrix oder Xovi.
- Prüfen Sie die verdächtigen Links manuell, vertrauen Sie nicht blind auf die Bewertung der Tools.
- Laden Sie die Disavow-Datei in Ihre Google Search Console.
- Hatten Sie bereits eine Disavow-Datei im Einsatz? Dann prüfen Sie, ob diese in Ihrer Search Console noch vorhanden ist und nicht vergessen wurde.

12.4 Ursachen für die Nicht-Indexierung finden

Ein guter Grund für einen Sichtbarkeitsverlust sind Seiten, die nicht mehr im Suchmaschinen-Index gespeichert werden können, weil sie eventuell falsch konfiguriert wurden. Abseits von fehlerhaften Umleitungen können Seiten so durch entsprechende Meta-Angaben und `robots.txt`-Einträge bei den Suchmaschinen in Vergessenheit geraten.

Ob sich eine bestimmte Seite im Google-Index befindet, finden Sie einfach heraus, indem Sie die Site-Abfrage, die Sie in Abbildung 12.21 sehen, in den Google-Suchschlitz eingeben.

Abb. 12.21: Site-Abfrage in Google

Wenn das Ergebnis wie in Abbildung 12.22 aussieht, dann ist die abgefragte Seite nicht im Google-Index gespeichert.

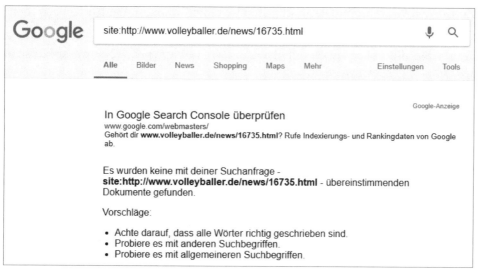

Abb. 12.22: Seite nicht im Index enthalten

Welche Gründe könnte eine Nicht-Indexierung also haben? In meinem Beispiel handelt es sich um eine Seite, die ich vorsätzlich gelöscht habe, da sie veraltete

Informationen enthält. Diese Seite habe ich über die `.htaccess`-Datei per 410er-Status als gelöscht markiert.

12.4.1 .htaccess-Datei

Die `.htaccess`-Datei ist für das öffentliche Internet nicht sichtbar, wir können diese Datei nur per FTP-Programm herunterladen und mit einem Texteditor sichtbar machen und bearbeiten. Prüfen Sie, ob sich in dieser Datei falsche Umleitungen befinden, manchmal werden dort auch Umleitungen aus dem Relaunch-Prozess vergessen, die das Crawling der Suchmaschinen verhindern sollten.

Warnhinweis

Mit der `.htaccess`-Datei können Sie Ihrer Domain nachhaltig Schaden zufügen, ein falsches Zeichen in dieser Datei und Ihre gesamten Seiten sind nicht mehr erreichbar. Führen Sie Änderungen in der `.htaccess` immer nur in kleinen Schritten durch und testen Sie die Änderungen unmittelbar!

12.4.2 robots.txt

Eine falsch konfigurierte `robots.txt`-Datei ist wie die `.htaccess` durchaus in der Lage, Ihre gesamte Domain in die totale Unsichtbarkeit zu befördern. Prüfen Sie die `robots.txt` auf Crawling-Blockaden. Die `robots.txt` wird gerade bei einem Relaunch gern dazu genutzt, den Suchmaschinen in der Entwicklungsphase den Zutritt zu verwehren. Diese Zugriffsblockaden müssen natürlich nach dem Relaunch entfernt werden.

Testen Sie die `robots.txt` mit Ryte.com (`relaunch.pro/122`), ob spezifische URLs darin gesperrt wurden.

12.4.3 Meta-Angaben

Durch diese Meta-Angaben verhindern Sie erfolgreich die Indexierung durch die Suchmaschinen:

```
<META NAME="ROBOTS" CONTENT="noindex, nofollow">
```

Mit diesem Meta-Tag teilen Sie den Suchmaschinen-Bots mit: »Bitte diese Seite nicht indexieren und auch den Links auf dieser Seite nicht folgen.« Manchmal macht das Sinn, wenn z.B. Login-Seiten oder Formulare nicht indexiert werden sollen. In den meisten Fällen möchte man jedoch, dass die Suchmaschinen die Seiten in ihren Index aufnehmen. Sie können mit der Chrome-Erweiterung (gibt es auch für Firefox) SeeRobots (`relaunch.pro/127`) schnell und einfach die Konfiguration einer Seite prüfen, indem Sie diese einfach aufrufen und sich die Auswertung der Erweiterung anschauen.

Abb. 12.23: Die Browser-Erweiterung SeeRobots wertet das Meta-Tag `Robots` aus.

Wenn dieses Meta-Tag nicht vorhanden ist, dann gelten für die Suchmaschinen keine Restriktionen. Das Robots-Tag wird gerne in der Relaunch-Phase verwendet und ab und zu auch mal vergessen.

12.4.4 Falsch konfigurierte URL-Parameter

In der Google Search Console können Sie die Behandlung von Seiten mit URL-Parametern konfigurieren. In der Regel bekommt Google die Parameterbehandlung schon sehr gut hin. Falls Sie hier noch Einstellungen aus der Pre-Relaunch-Phase haben, prüfen Sie diese und entfernen Sie ggf. alte Einstellungen.

Sie finden die Einstellungen in der Google Search Console unter dem Menüpunkt CRAWLING und dort unter dem Menüpunkt URL-PARAMETER.

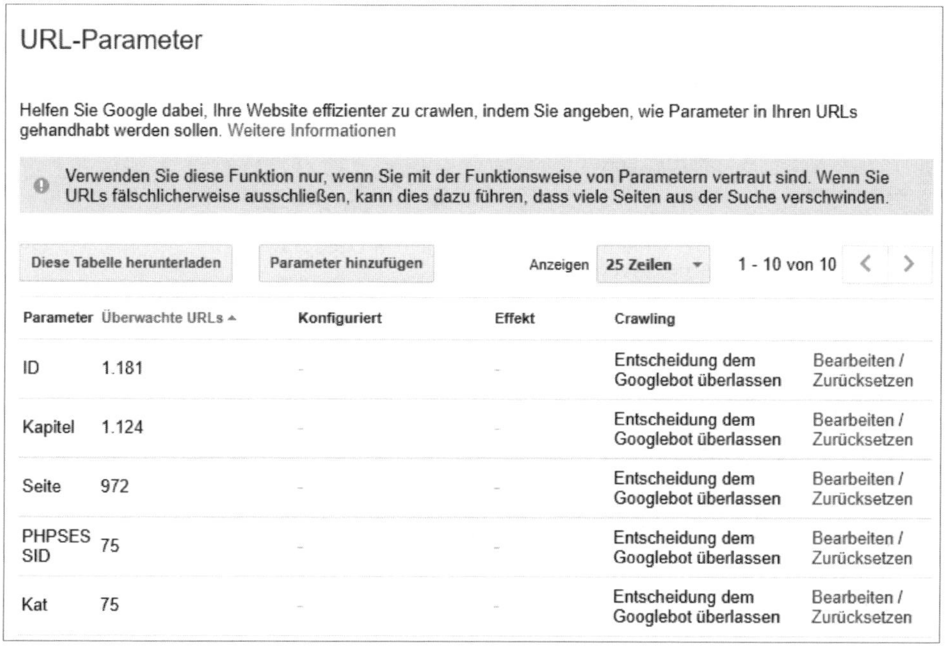

URL-Parameter

Helfen Sie Google dabei, Ihre Website effizienter zu crawlen, indem Sie angeben, wie Parameter in Ihren URLs gehandhabt werden sollen. Weitere Informationen

> ⓘ Verwenden Sie diese Funktion nur, wenn Sie mit der Funktionsweise von Parametern vertraut sind. Wenn Sie URLs fälschlicherweise ausschließen, kann dies dazu führen, dass viele Seiten aus der Suche verschwinden.

| Diese Tabelle herunterladen | Parameter hinzufügen | | Anzeigen | 25 Zeilen ▾ | 1 - 10 von 10 | ‹ › |

Parameter	Überwachte URLs ▲	Konfiguriert	Effekt	Crawling	
ID	1.181	-	-	Entscheidung dem Googlebot überlassen	Bearbeiten / Zurücksetzen
Kapitel	1.124	-	-	Entscheidung dem Googlebot überlassen	Bearbeiten / Zurücksetzen
Seite	972	-	-	Entscheidung dem Googlebot überlassen	Bearbeiten / Zurücksetzen
PHPSES SID	75	-	-	Entscheidung dem Googlebot überlassen	Bearbeiten / Zurücksetzen
Kat	75	-	-	Entscheidung dem Googlebot überlassen	Bearbeiten / Zurücksetzen

Abb. 12.24: Prüfen Sie die URL-Parameter in der Search Console.

12.4.5 Canonical-Tag

Sie erinnern sich? Das Canonical-Tag steht im Header der Seiten und teilt den Suchmaschinen mit, welche URL die einzig korrekte URL für die jeweilige Seite ist. Das folgende Codefragment zeigt das Canonical-Tag.

```
<link rel="canonical" href="http://www.volleyballer.de/news/32414.html" />
```

In der Regel verweist das Canonical auf sich selbst, d.h. auf die aktuelle Seite, in der sich das Tag befindet. Es ist aber auch möglich, auf andere Seiten über das Canonical-Tag zu referenzieren. Auf diese Art teilt man dann den Suchmaschinen-Bots mit: »Diese Adresse gibt es gar nicht, bitte schaue auf die URL des Canonical-Tags.« Das kann gewollt sein, muss aber nicht. In vielen Fällen führt ein falsches Canonical-Tag dazu, dass die Seite, in der es sich befindet, nicht indexiert wird.

Prüfen Sie Ihre Canonical-Tags mit Tools, wie z.B. DeepCrawl (relaunch.pro/6). Bei DeepCrawl ist eine Auswertung der fehlerhaften oder auffälligen Canonical-Tags integriert.

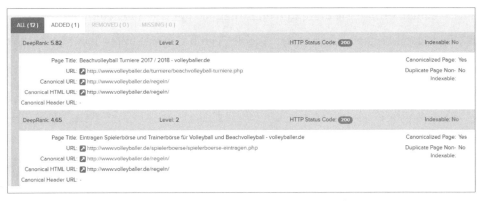

Abb. 12.25: Auswertung der fehlerhaften Canonical-Tags in DeepCrawl

---

Checkliste gegen »Nicht-Indexierung«

- Prüfen Sie per Site-Abfrage, ob die URL im Google-Index vorhanden ist.
- Entfernen Sie ggf. Crawling-Blockaden in der robots.txt.
- Analysieren Sie die .htaccess-Datei.
- Checken Sie das Robots-Meta-Tag.
- Prüfen Sie die URL-Parameterbehandlung in der Google Search Console.
- Nutzen Sie Onpage-Crawler, wie z.B. DeepCrawl, um die Canonical-Tags zu validieren.

12.5   Seiteninhalte prüfen

Ihre Seiten sind in den Suchmaschinen gelistet, Meta-Tags, `robots.txt` und `.htaccess` sind sauber, aber trotzdem stürzen Ihre Lieblingssuchbegriffe stetig ab? Eventuell stimmt etwas nicht mit Ihren Inhalten, lassen Sie uns die schwerwiegendsten Fehler betrachten.

12.5.1 Title-Tags

Die Inhalte des Title-Tags gelten nach wie vor als ein wichtiges Ranking-Kriterium, zwar werden hier nicht mehr wie vor einigen Jahren die Suchbegriffe in Massen untergebracht, aber zumindest sollte das wichtigste Keyword einer Seite hier enthalten sein. Die erste Anlaufstelle für Fehler-Analysen der Title-Tags ist die Google Search Console. Im Menüpunkt DARSTELLUNG IN DER SUCHE und dort im Untermenüpunkt HTML-VERBESSERUNGEN finden Sie Hinweise zur Verwendung der Title-Tags auf Ihren Seiten.

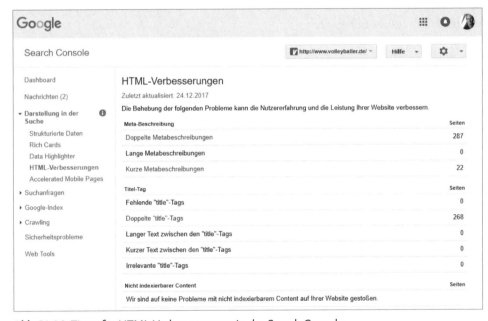

Abb. 12.26: Tipps für HTML-Verbesserungen in der Search Console

Mit der Search Console finden Sie leere, zu kurze, doppelte, irrelevante oder zu lange Title-Tags. Doppelte Title-Tags können z.B. auf nicht korrekt umgesetzte Weiterleitungen hinweisen, wie das Beispiel in Abbildung 12.27 zeigt.

Seiten mit doppelten "title"-Tags	Seiten
▸ Volleyball Verein: TB Beckhausen 1928 eV in Gelsenkrichen / Nordrhein-Westfalen	2
▸ Volleyball Verein: TuS Hellersdorf 88e.V. in Altlandsberg / Berlin	3
▾ Spielerportrait von ⊙ Karla Borger (Beachvolleyball) mit aktuellen News und Schlagzeilen- volleyba /karla-borger_spieler_19.html ⧉ /spieler.php?ID=19 ⧉ ⬅	2
▸ Volleyball Verein: FZC-Marzahn in Berlin / Berlin	4

Abb. 12.27: Doppeltes Title-Tag aufgrund falscher Umleitung

Die in Abbildung 12.27 markierte Seite ist tatsächlich doppelt vorhanden und enthält das identische Title-Tag. Oftmals handelt es sich bei derartigen Fehlern um Systemfehler, in diesem Fall fehlen eine Umleitung in der `.htaccess` und ein Canonical-Tag in der Zielseite.

Manchmal kommt es jedoch auch vor, dass ganze Seitenbereiche oder sogar die gesamte Seite dasselbe Title nutzen, in diesem Fall sollten Sie schleunigst reagieren und den Fehler beheben.

Nutzen Sie weitere Tools, wie den Screaming Frog SEO Spider oder DeepCrawl, um die Titles Ihrer Seite auszuwerten.

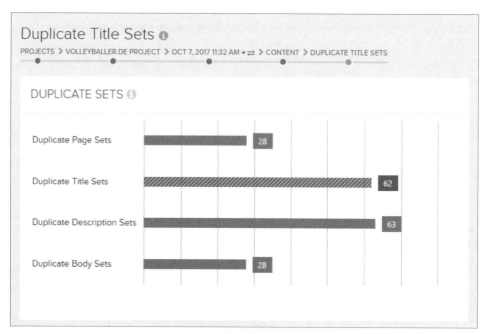

Abb. 12.28: Die Title-Tag-Auswertung in DeepCrawl

12.5.2 Überschriften

Mit Überschriften sind hier die HTML-Auszeichnungen H1 bis H6 gemeint, diese markieren die Überschriften innerhalb einer Seite. Manchmal sehen Überschriften zwar wie Überschriften aus – weil sie groß und fett sind –, leider handelt es sich dann nicht immer um die entsprechenden HTML-Auszeichnungen. Die Suchmaschinen nutzen die HTML-Überschriften, um die jeweilige Dokumentenstruktur zu erkennen und den Inhalt zu verstehen. Und ganz natürlich ist es auch, dass der ein oder andere Suchbegriff in den Überschriften vorkommt.

Tools, wie DeepCrawl oder Screaming Frog SEO Spider, können Ihnen bei diesen Arbeiten behilflich sein.

Abb. 12.29: Auswertung der Überschriften im Screaming Frog SEO Spider

12.5.3 Texte

Suchmaschinen indexieren Texte. Auch wenn Google Gegenstände auf Bildern relativ zuverlässig erkennen kann, so wird der Algorithmus wohl hauptsächlich die gefundenen Texte analysieren. Leider vertragen sich die Meinungen von Webdesignern nicht immer mit dem Anspruch von Google. Wenn Ihnen Ihr Webdesigner sagt »Ein Bild spricht mehr als 1.000 Worte«, dann geben Sie ihm recht, schreiben Sie aber trotzdem zu dem Bild/Produkt/Ihrer Dienstleistung noch mal 1.000 Worte. Suchmaschinen benötigen Text, um überhaupt eine Ahnung von dem zu bekommen, was sich auf Ihren Internetseiten abspielt. Ohne Texte werden Ihre Seiten in den Suchergebnisseiten nicht auftauchen.

Schauen Sie in Kapitel 7, dort erfahren Sie, wie man mit dem Screaming Frog SEO Spider Seiten ohne oder mit nur wenig Text findet.

12.5.4 Interne Verlinkungen

Links von anderen, externen Seiten sind wichtig und können maßgeblich zum Erfolg Ihrer Internetseiten beitragen. Interne Links und eine nicht zu tief verschachtelte Seitenstruktur sind ebenfalls ein wichtiger Faktor. Mit internen Links werden die verlinkten Seiten in der Gesamtstruktur hervorgehoben und als wichtig herausgestellt. Das Tool DeepCrawl analysiert die internen Verlinkungen und gewichtet sie, so wird ein interner »DeepRank« berechnet. Dieser Wert spiegelt die Stärke der jeweiligen Seiten im Gesamtkonstrukt der gesamten Domain wider.

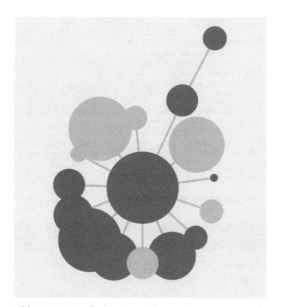

Abb. 12.30: Grafische Darstellung der internen Linkstruktur, etwas abstrakt, aber durchaus hilfreich

Abbildung 12.30 zeigt die grafische Auswertung der internen Linkstruktur der Domain `volleyballer.de`. Je größer die Kreise sind, desto stärker sind die Seitenbereiche, die sich dahinter verbergen. Diese Art der Auswertung wirkt zwar etwas abstrakt, zeigt aber recht schnell, wie eine Domain intern strukturiert ist.

Etwas greifbarer ist der DeepRank, dieser ist in den entsprechenden Analysen integriert.

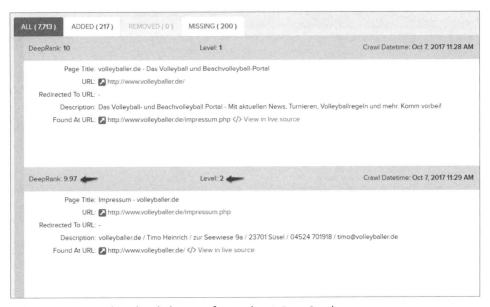

Abb. 12.31: DeepRank und Verlinkungstiefe (Level) mit DeepCrawl ausgewertet

Zusätzlich zur Häufigkeit der internen Verlinkung ist auch die Linktiefe zu betrachten. Je tiefer eine Seite verlinkt ist, also je mehr Klicks man benötigt, um sie aufzurufen, desto schwächer wird ihr Einfluss auf das Suchergebnis. Das kann sogar so weit gehen, dass die Suchmaschinen-Bots diese tief verschachtelten Seiten gar nicht aufrufen, weil sie zu viel Zeit benötigen, um sie zu erreichen. Sorgen Sie also für flache Hierarchien innerhalb Ihrer Website.

Der Screaming Frog SEO Spider enthält ähnliche Auswertungen und zeigt Ihnen die internen Verlinkungen für jede Seite an.

Die detaillierten Verlinkungen finden Sie im Reiter INLINKS, dort werden die verlinkenden Seiten und die Linktexte angezeigt. In Abbildung 12.32 sehen Sie die Spalte ANCHOR TEXT, in dieser Spalte wird der Linktext angezeigt, der auf die Zielseite verlinkt. Versuchen Sie möglichst, den Linktext einheitlich zu halten, so können Sie den Suchmaschinen zusätzlich einen Hinweis geben, um was es sich auf den verlinkten Seiten handelt.

Checkliste interne Verlinkung

■ Ihre wichtigsten Seiten sollten intern häufig verlinkt werden.

■ Sorgen Sie für flache Hierarchien innerhalb Ihrer Seitenstruktur.

■ Verlinken Sie intern möglichst immer mit denselben Linktexten.

Abb. 12.32: Interne Verlinkungen im Screaming Frog SEO Spider

12.6 Keine Daten vorhanden?

Wenn Sie zu den Unglücklichen gehören, die in der Vergangenheit gar keine Daten über ihre Website gesammelt haben, und die üblichen SEO-Tools, wie Sistrix und Xovi Ihnen auch keine Details über Ihre Website verraten, dann bleibt Ihnen nichts anderes übrig, als in die Logfiles Ihres Servers zu schauen. In den Logfiles werden alle Aktivitäten der Besucher und Suchmaschinen-Bots festgehalten.

In den Logfiles finden Sie:

- welche Seiten aufgerufen wurden,
- welche weiteren Inhalte (Bilder, Scripts, CSS) abgerufen wurden,
- ob diese Dateien gefunden (Status 200) oder nicht gefunden (Status 404) wurden,
- wann die Dateien aufgerufen wurden,
- von welchem Endgerät oder Browser die Dateien abgerufen wurden.

Diese ganzen Daten werden in einer Textdatei auf dem Server gespeichert. Sie können sich sicherlich vorstellen, dass diese Dateien sehr schnell sehr groß und sehr unübersichtlich werden. Es gibt standardmäßig keine grafische Benutzeroberfläche, mit der man die Logfiles augenfreundlich auswerten kann.

Abhilfe schaffen hier Tools, wie z.B. der Screaming Frog Log File Analyzer (`relaunch.pro/124`). Dieses Tool verarbeitet die Logfiles und wertet die Suchmaschinen-Bots-Zugriffe aus.

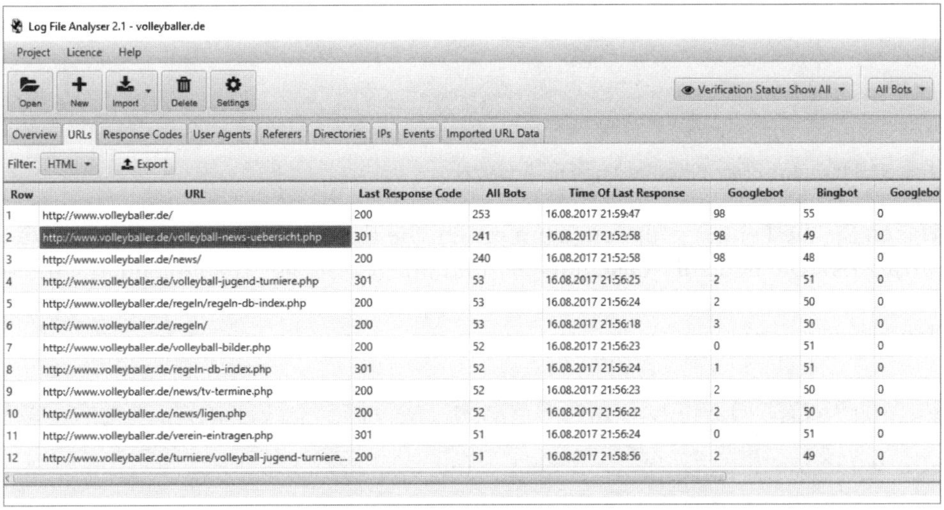

Row	URL	Last Response Code	All Bots	Time Of Last Response	Googlebot	Bingbot	Googlebo
1	http://www.volleyballer.de/	200	253	16.08.2017 21:59:47	98	55	0
2	http://www.volleyballer.de/volleyball-news-uebersicht.php	301	241	16.08.2017 21:52:58	98	49	0
3	http://www.volleyballer.de/news/	200	240	16.08.2017 21:52:58	98	48	0
4	http://www.volleyballer.de/volleyball-jugend-turniere.php	301	53	16.08.2017 21:56:25	2	51	0
5	http://www.volleyballer.de/regeln/regeln-db-index.php	200	53	16.08.2017 21:56:24	2	50	0
6	http://www.volleyballer.de/regeln/	200	53	16.08.2017 21:56:18	3	50	0
7	http://www.volleyballer.de/volleyball-bilder.php	200	52	16.08.2017 21:56:23	0	51	0
8	http://www.volleyballer.de/regeln-db-index.php	301	52	16.08.2017 21:56:24	1	51	0
9	http://www.volleyballer.de/news/tv-termine.php	200	52	16.08.2017 21:56:23	2	50	0
10	http://www.volleyballer.de/news/ligen.php	200	52	16.08.2017 21:56:22	2	50	0
11	http://www.volleyballer.de/verein-eintragen.php	301	51	16.08.2017 21:56:24	0	51	0
12	http://www.volleyballer.de/turniere/volleyball-jugend-turniere...	200	51	16.08.2017 21:58:56	2	49	0

Abb. 12.33: Der letzte Rettungsring: der Log File Analyzer von Screaming Frog

Sie können die Daten im Log File Analyzer filtern, um so nur die Fehlerseiten anzeigen zu lassen. Klicken Sie dazu auf den Reiter RESPONSE CODES und dort stellen Sie den Filter auf CLIENT ERROR (4XX). So erhalten Sie eine Liste mit allen Seiten, die nicht durch die Suchmaschinen-Bots aufgerufen werden konnten bzw. die einen 4xx-Fehler zurückgesendet haben.

Schauen Sie sich zusätzlich die Server-Fehler – SERVER ERROR (5XX) an, hier schlummern dann meist größere technische Probleme, die es zu lösen gilt. Des Weiteren können Sie auch die Umleitungen mit dem REDIRECT (3XX)-Filter analysieren und prüfen, ob auch alle Weiterleitungen per 301-Status umleiten.

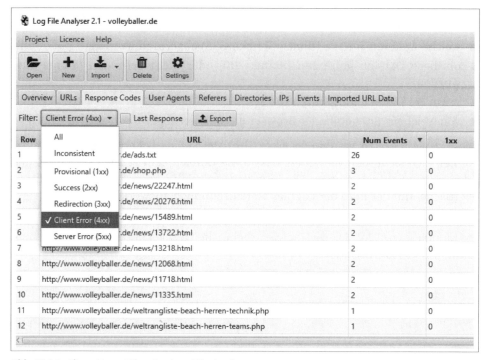

Abb. 12.34: Client-Error-Filter im Log File Analyzer

Haben Sie die Fehler gefunden, dann prüfen Sie Ihre Umleitungstabellen und die `.htaccess`-Dateien auf Vollständigkeit und pflegen Sie ggf. die fehlenden Umleitungen nach, sodass die Suchmaschinen und Ihre Besucher die Inhalte wieder finden können.

Checkliste für die Brandbekämpfung

Diese kurze Checkliste fasst noch mal die wichtigsten Sofortmaßnahmen im Falle eines vermeintlich schlecht ausgeführten Relaunches zusammen.

- Denken Sie an die Relaunch-Delle, kleine Absenkungen kann es nach einem Relaunch immer geben.
- Checken Sie Ihre Suchbegriffe (optimal regelmäßig mit einem Tool), finden Sie heraus, welche Suchbegriffe abgestürzt sind.
- Schauen Sie sich Ihre wichtigsten Zielseiten an, wurden diese bereits von den Suchmaschinen indexiert?

- Wurden auf Ihren wichtigsten Zielseiten alle suchmaschinenrelevanten Inhalte übernommen, wie z.B. Title-Tag, Überschriften und Texte?
- Prüfen Sie Ihre wichtigsten Backlinks, diese sollten alle auf funktionierende Seiten verlinken.
- Prüfen Sie die Indexierbarkeit der Seiten, befinden sich noch Codefragmente in den Seiten, die das Crawling verhindern könnten?
- Prüfen Sie die .htaccess und die robots.txt, auch hier können Fehler eine Indexierung verhindern.
- Schauen Sie sich die Canonical-Tags an, gibt es hier fehlerhafte Einstellungen?
- Führen Sie einen Onpage-Crawl aus, um Fehler aus der Suchmaschinensicht erkennen zu können.
- Schauen Sie in die Search Console, gibt es hier Crawling-Fehler oder sogar Warnhinweise?
- Wurde ggf. die Disavow-Datei vergessen und schädliche Links schaden jetzt Ihren Seiten?
- Prüfen Sie die URL-Parameter in der Search Console, falsche Einstellungen können zu Problemen in der Indexierung führen.

12.7 Zusammenfassung

In diesem Kapitel haben Sie gelernt:

- **Den Sichtbarkeitsindex lesen** – Sie wissen jetzt, wie Sie den Sichtbarkeitsindex sinnvoll einsetzen können, und erkennen, wann und wie Sie handeln müssen.
- **Verlorene Keywords finden** – Dank der SEO-Tools sind Sie in der Lage, verloren gegangene Suchbegriffe zu finden und anhand der Analyse der ursprünglichen URLs die Suchbegriffe zu retten.
- **Externe Links prüfen** – Und eventuell per Disavow-File in der Google Search Console abzuwerten. Mit den SEO-Tools erstellen Sie Linkanalysen, um die schädlichen Links in Ihrem Linkprofil zu erkennen.
- **Index-Blockaden erkennen** – Sie kennen die typischen Indexierungshemmer und wissen, wie man diese Blockaden entfernt.
- **Seiteninhalte und Strukturen prüfen** – Manchmal kann ein falsches Canonical-Tag einem das ganze Ranking vermiesen. Sie kennen die Fallstricke und wissen auch, dass der Inhalt stimmen muss, um gefunden zu werden.
- **Auch ohne Daten nicht den Kopf verlieren** – Sie können die Logfiles Ihrer Seiten auswerten und wissen, worauf Sie bei ihrer Auswertung zu achten haben.

## Kapitel 13

Umstellung auf SSL

Im August 2014 erklärte Google offiziell, dass Webseiten, die auf eine sichere Datenübertragung setzen, bevorzugt behandelt werden. Klingt logisch. Wer möchte schon seine Kreditkartendaten unverschlüsselt ins Internet schicken? Das Verschlüsselungsprotokoll hört auf den Namen SSL – Secure Socket Layer. Da eigentlich jeder von Google bevorzugt behandelt werden möchte, werden seitdem häufig SSL-Relaunches ausgeführt.

In der Regel ist dieser SSL-Umzug schnell gemacht, was die meisten dabei aber nicht bedenken: Durch die Änderung des Protokolls (`http://www.meineseite.tld` wird zu `https://www.meineseite.tld`) ändern sich für die Suchmaschinen alle Adressen. Das führt dazu, dass die gesamten Internetseiten komplett neu eingelesen werden müssen. Oftmals wird dann vergessen, die alte HTTP-Version korrekt umzuleiten, externe Links ändern zu lassen und vieles mehr.

In diesem Kapitel lernen Sie, wie Sie fehlerfrei einen SSL-Relaunch ausführen.

13.1 Warum Daten verschlüsseln?

Die Überschrift sagt es eigentlich bereits, weil ansonsten alle Daten zwischen der Website und dem Nutzer unverschlüsselt übertragen werden. Unverschlüsselte Daten könnten von Dritten abgefangen und darin enthaltene Passwörter oder andere persönliche Daten extrahiert und missbraucht werden. Wenn Sie beispielsweise Ihre Kreditkartendaten ungeschützt in einem Shop zur Zahlung angeben, so können diese Daten auf dem Weg zwischen Ihrem Browserfenster/Computer und dem Online-Shop abgefangen werden. Es geht also um die Sicherheit des Datenaustauschs und um den Schutz der Internetnutzer und deren persönlichen Daten.

Vier gute Gründe für die SSL-Verschlüsselung:

- Datensicherheit
- Datenschutz
- Vertrauen der Nutzer
- potenziell bessere Suchergebnisse bei Google
- schnellere Seiten durch Nutzung des neuen HTTP/2-Standards

Für den Einsatz der Verschlüsselung in Ihrer Internetseite benötigen Sie ein SSL-Zertifikat. Anhand dieses Zertifikats werden die kommunizierenden Systeme gegeneinander verifiziert. Das SSL-Zertifikat wird auf Ihrem Server installiert.

13.2 Woher bekommen Sie ein SSL-Zertifikat?

Mussten vor ein paar Jahren noch kompliziert händisch Schlüssel auf den Servern installiert werden, kann man mittlerweile die Zertifikate einfach bei seinem Provider per Klick installieren. SSL-Zertifikate kosten meist monatliche oder jährliche Gebühren, die sich zwischen einem und 25 Euro pro Monat bewegen. Es ist nicht immer ganz nachvollziehbar und etwas intransparent, welche Leistung man dafür erhält. Manchmal ist bei den SSL-Zertifikaten eine Versicherung (gegen was auch immer) enthalten, manchmal müssen die Zertifikate in kurzen Abständen aktualisiert werden.

Es gibt aber auch eine kostenlose Alternative: Bei »Let's Encrypt« (`relaunch.pro/128`) bekommen Sie ein kostenloses SSL-Zertifikat, das alles macht (verschlüsseln), was es muss. Einige Provider bieten dieses kostenlose Zertifikat ebenfalls an, suchen Sie einfach mal mit Ihrer Lieblingssuchmaschine nach »SSL Zertifikat kostenlos« (`relaunch.pro/129`).

Wenn Ihre Seite korrekt verschlüsselt ist, dann erkennen Sie das an dem grünen https und dem geschlossenen Schloss.

Abb. 13.1: Einfache SSL-Verschlüsselung

Noch vertrauenswürdiger ist die Nennung des Zertifikatsinhabers der SSL-Verschlüsselung, in diesem Fall steht dann zusätzlich der Firmenname in der Adresszeile, auf den das Zertifikat ausgestellt wurde.

Abb. 13.2: SSL-Verschlüsselung mit Angabe des Zertifikatsinhabers

Dieses SSL-Zertifikat bekommen Sie jedoch nicht kostenlos bei »Let's Encrypt«, sondern müssen es kostenpflichtig bei Ihrem Provider oder den verschiedenen Vergabestellen beantragen.

13.3 Was ändert sich innerhalb der Website?

Ganz gleich, welches Zertifikat Sie einsetzen, für die Suchmaschinen ist das Umstellen Ihrer Internetseiten auf https ein Verschieben aller Inhalte und muss somit von Ihrer Seite wie ein kompletter Relaunch angesehen und durchgeführt werden.

Folgende technische Herausforderungen gilt es zu beachten:

- Alle URLs ändern sich von http zu https und müssen entsprechend umgeleitet werden.
- Alle internen Ressourcen, wie Bilder, JavaScripts und CSS-Dateien, müssen per https eingebunden werden.
- Alle internen Links müssen auf die HTTPS-Seite verweisen.
- Wichtige externe Links müssen direkt auf die HTTPS-Seite verweisen.
- Canonicals und hreflang-Tags müssen umgestellt werden.
- Die Google Search Console muss neu eingerichtet werden.
- Externe Tracking-Tools, wie Google Analytics, müssen angepasst werden.
- XML-Sitemaps müssen neu eingerichtet werden.
- Bei sehr großen Seiten ist es eventuell nötig, den Umzug in mehreren kleinen Schritten durchzuführen.

Logfiles anlegen lassen

Falls Sie noch keine Logfiles auf Ihrem Server aufzeichnen, dann bitten Sie Ihren Provider, diese ab sofort anzulegen. Die Logfiles können Sie nach der Umstellung dazu nutzen, die Suchmaschinen-Bot-Zugriffe auszuwerten und den Verlauf der Indexierung zu beobachten.

13.4 Inhalte duplizieren und anpassen

Damit Sie in Ruhe alle Inhalte und Codes anpassen können, empfehle ich Ihnen, den gesamten Inhalt zu duplizieren und dann zu bearbeiten. Bei sehr kleinen Seiten können Sie diesen Schritt ggf. überspringen, da Sie die Änderungen im Quelltext sehr schnell vornehmen können. Ein weiterer Vorteil des Duplikats: Sie könnten so auch Teilbereiche Ihrer Seite nach und nach als HTTPS-Version veröffentlichen und den Suchmaschinen zur Indexierung anbieten. So haben Sie mehr Kontrolle über die Indexierung, diese Technik kann bei sehr umfangreichen Domains sinnvoll sein. Bei dem Großteil der Seiten kann die Umstellung jedoch in einem Schwung vorgenommen werden, es sei denn, Ihre Domain hat 100.000 Seiten und mehr.

Jetzt gilt es, alle HTML-Tags in Ihrem Quelltext auf die HTTPS-Umstellung vorzubereiten. Die hier vorgestellten HTML-Tags wurden bereits in vorherigen Kapiteln erläutert, daher erspare ich Ihnen an dieser Stelle tiefer gehende Erklärungen zu den einzelnen Tags.

> ## Suchen und ersetzen
>
> Viele der hier vorgestellten Änderungen können Sie ggf. per Suchen und Ersetzen im Quelltext aktualisieren. Falls Sie diese Technik anwenden sollten, prüfen Sie bitte ganz genau das Ergebnis. Ich rate von dieser Technik ab, da es dabei immer wieder zu Fehlern kommt, es werden Tags vergessen oder zum Beispiel externe Links verändert, die gar nicht verändert werden sollten.

13.4.1 Header

Base href

Dieses Tag bestimmt den Startpunkt aller Verlinkungen in der aktuellen Seite. Aus:

```
<base href="http://www.volleyballer.de">
```

wird:

```
<base href="https://www.volleyballer.de">
```

Canonical

Aktualisieren Sie die Canonical-Tags. Aus:

```
<link href="http://www.eineseite.de/adresse.html" rel="canonical" />
```

wird:

```
<link href="https://www.eineseite.de/adresse.html" rel="canonical" />
```

hreflang

Die Sprachverlinkungen bitte nicht vergessen. Aus:

```
<link rel="alternate" hreflang="x-default"
href=" http://www.eineseite.de/" />
<link rel="alternate" hreflang="en"
href=" http://www.eineseite.de/en/" />
```

wird:

```
<link rel="alternate" hreflang="x-default"
href=" https://www.eineseite.de/" />
```

```
<link rel="alternate" hreflang="en"
href=" https://www.eineseite.de/en/" />
```

Paginierung

Diese Technik wird häufig in Shopsystemen verwenden und dient dazu, den Such-maschinen mitzuteilen, dass der aktuelle Inhalt auf mehreren Seiten verteilt wurde.

```
<link href="http://www.eineseite.de/schuhe.php?seite=1" rel="prev" />
<link href="http://www.eineseite.de/schuhe.php?seite=3" rel="prev" />
```

ändern in:

```
<link href="https://www.eineseite.de/schuhe.php?seite=1" rel="prev" />
<link href="https://www.eineseite.de/schuhe.php?seite=3" rel="prev" />
```

Google AMP

Verlinken Sie auf eine alternative AMP-Variante, dann wird aus:

```
<link rel="amphtml" href="http://www.volleyballer.de/amp/32423.html">
```

die HTTPS-Version:

```
<link rel="amphtml" href="https://www.volleyballer.de/amp/32423.html">
```

Einbindung externer Ressourcen

Laden Sie externe Ressourcen, wie z.B. Schriften, in Ihre Seiten, dann wird aus:

```
<link href='http://fonts.googleapis.com/css?family=Ubuntu:300,400'
rel='stylesheet' type='text/css'>
```

die HTTPS-Version:

```
<link href='https://fonts.googleapis.com/css?family=Ubuntu:300,400'
rel='stylesheet' type='text/css'>
```

Twitter Cards, Facebook-OG-Tags

Aktualisieren Sie die Verlinkungen zu Ihrer Seite in den Social-Media-Integra-tionen.

```
<meta property="og:description" content='Bundesligen: In einem
begeisternden und unerwartet deutlichen Spiel zweier in der Tabelle
benachbarter Teams besiegten die Ladies in Black Aachen den
DVV-Pokalfinalisten 1. VC Wiesbaden mit 3:0.' />
<meta property="og:image" content='http://www.volleyballer.de/bilder/
news/User-admin-128057.jpg' />
<meta property="og:title" content='Ladies in Black schießen
Tabellennachbarn Wiesbaden aus der Halle' />
<meta property="og:type" content="article" />
<meta property="og:url" content="http://www.volleyballer.de/news/
32423.html" />
```

Ändern Sie auch die Bildaufrufe (og:image):

```
<meta property="og:description" content='Bundesligen: In einem
begeisternden und unerwartet deutlichen Spiel zweier in der Tabelle
benachbarter Teams besiegten die Ladies in Black Aachen den
DVV-Pokalfinalisten 1. VC Wiesbaden mit 3:0.' />
<meta property="og:image" content='https://www.volleyballer.de/bilder/
news/User-admin-128057.jpg' />
<meta property="og:title" content='Ladies in Black schießen
Tabellennachbarn Wiesbaden aus der Halle' />
<meta property="og:type" content="article" />
<meta property="og:url" content="https://www.volleyballer.de/news/
32423.html" />
```

In den Twitter Cards versteckt sich auch ein Bildaufruf:

```
<meta name="twitter:image:src" content="http://www.volleyballer.de/
bilder/news/User-admin-128057.jpg">
```

ändern in:

```
<meta name="twitter:image:src" content="https://www.volleyballer.de/
bilder/news/User-admin-128057.jpg">
```

Mobile Variante

Betreiben Sie eine eigene mobile Variante Ihrer Seite unter einer eigenen Subdomain, dann ändern Sie die Verlinkung entsprechend. Aus:

```
<link rel="alternate" media="only screen and (max-width: 640px)"
href="http://m.einseite.de/seite/">
```

wird:

```
<link rel="alternate" media="only screen and (max-width: 640px)"
href="https://m.einseite.de/seite/">
```

Prüfen Sie in diesem Fall, ob auch die Subdomain von Ihrem SSL-Zertifikat verschlüsselt wird, eventuell müssen Sie für die Subdomain ein eigenes Zertifikat beantragen.

Feed-Verlinkungen

Bieten Sie RSS-Feeds an, dann ändern Sie die URL. Aus:

```
<link rel="alternate" type="application/rss+xml"
title="volleyballer.de RSS-Feed" href="http://www.volleyballer.de/feed">
```

wird:

```
<link rel="alternate" type="application/rss+xml"
title="volleyballer.de RSS-Feed" href="https://www.volleyballer.de/feed">
```

Bitte vergessen Sie im Zuge der HTTPS-Umstellung nicht, die Verlinkungen in Ihrem Feed ebenfalls auf HTTPS umzustellen.

Icons

Egal ob Fav-Icon oder Apple-Icons, alle müssen aktualisiert werden. Ein Beispiel, aus:

```
<link rel="apple-touch-icon" href="http://www.volleyballer.de/images/
apple-touch-icon.png" />
```

wird:

```
<link rel="apple-touch-icon" href="https://www.volleyballer.de/images/
apple-touch-icon.png" />
```

Prüfen Sie Ihren Quelltext auf weitere Icons und aktualisieren Sie die Verlinkungen.

CSS-Workarounds

In einigen CSS-Frameworks werden CSS-Workarounds eingesetzt, mit denen spezielle Anpassungen für ältere Browser-Versionen implementiert werden.

Aus:

```
<!-- IE Fix for HTML5 Tags -->
<!--[if lt IE 9]>
<script src="http://html5shiv.googlecode.com/svn/trunk/html5.js"></script>
<![endif]-->
```

wird:

```
<!-- IE Fix for HTML5 Tags -->
<!--[if lt IE 9]>
<script src="https://html5shiv.googlecode.com/svn/trunk/html5.js"></script>
<![endif]-->
```

Prüfen Sie, ob die externen Ressourcen auch als HTTPS-Version ausgeliefert werden und ob diese überhaupt noch implementiert werden müssen. Rufen Sie dazu die URLs einfach in Ihrem Browser auf und prüfen Sie die Antwort: Wenn die Seite einen 404-Fehler sendet, dann sollten Sie den Workaround entfernen. Bei einer frisch aktualisierten Seite sind diese CSS-Workarounds oftmals nicht mehr nötig.

DNS Prefetch, Preload, Preconnect & Co.

Eventuell verwenden Sie in Ihren Seiten HTML-Tags, mit denen DNS-Abfragen schon im Header ausgeführt werden, um so die DNS-Abfragen zu beschleunigen. Schauen Sie auch in Ihren JavaScript-Dateien nach derartigen Codes.

Aus:

```
<link rel="dns-prefetch" href="http://fonts.googleapis.com">
<link rel="preconnect" href="http://maxcdn.bootstrapcdn.com">
```

wird:

```
<link rel="dns-prefetch" href="//fonts.googleapis.com">
<link rel=" preconnect " href="//maxcdn.bootstrapcdn.com">
```

Header durchforsten

Schauen Sie sich genau die HTML-Tags in Ihrem Header an, die hier aufgeführten Tags sind nur eine kleine Auswahl der gängigsten Tags. Am Ende müssen alle externen Ressourcen und internen Links per https eingebunden werden. Bitte prüfen Sie auch Ihre JavaScripts auf externe Ressourcen.

13.4.2 Body – der Inhalt

Der Seiteninhalt birgt oft weitere Stolpersteine. Suchen Sie nach internen Verlinkungen, die über das unsichere HTTP-Protokoll eingebunden wurden, und ändern Sie diese. Es gibt mehrere Möglichkeiten, interne Links für die SSL-Umstellung anzupassen.

Mit Verlinkungen sind hier nicht nur Links zu internen Seiten gemeint, sondern auch:

- Links zu **Bildern**, intern und extern
- Links zu **Videos**, eingebettete Videos
- Quellenangabe zu **Iframes**
- Links zu internen **PDFs** oder anderen Dokumenten

Verlinkungen

Es gibt verschiedene Optionen, einen Link einzubinden. Ausgehend von dem folgenden Beispiel möchte ich Ihnen diese Optionen kurz erläutern.

Der folgende interne Link soll für die SSL-Umstellung umgeschrieben werden:

```
<a href="http://www.volleyballer.de/turniere/">Volleyball-Turniere</a>
```

Der Link verweist auf die unsichere HTTP-Variante.

Erste Option: Sie entfernen den kompletten Domainpfad und geben nur das Verzeichnis und ggf. die Zieldatei an:

```
<a href="/turniere/">Volleyball-Turniere</a>
```

Diese Variante kann zu Problemen führen, wenn sie mit Angaben in den Cascading Stylesheets kollidiert (CSS). Sie sollten in diesem Fall ein Basetag im Header implementieren. Das Basetag definiert den absoluten Pfad, der auf alle verlinkten Ressourcen angewendet wird.

Zweite Option: Sie entfernen das Protokoll und ersetzen es durch //:

```
<a href="//www.volleyballer.de/turniere/">Volleyball-Turniere</a>
```

In dieser Variante wird von den Browsern und Suchmaschinen-Bots immer das Protokoll der aktuellen Seite verwendet. Befindet sich ein derartiger Link auf einer HTTP-Seite, dann wird das HTTP-Protokoll angewendet, bei https entsprechend die HTTPS-Version.

Hinweis für WordPress-Nutzer

Die internen Links in Ihrem WordPress-Blog können Sie schnell und einfach mit dem Plugin Better Search Replace suchen und ersetzen: `relaunch.pro/130`.

Strukturierte Daten

Nutzen Sie in Ihren Seiten strukturierte Daten? Dann denken Sie bitte daran, auch diese zu prüfen und ggf. an das HTTPS-Protokoll anzupassen.

Aus:

```
{
"@context": "http://schema.org",
"@type": "WebSite",
"name": "volleyballer.de - Das Volleyballpaortal",
"alternateName": "volleyballer.de",
"url": "http://www.volleyballer.de"
}
```

wird:

```
{
"@context": "https://schema.org",
"@type": "WebSite",
"name": "volleyballer.de - Das Volleyballpaortal",
"alternateName": "volleyballer.de",
"url": "https://www.volleyballer.de"
}
```

Prüfen Sie die korrekte Einbindung der strukturierten Daten mit dem Testing-Tool von Google (`relaunch.pro/69`).

13.4.3 XML-Sitemaps und andere Exporte

XML-Sitemaps

Wenn Sie XML-Sitemaps einsetzen, müssen diese ebenfalls auf HTTPS umgestellt werden. Ändern Sie alle Verweise innerhalb der XML-Sitemap auf das HTTPS-Protokoll.

Aus:

```
<url>
<loc>http://www.volleyballer.de/news/27618.html</loc>
</url>
```

wird:

```
<url>
<loc>https://www.volleyballer.de/news/27618.html</loc>
</url>
```

Wenn Sie mehrere Sitemaps nutzen, dann sorgen Sie dafür, dass alle entsprechend umgestellt werden. Prüfen Sie die Scripts, die die Sitemaps erstellen, und passen Sie diese dann entsprechend an.

Links in RSS-Feeds

Nicht nur die Verlinkung zum RSS-Feed, sondern auch die Links in dem RSS-Feed müssen angepasst werden. Denken Sie dabei auch an die Einbindung von Bildern im RSS-Feed. Das folgende Beispiel enthält einen Verweis auf ein Artikelbild, dieser Verweis muss auf https geändert werden.

```
<item>
<title>2:3 als unerfreuliche Nach-Weihnachtsüberraschung</title>
<link>http://www.volleyballer.de/news/32422.html</link>
<guid isPermaLink="true"> http://www.volleyballer.de/news/32422.html
</guid>
<category>Volleyball</category>
<content:encoded><![CDATA[<img src="http://www.volleyballer.de/bilder/
news/User-admin-362790.jpg" /> <p> »Das war nicht das, was wir uns
erhofft und vorgestellt haben«, machte Cheftrainer Michael Warm
deutlich. »KW hat das am Schluss zwar gut gemacht, vor allem haben aber
wir nicht auf dem Level gespielt, den wir anstreben.« »Es haben einfach
der Mut und das Selbstvertrauen gefehlt«, konstatierte Manager Henning
Wegter, der das Match von der Tribüne verfolgt hatte.<br />
```

Mit geänderten Verlinkungen und HTTPS-Bildverweis sieht der Code so aus:

```
<item>
<title>2:3 als unerfreuliche Nach-Weihnachtsüberraschung</title>
<link>https://www.volleyballer.de/news/32422.html</link>
<guid isPermaLink="true"> https://www.volleyballer.de/news/32422.html
</guid>
<category>Volleyball</category>
<content:encoded><![CDATA[<img src="https://www.volleyballer.de/bilder/
news/User-admin-362790.jpg" /> <p> »Das war nicht das, was wir uns
erhofft und vorgestellt haben«, machte Cheftrainer Michael Warm
deutlich. »KW hat das am Schluss zwar gut gemacht, vor allem haben aber
wir nicht auf dem Level gespielt, den wir anstreben.« »Es haben einfach
```

```
der Mut und das Selbstvertrauen gefehlt«, konstatierte Manager Henning
Wegter, der das Match von der Tribüne verfolgt hatte.<br />
```

Prüfen Sie Ihre Scripts, die die RSS-Feeds erzeugen, und passen Sie sie ggf. an.

Produktexporte

Online-Shops können über XML-Schnittstellen Kontakt zur Außenwelt herstellen und senden so beispielsweise den Produktbestand samt Verlinkungen an Google AdWords. Hier sollten dann die Links auf die HTTPS-Variante verlinken. Ein Beispiel aus einem Shopware-Shopsystem:

```
<item>
<g:id>76</g:id>
<title>Sanches</title>
<description>
Borowskis Glaskunst- Artist Edition Sanches - Objekt, violett
</description>
<g:google_product_category>696</g:google_product_category>
<g:product_type>Artist Edition > Pawel Borowski</g:product_type>
<link>
http://www.borowski-shop.de/artist-edition/pawel-borowski/76/sanches
</link>
<g:image_link>
http://www.borowski-shop.de/media/image/9a/2b/80/prod_ae_sanches_
violett_5000_600x600.jpg
</g:image_link>
```

In der HTTPS-Variante wird der Code wie folgt geändert:

```
<item>
<g:id>76</g:id>
<title>Sanches</title>
<description>
Borowskis Glaskunst- Artist Edition Sanches - Objekt, violett
</description>
<g:google_product_category>696</g:google_product_category>
<g:product_type>Artist Edition > Pawel Borowski</g:product_type>
<link>
https://www.borowski-shop.de/artist-edition/pawel-borowski/76/sanches
</link>
<g:image_link>
```

```
https://www.borowski-shop.de/media/image/9a/2b/80/prod_ae_sanches_
violett_5000_600x600.jpg
</g:image_link>
```

Prüfen Sie Ihre Schnittstellen, passen Sie die Scripts an, mit denen die Exporte ausgeführt werden.

Dokumentation

Sie sehen, es kann unzählige Stellen in Ihrem System geben, in denen sich Verweise verstecken, angefangen vom einfachen Link bis hin zur Produktextport-Datei. Dokumentieren Sie die Fundstellen, dann haben Sie es später leichter, diese bei weiteren Änderungen zu finden und zu prüfen.

13.5 Testen

Testen Sie nach Möglichkeit die HTTPS-Version Ihrer Website mit einem Onpage-Crawler wie dem Screaming Frog SEO Spider oder DeepCrawl. Zusätzlich können Sie stichprobenartig die Seiten mit dem Google-Chrome-Browser testen. Rufen Sie dazu z.B. Ihre Startseite auf, öffnen Sie dann die Entwicklerkonsole (bei Windows durch die Taste F12). Klicken Sie dort auf den Reiter SECURITY, im Fenster darunter sehen Sie dann das Ergebnis des Sicherheits-Checks.

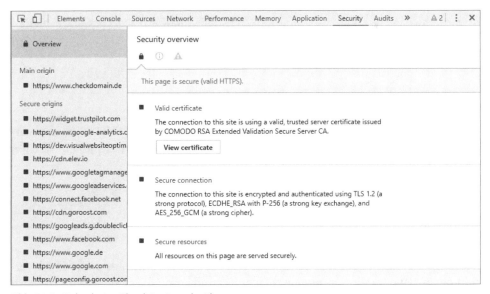

Abb. 13.3: Sicherheits-Check in Google Chrome

Befinden sich noch Fehler in der Seite, dann werden diese hier angezeigt, bitte bedenken Sie jedoch, dass Sie hier nur die Fehler der aktuell aufgerufenen Seite sehen. Für eine Überprüfung der gesamten Seite sollten Sie die genannten Onpage-Tools einsetzen.

DeepCrawl zeigt Ihnen Fehler, wie z.B. gemischte HTTPS- und HTTP-Inhalte oder Umleitungen direkt in den Analysen an.

Abb. 13.4: Auf Fehlersuche mit DeepCrawl

In Abbildung 13.4 sehen Sie fehlerhafte Umleitungen auf HTTP-Seiten. Prüfen Sie die Seiten. Erst wenn alle Fehler behoben sind, sollten Sie die HTTP- auf HTTPS-Version umleiten.

13.6 Umleiten

Jetzt sind Ihre Seiten für den problemlosen Umzug auf die HTTPS-Version vorbereitet. Da Sie alle Seiten eins zu eins auf die HTTPS-Version umleiten, reichen zwei Zeilen Code in der `.htaccess`-Datei Ihres Servers.

```
RewriteEngine On
RewriteCond %{HTTP_HOST} ^example.com [NC]
RewriteRule ^(.*)$ https://www.example.com/$1 [R=301,L]
```

Diese Umleitungsregel sorgt dafür, dass alle HTTP-Anfragen auf die HTTPS-Version per 301-Weiterleitung umgelenkt werden und somit die sichere Seite aufgerufen wird.

13.6.1 Content-Security-Policy

Die Content-Security-Policy ist ein Sicherheitsmechanismus, der vor XSS-Angriffen schützen soll. In unserem Fall hilft er uns, die Vermischung von HTTPS- und HTTP-Ressourcen zu unterbinden. Dazu fügen wir im Header der Seiten folgende Anweisung hinzu:

```
<meta http-equiv="Content-Security-Policy" content="upgrade-insecure-requests">
```

Mit dieser Anweisung im Header werden alle Anfragen, bevor sie ausgeführt werden, in HTTPS-Anfragen umgewandelt. Die folgenden Bildaufrufe:

```
<img src="http://example.com/image.png">
<img src="http://not-example.com/image.png">
```

werden in sichere Aufrufe:

```
<img src="https://example.com/image.png">
<img src="https://not-example.com/image.png">
```

geändert.

Damit Sie diese Technik nutzen können, ist es essenziell, dass alle Ressourcen auch per https erreichbar sind. Prüfen Sie daher gründlich Ihre Seiten bei Verwendung der Content-Security-Policy auf Fehler.

13.6.2 Umleitungsketten verhindern

Jede Umleitung kostet die Bots Zeit und kann dazu führen, dass sie Ihre Seiten verlangsamt oder nur teilweise crawlen. Umleitungsketten schleichen sich im Laufe eines Website-Lebens nach und nach ein. Da werden URLs geändert, Ordner verschoben oder URLs gelöscht. Es ist also völlig normal, dass Sie hin und wieder diese Umleitungsketten in Ihren Onpage-Crawls finden werden. Wichtig ist hierbei, dass Sie regelmäßig diese Ketten überprüfen und ggf. die Umleitungen anpassen.

DeepCrawl und der Screaming Frog SEO Spider haben beide eine entsprechende Auswertung integriert. Klicken Sie in DeepCrawl auf den Menüpunkt REDIRECTS und dann auf den Unterpunkt REDIRECT-CHAINS.

Beim Screaming Frog SEO Spider finden Sie die Auswertung der Umleitungsketten unter REPORTS und dort unter REDIRECT-CHAINS.

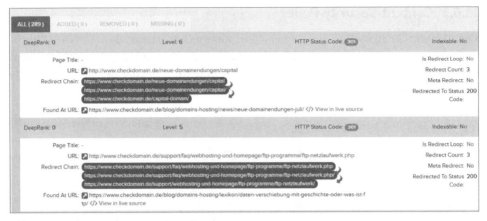

Abb. 13.5: Umleitungsketten in DeepCrawl

Tipps für Umleitungen

- Entscheiden Sie sich für eine Version mit www oder ohne www. Vermischen Sie die Varianten nicht.
- Leiten Sie immer auf die endgültige Version weiter, so vermeiden Sie Weiterleitungsketten.
- Leiten Sie immer per 301-Redirect weiter.
- Prüfen Sie die Weiterleitungen (wenn Sie sie nicht selbst umgesetzt haben). Handelt es sich auch wirklich um 301-Weiterleitungen?

13.7 Überwachen

Ihre Seiten sind online, verschlüsselt und bereit für die Suchmaschinen-Bots. Damit Sie den Indexierungsvorgang überwachen können, sollten Sie jetzt für die HTTPS-Version eine neue Property in der Google Search Console anlegen.

13.7.1 Google Search Console einrichten

Die Einrichtung der Google Search Console wurde in Kapitel 1 ausführlich vorgestellt, daher hier nur noch mal die wichtigsten Hinweise:

- Legen Sie ggf. mehrere Properties an.
- Melden Sie die neue XML-Sitemap an.
- Laden Sie falls vorhanden, die Disavow-Datei wieder in die Search Console.
- Stellen Sie die bevorzugte Domain ein (ohne oder mit www).

- Überprüfen Sie die Parameterbehandlung.
- Prüfen Sie die Google-Crawler-Einstellungen, lassen Sie Google die optimale Crawl-Frequenz bestimmen.
- Stellen Sie das bevorzugte Land ein.

Hat Google angefangen, Ihre Seiten zu indexieren, dann achten Sie auf die entsprechenden Auswertungen in der Search Console:

- Wie sehen die Aktivitäten der Google-Bots aus? Wird die Seite regelmäßig indexiert?
- Kommt es zu 404 Fehlern?
- Werden AMP-Seiten (falls vorhanden) korrekt indexiert?
- Gibt es Probleme bei den strukturierten Daten?
- Wird die XML-Sitemap eingelesen?

Die Einrichtung und Überwachungstätigkeiten unterscheiden sich in keiner Weise von einem normalen Relaunch. Für die Suchmaschinen handelt es sich bei einer HTTPS-Umstellung um eine komplette Verschiebung des Inhalts und muss daher mit der gleichen Sorgfalt ausgeführt werden.

13.7.2 Monitoring mit Sistrix

Wenn Ihre HTTPS-Variante von Google indexiert wird, dann sollte die Sichtbarkeit der alten HTTP-Variante schrittweise abnehmen und die Sichtbarkeit der HTTPS-Variante im gleichen Maße zunehmen. Kontrollieren können Sie den Vorgang zusätzlich mit dem SEO-Tool Sistrix, hier können Sie die Sichtbarkeit verschiedener Domains miteinander vergleichen.

Geben Sie für den Vergleich der Sichtbarkeit in Sistrix die gewünschte Domain samt Protokoll ein, z.B. `https://www.ferienhof-lunau.de`. Klicken Sie dann rechts über der Sichtbarkeitskurve auf das Zahnrad, wählen Sie im Untermenü den Punkt DIAGRAMM VERGLEICHEN. In dem erscheinenden Fenster geben Sie die gleiche Domain, jedoch mit der anderen Protokoll-Version ein. Klicken Sie anschließend auf ANWENDEN.

In Abbildung 13.6 sehen Sie einen vorbildlichen Sichtbarkeitsverlauf. Die linke Kurve zeigt den Verlauf der HTTP-Version, diese nimmt ab, als die HTTPS-Version (rechte Kurve) aktiviert wurde. Die hier getestete Domain ist mit ca. 40 Seiten sehr klein, bei größeren Domains kann sich der Wechsel in der Sichtbarkeit länger hinziehen, sollte aber am Ende ähnlich verlaufen wie bei dem hier vorgestellten Beispiel.

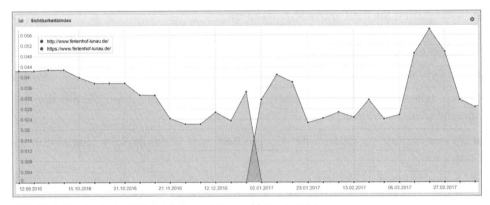

Abb. 13.6: Vergleich der Sichtbarkeit von http und https in Sistrix

13.7.3 Logfiles prüfen

Behalten Sie – falls möglich – Ihre Logfiles im Blick, um zu prüfen, welche Seiten die Suchmaschinen-Bots von Ihrer Domain einlesen. Der bereits vorgestellte Log File Analyzer von Screaming Frog leistet für die Auswertung der Logfiles hervorragende Dienste. So können Sie sehen, welche Seiten wie häufig von welchen Bots aufgerufen werden. Zusätzlich sehen Sie, ob die Seiten fehlerfrei aufgerufen werden konnten. Mit der Verzeichnisansicht sind Sie in der Lage, die Aktivitäten der Bots in den einzelnen Verzeichnissen zu untersuchen.

Path	Num Events ▼	All Bots	Googlebot	Bingbot	Googlebot Mobile	Googlebot S...	Ave...	Yandex	Baidu	
▼ 📁 http/	14.781	14.781	1.217	13.041	0	428		83	12	0
▼ 📁 www.volleyballer.de/	14.781	14.781	1.217	13.041	0	428		83	12	0
▶ 📁 news/	4.837	4.837	224	4.491	0	104		12	6	0
📁 vereine/	1.019	1.019	169	845	0	2		3	0	0
📁 spielerboerse/	1.014	1.014	39	927	0	0		48	0	0
📁 turniere/	809	809	36	770	0	1		2	0	0
📁 regeln/	392	392	34	354	0	3		1	0	0

Directories Total: 31

Abb. 13.7: Die Verzeichnisansicht im Log File Analyzer

In der Ansicht RESPONSE CODES sehen Sie die Status der verschiedenen Seiten und können diese zusätzlich über den Filter gezielt auswählen. So können Sie schnell alle Seiten anzeigen lassen, die z.B. einen 404-Statuscode senden.

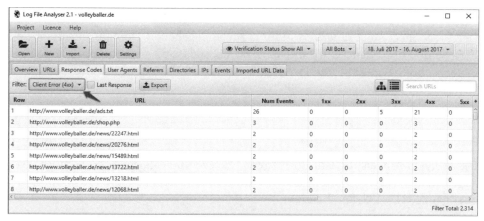

Abb. 13.8: Gefilterte Ansicht der 4xx-Fehler im Log File Analyzer

In Ihren Logfiles werden direkt nach der Umstellung natürlich weiterhin URLs mit dem HTTP-Protokoll auftauchen, diese sollten dann aber durch die Umleitungen in der `.htaccess` per 301 auf die HTTPS-Version umleiten. Nach und nach werden die HTTP-URLs jedoch aus den Logfiles verschwinden und nur noch HTTPS-URLs auftauchen.

13.8 Mehr Speed!

Mit einer verschlüsselten Seite können Sie jetzt einen neuen Standard auf Ihrem Webserver aktivieren: HTTP/2. Dieser Standard beschleunigt durch intelligentere Kommunikation mit den Browsern das Laden von Websites. HTTP/2 setzt allerdings das HTTPS-Protokoll voraus. Mit dem HTTP/2-Test von KeyCDN (`relaunch.pro/131`) können Sie prüfen, ob auf Ihrer Seite bereits HTTP/2 aktiviert ist. Falls nicht, sprechen Sie Ihren Provider an und fragen Sie ihn nach der Möglichkeit, HTTP/2 auf Ihrem Server zu aktivieren.

13.8.1 Ressource Hints – für Speed-Nerds

Durch HTTP/2 haben Sie die Möglichkeit, im Quelltext Hinweise auf später zu ladende Ressourcen zu geben. So können beispielsweise Schriften oder CSS-Dateien im Hintergrund vorgeladen werden, damit diese dann schneller angezeigt werden, wenn sie gebraucht werden. Zur Verdeutlichung möchte ich Ihnen hier ein paar Beispiele für die »Ressource Hints« geben.

DNS Prefetch

Diese Anweisung führt eine DNS-Abfrage aus, fragt also im Vorfeld schon mal nach der IP-Adresse der entsprechenden Domain, damit diese DNS-Abfrage später entfallen und die Domain schneller aufgerufen werden kann.

```
<link rel="dns-prefetch" href="//example.com">
```

Preconnect

Der Preconnect stellt eine Verbindung zur angegebenen Domain her, fragt den DNS ab und führt den TCP-Handshake durch, sodass die abzurufenden Daten bei Bedarf sofort heruntergeladen werden können.

```
<link rel="preconnect" href="//example.com">
```

Prefetch

Die Prefetch-Anweisung lädt Ressourcen, die eventuell als Nächstes vom Browser angefordert werden könnten, dabei kann es sich beispielsweise um Bilder, CSS oder ganze HTML-Seiten handeln.

```
<link rel="prefetch" href="//example.com/next-page.html" as="html"
crossorigin="use-credentials">
<link rel="prefetch" href="/library.js" as="script">
```

Prerender

Mit dieser Anweisung können Sie die nächsten Seiten, die der Nutzer eventuell anklicken wird, schon verarbeiten und vorladen. Sinnvoll wäre diese Technik zum Beispiel bei Kategorieseiten in Online-Shops, wo man in den Kategorieseiten blättert.

```
<link rel="prerender" href="//example.com/next-page.html">
```

Weitere und tiefer gehende Informationen zu Ressource Hints finden Sie bei Bedarf auf den Seiten des W3C (relaunch.pro/132).

13.8.2 HSTS-Preloading

Mit dieser Technik werden Umleitungen von http auf https umgangen, indem der Browser direkt auf die HTTPS-Ressourcen zugreift. Ein Beispiel: Sie geben in die Adresszeile Ihres Browser www.volleyballer.de ein, der Browser greift automatisch auf die HTTP-Version zu, der Server leitet dann auf die HTTPS-Version um. Der Browser muss dann die Daten von der HTTPS-Version erneut anfordern, das kostet Zeit und ist bei Seiten, die komplett auf HTTPS basieren, unnötig.

Woher weiß aber der Browser, dass die angeforderte Domain auf dem HTTPS-Protokoll läuft? Dazu pflegen die Browserhersteller, wie z.B. Microsoft, Google oder Opera, Listen, in denen die Domains aufgeführt werden, die schon auf HTTPS umgestellt sind. Ist eine angeforderte Domain auf dieser Liste, dann leitet der Browser direkt per interner 307-Umleitung auf die HTTPS-Version um und fragt nicht vorher den Server, um dann dort umgeleitet zu werden. Wie kommt Ihre Seite auf diese Liste?

Voraussetzungen für die HSTS-Preloading-Liste

Folgende Anforderungen muss Ihre HTTPS-Implementation erfüllen:

- Sämtliche HTTP-Aufrufe müssen auf HTTPS umleiten.
- Die Domain muss über ein gültiges SSL-Zertifikat verfügen.
- Alle Subdomains der Domain müssen die SSL-Verschlüsselung einsetzen.
- Die Domain muss einen HSTS-Header ausliefern.
- »Max-Age« muss auf mindestens ein Jahr eingestellt werden (31536000 Sekunden).

Tragen Sie bei Apache-Servern in die .htaccess-Datei des Root-Verzeichnisses folgende Zeile ein, um den HSTS-Header auszuliefern:

```
<ifModule mod_headers.c>
Header set Strict-Transport-Security "max-age= 31536000 ";
includeSubDomains; preload
</ifModule>
```

Testen Sie Ihre Seiten eingehend. Wenn alle Seiten und Inhalte fehlerfrei angezeigt werden, dann sind sie bereit für die Eintragung in die HSTS-Preloading-Liste. Gehen Sie dazu auf die »HSTS Preload List Submission«-Seite (relaunch.pro/133).

Geben Sie in das Feld Ihre Domain ein und klicken Sie auf den Button CHECK STATUS AND ELIGIBILITY.

Enter a domain:

example.com

Check HSTS preload status and eligibility

Abb. 13.9: Eintragen in die HSTS-Preloading-Liste

Die eingegebene Seite wird anschließend geprüft und kann dann bei positivem Ergebnis in die Liste eingetragen werden.

Überlegen Sie sich gut, ob Sie Ihre Domain in die Liste eintragen möchten. Wenn Ihre Domain dort erst einmal eingetragen ist, dann bekommen Sie sie so schnell nicht wieder heraus. Die Browserhersteller implementieren diese Liste fest in ihre

Browser. Damit Ihre Domain wieder aus den Listen entfernt wird, müssen erstens alle Browserhersteller neue Browserversionen veröffentlichen und zweitens die Nutzer ihre Browser aktualisieren. Es kann sich also nur um Jahre handeln. Wenn Sie Ihre Domain wieder auf http umgestellt haben und Ihre Domain noch in den HSTS-Preload-Listen festhängt, dann können die Nutzer nicht auf Ihre HTTP-Seite zugreifen, da die Browser immer die HTTPS-Version anfordern.

13.9 Zusammenfassung

In diesem Kapitel haben Sie gelernt:

- **Warum es wichtig ist, Daten zu verschlüsseln** – Ihnen ist Datensicherheit und Verschlüsselung wichtig, daher setzen Sie auf Ihrer Seite das HTTPS-Protokoll ein.

- **SSL-Zertifikate kosten nicht die Welt** – Sie kennen Let's encrypt und wissen, dass Sie damit kostenlos den Basisschutz für Ihre Daten herstellen können.

- **Die komplette Seite umstellen** – Sie kennen alle Punkte in der Website, die für eine korrekte HTTPS-Integration angefasst werden müssen.

- **Seiten korrekt umleiten** – Mit einer einfachen Regel in der `.htaccess`-Datei biegen Sie alle HTTP-Anfragen auf die HTTPS-Version Ihrer Website um.

- **Alle Dateien berücksichtigen** – Natürlich denken Sie bei der Umstellung auch an Ihre RSS- und Google-Shopping-Feeds, von den XML-Sitemaps mal ganz zu schweigen.

- **Die Umstellung überwachen** – Mit der Google Search Console, dem Screaming Frog Log File Analyzer und Sistrix begleiten und überprüfen Sie den Indexierungsstatus und haben stets alles im Blick.

- **Noch mehr Speed machen** – Mit der Aktivierung des HTTP/2-Standards auf Ihrem Webserver und einem Eintrag in die HSTS-Preloading-Liste katapultieren Sie Ihre Website zu neuen Geschwindigkeitsrekorden.

Tools und Websites

Die folgenden Listen enthalten Tipps für Tools und Websites. Viele der Tools wurden bereits mehrfach erwähnt, einige der Tools habe ich zusätzlich auf die Liste genommen, um eine möglichst vollständige Übersicht zu gewährleisten.

Jeden Tag werden neue Websites und Werkzeuge veröffentlicht, diese Liste kann daher nur einen kleinen Ausschnitt der derzeitigen Tool-Welt abbilden. Nutzen Sie wenn möglich die kostenlosen Testzeiträume der Anwendungen, um sich ein möglichst vollständiges Bild der Angebote machen zu können. Schauen Sie sich Schulungsvideos und Blogbeiträge der Anbieter an und lernen Sie so die Anbieter und die Tools besser kennen.

Ich habe die Angebote nach ihrem Einsatzzweck kategorisiert. Einige Tools tauchen mehrfach in verschiedenen Kategorien auf, da sie durch ihren Funktionsumfang mehrere Einsatzzwecke abdecken.

Am Ende der Liste finden Sie noch weitere Tipps für Blogs und Podcasts sowie einige Buchtipps.

Ich wünsche Ihnen viel Spaß beim Testen, Ausprobieren und Lesen!

A.1   Website-Statistik-Tools

- Google Analytics: `relaunch.pro/27`
- Matomo (ehemals Piwik): `relaunch.pro/28`
- etracker: `relaunch.pro/29`
- Webalizer: `relaunch.pro/30`
- Screaming Frog Log Analyzer: `relaunch.pro/124`

A.2   Onpage-Tools

- Screaming Frog SEO Spider: `relaunch.pro/2`
- Ryte.com: `relaunch.pro/4`
- DeepCrawl: `relaunch.pro/6`
- Google Search Console: `relaunch.pro/1`
- Sistrix – Optimizer: `relaunch.pro/7`

- OnPageDoc: relaunch.pro/62
- Seobility: relaunch.pro/134
- rankingCoach: relaunch.pro/135
- Xovi: relaunch.pro/8
- PageRangers: relaunch.pro/26
- Testomato: relaunch.pro/82
- Audisto: relaunch.pro/136
- SiteBulb: relaunch.pro/137
- Xenu: relaunch.pro/138
- Ahrefs: relaunch.pro/54

A.3   SEO-Tools

- Sistrix: relaunch.pro/7
- Xovi: relaunch.pro/8
- PageRangers: relaunch.pro/26
- Searchmetrics: relaunch.pro/139
- Ahrefs: relaunch.pro/54
- MOZ Pro: relaunch.pro/9
- OnPageDoc: relaunch.pro/62
- SEMRush: relaunch.pro/59
- SEO Diver: relaunch.pro/140
- Ryte.com: relaunch.pro/4

A.4   Keyword-Monitoring

- Sistrix: relaunch.pro/7
- OnePro SEO: relaunch.pro/141
- rankingCoach: relaunch.pro/135
- Xovi: relaunch.pro/8
- KeywordMonitor: relaunch.pro/60
- SERPWatcher: relaunch.pro/142
- Ahrefs: relaunch.pro/54
- SEMRush: relaunch.pro/59
- mangools: relaunch.pro/143
- Ryte.com: relaunch.pro/4

A.5   Backlink-Recherche-Tools

- Sistrix: `relaunch.pro/7`
- Ahrefs: `relaunch.pro/54`
- Majestic: `relaunch.pro/51`
- SEOKicks: `relaunch.pro/45`
- MOZ Pro: `relaunch.pro/9`
- Link Research Tools: `relaunch.pro/48`
- OpenLinkProfiler: `relaunch.pro/144`

A.6   Websites, Blogs und Podcasts

- Whiteboard Friday Videocast: `relaunch.pro/145`
- Eisy Blog: `relaunch.pro/146` (sehr ausführliche SEO-Tool-Tests)
- Google Watch Blog: `relaunch.pro/147`
- Search Engine Land Blog: `relaunch.pro/148`
- Search Engine Round Table Blog: `relaunch.pro/149`
- Google Webmaster Guidelines: `relaunch.pro/150`
- Google Analytics Blog: `relaunch.pro/151`
- Ryte Magazin: `relaunch.pro/152`
- SEO Portal Blog: `relaunch.pro/153`
- SEO Trainee Blog: `relaunch.pro/154`
- Termfrequenz Podcast: `relaunch.pro/155`
- Wayne Podcast: `relaunch.pro/156`
- OMR Podcast: `relaunch.pro/157`
- MOZPod Podcast: `relaunch.pro/158`

A.7   Buchtipps

- Marketing in the Age of Google – Vanessa Fox
- Website Boosting – Prof. Dr. Mario Fischer
- Die Kunst des SEO – Enge, Spencer, Stricchiola, Fishkin
- Suchmaschinen-Optimierung: Das umfassende Handbuch – Sebastian Erlhofer
- Technisches SEO – Czysch, Illner, Wojcik
- SEO mit Google Search Console: Webseiten mit kostenlosen Tools optimieren –
  Stephan Czysch
- Google AdWords – Alexander Beck

- Google Analytics: Das umfassende Handbuch – Vollmert, Lück
- Don't make me think!: Web Usability: Das intuitive Web – Steven Krug
- Web Usability – Jakob Nielsen, Hoa Loranger

Stichwortverzeichnis

Marco Hassler

Digital und
Web Analytics
Metriken auswerten,
Besucherverhalten verstehen,
Website optimieren

4., aktualisierte Auflage

**Metriken analysieren und
interpretieren**

**Besucherverhalten verstehen und
auswerten**

**Digital-Ziele definieren, Webauftritt
optimieren und den Erfolg steigern**

Digital Analytics bezeichnet die Sammlung, Analyse und Auswertung von Daten der Nutzung aller digitalen Kanäle. Das Ziel dabei ist, diese Informationen zum besseren Verständnis des Besucherverhaltens sowie zur Optimierung der gesamten digitalen Internetpräsenz zu nutzen. Je nach Ausrichtung des jeweiligen Digitalkanals – z.B. die Steigerung der Anzahl von Kontaktanfragen, Leads oder Bestellungen auf einer Website oder auch die Vermittlung eines Markenwerts – können Sie anhand von Analytics herausfinden, wo sich Schwachstellen befinden und wie Sie Ihre eigenen Ziele durch entsprechende Optimierungen besser erreichen.

Marco Hassler gibt Ihnen sowohl eine schrittweise Einführung als auch einen umfassenden Einblick in die Tiefe der Analytics-Metriken. Mit diesem Buch finden Sie z.B. heraus, welche Traffic-Quelle die wertvollsten Besucher bringt oder welche Bereiche der Website besonders verkaufsfördernd wirken. Auf diese Weise werden Sie Ihre Besucher sowie deren Verhalten und Motivation besser kennenlernen, Ihre Digitalkanäle darauf abstimmen und somit Ihren digitalen Erfolg steigern können.

Darüber hinaus schlägt das Buch auch die Brücke zu angrenzenden Themenbereichen wie Usability, User Centered Design, Customer Journey, Online Branding, Social Media, Digital Marketing und Suchmaschinenoptimierung.

Ziel dieses Buches ist es, konkrete Digital-Analytics-Kenntnisse zu vermitteln. Marco Hassler gibt Ihnen klare Ratschläge und Anleitungen, wie Sie Ihre Ziele erreichen, sowie wertvolle praxisorientierte Tipps.

ISBN 978-3-95845-359-3

Probekapitel und Infos erhalten Sie unter:
www.mitp.de/359

Ines Eschbacher

Content Marketing
Das Workbook

Schritt für Schritt zu erfolgreichem Content

Von der Content-Strategie über die -Planung, -Erstellung und -Distribution bis hin zum Controlling

Mit umfangreichem Kapitel zum Schreiben guter Webtexte

Zahlreiche Beispiele, praktische Checklisten und Aufgaben

Content Marketing ist heutzutage ein unverzichtbarer Bestandteil in jedem Marketing-Mix des Unternehmens. Ob Ratgeber, How-to, Blogbeitrag oder Unternehmensinfo – es ist der Content, der dem Konsumenten in unterschiedlichsten Alltagssituationen das Leben erleichtert. Doch guter Content alleine reicht längst nicht mehr aus. Die Konsumenten wünschen sich relevante und nützliche Informationen und Content, der wirklich weiterhilft und offene Fragen beantwortet. Oder Content, der begeistert und ein Lächeln ins Gesicht zaubert.

Mit diesem Buch erhältst du eine Schritt-für-Schritt-Anleitung, die dich von Anfang bis zum Ende auf deinem Weg zu einem erfolgreichen Content Marketing begleitet und dir bei der praktischen Umsetzung zur Seite steht. Die Autorin führt dich schrittweise durch die fünf Phasen des Content-Marketing-Zyklus: von der Definition von Marke, Zielen und Zielgruppen über die strategische Content-Planung, -Erstellung und -Distribution bis hin zum Controlling.

In jedem Kapitel findest du Aufgaben und Challenges sowie zahlreiche Checklisten und Tipps, die dich bei der konkreten Umsetzung unterstützen. Zusätzlich bietet dir das Workbook genug Platz für deine eigenen Notizen, damit du sofort loslegen kannst.

Das Workbook richtet sich an Content-Marketing-Newbies und an alle, die mit ihren Content-Marketing-Maßnahmen inhaltlich und strategisch durchstarten möchten.

ISBN 978-3-95845-516-0

Probekapitel und Infos erhalten Sie unter:
www.mitp.de/516

Martin Schirmbacher

Online-Marketing- und Social-Media-Recht

2. Auflage

Zahlreiche Beispiele und konkrete Fälle aus der Praxis

Online-Marketing-Maßnahmen rechtssicher umsetzen

Wann verletzen Sie Rechte anderer?

Wie setzen Sie Ihre Rechte durch?

Die häufigsten Fehler im Online- und Social Media Marketing

Checklisten, Tipps, Mustertexte und Übersichten

Online-Marketing bietet nicht nur viele Chancen im Web, sondern beinhaltet auch rechtliche Tücken, die häufig von Nicht-Juristen kaum voraussehbar sind.

In diesem umfassenden und praktischen Handbuch werden alle Themen behandelt, die im Web zu rechtlichen Schwierigkeiten führen können, sei es, weil Sie unbewusst Rechte Dritter verletzen oder jemand anderes Ihre Rechte nicht beachtet.

Schirmbacher behandelt detailliert die nach deutschem Recht relevanten Aspekte des Social-Media- und Online-Marketings. In jedem Kapitel werden vorhandene Fälle herangezogen, um die einzelnen Sachverhalte und Fragestellungen zu verdeutlichen und anhand aktueller Urteile verständlich zu machen. So erhalten Sie eine konkrete und realitätsnahe Vorstellung, welche Probleme auftreten können und wie diese von Richtern oder Behörden bewertet werden.

Ein Kapitel zu Verträgen im Online-Marketing gibt Hinweise, wie Sie Ihre Verträge klug gestalten, so dass Diskussionen mit Ihrer Agentur oder Ihren Kunden gar nicht erst entstehen.

Zahlreiche Checklisten, Beispiele, Mustertexte und Tipps helfen Ihnen, juristisch „sauber" zu bleiben und Fallstricke zu vermeiden, bevor es zu spät ist.

Die Webseite zum Buch finden Sie unter: www.online-marketing-recht.de

ISBN 978-3-8266-9498-1

Weitere Infos erhalten Sie unter:
www.mitp.de/9498